본질을 이해하는
건축이야기

건축의 융복합

양용기 지음

CONVERGENCE
IN
ARCHITECTURE

l\NN
도서출판 린

머리말

건축은 의/식/주 중 하나이다. 그런데 사람들은 의/식보다 주를 더 어렵게 생각한다. 정말 어려운가? 하루의 많은 시간을 의와 식보다 주를 더 경험하면서 어려워하는 이유는 뭘까? 어렵다는 단어 보다는 가깝게 느끼지 않는다는 것이 더 맞을 것 같다. 이유가 다양하겠지만 원인 중 하나가 의와 식은 우리가 쉽게 만들고 쉽게 취소할 수 있는 부담감이 주보다 적기 때문일 수도 있다. 이 의미는 시도하는 방법이 되기도 하다. 그렇다면 무엇을 시도하는가? 음식의 맛은 개인의 의견이 중요하다. 그리고 의복도 개인적인 취향으로 선택의 폭이 가능하다. 그러나 주는 개인의 취향으로 결정하기에는 경제적인 부담감과 결과에 대한 부담이 저변에 있기 때문일 수도 있다. 그렇다면 잘 선택하면 부담을 줄일 수도 있지 않을까? 잘 선택하기 위해서는 잘 알아야 한다. 무엇을 잘 알아야 하는가? 음식은 하루에 기본적으로 3번을 선택할 수 있다. 의복도 몇 번에 걸쳐서 선택할 수 있다. 그러나 건축은 다시 선택한다는 것이 쉬운 일은 아니다. 이 선택이 바로 부담감의 주 원인이다. 그러나 반드시 이러한 이유로 건축을 어려워하는 것은 아닐 것이다. 선택하면 되니까. 어떻게, 무엇을, 어떤 방법으로?

사실은 건축이 그렇게 어려운 것은 아니다. 누구나 무엇을 결정할 때 망설이는 가장 큰 이유 중의 하나는 잘 선택하기 위한 목적이 배경에 있기 때문이다. 잘 선택한다는 것은 결과에 후회하지 않는 것이다. 결과에 자체적인 위로를 하는 것이 아니라 만족하는 것이다. 그러기 위해서는 잘 알아야 한다. 그렇다면 잘 알지 못하는 배경에는 무엇이 있는가? 이것은 근대에 그 책임이 있다. 근대 이전의 건축물은 정서적 또는 감성적인 부분이 형태 안에 있었다. 그러나 근대가 시작하면서 새로운 재료와 기술이 등장하여 건축가보다는 엔지니어가 주가 되어 작업이 이루어졌다. 이것은 시대적인 상황이었다. 근대 이전은 기능은 형태를 따르는 형태주의가 감성적인 부분을 통하여 개인의 취향에 따라서 미를 판단할 수 있는 몫이 언제나 있었다. 그러나 근대에 시작된 예술은 형태는 기능을 따른다는 기능주의가 기준이 되면서 개인의 취향보다는 기술적인 지식이 없이는 건축물을 감상하는데 어려움이 생겼다. 이는 건축물에 대한 거리 감이 개인적인 부분에서만 있었던 것은 아니다. 근대에 이를 두고 예술가 사이에서도 갈등이 많이 있었다. 특히 독일의 반 데 벨데와 무테지우스의 시대적인 갈등은 slow로 갈 것인가 아니면 시대적인 상황에 맞추어 받아들여야 하는가의 고민을 주었다. 그것은 시간이 흐른 현대의 IT 영향의 갈등과 흡사하다. 이러한 두 개의 갈등을 기준으로 건축물의 형태를 분석해 보면 이렇듯 두 가지로 압축된다고 볼 수 있는 것이다. 시대적인 상황에 맞추어 가는 이성적인 부분을 요구하는 형태가 우리에게 어렵게 느껴지지만 고전주의, 신고전주의 그리고 포스트 모더니즘 등 감성적인 부분에 일조하는 형태들은 우리의 이러한 고충을 보완해 주고 있다. 모든 새로운 것은 역사의 일부분이 되고 있다. 피터 아이젠만의 말처럼 모든 것은 탄생하면서 옛것이 되고 새로운 것이 다시 등장한다. 즉, 모든 형태는 원조와 복고풍 두 가지 뿐이다. 원조는 현재의 시점에서 고대와 근대 둘뿐이고 나머지는 이에 대한 복고풍인 것이다. 고대(이집트, 그리스, 로마)를 원조로 하는 복고풍은 모두 감성적인 안목을 수신자에게 요구하고 있으며 근대의 복고풍은 이성적인 지식을 요구한다. 이 두 가지를 모두 알 필요는 없다. 이성적인 지식을 요구하는 것보다는 감성적인 느낌을 요구하는 고대와 닮은 형태가 오히려 쉽다. 이것을 알고 이에 흡사한 형태가 아니면 모두 근대를 기초로 하는 이성적인 형태라고 생각하면 된다. 건축은 어렵지 않다. 건축은 형태를 언어로 하는 행위이다. 이는 마치 외국어와 같은 것이다. 고대를 근거로 하는 외국어는 발언자가 왜 그렇게 말했는지 감성적인 부분을 느끼면 되는 것이고 근대를 근거로 하는 외국어는 발언자의 말하는 수준 높은 언어구사력을 알면 되는 것이다. 즉 고대의 형태는 단어(형태)에 그 의미가 있고 근대의 형태는 문장(구조)에 그 의미가 있다. 자동차에 비유한다면 고대에 근거를 두는 형태는 자동차의 모양에 그 의미가 있고 근대에 근거를 두는 형태는 자동차의 기술적인 질에 그 의미가 있다.

이 책은 형태에 대한 분석을 주로 다루었다. 건축물의 형태가 갖는 언어적인 의미를 나타내려고 한 것이다. 마치 외국어를 해석하는 것과 같다. 건축물은 자체적인 기능을 갖추어야 하지만 도시의 일부로서 공적인 역할도 부여 받기 때문이다. 아름다운 도시는 아름다운 건축물을 반드시 갖고 있다. 도시는 건축물로 구성되었기 때문이다. 아름다운 것과 멋진 것은 의미가 다르다. 아름답다는 것은 곧 감성적인 느낌이고 멋지다는 것은 이성적인 느낌이다. 그런데 사실 건축가는 이러한 생각과는 작업을 하는 성격이 다르다. 어느 건축가도 아름다운 것과 멋진 것을 만들려고 작업하지는 않는다. 즉 이러한 느낌은 관찰자의 몫이다. 이러한 느낌을 이해한다면 일반인들에게는 충분한 요건을 갖추었다고 생각된다. 조금 더 욕심을 낸다면 그 부분을 좀 더 구체적으로 지적할 수 있다면 옳게 건축물을 경험하는 것이다. 건축가는 일반인이 생각하는 것보다 더 많은 부분을 고심하며 작업한다. 이 책에서는 그 노력들을 말하려고 하는 것이다. 이러한 건축가의 의도를 알기 위해서는 역사적인 배경의 이해가 필요하다. 왜냐하면 역사적인 건축물은 일반인이 근접하기 쉬운 감성적인 부분을 더 많이 포함하고 있기 때문이다.

이 책을 만드는데 도와주신 도서출판 대가 사장님과 편집부 여러분께 감사드린다.

안산에서
양 용 기

Contents

1

건축을 인식하는
기본적인 지식

UNDERSTANDING
FOR ARCHITECTURAL BASIC
KNOWLEDGE

1-1

서론

일반적으로 다른 분야의 전문인에 비해 건축에 종사하는 사람들은 그 영역의 인식이 다르다. 이는 건축물의 인식이 다른 것에 비하여 명확하지 않으며 다분히 개인적인 느낌이 많이 작용하고 그 규모나 시각적인 영향이 주는 이미지가 분명하지 않기 때문이다. 더욱이 현대건축에 이르러 일반인과의 격차가 더 심해졌으며 비건축인들이 참견하기에는 그 분야가 더 복잡해졌다. 이로써 일반인들은 건축에 대한 관심을 전문인에게 맡기고 이들은 자신들의 입장에서 평가하는 개인적인 자세만을 취하고 있다. 그러한 현상이 언제나 부정적인 것은 아니지만, 일반인들의 불만이 때로는 건축가의 의도와 너무 동떨어지기도 하기 때문에 건축분야의 일부에서는 그들을 깨우쳐야 한다는 의견이 나오기도 한다. 건물의 형태를 통한 인식마저도 바뀌어서 이들의 불만은 자신들이 느끼는 감정을 건축물 평가의 우선순위로 삼고 이를 계속 주장하는 경우도 있다. 그러나 처음부터 이러한 현상이 있었던 것은 아니었다. 중세의 건축물이 비록 대중과 직접적인 연관이 없었다해도 도시의 시각적인 역할을 충분히 하였으며 일반인들은 건물의 형태를 통해서도 그것이 어떠한 기능을 하는 건물인가

짐작을 할 수 있다는 생각에 건축이 좀더 가까이 있음을 무의식 속에 가지고 있었다. 그러나 산업혁명 이후 건축물은 그러한 형태 언어적인 역할을 하기에 시간과 대지의 협소함이 상황을 어렵게 만들었고 시민의 새로운 사회적 위치는 과거와는 다른 것을 요구하는 사회적 책임을 건축가에게도 맡기게 된 것이다.

　현대 사회의 건축가는 과거의 교회나 성과 같이 기본적으로 건물을 설계하는 임무 외에도 사회적인 문제에 해결책을 제시해야 하는 책임을 본인의 의지에 상관없이 수행해야 하는 위치에 놓이게 되었다. 이는 산업혁명 이후로 사회적 구조의 변화가 새로운 사회문제를 발생시키면서 건축가의 사회적 역할도 과거와는 다르게 중요한 의미를 갖게 된 것이다. 이는 중세에 있던 건물주와 건축가의 단순한 관계에서 공무원과 다양한 건축주 그리고 사회라는 비평가를 갖게 되었기 때문이다. 건축물은 이렇게 다양한 그룹 속에서 그 가치를 분석 받기도 하지만 현대건축을 구성하는 건축가들 사이에서도 그 문제는 생기고 있다. 건축가들은 새로운 사회적 문제를 해결하는데 있어서 기본적인 문제에 대한 통일성을 갖지 못하고 있다. 이것은 단지 미학적인 문제가 아니라 건축물이 도시에서 인간과의 관계에 대한 정확한 정의를 내리지 못한데 그 원인이 있다. 어쨌든 다양한 구성원들은 건물에 대한 평을 객관적으로 하기도 하지만 일반적으로 자신의 입장에서 판단을 하는 상황이므로 건축가는 때로 이들의 의견을 무시하고 건축을 진행하는 경우도 있다.

　하나의 상황을 만일 동일한 지식 하에서 바라볼 수 있다면 결코 같은 시각을 요구하지는 않을 것이다. 때로는 이들의 문외한적이며 편파적인 의견에 건축가는 모든 것을 다 잘해야 하느냐는 의문을 갖지 않을 수 없다. 상황이 어떻게 변화가 되든 건축가는 과거에 비하여 건축물의 목적과 수단에 대한 논쟁

속에서 스스로 해결책을 찾아야 하며 복잡해져 가는 사회 속에서 이를 수행해야 함은 명백하다. 건축사 연대표를 살펴보면 그 변화의 주기가 현대에 가까워 질수록 짧다. 과거로 갈수록 건축의 상황은 전체적인 상황에서 현대로 넘어오면서 점차 개인적인 상태로 변화하고 있었다. 그러한 상황에서 건축에 대한 이론은 혼돈을 거듭하게 되고 건축가가 제시하는 해결책 보다 사회적인 문제의 대두가 더 빨라지면서 건축가와 비건축인 그리고 건축가들 사이에서 그 틈은 더욱 벌어지는 것이 현실화되어 버렸다. 건축가와 비건축인 사이의 틈은 이미 오래전부터 있었기에 새로운 것은 아니지만, 건축가들 사이의 틈은 새로운 문제가 아닐 수 없다. 현대 대도시의 혼돈과 특징 없는 건설에 의한 경관의 파괴는 다분히 건축가의 몫으로 돌아오고 있다. 특히 건축가들 사이에 있는 기본적인 건축문제에 대한 대립적인 견해가 그들 사이의 분열을 불러오고 있다. 이러한 분열을 옹호하는 것은 다분히 건축가의 몫이 분명하지만 "어느 건축가가 이를 옹호하며 나설 것인가?" 묻지 않을 수 없다. 이를 뒷받침하기 위해서는 건축에 대한 전문적인 지식을 광범위하게 소유하는 건축가가 있어야 하는데 누구도 이에 나서지 않고 있다.

크리스티안 노르베르그-슐츠(Christian Norberg-Schulz)는 이 기본적인 건축문제의 용어 정의를 먼저 제시했는데 타당성이 있어 보인다. 용어라는 것은 곧 송신자와 수신자가 동시에 동일한 것을 떠올릴 수 있는 최초의 수단이 된다. 그런데 용어에 대한 정의가 명확하지 않은 것은 비단 서구의 문제뿐 아니라 한국에서도 당면한 문제로 대두된 지 이미 오래다. 산업혁명 이후 급변하는 사회에서 르 코르뷔지에(Le Corbusier), 미스 반 데어 로에(Mies van der Rohe) 그리고 프랭크 로이드 라이트(Frank Lloyd Wright)와 같은 건축가가 건축사에 대두된 것은 당연한 결과이다. 기계와 같이 대량생산을 돕는 상황에서 당시의 이론들은 객관성 보다는 한 부분을 떼어내는 일시적인 해결책에 불과했는데 위의 세 거장은 자신들의 작품에서 통합되고 객관적인 정리를 보이는 우수성을 보여준 것이다. 새로운 시도라는 것이 현존하는 상황에 대한 불만족을 기본적으로 수렴하지 않는다면 성공할 수 없듯이 산업혁명 이후의 시도는 그 이전의 사회를 거부하는, 즉 과거로부터의 도피가 모체가 되어 생겨난 것이다. 그렇다면 지금의 이 사회는 출발점을 어디에 두고서 변화를 모색하는 것인가 묻지 않을 수 없다. 어쨌든 우리에게는 크리스티안 노르베르그-슐츠(Christian Norberg-Schulz)가 던진 우리 문제점의 의식적인 명료화, 즉 우리의 건설과제와 그 해결에 대한 수단에 대하여 명확한 정의가 필요하다.

니이체가 파리를 불태워 버리고 싶다고 했을 때 그가 바라 본 사회에 짜라투스트라를 내세워 파리를 불태워 버리고 새로운 파리를 건설할 선구자를 기다렸다. 이를 감지한 르 코르뷔지에(Le Corbusier)는 자신이 그 선구자라는 의식을 가졌고 이에 걸맞는 행동을 보였음은 모두가 아는 사실이다. 그러나 그는

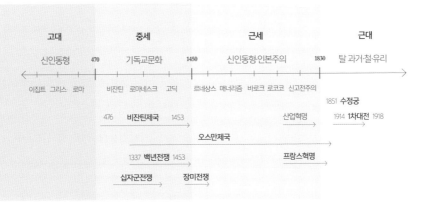

그림 1 | 연대표

단순히 영웅적인 자의식을 가진 것이 아니고 당시 사회가 가고자 하는 방향을 직시하였으며 그에 따른 해결책을 건축의 제 5원칙과 도미노 시스템을 통하여 제시한 것이었다.(그림 3) 당시의 다른 건축운동이 나무의 줄기 하나씩을 차지하여 현대건축이라는 맥을 이은 것이

그림 2 | 미스의 의자

라면 르 코르뷔지에(Le Corbusier)의 제안은 나무의 몸체를 보여준 것이었다. 중세의 두꺼운 벽체에 가려진 공간의 자유를 꿈꿔오던 건축가에게 그는 자신의 건축철학을 제시하여 벽체구조를 한 순간에 골조구조로 바꾸어 버렸다.(그림 5) 이후로 건축가들은 중세의 두꺼운 건축 벽을 어떻게 허물어 버리는가 하는 문제에서 텅 비워진 벽을 무엇으로 채울 것인가 하는 아주 새로운 문제를 해결하는 상황이 되어 버렸다. 이것은 그들이 추구하는 상황을 만들어 주었으며 또한 현대건축에 대한 신선한 시도를 하게 되는 즐거움이었다.(그림 4) 더욱이 미스 반 데어 로에(Mies van der Rohe)가 공간에 자유를 주기 위한 시도는 그들의 문제 해결에 대한 즐거움을 더하였으며 프랭크 로이드 라이트(Frank Lloyd Wright)의 풀어헤친 박스는 유기적 공간의 새로운 개념을 주면서 현대건축으로 가속도가 더 해갔다. 그들의

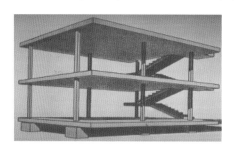

그림 3 | 도미노 시스템. 골조구조. 르 코르뷔지에

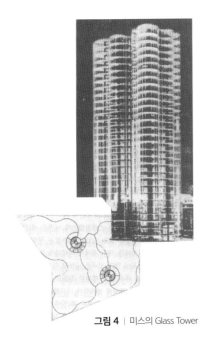

그림 4 | 미스의 Glass Tower

건축철학이 바탕을 이룬 지금에서 그들의 출현 시기를 논한다는 것이 의미가 없겠지만 그래도 현시점에서 그들의 이론을 적용한다면 당시의 충격만큼 우리에게 다가왔을까 다시 한 번 생각하지 않을 수 없다. 즉 그들은 당시의 사회가 갖고 있던 문제점을 의식적으로 명료화하였고 건설과제와 그 해결 수단에 대하여 명확한 정의를 제시한 것이었다. 이렇게 건축의 과정은 전체적인 자연 공간에서 점차 도시 공간 그리고 밀폐된 건축의 공간으로 구체화되면서 다시금 건축가의 역할이 세분화되고 사회의 활동범위를(동선) 구성하는 위치를 점유할 수 밖에 없는 상황이 되었다. 건축가의 행위는 이제 공간을 창조하는 행위만이 아니라 사회의 문제를 풀어나가야 하는 직접적인 사회참여를 요구받고 있다. 그러나 건축가는 현실의 문제에 해결책을 제시하면서 공간의 발생으로 인한 차후의 문제를 구성해야 하는 다소 모험적이고 미래적인 행위를 사회로부터 기대받고 있다. 건축에 대한 비평 속에서 다소 건축의 비건축인들이 요구하는 것이 건축가의 의도와는 다르게 나타나는 경우도 있기는 하지만 어떠한 상황이던 건축가 사이의 기본적인 차이를 없애는 것 또한 우선적인 일이다. 위에서 언급하였듯이 그 기본적인 차이를 우선적으로 용어의 통일로 보았으며 이 책에서는 그러한 것에 초점을 맞추어 나가도록 하겠다. 용어정리를 우선적으로 선택한 이유는 의사전달의 가장 객관적인 수단이며 이미지를 구체화하는 수단의 기본이기 때문이다.

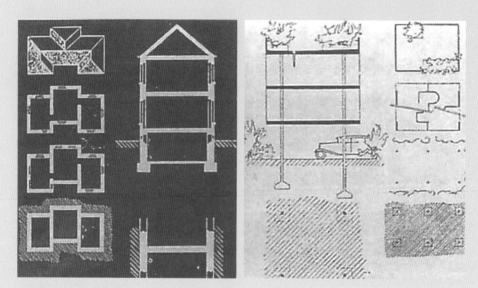

그림 5 | 르 코르뷔지에의 건축의 5원칙 드로잉. 자유로운 평면, 자유로운 입면, 필로티, 띠창 그리고 옥상정원을 표현한 것이다.

1-2

건축에 역사가 요구되는 이유

그림 6 | 300만 인구를 수용하기 위한 현대도시계획. 르 코르뷔지에, 1922

산업혁명이 사회에 던져준 것은 물질적 대량생산과 함께 사회신분에 대한 변화 가능성이었다. 그 이전에는 사회적 신분이 수동적인 수직적 체계였다면 산업혁명 이후에는 원의 형태로 순환할 수 있다는 희망적인 수평적 신분의 가능성을 제시하였다. 새로운 경제체제에서 자본가라는 새로운 신분이 출현하고 이를 꿈꾸는 많은 사람들이 생산을 담당하는 지역으로 몰려들면서 이들을 수용하기 위한 새로운 도시가 생기고 이들을 수용해야 하는 공간이 발생하는 것은 자연스러운 현상이다.

이렇게 도시의 대지가 포화상태에 이르면서 이들을 수용해야 하는 대지와 공간의 수요가 급증하고 또한 새로운 사회적 관계인 귀족과 평민의 구시대적 신분은 자본가와 노동자 그리고 경제적으로 상류와 하류라는 신분적 분리를 나타냈다. 주거와 그 외의 국가적인 차원에서 행해졌던 건축가의 참여도 이제는 새로운 사회가 필요로 하는 공간을 창조해야 하는 임무를 수행해야 했다. 과거에는 볼 수 없었던 공장과 사무실 그리고 도시로 몰려든 노동자를 수용해야 하는 주거공간이 필요했으며 이러한 경제를 수용할 수 있는 그 외의 부수적인 건축물을 사회가 요구하고 있었다.(그림 6) 산업혁명을 기점으로 사회는 급진적으로 변화하고 있었는데 모든 것이 과거에 있지 않던 새로운 모습이었다. 그래서 당시의 예술가들은 과거를 닮지 않은 모든 것이 곧 새로움을 의미하는 것이 아닐까 하는 의문 속에서 미래로 가는 해결점을 찾았는지도 모른다. 당시의 그 많은 예술운동의 공통점이 바로 과거와의 결별이었다. 당시에 있었던 운동 중에서 아르누보의 의미가 한국어로 신 예술을 의미하는데 이는 곧 과거를 닮지 않은 예술을 의미한다. 비엔나에서 일어난 빈 분리파 역시 과거의 전통적인 건축으로부터 분리할 것을 주장했으며 아돌프 루스는 장식을 곧 범죄와 같은 의미로 여길 만큼 극한 표현을 하기도 하였는데 이 장식이라는 것이 곧 과거의 산물이라고 여겼기 때문이다.

그렇다면 산업혁명 이후에 이렇게 과거와 결별을 강력하게 추진한 이유는 무엇인가? 크게 본다면 새로운 이데올로기의 변혁으로 여길 수도 있지만 예술의 한 부분으로는 새로운 운동의 일부로 볼 수도 있다. 한 예로 이들은 당시의 운동을 한 마디로 함축할 수 있는 단어로 '기계'를 사용하였다. 그것은 역사 속에서 처음 등장하는 단어였고 마치 경제적인 부를 가져다 줄 수 있는 새로운 이미지였다. 그래서 역사학자들은 산업혁명 이후의 건축을 '현대건축'이라 표현하며 과거와 획을 나누었다. 굳이 중세의 건축까지 거슬러 올라가지 않아도 새로운 건축운동을 부추키는 원동력이 무엇인지 현대건축의 시점에서도 느낄 수가 있다. 그것은 현존하는 것에 대한 실증이다. 하나의 사건에서 시작의 의미는 이전 것의 끝에 두고 있다. 그렇기 때문에 새로운 디자인을 마무리한 디자이너에게는 또 다른 새로운 것에 대한 압박의 시점을 의미하는 것이다. 그러나 그 새로운 것이 이전 것에 대한 충분한 만족을 전달자에게 주지 못한다면 그 작품의 생명은 길지 않고 다른 새로운 것에 대한 도전을 받게 된다.

이렇게 디자인의 작품이 한 순간에 사라질 수 있을 만큼 간단한 것이라면 그 영향은 그렇게 크지 않다. 건축물은 오랜 시간을 두고 존재하기에 그 건물의 영향이라는 의미는 다른 것들과 차이가 있다. 즉 건축물이 인간에게 전달하는 규모와 공간의 영향은 다른 사물이 주는 영향과 크게 차이가 있다. 그러나 이러한 공간과 인간의 관계라는 것이 단시간에 얻어진 지식이 아니고 수많은 세월을 거치면서 경험과 실험에 의하여 얻어진 결과이다. 과거라는 시간을 통과하면서 얻어진 이론을 사용하면서 우리는 때로 지난 것을 배척하고 버리려는 경향이 있다. 과거의 것을 배척할수록 스스로를 고립시키고 쓸모 없는 관념들에 집착하게 된다.

역사적 분석은 우리의 경험을 질서 있게 하고 해결책의 실마리를 제공하며 판단을 가능하게 하기 때문이다. 일반적으로 건축의 비건축인들은 건물에 대한 평가를 할 때 우선적으로 그 형태와 재질에 무게를 둔다. 그러나 건축인들은 근본적인 분석을 통하여 성급하지 않은 판단을 하는 것이 일반적이다.

그렇다면 근본적인 분석의 근거는 어디에서 온 것인가?

유럽이나 시카고를 여행하면서 우리는 무언가 공통점을 느끼는데 이는 건축에 종사하는 사람뿐 아니라 일반인들도 갖는 느낌이다. 외국 도시의 건물이지만 이질적인 느낌이 크지않고 친근하다. 이는 그 건물의 어딘가가 우리에게 익숙하게 작용하기 때문인데 이는 곧 클래식한 이미지이다. 비록 그것이 붉은 벽돌과 넝쿨이 뒤덮인 입면을 갖지 않더라도 얻을 수 있는 감정이다. 이는 곧 우리에게 익숙한 질서, 건물의 완벽하고 규칙적인 분할이 무의식 속에 있기 때문이다.

그림 7 | 윈슬로우 저택. F. L. Wright 1893-4, 미국   **그림 8** | 제국호텔, 라이트, 1916-20, 도쿄, 일본

위의 그림 7의 건물은 프랭크 로이드 라이트(Frank Lloyd Wright)의 윈슬로우 저택으로 입구를 중심으로 좌우 대칭이 뚜렷하다. 이 건물은 그가 24세에 설계한 것으로 유럽에서는 탈 과거주의가 활발하던 시대였다. 후에 그의 건축은 상자를 해체한 듯한 이미지를 풍기게 되지만 프랭크 로이드 라이트(Frank Lloyd Wright)의 고전적 미국식의 건축은 그대로 남아있다. 그러나 일반적으로 산업이전의 건축물들이 대체적으로 좌우대칭인 것을 감안하면 이 당시의 그의 전체적인 건축적 디자인은 아직 과거의 것을 추구하고 있었다. 그런데 유럽의 건축과 마찬가지로 그도 탈 과거주의를 추구하였다면 후에 그의 건축에

그림 9 | 웨인라이트빌딩, 1891

서는 과거의 산물이 보이지 말아야 했다. 그러나 그림 8의 제국호텔과 같이 20년이 훨씬 지난 그의 작품에서 아돌프 루스가 범죄로 여긴 장식의 형태가 뚜렷이 보이는 것을 본다면 과거의 건축적인 언어를 사용하고 있음을 알 수 있다. 이렇게 비단 프랭크 로이드 라이트(Frank Lloyd Wright)의 작품뿐이 아니라 우리는 현대의 건축물에서도 과거의 흔적을 얼마든지 찾을 수가 있다. 이것이 의미하는 것은 무엇인가? 그것은 이론의 정체성이다. 앞에서 언급하였듯이 우리의 경험이라는 것이 과거의 산물에서 그 질서를 찾고 있다. 어느 것 하나도 독립적으로 정립된 이론은 없다는 것이다.

미국 시카고 건축을 한 마디로 표현하면 보자르의 건축이라고 한다.(그림 9) 미국의 많은 건축가들이 프랑스의 보자르로 유학을 간 후 그곳에서 고전건축 중 고딕, 로마네스크 그리고 바로크의 영향을 받아 그 디자인을 철골구조로 대입하고 고층빌딩을 장식하는데 사용하였다. 즉 미국의 건축을 이해하는데 고딕과 로마네스크 건축을 제외한다면 그것은 끊어진 지식이라는 것이다.

고딕이 추구한 골격구조의 바탕은 철골구조로의 가능성을 제시해 주었고 새로운 것을 추구하는 자에게 공간을 자유롭게 하는 창의의 근원이 되어주며 지금의 시카고 건축을 존재하게 한 것이다.

현대건축을 이해하는데 이러한 건축사(史)의 근본을 이해한다면 우리의 건축적 지식과 경험을 더욱 발전시킬 것이다.

2

건축의
문화와 양식

ARCHITECTURE
CULTURE & STYLE

2-1

문화 전달자로서의 건축

어떤 조직의 형태나 관념이 정립된 모임은 언제나 분명한 이상이나 목표를 갖고 있다. 문화의 최상 과제는 앞에서 언급한 추상적인 아이디어를 명확한 형태로 형상화하려는데 있다. 이러한 변화의 요구를 실행하는 과정에서 건축은 가장 큰 역할을 한다. 헤르만 무테시우스(Hermann Muthesius)는 이러한 표현을 하였다. "건축적인 문명이 있기에 한나라의 국민 문화가 나타난다. 만일 한 국민이 건축의 발전없이 훌륭한 가구와 조명 등을 만들어 내면 건축의 형태는 지속적으로 퇴보하게 될 것이다." 이렇게 건축 문화의 한 부분을 이루는 모든 건물은 추상적인 사고를 분명한 형태로 보여주고 건축 문화의 척도를 나타내야 하는 의무를 갖고 있다. 이러한 건축의 이해를 돕기 위하여 한스 홀라인(Hans Hollein)는 이렇게 표현을 하였다. "건축은 건물을 통하여 정신적인 것을 현실적인 것으로 표현하는 것이다." 그러나 건축물이 때로는 명확한 목적을 가지고 지어졌다는 것을 보여주지 못하는 경우가 생기기도 한다. 건축물은 스스로 존재하는 것이 아니다. 일정한 목적이 있고 이를 실현하는데 건축이 사용되고 있는 것이다. 즉 건축물은 나쁜 인식이나 또는 좋은 인식 어느 경우에도 한 문화의 증인으로서 존재하게 되는 것이다. 지그문트 프로이트(Sigmund Freud)는 우리의 동물적인 사고에 의한 삶 속에 행위와 질서의 종합적인 행위로서 문화를 표현하고 또한 2개의 목표를 나타냈는데 "자연으로부터 인간을 보호하고 인간의 질서 관계를 표현하였다."고 하며 주거를 건설하는데 우선시되는 문화적 행위로 불을 사용하고 공구의 필요와 사용에 대한 기쁨을 나타내었다. 그러나 문화가 단지 미(美)를 나타내려는 도구만은 아니다. 문화의 개발과 함께 개인적인 요구와 그 요구의 공공성을 찾으려는 것 사이에 비교를 시도하는 것이다. 이 질서는 각각의 개인적인 자유를 제한하고 충동적인 것을 자제하면서 긍정적인 것으로 가는 것에 그 기초를 두고 있다. 이렇게 제한된 충동을 승화시키는 것이 문화를 개발하는데 아주 주요한 요소이다. 이것이 모든 종교, 이상, 학문 그리고 예술행위를 하는 목적이며 해결이다.

　인간은 이 네 가지 요소가 오랜 시간 수평을 이루며 서로 간에 명확한 조화를 이룰 수 있도록 정성을 기울였다. 종교와 이상은 모든 것을 수용하려는 질서구조를 형성하였고 학문과 기술은 일반적인 이해 이상으로 표현되었으며 예술은 감정 이전의 것이다. 질서는 인간 사이의 관계를 규칙화하고 문화는 시간의 흐름 속에서 변화하는 명확한 가치구조에 기초를 다지고 각인시키고 있다. 일반적으로 우리가 건축적 양식이라고 나타내는 것들은 질서의 건물적인 표현이고 이를 통한 지배적인 가치관을 나타내는 것이다. 이상, 학문 그리고 예술 사이에 있는 관계의 변화를 통하여 양식 또한 스스로 변화하고 있다. 1875년 오토 바그너(Wagner, Otto)는 이것에 관하여 "모든 새로운 양식은 옛것으로부터 새로운 구조, 새로운 재료, 새로운 인간적 의무와 의견이 현존해 있는 형태에 새로운 모양이나 변경을 요구하면서 이를 통하여 점차적으로 생성되는 것이다.” 라고 표현하였다.

　19세기는 산업화가 시작되는 시기였다. 산업혁명을 기점으로 새로운 변화가 사회에 나타나기 시작하였으나 위에서 언급한데로 산업혁명에 대한 형성은 산업혁명 이전에 새로운 변화, 즉 문화 또는 양식의 생성을 위하여 이미 준비되고 있었던 것이다. 당시의 기술에 대한 신뢰는 감각의 세계에 합리적인 사고를 구축하면서 구체적으로 생기게 된 것이지 갑자기 출현한 것은 아니다. 이러한 현상은 건축에도 작용하였다. 몇몇의 기술·과학분야에 있어서 19세기는 새로운 양식이 만들어지는 시기였다. 19세기와 20세기를 거치며 당시에 건축을 포함한 예술 운동은 봇물 쏟아지듯 밀려오기 시작하였고, 그것이 지금의 현대건축을 이루게 한 것이다. 지그프리트 기디온(Siegfried Giedion)은 과도기적인 당시를 이렇게 표현하였다. “예술은 일상적인 현실에 의하여 완전히 폐쇄되어 분리되고, 고유한 영역 내에서 서로간에 연결이 되었다. 그 결과 삶은 자유와 내적인 평강을 잃었다. 학문과 산업은 점차 단절된 감각의 영역 내에서 극적인 상황으로부터 다른 쪽으로 동요가 되는 방향으로 흘러갔다.”

　반대로 미술 분야에서 건축은 순수미술이 아니고 과학과 예술이 섞여진 것이며 이 때문에 양쪽 분야 사이에서 사고와 감각을 언제나 투자해야 했다. 그리고 어느 한쪽으로 지배적인 사고가 쏠리게 되면 이와 함께 건축적인 새로운 양식이 나오는 것이다. 20세기 자동차와 조선산업의 미적인 질과 기술적인 이점이 부각되면서 르 코르뷔지에(Le Corbusier)는 이를 통하여 새로운 건축양식을 만들어 냈다. 그가 한 말이다. “건축은 구식적인 형식 속에서 질식사했다”.

"모든 자동차들은 수 많은 자동차 회사들 중 각각의 회사가 부단한 경쟁을 통하여 자동차 시장에서 이기고자 하려는 동일한 관심을 갖고 있었다. 이러한 목적 달성을 위하여 기존의 표준은 사라지고 더 완벽한 것을 추구하게 된다. 기술의 발전은 단지 완벽하게 조화를 이루는 것뿐 아니라 아름다움도 직용을 하도록 노력하였다. 이러한 과정을 거치면서 하나의 양식이 만들어지는 것이다. 즉, 어떤 상황이 일치되고 결정되는 과정을 거치면서 새롭게 완성된 결과가 생기는 것이다."

아래 그림 1의 자동차 디자인은 64년이라는 시간차를 두고 자동차 알파 로메오(Alfa Romeo)가 변형된 것이다. 물론 이렇게 긴 시간차를 두고 두 개의 자동차를 비교한다면 디자인의 공통된 부분을 찾기는 어렵다. 그러나 자동차의 전반부가 길고 후반부를 짧게 한 것을 시작으로 자동차를 자세히 관찰하면 알파 로메오(Alfa Romeo)의 독창적인 양식을 찾을 수 있다. 이렇듯 기술의 뒷받침은 이제 세계시장에서 빠른 시간에 접목되기에 이들은 미적인 것을 첨가하여 자동차 시장에서 생존의 전략을 세우고 있다. 이렇게 새로운 양식의 탄생은 곧 이전의 지배적인 양식에 대한 종말을 고하게 된다.

그림 1 │ 왼쪽은 1925년도 형이고 오른편은 1989년도 형이다. 두자동차의 설계자는 다르지만 세월의 흐름에 의해 자동차의 디자인이 자연적으로 개발된 것이 아니고 자동차 시장경쟁에서 이기려는 변화의 한 모습이다.

"건축예술은 더 이상 양식적으로 나타낼 수 없다. 루드빅 14, 15 그리고 16세기의 양식 또는 고딕양식은 단지 부인의 머리에 달린 깃털같은 건축을 위한 양식일 뿐이다. 때론 아주 아름답지만 언제나 그런 것은 아니며 아주 아닐 수도 있다." 이 말이 의미하는 것은 무엇인가 부인의 머리에 달린 깃털은 마음이 변하면 언제든 떼어내 버리는 장식에 불과하다. 이렇듯 양식은 임시방편일 뿐 그 생명이 영원하지 않으며 시대가 바뀌면 미에 대한 어떠한 느낌도 주지 않을 수 있다. 점차 향상되는 기술이 가져온 속도와 과학에 대한 믿음은 20세기 60년대에 커다란 획을 그었다. 그러나 20세기 말에 접어들면서 그 기대는 합리적이라는 가치에 저항하기 시작했으며 감각의 압력에 저항하는 모습을 보이기 시작하였다.

"꽃의 힘"이나 "전쟁이 아닌 사랑을 만들어라"와 같은 표어들은 이러한 전체적인 운동을 표현하는 것이다. 이러한 것들은 시대적으로 비합리적이며 기호화된 가치를 나타내는 희망이다. 또한, 관념적인 가치관의 변혁과 함께 건축적인 양식의 변혁도 생겼다. 즉, 모던한 것이 Post-modern(과거의 양식에 기초를 둔 스타일)에 의하여 해체되는 상황이 온 것이다. 흥미는 감정적으로 계속되고 이를 반영하는 상황이 전 세계에 예술박물관에 대한 건축물의 전성기를 불러왔다. 문화라는 것이 명확한 가치구조를 표현한 건축물의 한 면을 장식하고 다른 한편으로는 간접적으로 구성된 환경이 인식되면서 인간의 지각에 주요인으로 작용하는 것이다. 위 표현의 2번째 요소는 일반적으로 과소평가 되는 것을 의미한다. 좋은 예로 영국의 도시 공간에서 생활하는 사람의 관계와 중동국가를 예로 들 수 있다. 영국의 중산층은 정원이 있는 개인주택에서 생활을 한다. 이들에게 인구 고밀도의 서울이나 동경에서는 이러한 주거를 기대할 수 없을 것이다. 이곳에서는 이러한 주거공간이 쉽지 않은 선택이 된다. 이 차이의 평가는 문화적인 조건이 다르기 때문에 육체와 자아의 관계에 대한 이질적인 평가 또한 영향을 미친다. 영국인의 자아는 육체 이상의 영역을 갖고 있다. 즉 육체의 주변환경은 자아의 영역 안에 속해있으므로 손을 뻗을만한 거리의 영역 내에 있는 것을 친근한 대상으로 여기고 있다는 의미이다. 그러나 중동인의 자아는 육체 내에 위치하고 있다. 근접해 있다는 것은 곧 거리감을 갖고 있다는 의미이기에 이는 친근함과도 같은 의미는 아니다. 즉 근접함은 거리감을 의미하는 것이지 친근하다는 의미와 상관이 없다는 것이다. 이를 근거로 중동의 공간이 그들의 도시처럼 좁은 공간에 함께 살고 있다는 의미는 단순히 서로 간에 물리적인 거리감을 갖고 있지 않다는 것을 의미할 뿐이다. 그리고 영국의 주거에 정원이 있다고는 하나 그 정도 거리는 이미 친근할 수 있는 거리라는 것이다. 이러한 건축적인 형태언어는 우리가 일반적으로 사용하는 언어와 다를 것이 없다.

2-2

문화의 기원

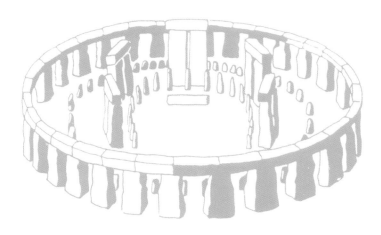

그림 2 | 이 사원의 모습은 복원 된 것이다. 태양신 사원, 기원전 17세기 Stonehenge, 영국

모든 문화는 집단 내에 있는 질서의 가치구조를 다시 반영한다. 이것은 다시 예술과 학문에서 지속적 그리고 감각적으로 나타난다. 학문이 합리적으로 작용하게 되고 무엇보다 사람들의 이해에 호응하게 되면서 예술은 감정적이 되고 이 과정 속에서 감각과 비합리적인 것이 요구되는 것이다. 자연의 힘에 대항하면서 사람들은 학문의 도움으로 더 나은 조건을 갖고자 시도하게 된다. 즉, 불

은 추위를 막는 것과 음식을 다루는데 사용되며 자전거는 이동하는 수단으로 사용되는 등 다른 많은 것을 가능하게 해준다. 이러한 모든 도움을 주는 것은 점차로 그 사용성에 대한 가능성이 확실시되며 우리 문화에 정착하여 생명력을 갖게 되는 것이다. 그러나 초기에 과학이 인간에게 주던 기쁨이 20세기에 들어서며 과학의 진보가 모든 사람들이 이해하기 오히려 복잡해지면서 그 사용의 가능성이라는 것이 오히려 불투명지기도 한다. 감각이 유행을 따르기 때문에 불합리적인 점으로 인식되고 문화의 다른 면 또한 과학이 갖고 있는 면과 같이 동시에 구시대적인 것이 된다. 그러나 이러한 것들은 측정이나 묘사도 할 수 없는 추상적인 과정이기에 문화의 발전과정으로 쉽게 이끌어 낼 수가 없다. 예술과 과학의 발전은 오랜 시간 함께 진행되어 왔다. 바로크 시대는 자체적으로 추상적이고 수학적인 학문을 발견하고 감정적인 영역에서도 평행적으로 나타나고 그것을 또한 예술에 반영했다고 주장했다.

"19세기는 학문과 예술의 길을 걸었다. 사고와 감각 사이의 연결이 끊어진 것이다. 오늘날의 건축과 기술 사이의 틈도 이 과정에서 벌어진 것이다." 지그프리트 기디온(Siegfried Giedion)은 오늘날에도 과소평가 되는 이 감각의 역할에 대하여 강하게 표현하였다. "감각의 영향과 힘은 사람들이 생각하는 것 이상이다. 감각은 모든 행위 내에 잠재해 있다. 행위가 완전한 실천이 아니듯 심사숙고라는 것 또한 완전한 것은 아니다. 물론 우리는 어떤 행위를 하던 그 속에 감각을 수반하기도 하지만 그것은 자율적인 선택이 아니다. 우리의 감각적인 삶의 영역은 다분히 스스로 콘트롤 하지 못하고 상황에 따라 결정된다. 그 이유는 한 사회를 구성하는 사람들 또한 다른 시대를 살았던 다양한 종류의 사람들이기 때문이다. 실질적이고 완벽한 문화는 느낌을 통하여 통일을 형성한다." 과학의 진보는 아이러니하게도 오늘날 우리에게 과거의 친근함도 준다. 예를들면 자전거나 구텐베르크의 인쇄술이 발견될 당시 이들은 첨단이었다. 그러나 지금 우리 모두에게 이것은 어렵지 않게 행할 수 있는 것이 되어 버렸다. 문화의 수행자로서 예술의 근원은 어디에 있는 것인가? 인간성의 첫 번째 구성형태는 다양한 의식 안에서 표명된다. 사실 이 마술적인 의식은 점차적으로 이 의식의 내용이 기호화되는 사물을 통하여 형성된다. 이 행위는 다른 경험에 의하여 사라지게 된다. 이 사물은 근본을 보여준다. 즉 이 사물은 무엇인가를 표현하는 대변자가 되고 이와 함께 하나의 예술적 행위, 즉 예술언어를 형성한다.

테오도르 아도르노(Theodor Wiegengrund Adorno))는 "예술은 비인간적인 현실을 인간적인 것으로 만들고자 한다."고 표현을 하였고 루이스 칸(Louis I. Kahn)은 "예술은 인간의 유일한 진짜 언어이다. 왜냐하면 예술은 인간적인 것을 인식하려고 어떠한 방법을 통하여 의사전달을 하려는 경향을 띠고 있다."고 하였다. 일단 우리가 알고 있는 과거의 창의적인 전달수단 또한 현재의 사고 속에서는 더 이상의 예술이 아니다. 예를 들어 구석기 시대의 동굴벽화는 이미 오래전에 시작된 예술과정의 명확한 단계이다. 자연이라는 존재는 그 당시 사람들에게 불확실하며 위협적인 그 무엇이었다. 그곳에 표현된 사냥하는 모습은 자연을 이해하는 우선적인 시도였으며 그와 함께 자연을 지배해 보려는 의도가 최소한 그림 안에 엿보인다. 그곳에 표현된 것은 적어도 장식적인 기능을 하는 것은 아니고 단지 도달하지 못하는 소망에 대한 보상심리를 표현한 것이다. 이는 마치 설화나 신화의 내용을 통하여 인간의 한계를 극복하려는 의도가 있는 것과 흡사하다. 이렇게 우리는 과거에 행해진 문화의 유산을 예술로서 취급하고 있다. 오늘날 우리의 박물관을 채운 소위 원시시대 문화의 산물들은 현대에 살고 있는 우리의 감각에 적합한 예술작품은 아니다. 이것은 당시의 행위를 대변하는 문화의 대상이다. 인간을 자연으로부터 보호하는 차원이 아닌 다른 의미의 가장 오래된 건축물은 신전과 같은 의식을 행하는 건축물이다. 즉 오래된 건축물로 여기는 신전 또한 예술의 한 분야로 전해지는 건축으로서의 의미보다는 당시 인간 소망의 표현을 나타내는 문화 유산적 표현이었다. 한스 홀라인(Hans Hollein)은 현대의 건물 또한 과거와 같이 신전처럼 여겨지기도 한다고 생각하였다. "건물은 인간의 가장 기본적인 욕구이다. 제일 먼저 인간을 보호하기 위한 지붕이 얹혀지는 것이 아니고 인간적인 삶 속에서 형성되어진 종교적인 질서에서 시작되고 그것이 발달하여 도시가 형성되어지는 것이다. 즉, 모든 건축은 의식의 행위이다."

에른스트 크리스(Ernst Kris)는 경험이 추가되면서 이전의 어떤 행동이 사라지는 것을 미적인 환상이라고 표현하였고 지그문트 프로이트(Sigmund Freud)가 앞에서 말한 것과 같이 이것이 문화의 근원이라고 하였다. 이렇게 오늘날에도 예술은 근원적이고 기호적인 내용과 함께 의식적인 행위를 위하여 승화된 것이다. 예술은 사유적인 것이 아니고 사회 도덕적인 구조와 밀접하게 연결이 되어 있다. 아니 그것의 한 부분이다. 테오도르 아도르노(Theodor Wiegengrund Adorno))는 이에 관하여 다음과 같이 말하였다. "주관으로부터 해방되기 이전부터 예술은 하나의 사회였다. 한 사회의 독립과 자율은 공동으로 성장하는 시민의 자유의지를 역으로 포함하는 상대적인 기능이었다. 이렇게 예술은 오랜 기간 동안 의식적인 목적을 수행하고 무명의 창조자로 존재하고 있었다. 예술적인 산물을 통하여 예술가는 명확한 가치를 얻고 이러한 상황에서 자유로운 행위를 하게 되었다. 그러면서 이 의식적인 예술품의 속도는 그 이상, 또는 그 이하로 강하게 발전을 보였다. 서양에서는 이것이 두 번이나 나타났다. 한 번은 역사 이전의 그리스 문화와 두 번째는 후기 르네상스이다. 모순적으로 고대 이집트 건축물의 건축가 이름을 우리는 알고 있으면서 중세의 명작에 대한 창조자의 이름은 무명으로 알고 있기도 하다. 오늘날 우리가 알고 있는 예술이 그 근원과는 어느 정도 다를지도 모른다. 오늘날 많은 예술품들이 저장실에서 화폐단위로 평가절하되어 있거나 또는 사회적인 과시로 봉사하고 있다. 그러나 그 근원적인 감각이 없어진 것은 아니다. 아니 없어질 수가 없다. 그렇게 된다면 더 이상 예술이 아니기 때문이다.

2 - 3

양식이란?

도입부에서 우리는 미학적이며 의미적인 정보에 존재하는 차이를 구별하였다. 특히 의미적인 정보가 만들어내는 학문을 이해하는 동안 감각이 작용하며 여기에 미적인 정보가 우선적으로 역할을 하는 예술이 이들과 함께 작용한다는 것을 보았다. 계속하여 송신자의 자료처럼 수신자가 받는 자료에 이 정보의 기호가 이해될 경우 정보의 교환이 발생된다는 것을 우리는 알았다. 의미적인 정보의 소재는 구체적인 내용과 함께 기호로 만들어져 있다. 예를 들어 화학적인 흐름에 관한 설명은 언어를 사용하여 설명하기 보다는 공식이나 이와 유사한 것의(기호) 도움으로 이해할 수 있다. 이 공식의 내용은 개인적인 해석이 첨가되지 않은 완전히 객관적으로 정의된 것이다.

$$H + H + O = Water$$

미적인 정보의 소재는 그 명확한 내용에 관하여 상징적인 표현을 내포할 수 있으며 이와 동일하게 개인적인 해석을 위한 자율적인 공간을 개방하기도 한다. 모든 정보는 일정한 기호로 구성되어 있다. 서신 속에서 분명한 신호결합이나 신호가 사실적일수록 이 서신의 원형은 덜하며 우리가 일반적으로 양식으로 나타내는 통상적인 서신에 일치한다. 즉 위에서 예로 들은 화학적 흐름을 나타내는 기호는 사실상 그 화학적인 물질과는 전혀 상관이 없으나 우리는 화학기호라는 명확한 표현을 만들어 무엇인가를 전달하고 있다. 여기에서 그 화학기호가 바로 하나의 물질에 대한 양식처럼 우리는 인식하고 있는 것이다. 이 말은 곧 어떤 양식을 나타내는 예술작품은 가능한 원래의 형태를 적게 내포하고 있어야 함을 의미한다. 양식적인 것이란 곧 원형을 잘 복사한 것과 크게 다르지 않다. 오랜 기간 동안 예술적 이해의 본질이 의문시되지 않았다. 이것은 시각적으로 인식 되는 예술에 있어서 무엇보다 형식적인 관점에서 표현되는 다양한 예술작품의 의미론적인 정보가 일치하는 것을 의미한다. 이를 통하여 미적인 정보를 나타내기 위한 작용범위는 두드러지게 제한되어 있다. 오늘날을 포함하여 오랜 시간 동안 종교적, 사회적 또는 정치적인 이상이 건축을 포함하여 예술에 비추어졌고 여기에 개인적인 해석은 전혀 고려되지 않았다. 어떤 양식에 상응하는 예술작품이라는 의미는 단순하게 원본을 복사하는 역할만을 해서는 안 된다는 것이다. 그렇게 되면 우리는 그것을 더 이상 예술로 나타내지 않는다. 그러나 그 내용 속 원본의 정보는 어느 정도 규칙을 갖고 있어야 하고 이를 통하여 하나의 양식으로 취급하거나 그 범주에 넣을 수 있게 되는 것이다. 그러면서 예술작품의 미적인 정보가 비로소 그 상징적인 내용을 통하여 개인적인 해석을 가질 수 있게 되고 이와 함께 그것이 어떤 일정한 양식에 속한 경우라도 그 안에 개인적인 특성이 있으면 우리는 그것을 예술작품으로 취급하게 된다.

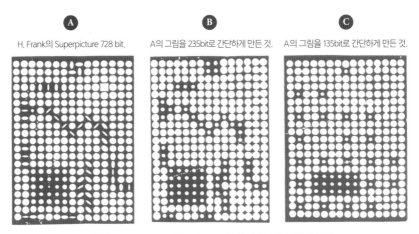

그림 3 │ Victor Vasarely의 그림. 728bit(그림 A)의 정보를 함유한 그림.

한 정보 내에 의미론적인 것과 미적인 내용의 배분이 언제나 균등하게 포함되는 것은 아니다. 그 관계는 양식의 주기에 따라 달라지며 시기에 따라서 달라질 수도 있다. 예를 들어 빅토르 바사렐리(Victor Vasarely)와 브리젯 라일리(Bridget Riley)의 그림 3, 4는 의미론적인 정보에 많은 부분을 할당한 시각적인 그림이다. 많은 부분 일정한 수와 형태, 배열 그리고 색에 의존하여 그림을 관찰해야 한다. 이 그림들은 시각적인 전달에 직접적인 표현을 갖고 있지 않다. 이 그림에서 미세한 미적인 전달은 그림을 해석하는데 많은 정보를 주지 않고 있다. 그렇다고 이 그림들이 단지 학문적인 정보만을 제공하는 것은 아니다. 이 그림이 전달하는 시각적인 착각은 관찰자에게 불확실성과 강제성을 갖고 극적인 그림을 형성하는 무엇인가를 분명히 전달하기는 한다. 이렇기 때문에 이 그림을 볼 때마다 모든 관찰자에게 언제나 새롭고 다양하게 나타나며 그것이 이 그림의 원형으로 남는다. 아주 다른 예로 피카소의 그림 게르니카(Guernica)의 그림을 보자. 이 그림은 의미론적인 것으로 제한되어 있다. 그림이 표현하고자 하는 것은 스페인의 시민전쟁에 반한 것과 폭력 등 일반적이고 상징적인 내용이다. 건축에서도 전달하는 과정에서 미적이고 의미론적인 정보를 나누어 볼 수 있다. 즉 건물의 표현 속에 숨겨진 간접적인 전달을 관찰해 본다. 소위 설리반이 말한 것과 같이 형태는 기능을 따른다는 표현에 따라 디자인된 현대건축은 모던 건축보다 형태가 정리되고 규칙적이며 깔끔한 것을 말하며 기능적인 건축가들은 다시 모호하게 포스트 모던 건축에 자리를 잡았다. 무엇보다 현대건축은 해석에 대하여 적게 정보를 제공하는 의미론적 정보에 개방되어 있고 그 명확함이 분명하게 나타난다. 현대건축 이전의 시기에 익숙해 있던 사람들에게 초기 현대건축 작품은 어느 정도 신선하게 나타났다. 그것은 진정 새로운 충격이었다.

현대건축의 경향이 초기에 주는 정보는 미세하였고 현대양식이 증가하는 빠른 보급 속도에 비하여 아직은 정보가 작았다. 이로 인해 극적인 표현을 이해할 가능성은 아직 미세하였다. 특히 정보제공이 대부분 문장론적인 표시로 되어 있었기 때문에 개인적인 해석을 할 수 있는 범위는 적을 수밖에 없었고 이로 인하여 감정적인 욕구는 계속 등한시되었다. 그러면서 모던이 이해되기도 전에 포스트 모던이 의식적으로 다시 모호한 상태로 자리를 잡았던 것이다. 여기에서 개인적 욕구에 대한 의문이 계속되었지만 그럼에도 불구하고 개인적인 영향 또한 더 증가하기 시작한 것이다. 모던건축이 이해력을 요구했다면 포스트 모던은 감각을 요구했다. 즉 새로 등장한 모던은 아직 이해되지 않았기에 이에 대한 이해력을 요구한 상태이고 포스트 모던은 이미 과거의 소재에서 그 요소를 갖고 왔기에 이해는 할 수 있었다. 그래서 그 다음 단계인 감각을 요구한 것이다. 역사의 흐름 속에서 영향력 있는 건축양식은 시대를 거듭하면서 그 시대에 부흥하여 변화를 해왔다. 새로운 양식의 진행 속에서 무엇이 옳은 것인가 하는 파악과 이해도 하기 전 저항적인 행농처럼 과거의 양식주기의 증거가 다시 등장하는 강한 변화가 나타나기도 하였다. 이렇기 때문에 그 시대의 새로운 양식만 등장하는 것이 아니라 같은 시대에 다양한 양식을 또 발견하기도 한다. 예를 들어 대가 미스 반 데어 로에(Mies van der Rohe)조차 로버트 벤

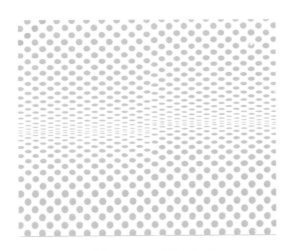

그림 4 | Bridget Riley의 "분열", 1963

츄리의 포스트 모던건축에 관한 인식을 갖고 있지 않았었다. 그렇지만 그도 자신만의 구조 안에 동시대의 표현과 과거의 표현이 담긴 두 개의 요소를 자신의 작품에 표현했었다. 그 요소의 종류는 성분의 복잡성이나 배열의 등급이 다양하다. 여기에서 그 재료나 형태 등 구성요소의 종류가 그 배열상에 영향을 미

모던건축의 비교표		
모던 1920-60	**레이트-모던** 1960	**포스트-모던** 1960
이념 Philosophy		
1 국제주의 양식, 혹은 「무양식」	무의식적 양식	양식의 이중 규약 체계화
2 유토피안, 이상주의자	실용주의자	「대중주의자」·다원론자
3 결정주의적 형태, 기능적	느슨한 맞춤	기호론적 형태
4 시대정신	후기 - 자본주의자	전통 속에서의 선택
5 예언자·치유자로서의 예술가	억압된 예술가	예술가·건축주
6 엘리트주의, 「모든」사람을 대상	엘리트 직업인	엘리트주의면서 참여를 허용
7 전체론적·포괄적 재개발	전체론적	점진적
8 구세주·의사로서의 건축가	서비스를 제공하는 건축가	대변인 및 활동가로서의 건축가
양식 Form		
9 직선적	초관능주의·슬릭테크·하이테크	혼성 표현
10 단순성	복합적 단순성-모순어법, 불분명한 참조	복합성
11 등방적 공간 (시카고 뼈대구조, 돔-이노 주택)	극도의 등방적 공간 (개방평면 사무소, 「헛간같은 공간」,), 용장성과 평탄함	경이로움을 자아내는 다양한 공간
12 추상적 공간	조소적 형태, 과장법, 비의적 형태	관습적이고 추상적 형태
13 순수주의자	극도의 반복 및 순수주의자	절충적
14 불명료한 「바보상자」	극도의 분절	의미를 통한 분절
15 기계미학, 직선적 논리, 순환체계, 설비, 공학기술, 구조	제2기계시대미학, 극도의 논리, 순환체계, 설비, 공학기술, 구조	맥락에 의존하는 혼성 미학 : 내용의 표현, 기능에 적절한 의미 부여
16 반-장식	구조 및 구축 과정의 장식화	유기적 경향, 응용된 장식
17 반-재현적	논리, 순환체계, 설비기술, 구조, 동결된 동선을 재현	재현적 경향
18 반-은유	반-은유	은유적 경향
19 반-역사적 기억	반-역사적	역사적 참조 경향
20 반-유머	의도치 않은 유머, 부적절함	유머적 경향
21 반-상징적	의도치 않은 상징	상징적 경향
디자인 개념 Design Concept		
22 전원속의 도시	전원속의 「기념물」	맥락존중하는 도시 설계, 재활성화
23 기능 분리	「헛간」 내에 다양한 기능 수용	기능의 혼합
24 「뼈와 살」	옾 아트 효과를 내는 광택처리, 이지러진 광택 표면, 번짐 효과	「매너리즘적이면서 바로크적」
25 종합예술	환원된 혹은 과장된 격자 사용 「비합리적 격자」	모든 수사적 수단 동원
26 「매스가 아닌 볼륨」	피부로 에워싸인 볼륨, 매스거부 : 「모든 것을 포괄하는 형태」 - 제유법	기울어진 공간, 연장된 공간
27 관상, 점 블록	돌출된 건물, 선형성	가로 건물
28 투명성	진정한 투명성	모호함
29 비대칭 및 「정형성」	대칭, 형태의 회전, 반전, 연속을 추구	비대칭적 대칭 경향 (앤 여왕 복고주의)
30 조화속의 통합	포장된 조화, 강제된 조화	콜라쥬·콜리전

친다는 것을 주의 깊게 관찰해야 한다. 즉 어떻게 배열하는가에 따라 새로운 것일 수도 과거의 것일 수도 있다는 것이다.

복잡성과 상징내용의 규모 사이에는 일정한 요약이 만들어져 있다. 배열이 복잡할수록 그 상징내용의 규모 또한 복잡하고 크며 이와 함께 해석의 범위도 커지게 된다. 미스 반 데어 로에(Mies van der Rohe)의 건물은 그의 배열규칙을 통하여 분명한 표현을 갖고 있다. 그러나 벤추리의 건축물은 복잡하기도 하지만 이와 함께 모든 관찰자 스스로 답을 얻을 수 있도록 의문에 대하여 충분히 개방되어 있다. 아마도 이 두 개의 양식은 두 개의 대조적인 축을 보여주는 극적인 디자인일 것이다. 하나는 관찰자에게 상대적으로 대치해 있는 명확한 표현이 관찰자로부터 작은 이해 협조를 요구하고 그로부터 자신의 표현과 내용을 강요한다. 두 번째 양식은 반대로 자신의 애매 모호함을 통하여 직접적으로 관찰자의 이해 협조를 요구한다. 한 양식의 변화, 새로운 양식으로의 변환은 배열조직의 변화 속에서 존재하고 첨가된 새로운 것이나 또는 두 개의 요인이 서로 영향을 주며 변경된 요소를 사용하면서 새로운 양식으로 존재하게 된다. 건축물과 양식 중에 무엇이 먼저인가 하는 의문은 필요 없다. 왜냐하면 인위적인 환경으로서 건축물은 이미 정신적인 질서를 표현한 것이었고 이와 함께 하나의 양식으로 자리매김을 하기 때문이다. 즉 우리는 '미스 양식' 또는 '벤추리 양식'이라고 부르면 된다.

루이스 칸은 "인간의 정신은 위대한 양식 속에서 결정되는 기적의 건축물을 이루었다."고 말하였다. 양식은 분명한 가치구조를 가지고 있고 이에 부응하는 최상의 형태를 만들어내는 행위에서 생겨난다. 프랭크 로이드 라이트

(Frank Lloyd Wright)는 "일관되어야 하고 단계적으로 나타나는 조건을 예술적으로 주의하면 양식은 스스로 자신을 관리한다. 이에 반하여 자연스럽게 호감을 갖게 되는 형태를 만들기 이전에 소위 양식을 위한 모든 작업은 이러한 건축물을 만들어 낸 창시자 즉 건축가의 이름이 알려지는 초기부터 생각된 것은 아니다."고 말하였다. 종종 양식이라는 것이 단순하게 형태를 복사한 것이거나 한심하게 무리한 결과를 이끌어내는 것으로 오해를 하는 경우도 있다. 프랭크 로이드 라이트(Frank Lloyd Wright)는 이에 관하여 설명을 하였다. "양식이라는 것이 우리가 부르는 것처럼 이미 존재하는 위대한 양식에 무엇인가를 하는 것이 아니다. 양식들은 여기저기서 갈기갈기 분해되고 여러 곳으로 흩어져 있다. 사실상 양식적인 것이 적을수록 더 양식적이다." 양식은 하나의 수단이지 부담이 아니다. 이에 대하여 필립 존스가 말하기를 "하나의 양식은 대부분 나의 동료들이 생각한 것이 표현되는 것처럼 어떤 제한이나 규칙의 열거가 아니다. 양식은 작업할 수 있는 상황이며 위로 계속하여 상승하는 뜀틀 판이다. 만일 새로운 건물을 설계할 때마다 매번 새로운 양식을 설계해야 한다면 이는 정말 부담스러운 자유이다. 양식은 미켈란젤로 부오나로티(Michelangelo Buonarroti)나 프랭크 로이드 라이트(Frank Lloyd Wright)와 같이 모든 위대한 자들에게도 예외적으로 무거운 부담이다. 양식은 또한 비평가에 의하여 적용될 수 있는 규칙의 열거도 아니다. 양식은 대부분이 비건축인과 비평가에 의하여 구두로 표현될 수 있는 시각적인 미의 척도 또는 이해 폭의 범위 등이 모든 것의 종합이다."

2 - 4

질서

건축물은 다양한 요소로 구성되어 있다. 이 요소의 관계는 상호간에 서로 규칙이 있다. 즉, 이 요소들은 모두 하나의 질서를 따르고 있다. 이것은 매우 간단하고 명확하지만 또한 복잡하기도 하다. 정보미학의 창시자 막스 벤제(Max Bense)는 질서를 혼란, 구조 그리고 형상의 세 단계로 구분하였다. 완전한 혼란은 그 요소의 관계 속에서 질서의 규칙을 상호간에 확인할 수 없게 놓여 있는 것이다. 규칙을 읽을 수 없고 단지 그 실체만이 절대적으로 존재하는 것이다. 구조는 규칙적인 배열이 있는 것이다. 구조적인 토대는 규칙적인 형태를 인식하는데 중요한 역할을 한다. 우리가 알고 있듯이 동일한 구조에서 다양한 형태가 가능하다. 질서의 세 번째 단계로서 막스 벤제(Max Bense)는 불규칙적인 질서를 나타내었다. 재료의 구성 요소 다수가 임의로 어떤 형상적인 분포를 나타내고 이것이 결정적인 시스템으로 이해된다면 비로서 독특한 형태로 나타날 수 있다. 요소의 배열은 또한 하나의 메인 규칙을 따라 놓여 있다. 배열의 정도가 점점 증가하고, 더 복잡해 질수록 정보를 제공하는 양은 점점 적어진다. 이 말의 의미는 배열의 정도가 단순할 수록 우리가 그 물체를 인식하는 정도가 쉬워진다는 것이다. 그러나 복잡성이 심할수록 불규칙한 것을 뜻하는 것은 아니다. 즉 복잡함이 심하면 전체적인 배열은 더 이상 인식되지 않고 아마도 모호한 인식을 갖고 있을 것이다. 그러나 질서의 습득은 곧 원형의 손실을 의미한다. 즉 요소들의 질서를 인식하게 되면 전체적인 모습은 보이지 않고 부분적인 것을 보게 되는 것이다. 배열이 전체적으로 혼란할 경우 각 요소의 인식되는 상황은 개체가 보이지 않거나 이와 함께 새로운 결합을 위한 가능성을 보이거나 전혀 다른 것으로 보이는 착시현상 등 각 요소의 인식 정도가 서로간에 동일한 수준을 갖게 되고 원형을 보기 힘들다는 것이다. 양식이 계속 이어진다는 것은 원본이 존재한다는 것이 아니고 구성요소가 하나의 양식을 인식할 수 있는 질서 속에 있다는 것이다. 다양한 양식의 의미는 다양한 요소와 다양한 배열구조로 되어있다는 뜻이다.

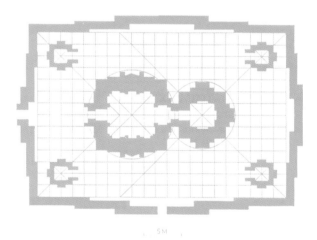

그림 5 │ Brahmeshwara 사원의 질서구조, 1075. Bhubanswar. 인도

즉, 어떠한 요소와 구조를 갖는가에 따라 양식의 구분이 결정됨을 말한다. 이를 통하여 양식의 구분이 좀 더 복잡해지고 다양해지며 관찰자와 사용자의 관계가 분명히 구분된다. 예를 들어 인도의 힌두사원은(그림 5) 그 배열이 한 눈에 인식하기 힘든 질서구조를 가지고 있다. 이러한 배열구조는 자동적으로 인식에 대한 강요를 의미한다. 이 배열구조가 많고 엄격할수록 변화에 대한 범위가 적고 각각의 요소는 상위구조에 종속된다. 즉, 배열구조가 자신의 기능을 옳게 나타내기 힘들다.

그림 6 | guernica. 피카소, 1937. 스페인

반대로 복잡한 배열구조에는 각 요소들이 비교적 자율성이 크고 적용범위가 넓으며 모호성이 있다. 이 의미는 위에서 언급한데로 배열구조가 복잡하면 전체적인 것 보다는 각각의 요소를 인식하게 되고 반대로 간단하면 전체적인 배열구조를 읽게 되어 개개의 요소는 보이지 않는다는 것이다. 그러나 엄격한 배열구조는 비록 복잡하더라도 예외일 수도 있다. 여기에서 중요한 것은 시스

템의 자체적인 구조는 변경되지 않는다는 것이다. 아주 엄격한 배열구조를 갖는 건물은 미세한 자율성을 갖는다. 즉, 그 시스템 내에서의 변화를 생각한다는 것이 아주 어렵다는 것이다. 이 때문에 그 표현이 명확하고 그 해석이 단지 미세한 범위 안에서 가능하다. 그래서 이러한 건물의 형태들은 기념비적인 것으로 취급되기가 어렵다. 한편 복잡한 배열시스템을 갖고 있는 건물은 그 범위가 아주 넓고 모호하며 개인적인 표현이 가능하다. 이러한 건물은 활력적인 것을 요구하며 그 배열은 그 시스템이 연구되도록 설정되었다. 이러한 건물은 피카소의 "게르니카(Guernica)"와 비교된다.(그림 4, 6~8 비교) 여기에서 이 그림을 착각하는 관찰자는 그 배열과 배경을 연구하는 자세를 강요받게 된다.

미스 반 데어 로에(Mies van der Rohe)와 벤츄리의 건축양식은 커다란 스펙트럼의 두 축을 이루고 있다. 그들의 대립은 재료의 선택에서까지 보여진다. 어느 것이 더 뛰어나며 더 아름다운 양식인가? 하는 물음에 객관적인 대답은 불가능하다. 우리가 아직 살펴 볼 것이 있는 것처럼 그 사물의 미적인 값어치도 아직 찾아야 하기 때문이다. 즉, 그 가치는 배열과 복잡성에서 나오는 몫이다. 건물이 복잡할수록 다양하고 더 개방되게 그 배열구조가 있어야 하고, 이로 인해 분명한 미적 값에 도달할 수 있기 때문이다. 미스 반 데어 로에(Mies van der Rohe)의 대부분의 작품처럼 아주 엄격한 배열을 갖는 건축물은 다수의 복잡성을 허락하지 않거나 아주 혼란스럽지 않다. 한편으로 벤츄리의 배열구조는 진부하지 않도록 명확한 복잡성을 요구한다. 이 양식에서 복잡성은 매번 배열구조와 함께 일치하는 것이 중요하다. 만일 이 규칙을 유지하거나 다양한 양식의 몫이 가능하지 않다면 건축의 절대적인 최고점에 도달하는 양식이 될 수

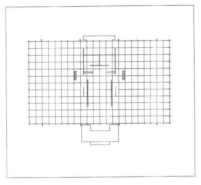

그림 7 | Ludwig Mies Van der Rohe, Crown Hall,
1956. Chicago, USA

그림 8 | Robert Venturi, 박물관(계획안), 1965. North
Canton, USA

가 없다. 상황에 따라서 간단하거나 복잡한 우세한 배열이 되어야 함을 누가 결정하는가? 톰 먼로(T. Munro)는 예술에서 배열구조의 복잡성은 설명이 어렵고 이로 인하여 단순한 배열구조로 되돌아가려는 의지가 끊없이 발생한다고 생각하였다. 톰 먼로(T. Munro)의 이 설명은 정보이론과 함께 증명된다. 모든 현상의 요소들은 그들을 인식하는 빈도수가 증가할수록 요소도 함께 증가한다. 즉, 우리가 한 건물을 자주 볼수록 우리는 그 건물의 양식을 비교하게 되고 그럴수록 그 구성요소가 더 많이 증가하며 그 원형은 오히려 감소하게 된다.

우리가 알고 있는 것처럼 중요한 조건 중의 하나는 미의 발견을 위하여 그 건물이 가진 극적인 표현의 형성 가능성을 찾는 것이다. 그러나 형태인자가 증가할수록 그 표현의 형성 가능성은 감소된다. 인식에 있어 160bit의 정보가 도달하기까지는 오래 걸린다. 우선적으로 찾아낸 표현을 요약하고 정리하는 과정이 필요하다.

피터 스미스(Peter. F. Smith)는 건축사의 흐름에서 계속하여 반복되는 과정을 3단계의 주기로 증명하였다. 이 주기는 곧 다양한 변화 속에 한 주기가 갖고 있는 불확실성과 모순에 반란을 일으키면서 새로운 것으로 변화하는 것을 보여준다.(그림 9 참조)

첫 번째 단계는 명확하고 엄격한 질서가 지배적이며 단순성과 하모니가 우위를 차지하고 있다. 그래서 그리스와 르네상스를 이 범주에 속하게 하였다.

두 번째 단계는 긴장을 나타낸다. 매너리즘 시대의 양식으로 이태리 플로렌쯔에 있는 미켈란젤로 부오나로티(Michelangelo Buonarroti)의

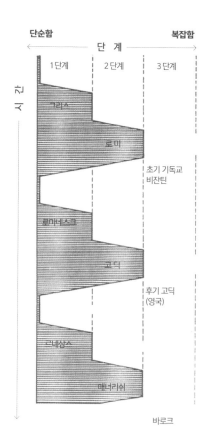

그림 9 | 양식 전개의 3단계 사이클

비블리오테카(Bibliotheca) 전실을 피터 스미스(Peter. F. Smith)는 이 단계에 두었다. 모호함과 착각이 주를 이루는 바로크의 양식과 함께 이것을 3번째 단계로 구분하였다. 이 배열은 우리가 수용하는데 한계를 가질 만큼 복잡하다.(그림 9)의 분포는 매우 간단하고 최소한 19세기 중반까지는 그 주기가 유효하다고 할 수 있다. 왜냐하면, 서양문화의 건축물은 지금까지 포괄적인 요약이 없었

기 때문이다. 그 순환의 진행에 있어서 정확한 반복을 보여주는 것은 아니다. 하나 또는 동일한 단계 내에서 시간적 이동의 다양한 변화를 보여주는 것도 사실 가능하다. 예를 들어 고대 그리스 양식에서 르네상스와는 상이한 매우 다른 공간 해석이 강하게 보이고 각각의 시기 안에서 다양한 하부 순환으로

그림 10 | Bibliotheca. 미켈란젤로. 1523. 플로렌스. 이태리

구분된다. 현대건축에서 이러한 배열시스템은 초기보다 마지막 주기에 더 강하게 보여준다. 근대 초기는 "기능은 형태를 따른다"였다(형태주의). 수학은 미학의 기본이었다. 미스 반 데어 로에(Mies van der Rohe)의 작품을 보면 수학적인 배열이 명확하여 인식하는데 뚜렷하다. 미스 반 데어 로에(Mies van der Rohe)를 이 경향의 대표적인 사람으로 여기는 것도 바로 이러한 이유이다. 휴스턴에 있는 필립 존슨(Philip Cortelyou Johnson)의 Penzoil 건물은 현대건축의 두 번째 단계에 속한다. 이 건물은 단지 합리적으로 설명할 수는 없는 긴장감을 주는 다양한 빗금 형태의 엄격하고 풍부한 기하학적 형태로 구성되어 있

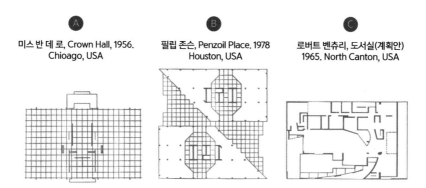

A 미스 반 데 로, Crown Hall, 1956. Chioago, USA

B 필립 존슨, Penzoil Place. 1978 Houston, USA

C 로버트 벤츄리, 도서실(계획안) 1965. North Canton, USA

그림 11 | 현대 건축속의 다양한 복잡성

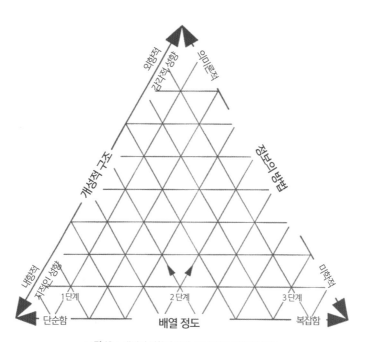

그림 12 | 개인적 성향의 요약, 정보와 배열정도의 종류

다. 로버트 벤투리(Robert Venturi)는 세 번째 단계에 속해있다. 그의 형태언어는 미스 반 데어 로에(Mies van der Rohe)와 차이가 있는 것을 알 수 있는데 좀 싫증이 나는 경향이 있으며 20세기 바로코로 간주 될 수 있다.(그림 11)

　의미론적이고 미적인 정보의 배열 상태와 해체 사이에는 직접적인 요약이 있음을 보여주고 있다. 배열이 명확할수록 의미론적인 정보에 대한 관심이 더 크며 감각에 대한 이해의 영향 또한 더 크다. 반대로 관심이 크게 되면 미적인 정보에 대한 이해가 지배적으로 작용한다. 또한, 아주 복잡한 배열에서는 감각이 이해를 능가하는 상황이 벌어진다. 또한 개성적인 구조는 문화주기에 속한 3단계의 평가치에 영향을 미친다. 지적인 것에 반응하는 내향적인 사람은 오히려 분명한 배열을 취하고 그 때문에 단순하고 명확한 형태를 첫 번째에 있는 건축양식을 좋아한다. 그리고 외향적인 사람은 감각에 반응하며 복잡한 배열을 좋아하고 이와 함께 3번째 단계에 있는 건축양식에 속한다.(그림 12)

2-5

양식의 변천

건축사 연대기를 보면 서양 문화에서 양식의 종류가 정기적으로 변화 된 것을 알 수 있다. 그 배열 시스템은 싫증 난 후에 다시 단순성으로 돌아가는 것처럼 간단한 것에서 복잡한 것으로 개발이 되었다. 이러한 변화는 부분적으로 극단의 예술영역에서 보이거나 우세한 양식으로 변화가 빈번하게 되는데 이는 단지 서양의 예술영역에서 발견할 수 있다. 중국이나 일본을 보면 그 양식의 변화는 아주 느리게 나타나고 있다. 일본건축에서 우리는 극적인 것을 발견하기도 하지만 그 전환점이 유럽건축에서 나타나는 것과는 사뭇 다르다. 놀랍게도 그 전환점이 서양처럼 개발의 시작이나 끝에 놓인 것이 아니라 부분적으로 동시대에 중도에 나타나는 것을 발견할 수가 있다. 좋은 예로 도쿄의 북쪽에 위치한 니코의 토소구와 교토의 카슈라 빌라이다.(그림 13)

이 두 건물은 17세기 초에 지어졌다. 첫 번째 건물은 도꾸가와 왕조의 첫 번째 쇼군, 즉 레야수 황후 때 지어졌고 두 번째 건물은 황제가문의 왕자를 위한 궁으로 지어졌다. 니코에서는 무늬와 장식으로 적색, 녹색, 청색 그리고 검정색에서 흰색까지 있는 색 위에 금색 판으로 덧 칠된 건축물을 발견할 수 있다.

이를 우리는 일본의 바로크 양식으로 간주하기도 한다. 설치된 구조물의 상세도를 보면 이전 불교사원의 것이 있음을 볼 수 있는데 형태나 구조적인 것 모두가 기본적으로 새로운 것은 아니다. 카슈라 빌라는 커다란 정원의 한가운데에 놓여 있다. 이것은 당시의 일반적인 일본 양식인 쇼인 양식으로 지어진 것이다. 그 장식의 종류가 풍부하지 않으며 전체적으로 간단한 조화를 이루고 있

그림 13 | 니코의 토소구 schrein과 교토의 카슈라 빌라

다. 이 목조구조의 엄격한 기하학이 종이로 된 미닫이 문의 흰 면을 두드러져 보이게 한다. 이 두 건물은 당시의 통상적인 양식을 갖고 있다. 하나는 묘지와 사원이고 다른 하나는 관저이다. 이 두 건물의 커다란 차이는 외부에 나타나는 표현이다. 하나는 화려하며 과장되고 다른 하나는 소박하며 간단하다. 동일한 시대에 지어진 이 두 건물이 이렇게 다른 이유를 이해하기 위해서 우리는 당시의 정치적 상황을 알아야 한다. 당시의 국가원수이며 신토의 대제사장인 황제는 교토에 거주하였으며 군력에 대한 행사는 더 이상 없었다. 황제의 전원에 개인적으로 영향을 주었으며 카슈라의 건물주인 왕자 토시히토는 유명한 시인이었으며 다도의 대가였다.

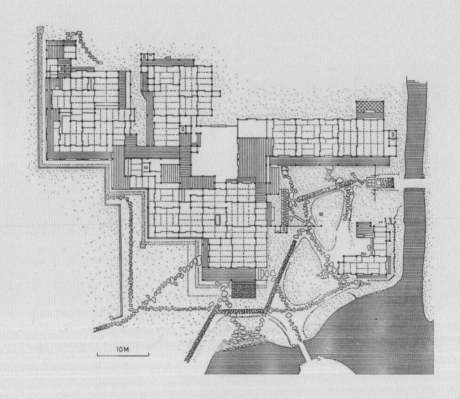

10 M

그림 14 | 카슈라 빌라 배치도

종교적인 행사와 문화적인 삶은 당시 도쿄에서 500 킬로미터나 떨어진 쇼군이 막강한 권력을 소유하는 동안 교토에 머물고 있는 황제가족이 영향을 미쳤다. 이러한 권력의 이원화가 니코와 카슈라의 구별된 표현이 나오는 근본적인 원인이 되었다. 쇼군이 자신의 권력을 화려함과 색채로 나타내려고 의도하는 동안 빌라 카슈라는 자연 속에 자리를 잡았고 이와 함께 조화를 이루었다. 황제의 정원은 그 어느 것도 나타내지 않고 오히려 정신적이며 문화적인 분위기를 연출하려 하였다. 건물의 일부는 권력이 있음을 나타내고 그 때문에 다양한 미적인 표현과 함께 무엇보다 감각에 호소하면서 이를 능숙하게 나타내려 하였다. 그러나 빌라 카슈라는 깔끔한 배열을 사용하여 단순하면서 조화를 표현하고 자연 친화적이며 내향적으로 되어있다.

이 두 개의 양식은 17세기 일본에서 동시대에 공존하며 두 개의 정신적인 기초를 함유하면서 다양한 표현을 갖고 있다. 알려진 것처럼 사람은 스트레스를 받는 경우 지적인 것 보다는 감각적인 것에 더 반응한다. 이에 따라 사람은 지적인 논증보다는 감각적으로 강조된 논증에 더 능숙해 진다. 이 원리에 따라 소위 세뇌가 된다. 스트레스를 받게 되는 동안 자신의 판단기능이 아직 감정적인 논증의 근원 위에서 기능할 때까지 어떤 희생물을 갖게 된다. 양식의 발전이 직접적으로 정치적- 경제적인 흐름 속에서 영향을 받을 수 있고 이 영향이 반복되는 과정에서 건축양식 또한 발전이 반복되는 것을 아돌프 맥스 포크트(Adolf Max Vogt)가 증명을 하였다.(그림 15참조) 불란서와 러시아 혁명 당시 그리고 그 후에 양식의 발전이 있었던 것이다. 러시아에서 혁명과정 동안 그리고 혁명 후에 잠깐 고전 양식으로 변화하던 추세가 혁명 전에는 기하학적이고

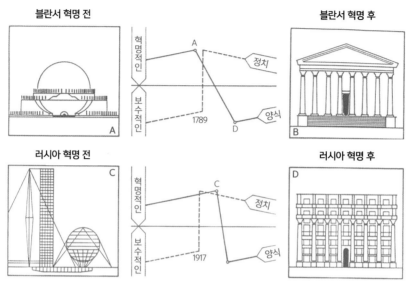

블란서 혁명 전

블란서 혁명 후

러시아 혁명 전

러시아 혁명 후

A. 뉴턴 기념비 계획안(1784) B. St.Madeleine 교회(1807) 파리. 블란서 C. 레니 연구소 계획안(1927). 러시아
D. 다세대 주택(1993) 러시아

그림 15 | A. M. Vogt에 의한 블란서와 러시아 혁명을 전후한 양식의 발전

구조적인 건축물로 자리를 잡은 것이었다. 첫눈에 볼 수 있듯이 놀랍게도 건
축적인 양식의 발전도 정치처럼 정확히 방향을 바꾼 것이다. 즉 이전의 혁명적
인 것들이 보수적인 양식으로 변화된 것이다. 아돌프 맥스 포크트(Adolf Max
Vogt)는 형태의 방향을 형용사를 사용하여 고전이 "따듯한", "부드러운", 그리
고 "무거운"이라면 혁명적인 양식은 "추운", "딱딱한" 그리고 "가벼운" 것으로
나타내었다. 예를 들어 혁명적인 건축물로, 후에 지어졌지만 모스크바에 레닌
연구소를 위한 프로젝트를 가벼운 것으로 나타냈다. 왜냐하면, 구를 떠 있는
것처럼 나타냈고 접촉면이 볼륨과의 관계에서 상대적으로 작았기 때문이다.

　혁명 후의 건축물은 예를 들면 고전적인 양식으로 Sholtowski의 집이 바닥
위에 놓여 있고 무게감을 갖도록 만들었기 때문이다. 혁명 후에 새로운 정치

권력이 견실하게 다져지는 동안 이 작업에 대한 시각적인 표현이 필요했다. 무게 있고 그 건물이 공중에 떠 있지 않도록 보이는 것은 단지 건축적인 양식으로만 표현할 수가 있었다. 고전적인 양식으로 지금까지 전혀 다르게 존재하지 않았던 건축물의 외관을 일깨운 것이다. 혁명 이전의 건축물을 대부분 블란서나 러시아 어느 곳에서도 주도하지는 않았었다. 이 건물들은 고전적인 건축물이나 계획안으로 있었다. 앞에서 설명한 일본의 건축물과 비교하면, 우리는 평행적으로 건물이 전달하는 것과 그 사용자의 기능이 주는 정보의 방법 사이에 모순이 있음을 확인할 수 있다. 쇼군의 행위는 이해가 필요한 부분이다. 그의 건물은 감정을 호소한다. 왕자는 종교와 예술에, 그리고 정신적이고 비합리적인 것에 종사한다. 그러나 그의 빌라는 이에 걸맞지 않게 오히려 의미론적인 정보를 전달한다. 새로 지은 건물에 보이는 양식은 다수의 건물에서 보여주는 양식은 아니었다. 일반적으로 건물을 지을 때 어떤 지배적인 양식이나 배열을 반영해야 한다면, 왜 그 양식이 여기서 적용되지 않았고, 그 양식이 광범위하게 인정되지 않았는가 의문을 가져 볼 수 있다. 이 의문에는 다양한 답변이 있

A 리폼하기 전   B 리폼 공사 후

그림 16 | 단독주택, Lege. 블란서

다. 이러한 불충분한 해석에 르 코르뷔지에(Le Corbusier)가 1925년에 블란서 Lege에 설계한 건물이 간접적인 사례를 보여주는 유명한 예가 있다. 이 단독주택은 현대건축의 원리규칙에 따라 엄격하게 설계가 되었고 당시에 할 수 있던 최상의 기술로 공사를 하였다. 그러나 그 건물주는 이러한 최상의 디자인과 최상의 기술에 동의하지 않고 준공 후 바로 그 집을 고치기 시작하였다. 이는 실로 모든 양식이 모든 사람을 만족시키지는 않는다는 예가 된다.(그림 16) 그 것이 최첨단이라 할지라도 그림 16을 보면 사용자가 변경한 뚜렷한 외형은 지붕이다. 이렇듯이 가장 어려운 것은 바로 지붕의 형태이다. 경사지붕으로 할 것인가 또는 평지붕을 선택할 것인가 하는 논쟁은 오늘날까지 끝나지 않고 있다. 이것은 사실 감정적인 물음이다. 최초의 건물은 주로 단 하나의 지붕종류가 있었다. 그리고 단순한 보호기능만을 하였다. 탄생과 죽음 사이의 장소로서 주거지는 언제나 특별한 상징적 의미를 가졌다. 그리고 지붕은 여기에서 중요한 첫번째 역할을 하였다.

박공지붕의 단순한 형태를 일본과 중국의 문자에서도 볼 수 있다.(그림 17) 집의 상형문자는 사각의 공간 위에 놓인 지붕형태로 경사지게 표현되었다. 그리고 사람이 만난다는 표시 또한 보호된 장소로 일본어 집의 형태와 비슷하다. 주거, 보호, 안전 그리고 연관성의 이해는 여기에서 이 형태가 상징적인 의미를 갖고 있는 박공지붕과 아주 밀접한 관계를 갖고 있다. 경사지붕의 형태는 구조적이고 기능적인 조건이 있다. 기후에 대한 보호로서 지붕 면이 경사지게 놓여 물이 흐를 수 있어야 한다. 처음에는 이러한 목적으로 만들어 지면서 후에 지붕 아래에는 다락방과 같은 공간이 생기면서 물건을 놓을 수 있는 기능을 갖게 되었다.

이렇게 경사지붕은 시간이 흐르면서 보호에 대한 상징적 심볼로 자리매김하게 된다. 사실 이 경사지붕은 보호와 공간의 상징적 내용처럼 실질적인 기능도 가지고 있었던 것이다. 경사지붕이 널리 쓰이면서 미적인 내용뿐 아니라 권위나 부와 같은 상징적인 것도 제공하게 된다. 그래서 이러한 지붕을 볼 때는 단순히 형태에서만 머무는 것이 아니기 때문에 경사지붕을 관찰하게 되면 소위

일본어 "샤" 원두막의 의미   사람이 만난다는 의미 "합"

그림 17 | 사각의 공간 위에 놓인 지붕을 갖고 있는 문자

지적인 것과 감각을 균등하게 요구하게 되는 것이다. 19세기에는 작업과 주거의 분리라는 생활 형태가 생기면서 지붕 공간은 주로 창고 공간으로서 역할을 하게 된다. 새로운 건축재료와 기술은 평지붕이 보호 기능을 대신 수행하게 하면서 평지붕이 건물의 지붕으로 가능하게 되었다. 이러면서 지붕의 형태는 점차 변경되고 현대의 건축가들은 평지붕을 지지하게 되고 점차 경사지붕은 상징적인 의미로 사용된다.

르 코르뷔지에(Le Corbusier)는 1926년에 평지붕을 위하여 "새로운 건축으로의 5가지"를 제시하고 이를 통하여 면적에 대한 새로운 개념이 생겼다. 새로운 개념으로 제일 먼저 생긴 것이 바로 지붕 테라스 또는 지붕정원과 같은 주거목적으로 평지붕을 사용할 것을 요구한 것이다.(그림 18) "지붕정원에는 풍

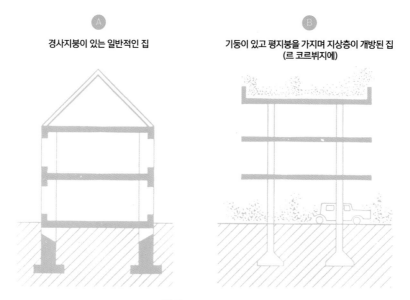

Ⓐ	Ⓑ
경사지붕이 있는 일반적인 집	기둥이 있고 평지붕을 가지며 지상층이 개방된 집 (르 코르뷔지에)

그림 18 | 두 집의 면적비교

성한 식물이 자라고, 계속적인 관리를 필요로 하지 않는 수풀, 즉 3~4미터 정도의 작은 나무가 심어졌다. 이러한 방법으로 지붕정원은 이제 건물에서 우대받는 장소가 되었다. 일반적으로 도시에 지어진 지붕정원은 건축면적을 다시 얻게 되는 것을 의미한다."라고 그는 말하였다. 지붕 형태의 논리적인 변경으로 건축가는 가장 최신의 기술적인 가능성을 잘 일치시켰고 그 가능성에 기능적인 장점을 갖고 왔으며 건축주와 상관없이 계산을 수행할 수 있게 되었다. 이러

면서 평지붕은 무난하게 받아들여지게 되었다. 건물형태의 변경을 통해 지붕은 상징적인 기호로서 자신의 의미를 잃었다. 사람들이 지붕에 갖고 있었던 정신적인 부분은 이제 새로운 형태를 통하여 더 이상 표현될 수 없었다. 그 임의적인 값어치에서 나오는 많은 기능적 형태들은 문화적인 의미를 갖고 상징적인 기호로 작용을 하게 되는 것이다. 이 기호의 표현이 곧 예술적 언어를 형성하는 것이다. 그 때문에 어떤 양식이 변경된다는 의미는 단지 형태의 변화만을 의미하는 것이 아니라 그에 따른 다른 변화도 갖고 온다는 것이다. 그와 함께 변화하는 기호언어 또한 새롭게 이해가 되어야 한다. 그러나 근대에서는 건축물이 새로운 기술에 잘 적응하면서 이러한 현상이 나타나지 않았다. 새로운 기호 언어가 만들어지면 이를 지적인 부분과 감정적인 부분으로 이해해야 하는데 근대에 재료와 기술의 발달이 이해의 속도보다 급격하게 빨라지면서 이러한 상황에 적응하는데 오히려 지적인 부분이 더욱 요구되었고 감정적으로는 소화하지 못하는 상황에서 문화가 흘러가고 있었다. 이와 함께 지적인 것과 감정적인 것이 분리가 되었다. 기호언어의 첫번째 과제는 일단 알려져야 하는 것이다. 그러나 근대건축에 와서는 이미 사용된 많은 형태들이 알려지고 이해되는 과정을 더 이상 적용하지 못하고 흘러 간 것이다.

취득의 과정에서 적용하지 못한다는 것의 의미는 곧 창의력 부족을 말한다. 새로운 언어를 더 이상 이해하지 못하기 때문에 주거자들은 자신의 집을 변경하고 오히려 형태적인 적응으로 상징적인 내용을 이해하려고 변경을 하는 것이다. 그럼에도 불구하고 이러한 상황이 넓게 퍼지면서 새로운 것이 등장하고 또한 자연스럽게 받아들여지기 시작했다. 기호의 문화적-상징적인 내용은 그

언어가 우선적으로 이해되어야 한다. 연대기를 보면 과거에는 건축양식이 한 세기에 걸쳐 시간을 두고 진행될 만큼 오래 지속되었다. 새로운 언어에 대한 느린 이해가 형태의 변화와 함께 진행되었던 것이다. 20세기에 우리는 다수의 새로운 양식을 단기간에 경험하였다. 동일한 시기에 나온 새로운 언어를 이해도 하기 전 각 단계에서 발생한 양식은 더 이상 가능하지 않게 되면서 짧은 생명을 보였다. 근대에 시작된 지적인 것과 감각적인 것의 분리는 현대건축에 와서

정점을 이루었다. 기술의 경이로 인하여 20세기 초에는 감정적인 부분이 완전히 배제된 상태로 실행된 것이다. 19세기에 서양의 문화를 보면 신비하고 종교적이며 그리고 상징적인 대부분의 네트워크는 예술에서 일반적으로 작용하였다. 물론 건축에서 나타난 것은 실로 운명적인 것이었다. "예술에서는 기술이 감각의 흥미를 채우게 될 것이다." 현대건축의 기호에서 문화적- 상징적 내용은 더 이상 의미 없게 되었다. 그러니까 형태의 지적인 표현 상에서 선택 가능성이 포기된 것이다. 이로 인하여 현대건축에는 언어가 없게 된 것이다. 그러나 포스트 모던 양식은 다시

그림 19 | 필립 존슨. AT&T. 1982

기호를 사용하고 과거의 언어상에서 이해를 하기 위하여 시대적 후퇴를 하였다. 기둥과 경사지붕이 다시 건축형태에 받아들여 진 것이다. 포스트 모던이 한 걸음 뒤로 물러난 것은 과거의 언어에 다시 순응하고자 하는 것이다. 이를 보여준 유명한 예로 뉴욕에 있는 필립 존슨(Philip Cortelyou Johnson)의 AT&T 건물이다. 이 건물은 높이가 백 미터 이상의 마천루 건물로 경사지붕을 가진 동시에 가운데 커다란 구멍을 갖고 있는 일반적이지 않은 형태를 보여 준다.(그림 19) 또한 주거에 대한 오늘날의 배치도 과거 표현에 대한 내용과 비교해보면 이해 할 수 없는 것으로 보일 수도 있다. "나의 집이 나의 성이다"라는 문구가 아직도 오늘날의 사회에서는 유효하다. 많은 사람들에게 주거에 대한 꿈은 자택의 취득과 함께 채워진다. 단독주택과 같이 자유로운 집, 그러나 그 규모는 작을 것이다. 그리고 자신만의 정원, 이것 또한 작다. 그래도 사람들은 자신만의 주택에 대한 꿈이 있다. 그러나 땅과 건축비의 계속된 증가는 이러한 꿈이 소수의 사람들에게만 채워지게 된다. 그러면서 주거면적은 점차로 작아지고 정원 또한 작아지거나 사라져 버려야 하는 상황을 맞게 된다.

19세기에 산업화가 되기까지 사람들은 대가족을 형성하고 살았다. 그 당시의 집은 주거와 일을 함께 수용하는 공간이었다. 그러나 산업화가 되면서 한편으로 주거와 작업의 지리적인 분리를 가져 왔고 다른 면에서는 대가족 제도를 파괴하는 현상을 불러 왔다. 이렇게 되면서 주거에 대한 욕구가 – 물론 인구증가도 있지만 – 증가한다. 산업지역이 생기고 이를 주거지역과 작업장으로 연결해야 하는 과제와 함께 수송을 위한 더 많은 땅을 필요로 하고 인구 증가와 함께 사람들은 점차로 감소하는 공간의 압박을 받게 된다. 건축면적은 부족하고 땅값은 오르게 된다. 건축면적의 부족으로 사람들은 대규모 주거단지 조성을 시도한다. 이를 통하여 알 수 없는 대량의 주거소비가 생기고 극적인 상황에서 이것들이 정신적인 손실의 원인이 되기도 한다.

고유의 주택에 대한 꿈은 오늘날에도 계속된다. 주거면적은 계속하여 감소하고 소위 정원이라는 것은 다른 이유로 인하여 축소되거나 사라지고 있다. 충분하고 개인적인 주거, 개인만을 위하거나 공동체를 위한 충분한 자유공간을 위한 주변들이 오늘날에는 아주 드물게 실현되고 있다. 사생활 보호와 다른 공간에 대한 욕구는 종종 투기업자들에 의하여 빼앗기고 있다. 공간에 대한 구조가 변화되면서 계획했던 이익이 있어야 할 곳에 불이익이 오히려 줄을 잇

그림 20 | 주변도로가 있어서 주변공간이 넓은 집. Bern. 스위스

고 있다. 전체공간에 비하여 비교적 넓은 외부 면적이 있으면 많은 난방비와 생계비가 요구된다. 즉 정원 같은 것이 더 이상 있지는 않으나 그와 같은 유사한 유지비가 들고 있다.

그림 20의 경우 정원의 면적은 과거에 비하여 감소하였다. 이렇게 되면 그에 대한 유지비도 적어져야 하는데 주변의 넓은 공간이 생기면서 정원의 기본적인 역할은- 자신만의 녹지-사라지고 오히려 주변에서 오는 영향으로 그 유지비는 증가하였다. 이러한 이유로 개인적인 주거공간과 여러 가지 건물이 섞여 뒤죽박죽 있는 단지 사이에 도로 하나로 분리되어 있는 있는 경우 이렇게 밀집된 주거단지를 오늘날에는 다른 단지와 분리하여 주거가 더 나은 환경을 접할 수 있도록 시도하고 있다. 요즘은 인간의 기본적인 요구를 고려하려고 시도한다. 즉 바닥면적의 더 낮은 효율성, 부분적으로 표준화하여 건축의 단순화, 전체가 사용하는 공간을 한 곳으로 몰아 면적의 절약, 사유와 공공영역을 분리시키려고 시도하는 것이다. 이러한 작업에도 불구하고 위에서 언급한 주거형태는 아주 어렵게 실행되고 있다. 왜냐하면 그 주거형태의 언어가 아직까지 이해되지 않기 때문이다. 시각적인 주거가 단지 개인주택에서만 가능할 것이라는 생각이 이러한 형태언어를 아주 느린 속도로 변경되게 하기 때문이다.

3

미학과 아름다움

ART AND BEAUTY

3 – 1

건축에서 미학의 이해

어느 화가는 자신의 화방이 있는 집에서 그림을 그린다. 무엇을 그릴 것인가 하는 자유는 화폭의 크기에 제한을 받는다. 그림이 완성되고 나면 다른 물건처럼 그림도 팔 것을 제안받는다. 그림이 마음에 들고 가격이 적당하다고 생각한 고객은 그 그림을 사게 된다. 그러나 건축은 다르다. 사용, 구조, 안전, 경제 그리고 건축법처럼 여러 요소가 그 자유를 제한한다. 미술과 대조적으로 건축에서 미가 고려사항 중 유일한 관점은 아니다. 그럼에도 미는 건축에서 중요한 역할을 한다. 모든 영향요소가 상대적으로 서로 비교가 된다. 그리고 그 결과는 타협점을 얻게 되는 것이다. 로말도 지우르골라(Romaldo Giurgola)는 이렇게 표현하였다. "다른 모든 것들이 사회적이고 도덕적으로 접근하기 위하여 대부분 좁은 길로 가듯 깔끔하고 미적인 접근은 사실상 건축이 이끌어 가고 있다." 건축물이 단지 양식으로 채워진 작은 방에서 저절로 생기는 것이 아니고 건축주와의 계약으로 계획되고 여러 다른 특수한 요인과 올바르고 물리적인 법규를 고려하는 상황에서 일어난다. 그 때문에 종종 불평이 나오기도 한다. 이렇게 순수한 제한사항 앞에서 과거처럼 훌륭한 건축물이 생기는 가능성이 오늘날에는 어렵다. 그러나 이렇게 많은 제한에도 불구하고 우리는 피에르 루이지 네르비(Pier Luigi Nervi)가 요약한 내용에 동의를 하게 된다. "만일 그가 예술가라면 그의 창작물은 모든 기술적인 압박이 있더라도 확실하고 진정한 예술품으로 개성이 빛나는 건축물을 만들어내는 자유를 아직도 갖고 있다"

각 건축물이 하나의 예술품이던 아니던 준공 후에는 그대로 있을 수 있게 되는 것이다. 그러나 분명한 것은 훌륭한 건축가는 훌륭한 건축물을 만든다는 것이다. 한편으로 우리는 훌륭하다는 의미를 건축물리, 경제, 이용(수익) 등 모든 규칙을 내포하고 있는 것으로 이해하고 다른 면에서는 만족할만한 미적 형상을 갖고 있는 것이다. 많은 제한이 아직도 존재하고 법규의 해석 속에 그 범위가 정해진다. 건축가의 자유는 제한되어 있다. 건축가에게는 미적인 형상만이 열려있다. 여기에서 건축가를 위하여 아름다운, 즉 훌륭하고 미적으로 충분한 건축물을 만드는 무엇인가가 아직도 분명 존재한다.

'미'라는 단어의 기원은 그리스어이며 지각한다는 뜻이다. 미는 계속적인 사고 속에서 어떻게 환경을 발견하게 되고 개인의 위치를 환경 속에서 어떻게 찾는가 하는 종류와 방법을 조사한다. 18세기에는 아름다움에 대한 이해가 전적으로 개인적이었다. 아름다움은 지각과 연결되고 관찰자는 이 과정에 포함된다. 수목관리인 바움가르텐(Alexander Gottlieb Baumgarten)는 미학(aesthetics)을 윤리학(ethics)과 논리학(logic)을 평행적 이해로 이끌었다. 논리학에서 의미하는 판단력은 미에 대한 감식력이며, 감정 그리고 감각은 아름다움이 규범 안에 새로이 첨가된 것이다. 이렇게 미는 20세기에 와서 아름다움의 모든 현상이 철학과 과학으로 된 것이다.

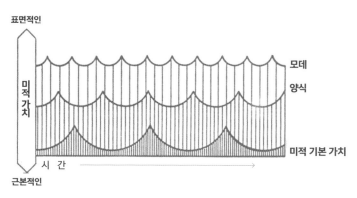

그림 1 | 미적가치의 3가지 표면

    피터 스미스(Peter. F. Smith)는 미적인 가치를 3개의 다른 면으로 구별하였다. "미의 전개는 파장처럼 특수한 구조를 갖고 있다. 표면에 길이가 다르거나 높낮이가 다른 파장을 갖는 높은 주파수와 작은 진폭을 갖는 파장이 있다. 이 표면 움직임에서 위에서 흐르는 것에 거의 접촉되지 않는 커다란 파장의 깊은 흐름이 있다. 작은 파장은 그 작용에 의존하는 큰 파장이 흐르는 동안 모데의 변화가 구체적으로 나타난다. 이 두 개의 파장 움직임 하에서 기초적 미적 가치의 낮은 흐름이 흐르고 있다."(그림 1) 제일 큰 변화는 모데의 표면에서 일어나고 있다. 이 파장은 짧은 시간 간격으로 변화하며 취향도 변화한다. 엔지니어의 작업이 오랜 시간 예술과의 관계를 갖지 않고 행해진 것처럼 인식할 수도 있으나 서로간에 관계가 있었다. 이러한 관계가 있었기 때문에 한 세기를 전 후하여 조선, 비행기, 자동차, 교량 그리고 창고와 같이 많은 작업이 행해질 수 있었다. 그렇기 때문에 이것들이 유행처럼 단기간 모데 파장의(일시적 사실) 기초가 된 것이 아니고 한 분야를 담당하는 일시적 사실처럼 유지된 것이다.

3 − 2

아름다움이란 무엇인가?

이 단락 초기에 소위 사회적−심리학적 견해 속에서 지각이 발생하고 서로간에 영향이 있으며 이와 함께 아름다움 또한 주관적으로 발생된다는 것을 제시했었다. 이러한 과정에서 미의 발견이란 여전히 감동이나 감화의 크기에 의존한다는 것을 알게 되는 것이다. 정보 이론은 수학적 방법상에서 아름다움이 무엇인지 객관적으로 시도하게 된다. 의미론적인 내용 또한 정보를 흥미 있게 만든다. 다시 말하자면 의미론적인 것도 미적인 것에 긍정적으로 작용을 한다는 의미이다. 즉 의미론적인 것이 정보를 아름답게 하는데 일정한 역할한다는 것이다. 우리가 어떤 정보를 아름답게 발견하면 이 정보는 자체적인 본질적 집합 등 이에 대한 많은 요인을 내포하고 있어야 한다. 즉 1초에 16bit의 접수용량이 갖는 수치가 내포하고 있는 미적인 내용의 수량을 말한다. 이를 통하여 수신자는 임의의 표현을 형성하고 그 수신이 그 다음의 높은 지각 면 위에 놓여져 작용하도록 강요하게 된다. 즉 낮은 단계의 정보는 다음의 높은 단계의 정보를 취하면서 그것이 최후의 지각으로 남도록 작용을 한다. 본질적 집합은 모든 표면에서 수신용량이 미세한 내용의 표면을 덮어 버린다는 뜻이다. 미적인 만족은 또한 부분적으로 정리가 않됐거나 무질서적으로 발견된 매력적인 구성을 우선적인 배열관계로 변화시킨다. 지각은 수신자가 자신의 성향과 자신의 문화적 구조 속에서 상상을 계속적으로 형성해야 하는 것이 능력인 것처럼 오랜 시간 지각을 위한 위계질서의 높은 표면으로 밀고 가는 행위구조이다. 이 구조는 왜 우리가 하나의 그림 안에서 늘 새로운 것을 발견하고, 왜 다양한 사람들이 한 사물의 미적 가치에 값을 다양하게 매기는가 그리고 왜 한 사물에 대한 반응이 달라지는 가하는 물음에 대한 답을 준다. 경험, 지식 그리고 사회 심리적인 견해는 미적 가치관을 판단하는데 중요한 역할과 영향을 준다. 만일 관찰자가 임의의 양식이나 관찰하는 사물의 모데를 신뢰한다면 형성된 영상을 사고 속에서 쉽게 마음에 들어 한다.

미의 발견과 원본은 예측하지 못했던 마지막 어떤 영상에 영향을 받게 된다. 즉 이것은 어느 사물을 보게 되면 그 사물로부터 전해 받은 강하게 갖었던 첫 인상이 생기고 그 후에 그 사물의 본 모습은 그 첫인상에 의하여 약해지면서 이와 함께 첫인상의 미적인 작용이 느슨해 진다. 즉 착각이 일어날 수도 있다는 것이다. 그러나 한편으로 더 나은 이해를 위하여 노력하고 이와 함께 집중적인 미적 경험을 시도하는 교육과정을 반복하게 되면 미에 대한 경험을 쌓을 수 있게 된다. 예를 들어 그림 2는 철교인데 우리의 기억에 있는 아치를 갖고 있는 교량이라는 고정된 미의 이미지로 인하여 교량처럼 보이지 않게 된다.

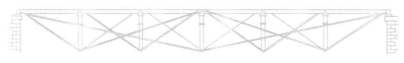

그림 2 | 엔지니어. Fink. 철교. USA. 1950

3 − 3

아름다움의 사고

왜 아름다움인가? 아름다움에 대한 탐구를 하는데 기본은 무엇인가? 이 물음에 답하기 위하여 2개의 예가 있다. 심리−철학적인 것과 정보이론이다. 지그문트 프로이트(Sigmund Freud)는 1930년 그의 저서 "문화 속의 불안"에서 아름다움의 사고를 다음과 같이 설명하려고 시도하였다. "우리가 삶에 강요받듯이 삶은 우리에게 너무 어려우며 삶은 우리에게 많은 고통, 실망 그리고 풀지 못하는 과제를 준다. 그러나 이를 수행하도록 우리에게는 해결방법 또한 있을 수 있다." 슬픔이나 불안은 일반적으로 본능에 대한 불만에서 유래한다. 이것을 해결하는 방법은 세상에 종속되지 않은 기쁨을 따르며 내적 심리의 만족을 시도하는 것이다. 이를 통하여 그 만족이 외부 세계에 종속되지 않으면, 즉 본능이 추구하는 불만이 사라질 것이다. 미적 가치의 수행자로서 예술작품의 즐거움은 환상적인 만족이 가능해 지면서 나타나게 된다.

"만족은 사실성의 이탈을 통하여 방해되지 않는 것을 인식하면서 착각을 통하여 즐거움 속에서 얻어진다." 그러나 예술을 향유하는 만족은 직접적인 충동적 만족보다 더 약하기 때문에 이 만족은 기쁨을 통하여 나타난다. 예술

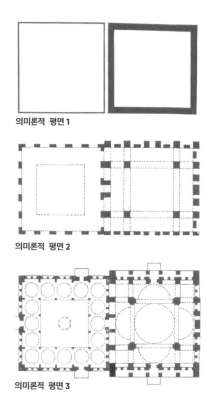

의미론적 평면 1

의미론적 평면 2

의미론적 평면 3

그림 3 | 의미론적인 그림. 이스탄불. 16세기

은 언제나 아름다움과 연결되어 있다. 아름다움은 지그문트 프로이트(Sigmund Freud)에 의하면 삶의 완충제 역할을 한다. 아름다움은 문화의 구성요소로서 인간을 위한 절대적인 것이다. 이것 또한 인간 역사 초기에 자신의 환경을 아름답게 만들려고 한 사실을 보여준다. 아름다움을 증명하기 위한 정보이론의 기초는 기호의 형성에 있다. 이를 통하여 사실인식이 배열된다. 미적 정보를 위한 전달과정에서 수량이 최상으로 나타날 때 이 전달이 하나의 사물에서 아름다움으로 변환되는 것을 발견하게 된다. 이 과정에서 시각적으로 기호를 형성하고 이와 함께 그 사실인식이 높은 차원으로 이동하는 과정을 수신자가 받게 되는 등 하나의 사물에서 발생되는 그 많은 정보를 우리는 아름다움으로 이해한다. 이렇게 아름다운 사물은 반대로 시각적인 인식으로 변환하여 전달된다. 프로이드의 말처럼 이것들은 긍정적으로 작용하고 이 과정에서 사물에 대한 사실인식이 완충제의 역할로 작용한다. 정보이론의 아버지 중 하나인 헬마 프랭크(Helmar Frank)는 충분하지는 않지만 아름다움의 발견을 위하여 4개의 필요한 이론을 나타냈다.

어떤 건축물을 인식하기 위하여 최소한 한 번은 의미적 기호형성의 가능성을 제공해야 한다. 또한 건물은 하나가 많으면 다른 하나는 정보단위가 더 적어야 하는 최대한의 습득용량을 갖는 등 최소한 2개의 의미론적인 상반되는 면을 제공해야 한다.(그림 3) 두 번째로 다양하게 제공되는 기호조합의 등장이 사실적 그리고 안정적으로 나타나야 한다. 그렇지 않으면 의미론적인 형성이 가능하지 않기 때문이다. 세 번째로 최대한의 의미론적인 인식평면이 160 bit 이상을 가질 수 없다. 그렇지 않으면 전체가 단위적으로 인식되지 않기 때문이다. 네 번째로 의미적인 형성에서 가능성이 다양하게 구성되어야 한다. 그렇지 않다면 여분의 요소들은 하나로 되고 원본은 제로가 된다.

3 - 4

시간 속에서 아름다움의 이해

아름다움의 이해에 대한 기록은 2000년이 넘게 있다. 처음부터 아름다움이 2가지 방법으로 구분되었다. 이 양면성은 지금까지 머리에 꽂은 깃털처럼 존재했다. 다음은 시대의 변화에 따라 나타나는 아름다움에 대한 정의들이다.

플라톤(Plato)은(기원전 427-347) 아름다움을 두 가지로 구분하였다. 기하학, 직선 그리고 원이 하나이며, 생물과 자연이 다른 하나이다. 그는 자연의 아름다움을 상대적으로 다루었고 기하학의 아름다움, 즉 인간이 만들어 내는 사물을 절대적으로 다루었다. 아리스토텔레스(Aristoteles)는(기원전 384-322) 아름다움을 주관적으로 다루었다. 헬레니즘에서는 개인적 독창성을 중요하게 다루었다. 건축물은 수학적 아름다움의 표현이며 하모니, 좌우대칭 그리고 질서 위에서 만들어진 것이다. 비트루비우스(Vitruvius)은(기원전 1세기 전) 이렇게 표현하였다. 건축물은 견고함, 목적성 그리고 우아함을 반영해야 한다. 아름다움은 구성을 포함하여 견고함, 목적성 그리고 우아함의 하나이다. 만일 건축물이 편안하고 호의적인 형상을 갖고 있고 구성의 대칭이 대칭간 올바른 영역을 갖는다면 이것이 바로 아름다움이다.

비트루비우스(Vitruvius)은 대칭의 사고를 오늘날 균형의 사고로 적용하였다. 만일 건물의 균형이 명확한 규칙을 갖는다면 그 건물은 아름답다고 말하였다. 건축예술의 미적인 기본적 요소로서 비트루비우스(Vitruvius)은 6가지 요점을 나타냈다.

Vitruvius의 6가지 요점

1 각 요소의 크기비례가 서로 상호관계에 있고 전체로서 작용.

2 요소의 관계가 서로 작용을 하고 그 배치가 전체를 이루고 있다.

3 각 요소와 전체의 우아한 형태

4 각 요소의 모듈관계가 서로 작용하고 이것이 전체로 작용하며 건물의 곳곳에 나타나는 기본단위의 작용

5 기능과 형태의 조화

6 모든 기능의 종류에 따른 재료와 가격의 적합성

플로티노스(Plotinus)은(205-270) 다음과 같이 나타냈다. 아름다움의 존재는 다수의 개체 조합에 있지 않다. 그렇지 않다면 이 개체들은 구성 안에서만 찾아야 하기 때문이다. 즉 구성이 없다면 개체도 존재하지 않는다는 의미가 옳지 않기 때문이다. 아름다움은 플라톤(Plato)의 의견과 대립되어 감성적으로 경험할 수 있다. 그 원천은 정신이다.

아우구스티누스(Augustinus, 354-430)는 아름다움을 숫자와 동일하게 여겼다. 즉 아름다움은 숫자를 통하여 명확한 형태를 읽을 수 있으며, 플라톤(Plato)의 기하학적인 아름다움과 동일하다고 주장하였다.

알베르티(Leon Battista Alberti)(1404-1472)는 아름다움은 마음에 조금 들

게 하려고 어느 정도 제거할 수도 첨가할 수도 없거나 변경할 수도 없는, 즉 모든 개체의 규칙적인 조화로부터 형성된다고 주장하였다. 아름다움은 분명한 조화이고 전체에서 개체의 화합이 명확한 숫자, 비율 그리고 질서에 따르는 것이며 절대적이며 상위적인 자연규칙을 요구하는 것과 같다.

안드레아 팔라디오(Andrea Palladio)(1508-1580)는 비트루비우스(Vitruvius)의 것을 지지하였다. 아름다움은 견고함, 목적성 그리고 우아함의 3가지 중 하나가 "건물이 좋은 점수를 얻었다"는 평가 속에서 작용하며 기능과 구조가 함께 있는 것이다. 이 아름다움의 이해는 안드레아 팔라디오(Andrea Palladio)가 알버티(Alberti)에게서 인용한 것이다. 아름다움은 개체의 관계가 서로 간에 작용하고 이것이 다시 전체가 되는 것처럼 건물이 단위적이고 완전한 몸체처럼 나타나는, 개체가 모인 전체의 일치와 아름다운 형태에서 기인한다. 안드레아 팔라디오(Andrea Palladio)에게 있어 아름다움은 추상적인 관념은 아니고 단지 건축물과 함께 요약하여 명확하게 경험할 수 있는 것이라고 하였다. 18세기에 이미 아름다움의 개념을 다시 주관적으로 언급하였다. 감각, 취향 그리고 느낌의 표현이 아름다움과 함께 표현되었다.

임마누엘 칸트(Imanuel Kant)(1724-1804)는 취향은 단독으로 아름다운 것과 그렇지 않은 것을 구별한다고 확신하였다. 아름다움은 인식이 총체적으로 어떤 조화로운 상태 속으로 놓이는 일반적인 것이라고 하였다. 한 형태의 아름다움은 사고능력에 상관없이 사실적으로 인식되는 것이다.

헤겔(Georg Friedrich Wilhelm Hegel)(1770-1831)은 플라톤(Plato)와 임마

누엘 칸트(Imanuel Kant)에 의거하여 아름다움의 두 가지 종류를 구별하였다. 자연적인 아름다움과 인위적인 아름다움으로 구별하고 인위적인 아름다움을 자연적인 아름다움의 위로 놓았는데 이는 인위적인 아름다움은 정신에서 다시 태어나고 재탄생의 아름다움이기 때문이다. 헤겔(Georg Friedrich Wilhelm Hegel)에 따르면 예술의 아름다움에 대한 인식은 타고난 것이 아니고, 본능적인 것도 아니며 교육에 의하여 습득된다고 하였다. 습득된 미의 사고는 하나의 취향이다. 테오도르 아도르노(Theodor Wiegengrund Adorno)는 헤겔(Georg Friedrich Wilhelm Hegel)의 자연과 예술의 분리를 비평하였다. 예술과 자연은 분리할 수 없다고 말한 것이다.

헤겔(Georg Friedrich Wilhelm Hegel)과 동시대 사람인 베르나르트 볼차노(Bernard Bolzano)(1781-1848)는 아름다움의 인식이 사고력을 요구하지 않는다는 의견을 갖고 평하였다. "아름다움은 관찰을 통하여 우리에게 즐거움을 줄 수 있는 능력이 있는 대상이다. 그리고 이것은 우리가 그 사물을 단 한 번이 아닌 사고 속으로 분명하게 각인하는 관찰을 통하여 만들어 진다고 하였다." 우리 힘의 증가는 즐거움에서 오고 힘의 저하는 통증에서 온다. 아름다움의 인식은 많은 비용이 들면서 나타나는 것이 아니고 우리의 능력을 증가시키는 것이다.

페히너(Gustav Theodor Fechner)(1801-1887)는 1860년에 전달의 매력과 수신자를 통한 작업 사이의 관계를 적합하게 시도하였고 이를 형상화 하였다. 이와 함께 인식이 학문적인 교육으로 된 것이다.

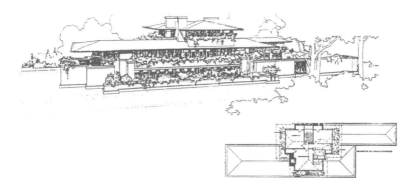

그림 4 | Frank L. Wright, Robie House, 1909, Chicago, USA

이미 언급한 데로 플라톤(Plato)은 아름다움을 자연과 기하학 두 가지로 구분하였다. 아름다움에 대한 인식의 이등분은 플라톤(Plato) 이후 계속되어 왔다. 또한 헤겔(Georg Friedrich Wilhelm Hegel)의 미학에 대한 철학은 자연미와 인공미의 이중성에 기초를 두고 있다. 이 개념은 플라톤(Plato)의 기하학의 아름다움이 헤겔(Georg Friedrich Wilhelm Hegel)의 인공미와 르 코르뷔지에(Le Corbusier)의 엔지니어의 미로 바뀌었다. 그러나 그 의미나 내용은 기본적으로 동일하다. 이 대립은 오늘날 우리가 자연의 힘에 대항하는 기술이라는 수단과 함께 인간의 저항을 반영한 것이다. 특히 이 사고방법은 현저하게 서구적인 것임을 유의해야 한다.

동양적인 철학에서는 이 양면성이 서로 대립되어 있지 않고 서로를 충족시키는 역할을 한다. 예를 들어 불교의 주 관심사는 이 양면적인 사고의 교량 역할을 하고 있다. 인간에 의하여 지어진 것이나 기술에 의한 예술, 그리고 자연은 2개의 분리된 개체가 아니고 하나의 통일된 개념이다. 이 기본개념은 또한 건축적 가치를 기술과 자연이 충돌하도록 이끄는 시도로 일본 변화의 주 관심사 중 하나이다. 현대건축에서 이 두 개의 아름다움에 대한 이상은 프랭크 로이드 라이트(Frank Lloyd Wright)의 아름다움에 관한 다양한 요약이 최초이고 그 이전으로는 르 코르뷔지에(Le Corbusier)의 것을 볼 수 있다. 첫째로 자연으로부터 그의 조직적인 건축물의 아름다움에 대한 견해가 파생되고 두 번째로 현대 기술의 옹호자로서 현대기술이 생산하는 형태를 들 수 있다. 프랭크 로이드 라이트(Frank Lloyd Wright)는 아름다움에 관하여 그가 서술한 꽃을 포함하여 요약하였다. "구조는 각 잎사귀가 갖고 있는 선과 형태 안에서 그 자연의 구조를 알리기 위하여 초기의 일반적인 것에서 특별한 것으로 진보한다. 일반적으로 우리는 사물의 조직성을 갖고 있다. 규칙과 질서는 기본적인 것이다. 완벽한 우아함과 아름다움. 아름다움은 색과 형태 그리고 선이 서로 조화를 이룬 표현이며 이 관계가 성실하게 서로 상응하고 있어야 할 곳에 계획된 대로 원천적으로 설계된 것이 채워지면서 나타나는 것이다."(그림 4)

프랭크 로이드 라이트(Frank Lloyd Wright)는 단지 자연에 나타나는 형태나 색의 다양함에 놀란 것은 아니다. 자연적인 미는 그에게 있어서 자연스럽게 나타나는 규칙과 질서 그리고 균형과 일치이다. 그의 계속적인 표현을 보면 "우리가 무엇인가를 아름다운 것으로 본다면 본능적으로 그 사물의 정확성을 인식한다." 즉 우리는 그 사물의 규칙성과 질서를 인식하고 받아들인다. 오토 바그너(Wagner, Otto)의 말을 빌리면 "어느 정도 비실용적인 것은 아름답지 못하다"고 하였고 아돌프 루스(Adolf Loos) 또한 비슷한 표현을 하였다. "아름다움에서 우리는 최고의 완벽함을 이해한다." 여기에서 완전하게 제외된 것은 어느 정도 비실용적인 것이 아름다울 수 있다는 것이다. 루스의 계속적인 주장을 보면 "아름다움은 단지 형태 안에서 찾아야 하며 어떠한 장식에도 의존하지 않게 하는 것이 진정 인간성을 회복하는 목적이다." 아돌프 루스는 장식을 범죄와도 같이 취급하였다.

르 코르뷔지에(Le Corbusier)는 1923년에 건축의 아름다움을 기계의 미와 비교하였다. "기계의 미와 건물의 예술, 이 두 가지는 기본적으로 보면 동일하다. 하나는 다른 하나에서 나오고, 하나가 개발되면 다른 하나는 후퇴한다. 경제적인 법칙을 통하여 조언하고 계산을 통하여 수행하는 기술자는 우리를 전체적인 법칙과 함께 모든 것을 일체감으로 옮겨놓는다.

기술자는 조화를 만든다. 건축가는 형태를 위한 자신의 행위를 통하여 자신의 사고에서 나오는 순수한 창조물인 하나의 질서를 사실화 한다. 간접적으로 건축가는 우리의 사고에서 형태에 강하게 손을 대고 형상을 위하여 우리의 감정을 일으킨다. 건축가가 나타내는 요약이 우리의 내부 깊숙하게 메아리를 불러오기도 하고, 세계질서를 수반한 일치 속에서 발견하는 질서를 위한 척도를 우리에게 제시한다. 건축가는 우리 영혼과 가슴의 다양한 움직임을 결정한다. 이렇게 우리는 아름다움을 경험하게 된다.

그림 5 | 벤츠 자동차

그림 6 | 철골구조. Foster. 르노 센터. 1982. swindon. 영국

"커다란 배, 자동차 그리고 비행기에 대한 당시의 그의 놀라움은 이러한 그의 표현을 갖고 온다. "집은 살기 위한 하나의 기계이다."

그림 5에 대한 르 코르뷔지에(Le Corbusier)의 해석이 이렇게 표현된다. "만일 주거와 주택에 대한 문제가 자동차의 운전을 배우는 것과 같이 잘 학습이 된다면 우리 들의 주택에 대한 개선과 변화도 빠르게 경험되어질 것이다. 만일 집이 산업체에서 자동차가 연속적으로 생산되는 것과 같이 된다면 사람들은 즉각적으로 놀라운 형태들을 볼 것이다. 건전하게 바꿀 수 있으며, 새로운 출

그림 7 | San Francisco 해변에 있는 주거보트

현 그리고 알맞은 것이라면 그 미학은 즉시 형태로 될 것이다." 이 문장은 1923년에 쓰인 것이다. 기술미학의 찬미적 현주소는 당연히 기계화 시대에 대한 믿음을 잃어 버리는 르 코르뷔지에(Le Corbusier)가 시작을 하였다. 이러한 원인은 1930년대의 경제침체였다. 당연히 아름다움에 대한 이 두 가지 요약은 미술가들에게도 의미 있는 역할을 하였다. 그의 기술적 선언은 1910년 사모트라케섬(Samothrake)의 나이키 보다는 경주용자동차를 더 아름답게 여기는 보치오니(Boccionis)를 주장한다. 큐비즘을 통한 표현은 몬드리안(mondrian)을 그렸고 테오 반 되스부르크(Theo van Doesburg)은 이미 이전에 순수한 기하학적인 그림들을 그렸다. 페르낭 레제(Fernand Leger)는 아름다움의 원천으로서 기하학의 규칙을 나타냈다. 그리스에서 현재까지의 건축물 들은 기하학적인 규칙을 따라 지어졌다. 놀랍게도 추상적 그림의 설립자의 하나로 여겨지는 카지미르 말레비치(Kasimir Malewitsch)에게 기술은 제일의 역할로 작용한다. "우리가 다양한 시기에 나오는 실용적인 기술의 생산물을 갖고 있는 예술품을 비교하면 예술품도 또한 각자의 가치를 갖고 있다는 것을 확인하게 된다. 만일 예술품이 과거에 속한 것이라면 기술적인 작업들은 오래되면 그 가치를 잃게 된다."

오늘날 건축에서 그 추세는 유행의 흐름에 따라서 한 면이나 다른 면을 강조한다. 오늘날을 대변하는 리처드 로저스(Richard Rogers)나 Foster와 같은 기술적인 면을 나타내는 건축가와 무명 건축가를 포함하는 소위 양자택일 건축가들은 자연 친화적 부분을 보이고 있다.(그림 7)

3 – 5

미의 발견

피터 스미스(Peter F. Smith)는 어떻게 미를 발견할 것인가 하는 의문에 3가지 미에 대한 질서를 구분했다.

첫 번째 미의 질서

정선되고 하모니로 구성된 미. 규칙적이고, 균형적 이며 좋은 비율은 관찰자로부터 자동적으로 이러 한 인식되어지고 아름다운 것으로서 발견이 된다. 이러한 형태에는 질서가 있다.(그림 8)

그림 8 | Kasimir Malewitsch
"검은 사각형" 1916

두 번째 미의 질서

복잡한 전달은 의도하는 바를 직접적으로 인식되게 할 수가 없다. 이러한 상황 에서는 정보축소의 과정이 있다. 이러한 것들은 암호를 갖고 있다. 이러한 과정 은 그저 만족감만을 요구할 뿐이다. 앞에서 보았듯 아름다움을 발견하기 위하 여 가장 중요한 전제조건 중의 하나가 암호를 만들 수 있다는 가능성을 헬마

그림 9 | Peterskirche,1733, Wiena

프랭크(Helmar Frank)가 확인시켰다. 단락 2-3의 그림 3을 보면 18개의 다양한 모양(다양한 모양의 사각형, 원, 타원형) 315개 요소의 소재로 구성되어 있다. 헬마 프랭크(Helmar Frank)에 따르면 이 그림은 728 bit로 구성되었음에도 불구하고 순간적인 사고의 반응 속에서 뇌에 동시에 저장되는 것이 160 bit보다 더 많다. 그런데 단락 2-3의 그림 4와 5를 관찰하면 순간적인 사고 속에 저장되는 것이 135bit로 오히려 그림3보다 더 적어진다. 이는 그림 4와 5가 더 미적인 내용을 많이 포함하고 있다는 의미이다.

세 번째 미의 질서

뇌의 일부는 외부의 자극에 의식없이 반응할 수 있다. 아름답다는 것을 이해할 수 있지만 아주 수 많은 개체를 관찰하면서 많은 복잡성을 느끼고 수 많은 개체를 관찰하면서 발생된다. 바로크 건축의 다양한 장식과 마찬가지로 대로변의 수 많은 광고물이 이러한 인식의 방법으로 발생된다. 18세기의 아름다움에 대한 이해는 개인적이었다고 언급하였다. 즉 관찰자 자신이 인식과정의 일부가 되었고 이와 함께 아름다움의 발견은 또한 수신자와 그의 상황에 따라서 표현이 되었다. 일반적으로 사물을 인식 하는데 사회-심리적인 것이 작용을 하지만 이 외에 여기에서 아름다움을 지각하는데 영향을 주는 것을 다루어 보도록 하자.

1. 건축물의 역사적인 배경에 대한 지식은 아름다움을 지각하는데 영향을 줄 수 있다. 예를 들어 나폴레옹이 묻힌 파리의 유명한 사원이나, 페르시아 영주 샤 자한(Schah Jahan)이 사랑하는 부인을 위하여 만

들게 한 인도의 타지 마할(Tadsch Mahal)은 형태를 인식하는데 관찰자에게 특별한 작용을 하고 있다. 샤 자한(Schah Jahan)이 동일한 건축물을 만들기 위하여 묘비석으로 검은 대리석을 타지 마할(Tadsch Mahal)에서 가까운 강변의 다른 쪽에서 갖고 오려고 하였고, 이로 인하여 그의 아들이 파산하는 것을 막으려고 멸망한 사실에 관한 지식은 이 건물을 평가하는데 특별한 점수를 부여한다.

2. 형태가 평범하고 오래되었고 역사적 가치도 없지만 때로는 이러한 건물 들이 우리에게 아름답게 작용을 하기도 한다. 피터 스미스(Peter F. Smith)는 이러한 사실을 우리에게 증명하였다. "계속되지 않은 생명에 대립하여 영속성을 갖고 있고, 노화의 현상이 타당하다는 견해를 분명하게 해주는 예술품을 보면서 인간은 이를 통하여 안정이 된다." 불멸의 상징으로서의 건물의 노화 또한 아름다움을 발견하는데 긍정적인 영향을 갖게 할 수 있다.

3. 인간의 개성적인 구조는 미적 발견에 직접적으로 영향을 줄 수 있다.

그림 10 | 미금역 상가, 분당. 2001

칼 구스타브 융(C. G. Jung)이 지지하는 한스 아이젱크(H. J. Eysenck)는 이렇게 주장했다. "내향적인 사람은 이해함에 있어서 외향적이 사람보다 자신의 감정을 더 잘 조절한다. 외향적인 사람이 더 빠르게 싫증을 느끼는 동안 내향적인 사람은 이미 미세한 정보량에 반응을 한다. 두 번째 정보보다 첫 번째 정보를 더 사실적인 복합체로 받아들이기 때문에 그 이후부터 더 빨리 싫증을 낸다. 그는 명확한 배열과 뛰어남을 보이는 건축가를 더 좋아한다.

시릴 버트(Cyril Burt)는 내향적이고 외향적인 사람의 구분에 또한 안정적인 것과 불안정적인 타입을 추가적으로 구분하였다. 또한 J. Cardinet은 4가지 타입에 따라서 인식의 상태를 구분하려고 시도했다. 시릴 버트(Cyril Burt)와 Cardinet의 요약적인 결과는 다음과 같다.

Burt와 Cardinet의 요약적인 결과

1 안정적인 내향적 타입은 명백한 배열(질서)을 좋아하고 동적이고 감정적인 표현을 기피한다. 이들은 지적인 간격을 갖으면서 사물을 대한다.

2 불 안정한 내향적 타입은 분명한 배열(질서)을 포함하는 추상적인 표현을 좋아한다.

3 안정적인 외향적 타입은 추상적이고 단순한 구상 또는 설계를 안 좋아한다. 기능적인 것에 중심이 잡혀 있기 때문이다.

4 불 안정한 외형적 타입은 동적인 것과 공격적인 것을 좋아한다.(단락 2-4 그림 12 참조)

4. 우리가 아름다움을 발견하는데 영향을 미치는 중요한 사회-심리학 중 하나는 그 시대의 지배적인 문화적 모델이다. 즉 모델, 또는 그 시대의 인정받는 양식이다. 반대로 인정받지 못하거나 그 시대의 지배

적 모델이 아니면 아름다움으로 인정하지 않는 경우도 있다. 종종 우리는 다른 문화의 범주에서 전해지는 예술을 아름다운 것으로 여기는 노력을 한다. 인도의 고전음악을 생각해 보자. 이는 서양 사람들에게 더 단조롭고 지루하게 느껴진다. 유럽의 예술사의 한 축을 이루는 고딕양식이 오랜 시간을 천박하고 아름답지 않은 것으로 취급을 당했었다는 것을 기억하면 된다.

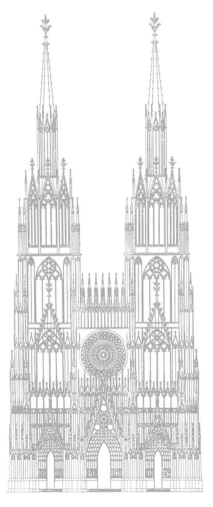

그림 11 | Kathedrale. 13세기 strassburg. 프랑스

16세기의 중요한 건축가의 한 사람인 조르조 바사리(Giorgio Vasari) 또한 이러한 의견에 동의하며 표현하였다. "이 저주스러운 형상은 모든 면과 부분에 계속해서 쌓아 놓기만 하는 많은 작은 집들을 따라서 했다."---" 이러한 도시락 속에 긁어 모은 것처럼 자체적으로도 불안정하게 작용하는 집들은 안정감이 없다. 그리고 돌과 대리석으로 된 것이 오히려 종이로 만든 것처럼 보인다."

요한 볼프강 폰 괴테(Johann Wolfgang von Goethe)는 1772년 슈트라스부르크(Strassburg)의 성당을 보고 고딕의 건물을 다시 긍정적으로 처음 표현한 사람이 되었다.(그림 11) 즉 이 고딕이 다시 긍정적인 평가를 얻은 것이 거의 2세기를 지나서였다. "나의 영혼은 수천 개의 요소 들이 조화를 이루고 있는 고딕의 건물을 보고 위대한 인상을 받았다. 즐거이 체험하고 즐기지만 어떤 방법으로 인식하고 설명해야 할지 모르겠다... 모든 부분과 간격에서 오는 느낌 속에서 햇빛에 드러나는 그의 품위와 위엄을 보기 위하여 얼마나 나는 자주 그곳으로 돌아 갔는가."

하나의 유행과 양식의 흐름 내에는 명확한 활동의 공간이 존재한다. 만일 새로운 것에 대한 허용경계를 벗어나면 그 반응은 즉각 거절되고 종종 적개심까지 생긴다. 그 새로운 작업은 초기에 표준에 적합하지 않기 때문에 결코 아름다운 것으로 취급되지 않는다. 살아있을 때에는 벽에 부딪히고 이름이 알려지지도 않았지만 죽은 후에 와서 유명해진 미술가를 떠올려 보자. 모차르트 또한 다르지 않다. 그가 살아있을 당시의 음악의 기준은 당시 음악의 거장 안토니오 살리에르였다. 그의 질투에 가리워진 모차르트의 삶과 장례식은 너무도 초라했고 단 한명도 그의 무덤이 있는 마르크스 공동묘지까지 따라가지 않았기에 지금도 그의 묘지는 알려지지 않았다. 유행의 표면에 있고, 양식에 속한 표면에는 아름다움이 분명한 단계까지는 비교적으로 개인적인 요소에 좌우가 된다. 그러나 유행의 표면에서 아름다움에 대한 관념은 단기적으로 변경될 수도 있다. 아주 명확하게 잘 나타나는 것이 옷의 유행이다. 여기에서 어떤 것이 아름다운 가하는 기준이 심지어 일 년이 멀다 않고 극단적으로 변경될 수 있다.

개성적인 구조는 본질적인 영향이 미의 지각 상에 있다고 이미 앞에서 언급하였다. 4개의 다양한 개성적인 타입에서 연속적인 요소를 보일 때 결정적인 역할을 한다. 헤겔(Georg Friedrich Wilhelm Hegel)이 취향에 대하여 다음과 같이 말하였다. "사물을 선택할 때 고려하는 것, 아름다운 것과 추한 것의 차이를 언급함에 자연의 불멸한 형태를 위한 기준에서 규칙을 갖지도 않고 스스로에게 논쟁거리도 되지 않는 개인적인 취향이 때로는 선택의 마지막이 될 수도 있다…" 이는 마치 부부를 보면 모든 남편이 자신의 아내를 아름답게 생각하고 또는 모든 신랑이 자신의 신부를 아름답게 생각하는 것과 같이 이러한 아름다움을 위한 개인적인 취향이 정해진 규칙이 없는 것과 같은 그러한 경우이다." 아름다움은 차거나 뜨거움 같이 직접적으로 감각에 전해지는 것이 아니다. 무엇이 아름다운가 하는 것은 계속적인 학습을 통하여 얻은 취향에 의하여 결정이 된다. 이 말은 즉 아름다움에 대한 사고는 배울 수 있고 학습되어질 수 있다는 것이다. 이것은 또한 건축가가 건축주의 취향에 따라서 설계를 하는 것이 아니라 그의 설계가 가능한 최고의 미적 가치가 있어야 한다는 논제를 뒷받침한다. 이에 관하여 테오도르 아도르노(Theodor Wiegengrund Adorno))는 이렇게 말했다. "개인적 미학의 가장 강한 지주나 미적인 느낌의 이해는 공적인 것으로부터 나오며 이와 반대로는 되지 않는다."

조지프 애디슨(Joseph Addison)(1672-1719)도 이에 관하여 그의 견해를 나타냈다. "취향은 예술의 따라서 나타나는 것이 아니고, 취향에 따라서 예술이 나타난다."

4

주변과 장소

AROUND AND PLACE

4 – 1

주변의 영향

모든 개체와 그의 환경 사이에는 탄생에서부터 어느 정도 규칙이 적용되는 다양한 관계가 존재한다. 대부분의 관계는 배우면서 습득한다. 단지 어느 정도의 예외만이 인간에게 충동적으로 작용을 한다. 즉, 인간은 다양한 사물이 무엇을 의미하는가, 어디에 그것이 정확히 있어야 하는가 또는 상대적으로 그것을 어떻게 다루어야 하는 가를 그의 환경 속에서 서로의 관계들 속에서 배워야 한다. 계속적으로 습득되는 경험과 함께 저장되는 정보의 전체적인 그림이 만들어지면서 우리는 마침내 개개의 사물과 만일 이것이 우리에게 직접적으로 지각되지 않는다면 이를 우리의 환경으로 조정하는 능력이 생긴다. 17세기 까지는 그림과 조각이 분명하게 예정된 장소로 우세하게 만들어졌다. 그림을 벽에 걸려는 생각은 상대적으로 새로운 일이었다. 처음부터 그림을 벽에 건다는 생각은 없었다. 이렇듯 우리들의 상상 속에 사물은 언제나 분명한 환경과 연관이 되었다. 예를 들어 책은 내부가 가득 채워진 냉장고나 욕조처럼 제한된 영역이 아닌 책장이나 책상 어디엔가 놓인 기억으로 펼쳐진다. 특히 건축물처럼 고정된 자리가 있지 않고 어디에나 있는 움직이지도 않고 언제나 같은 장소를 갖지도 않는 건물에서 이러한 환경과의 관계는 더욱 강하다. 파리의 에펠탑을 생각해 본다면 우리는 수프가 가득 담긴 접시 속이 아니라 파리라는 도시 속에 그것이 존재함을 느낄 수 있는 것과 같이 그 건축물이 존재하는 영역을 떠올린다. 건축물은 단지 우리에게 현실 속에서 그 주변과 함께 밀접하게만 연결되는 것이 아니라 우리의 기억 속에서 그 두 개가 밀접하게 작용하는 것이다. 이렇게 건축물을 지각하는데 있어서 고유의 영역이 어떤 환경을 갖는가 이해가 된다. 이러한 이유로 설계작업 속에서 대지의 환경을 건축물과 연결할 것인가 하는 것이 얼마나 중요한 작업인가를 알게 된다.

마리오 보타(Mario Botta)는 건물과 환경 사이의 관계에 대하여 다음과 같이 서술하였다. "모든 건축적인 작품은 그의 특수한 환경을 갖고 있다. 이것이 건축물의 범위로서 단순화 되어질 수 있다. 건축물과 환경의 범위 사이에 상대적인 의존성을 나타내는 관계가 있다." "사람들은 시간과 역사의 혁명처럼 일정한 구역에는 일정한 건축물이 존재한다는 것을 말할 수 있다.

위르겐 요디카(Juergen Joedicke)가 인도한 독일 슈트트가르트 대학의 연구팀이 한 건물의 지각적인 경험성에서 환경의 영향을 분석한 후 다음과 같은 결과를 얻었다.

1. 환경은 건축물의 경험상 의미적인 영향을 갖고 있다. 다양한 문맥 속에서 두 개의 동일한 건물은 다양하게 지각이 된다. 여기에서 한 건물에 대한 경험은 전적으로 건물 자체로 제한되지 않고 건물의 환경과 함께 작용을 한다.

2. 건물이 상투적일수록 지각함에 있어서 환경의 영향은 더 작아지고 그 반대 또한 작용한다. 상투적이라는 의미가 여기서는 맞지 않다. 비상투적이라는 단어의 의미는 기대하지 않았고 독창적이라는 의미이다. 즉 건물과 환경 사이의 대비가 크고 이를 통하여 지각함에 있어서 환경의 영향이 더 크다는 의미이다.

정보 이론학은 독창적인 전달에 있어서 정보의 흐름이 암호를 형성하거나 원형적인 부분을 사라지게 하는 상투적인 환경이 건물을 인식하는데 더 영향을 주게 될 정도로 역할이 크다는 의미이다. 어떤 건물을 지각함에 있어서 작용하는 환경이 상황에 따라 시야 속에 제한적으로 들어온다는 것은 옳지 않

그림 1 | 밀집주거지역, 구미시

다. 예를 들어 리차드 노이트라(Richard Neutra)는 환경이 단지 건물의 시각적인 테두리만은 아니라고 하였다. 그는 환경이 사람의 심리에 직접적인 긍정적 작용을 할 수 있다고 말하였다. 리차드 노이트라(Richard Neutra)는 생태학적인 정확한 주택을 가능하게 한 로스앤젤레스(Los Angeles)의 로벨(Dr. Philip Lovell)을 위하여 그의 "건강한 집"을 1927년에 처음으로 시도한 사람이다. 생태학적이라는 의미는 오늘날처럼 단지 건축재료와 설비를 건축물에 응용한 것이 아니라 신경구조에 좋게 작용하는 것에 관하여 그가 주장한 환경의 첨가를 주요소로 삼은 것이다.

위에서 언급한대로 사회-심리학적인 관점 또한 지각이 근본적으로 영향을 미친다. 이것은 인간적인 관점으로부터 나오거나 계속적으로 주변과 함께 표현된다. 이와 함께 하나의 건물을 판단함에 있어서 단지 제한된 건물만을 갖고 하는 것이 아니라 그 영역내의 환경도 계속적으로 영향을 미친다.

테렌스 R. 리(Terence R. Lee)는 실험을 통하여 지각할 수 있는 영역내의 이웃은 매우 주관적이며 인간과 인간 사이에는 변수가 작용한다고 증명하였다. 세계주택단체는 1974년 밀집된 주거환경은 일반적으로 지름 400미터를 넘지 않거나 걸어서 5분 이상 걸리지 않는다고 확립하였다.(그림 1) 관계 연구가들은 동물의 영토성과 다양한 거리에 관하여 토론을 하였다. 부정확한 경계는 동물의 행동을 결정하는 다양한 영역을 형성한다. 그 거리는 동물들에게서 다양한 반응을 불러 일으키는 간격을 나타낸다. 예를 들어 도주거리는 달아나기 전에 다른 동물과 얼마나 근접하게 있을 수 있는가 하는 간격을 나타낸다. 이러한 영역과 거리를 우리는 인간에게서도 인식한다. 그 크기는 문화적 조건이며 변화가 될 수 있다. 이제 주택건설에서 주택의 값어치는 단지 형태, 재료와 기술 그리고 색채적인 요소에만 좌우되는 것이 아니라, 그 환경에도 아주 많은 영향을 미친다. 주거자는 근접거리의 환경을 자신의 고유적인 경험으로 갖게 될 수 있다. 즉 그는 자신이 갖고 있는 환경과 자신을 동일시 할 수 있다. 이는 한편으로 경험의 다양성을 가능하게 하는 공간의 명확한 다양성을 요구하고 다른 한편으로 개인적인, 중간의 개인적인 그리고 공공의 공간으로 구분할 수 있으며 이 공간 들이 긍정적으로 배치된 것을 요구하기도 한다. 심리적 상처의 가장 큰 부분은 자유스러운 교제가능성의 부족에 있거나 반대로 피할 수 없는 교제와 이와 함께 스트레스를 얻는 것이다. 이러한 상처는 종종 잘못된 건축적 조처에서 일어난다. 예를 들어 사람들이 많은 좁은 승강기 안이나 복도 같은 좁은 통로 안에서 내적인 영역이 상처를 받기도 하며 그 때문에 다른 사람과의 의사소통이 단절되기도 한다. 사람이 개인적인 영역 내에서 강요를 당하거나 경계거리가 충분치 않으면 탈출을 꾀할 수 있는 가능성이 더 이상 존재하지 않기 때문이다. 이 맥락을 과학적으로 증명하려고 다양하게 시도하였다. 설문지의 질문이 때로 그들의 감정을 구두로 충분히 표현할 수 없고 뚜렷하게 기억하듯이 다양한 평가에 영향을 줄 수 없다는 사실에 부딪혔다. 그래서 때로는 전화설문 또는 방문설문을 하는 이유가 바로 이러한 설문지의 질문 영역 한계 때문이다.

Ifan 페인(Ifan Payne)은 다양한 건물에 대한 인간의 감정적 반응을 직접적으로 측정하려고 하였다. 여기서 그는 우선적으로 혈압과 심장박동을 측정하였다. 만일 테스트에 응하는 사람들이 그것을 원하지 않는다면 감정적인 상황을 나타내주기 때문이다. 1872년 다윈은 동물이 안정적인 상태로 될 때까지의 상황을 나타내기 위하여 겁먹은 고양이가 강한 불빛 하에서 눈이 작아지지 않는 것을 표현하면서 인간과 동물의 감정적 표현에 관하여 언급을 하였다. 이 관찰에 대한 적용으로 Payne은 건축적인 상황과 관찰자의 눈동자 크기 사이에 연결로 실험을 시도하였다. 여기에서 그는 다음의 결과를 얻게 된 것이다. 다양한 문화의 테스트에 응한 사람들이 명확한 형태에서 다양하게 반응을 하였다. 즉 명확한 형태가 다양한 문화 속에서 다양한 감정적 반응을 불러온다. 여기에서 흥미로운 것은 눈동자의 변화와 이와 함께 건축가는 테스트에 응한 다른 사람들에 비하여 감정의 반응이 더 크다는 것을 확인하였다. 이 결과는 건축가의 눈동자가 그의 경험을 통하여 다른 사람들에 비하여 더 예민하게 반응한다는 사실이다. 우리 주변의 건축물이나 문맥과 같은 환경은 다양한 감정을 일으킬 수 있고 우리의 행위가 영향을 미친다는 것을 증명하였다. 환경의 어떤 종류가 감정의 어느 종류를 불러오는지는 아직 결정되지 않았다. 그러나 이 요약은 건축가 들에게 중요한 의미를 갖는다.

4 - 2

장소

모든 사물은 위치를 가지며 모든 행위는 하나의 장소에 일어난다. 장소는 추상적인 이해 그 이상이며 위치의 의미 이상으로 더 많은 것을 내포한다. 다양한 사물, 다양한 행위는 다양한 장소를 필요로 한다. 장소는 표시된 지점 또는 단위공간의 특수성이며, 정의된 요소에 의하여 특징지어진 것이다. 공간은 옮겨질 수 있다. 그러나 장소는 아니다. 사물이라는 것은 언제나 어느 장소에 있으며 위치를 명확하게 하기 위하여 공간 또한 요구한다. 장소라는 것은 점령되어서는 안되고 어떤 사물에 의하여 표시 되어서도 안된다. 단지 일정한 것에 의한 대조나 대비에 의하여 표시가 된다. 그러나 건물이란 곧 인위적인 장소를 갖는 것이다. 인간에 의하여 만들어진 장소는 분명한 위치를 나타내야 하는 의무가 있다. 장소의 자연적 구조는 인간에 의하여 인식된 것을 신뢰하는 특수한 표시가 강조되며 시각적으로 되어있다.

크리스티안 노르베르그-슐츠(Christian Norberg-Schulz)는 이에 관하여 다음과 같이 말하였다. "건물의 존재목적은 한 위치에서 장소를 만드는 것이다.

즉 주어진 환경 속의 위치를 현실화하고 명확하게 사고 속에 보여주는 것이다.” 한 장소의 특징은 다양한 영향에 의하여 또한 다양하게 나타날 수 있다. 여기에서 가장 중요한 역할은 바로 환경 속에서 나타나는 대조이다. 즉 대상이 갖고 있는 기하학, 형태, 재료 또는 색조를 말한다. 그러나 한 장소는 특수한 사실을 통하여 특이한 의미를 얻을 수 있다. 예를 들면 기념비나 성지교회는 이러한 특수한 장소를 나타낸다. 장소가 어떤 특수한 내용을 갖고 있다면 이렇게 장소의 추억적인 기능에 관하여 일정한 상징적 의미를 또한 얻을 수 있다. 예를 들어 파고다공원은 자유의 상징으로 되었다. 동양에는 기원전 5세기에서 3세기 사이에 바람과 물의 가르침에 따라 새로운 집의 위치를 결정함에 있어서 풍수지리를 따랐다. 이 가르침은 21세기인 지금도 부분적으로 사용되고 있다. 풍수는 3가지 법칙에 기초하고 있다. 하나는 사물의 가르침이고 두 번째는 다섯 요소의 이론이며 나머지는 대소에 따른 조화의 법칙이다.

　건물의 위치나 가구의 위치까지도 이 법칙에 따라 결정이 되는 것이다. 예를 들어 집의 위치를 주거단지의 동쪽에 위치하게 선택을 하거나 고르는 것이다. 또한, 동쪽은 해가 뜨는 위치로 부흥과 흥하는 면으로 취급을 받고 봄을 의미하기도 해서 건물들의 위치에서 이 방향은 희망을 갖는다고 믿기도 한다. 우리가 하나의 사물을 기억할 경우 때로는 분명하고 정확한 위치뿐 아니라 그 주변도 우리의 상상 속에 함께 떠올린다. 만일 일정한 장소를 떠올리게 되는 상징적인 사물이나 함께 떠올렸던 대상이 어떤 다른 장소로 옮기게 되면 이 관계가 아주 명확해진다. 예를 들어 서울시청을 떠올릴 경우 우리는 그 옆의 덕수궁과 플라자 호텔을 그 주변으로 떠올린다. 그런데 시청이 다른 곳으로 옮기게 된다

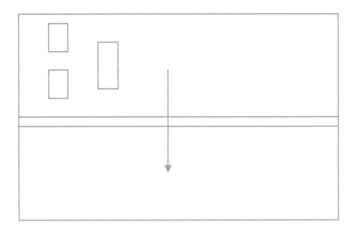

그림 2 │ 20년 마다 장소를 바꾸는 을제 신전꾸

면 아직 새로운 장소에 가보지는 않았지만 서울시청을 떠올릴 경우 우리의 기억 속에는 아직 덕수궁이 남아있다.

루돌프 아른하임(Rudolf Arnheim)은 이에 관하여 한 예를 들었다. "어떤 조각품이 그 위치에서 멀어졌고 그리고 그 조각품의 어느 부분이 교정이 되거나 개량이 되는 것처럼 만일 우리가 그 전의 것을 기억하는 목격자라면 그러한 상황에서 실제로 무엇인가 걱정이 되는 심리적인 상태를 갖게 된다. 동일하게 어떤 훌륭한 집의 관점에서도 마찬가지이다. 만일 그 집이 위치를 옮기거나 다른 장소에 다시 지어진다면 우리는 동일한 감정을 얻게 된다."

일본 을제에 있는 신전이 하나의 특수성을 표현하고 있다. 이것은 사실상 가장 오래된 신토 신전이었고 매 20년 마다 새롭게 지어지는 옆의 장소에 간헐적으로 두 개의 장소를 오가며 신전을 나타낸다. 그 신전의 기원은 정확히 알려지지 않는다. 그러나 이 신전은 일본 연대기의 첫 번째 위치에 있는 것 중의 하나로 언급이 된다. (기원전 720년) 이 기록에 따라 을제에서는 아마타라수 오미카미가 일본의 역사이래 지금까지도 태양신으로 추앙을 받고 있다. 처음에 추앙의 장소는 단지 하나의 면으로 그저 구역만을 표시한 단순한 장소였다. 지금의 신전 건물은 7세기 후반에 만든 것이다. 지금까지 이 건물은 규칙적으로 두 개의 장소에서 20년이라는 시간 주기를 두고 번갈아 가며 새롭게 지어지고 있다.(그림 2) 그러나 양식과 건물의 배열은 그 시대 이후로 변경이 되지 않았다. 신전의 영혼은 소위 마음의 기둥이라 불리는 땅에 묻힌 작은 목재 토막이다. 그 나무토막 위에 신전의 본관이 세워졌다. 이 마음의 기둥은 두 개가 있다. 하나는 신전이 세워지는 곳에 있고 또 하나는 매년 20년 마다 비워지는 장소에 작고, 특별하게 이 나무토막을 위하여 지어진 목재건물에 의하여 보호된다. 이렇게 주기적으로 장소가 바뀌는 이유는 정확히 알려지지 않았다. 목재는 석재처럼 영구적이지 않다. 그러나 일본의 목조 건축을 보면 천 년 이상 지속되는 것도 있다. 그렇게 생각한다면 이렇게 장소를 주기적으로, 그것도 20년이라는 단기간에 장소를 바꾸며 새롭게 짓는 것이 단지 재료의 이유 때문만은 아닐 수도 있다. 단지 재료가 이유라면 신전의 위치를 20년마다 변경할 이유는 없기 때문이다.

4 - 3

환경의 종류와 장소의 선택

어떤 환경에 대한 평가를 할 때 반영되는 것 중 가장 중요한 요소 중의 하나는 지형학적인 형태와 그 표면의 형태적 특성이다. 예를 들어 편평하고, 언덕이고, 산악지대 이거나 경사진 형태를 말한다. 이러한 표면적인 특성은 자연적인 환경에 있는 것과 같이 도시적인 맥락에서 인식할 수 있으며 우리가 인식 할 때 결정적인 표현으로 작용한다. 환경의 지형학에서 재료와 구조적인 특성 또한 중요한 역할을 한다. 우리가 일정한 형태를 갖고 있는 해변가나 인공적으로 만든 바다 속에 위치한 집을 찾을 수 있을까? 이렇게 공간을 규정하는 공간요소의 재료가 공간을 인식하는데 영향을 미치는 것처럼 표면의 구조와 재료 또한 환경에서 우리가 그것들을 인식하는 방법에 영향을 미친다. 환경의 형태, 구조 또는 재료가 변화하는 그곳에 해변, 강어귀, 산꼭대기, 계곡 등과 같은 대조적인 것이 생긴다. 이러한 대조적인 면이나 대조적인 선에서 그 환경이 돋보이는 독특한 장소나 위치를 형성하는 것이다. 계속적인 환경으로서 경치는 위치를 선택하고 건물의 종류를 구분하는데 또한 큰 영향을 준다. 프랭크 로이드 라이트(Wright, Frank Lloyd)(Frank Lloyd Wright) "위치의 특성은 건축물로 되는 건물의 시작이다. 이는 언제나 위치나 건물과 같은 경우이다." 경치 안에서 대조적인 면이나 선은 인간의 우선적인 부락의 장소가 되었다. 예를 들어 걸쳐진 암벽, 강어귀, 산등성이, 강변 등이 있다. 즉 환경은 건물을 위한 표현으로 존재한다.

고대 이집트에 자연적인 환경은 단지 건물을 위한 표현만이 아니고 최종적으로 전체 세계관을 위한 것이었다. 나일 강은 양쪽 면에 강변을 형성하는 북서의 축을 형성하였다. 강물이 축을 따라 가늘고 긴 대지를 비옥하게 만드는 나일 강은 국민의 생명선이고 이와 함께 삶을 포함한 모든 것으로서 상징적인 의미의 맑은 급수기능을 갖고 있다. 빛을 선사하는 태양은 신의 한 사람인 Ra로 추앙을 받았다. 동쪽에서 시작하여 서쪽으로 지는 태양의 흐름은 나일강의 축과 함께 건축물들이 강과 직각을 이루고 있었다. 죽은 파라오가 묻혀 있는 피라미드는 해가 지는 방향인 나일강의 왼편, 즉 서쪽에 놓여 있다. 피라미드를 검사해 본 결과 그 배치가 태양이 흐르는 하늘의 방향에서 약간의 각도만

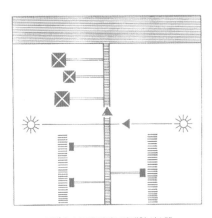

그림 3 | 고대 이집트의 배열 시스템

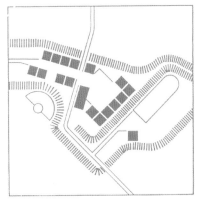

그림 4 | 고대 그리스의 배열 시스템

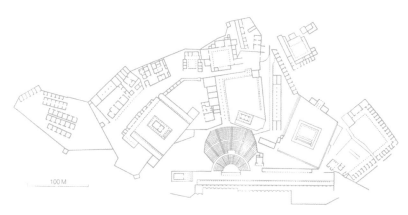

그림 5 | 페르가마에 있는 아크로폴리스. 기원전 3세기 말부터 2세기 까지. 지금의 베르가마. 터어키

이 틀어져 있음이 확인되었다. 높은 이집트의 사원과 무덤의 시설은 실질적인 나일 계곡이 해변을 향하여 경계가 되는 땅이 움푹 올라와 있는 강어귀에서 찾을 수 있다. 또한 그 축은 강에 대하여 수직으로 흐르고 있다. 크리스티안 노르베르그-슐츠(Christian Norberg-Schulz)는 피라미드는 낮은 이집트에서 높은 이집트로 강을 넘어가는 경우 사막에 산과 같이 상징적인 표시를 하는 대리적인 역할을 하였다고 생각하였다.(그림 3) 그림을 다시 살펴보면 나일강은 남에서 북으로 흐르는 축을 만들고 있고 대지를 동서로 나누고 있다. 동쪽은 태양이 떠오르는 의미로 희망과 생명을 상징하여 마을이 형성되어 있고 서쪽은 태양이 지는 의미로 절망과 죽음을 의미하여 대부분의 피라미드(기제 피라미드)가 나일강의 서쪽에 직각으로 위치하여 있다. 피라미드는 왕의 무덤이지만 크기가 갖는 상징은 이집트인들에게 다른 기능을 하기도 한다. 사막의 지평선은 시각의 좌우 길이를 다하고도 남을 정도로 길다. 이 좌우 길이에 놓인 피라미드의 높이는 사실상 거대한 것은 아니다. 바람에도 날리는 미세한 모래는

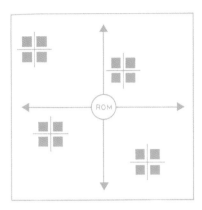

그림 6 | 고대 고마의 배열 구조

사막에서 이정표로 삼을 만큼 모래 언덕의 위치는 일정하지 않다. 이렇기 때문에 피라미드는 사막에서 중요한 이정표로 삼을 만 하다. 그래서 시막에서 길을 잃은 이집트인들이 피라미들 찾게 되면 그들은 피라미드의 동쪽으로 나일강이 있고 나일강의 동쪽으로 마을이 있다는 것을 알게 된다. 즉 피라미드는 이집트인들에게 오아시스의 의미를 갖고 있는 것이다. 이러한 컨셉을 이오 밍 페이(I. M. Pei)는 알고 있었기에 파리 루브르 박물관 앞의 유리 피라미드를 설계한 것이다. 이것이 파리시민들에게 현대 사회의 오아시스로 작용하고 이집트의 석재 피라미드는 시각적으로 단절되어 있지만 유리 피라미든 시각적인 자유로움으로 과거, 현재 그리고 미래를 잇는 교두보 역할이라는 기능을 부여받은 것이다. 그리스의 자연환경은 이집트의 기본적인 것과는 구분이 된다. 그리스에서는 산이 대지를 통과하고 바다가 계속하여 차단을 하는데 나일은 거대한 면적을 두 개로 나누었다. 이와 상응하여 모든 장소가 각기 다른 성격을 나타내고 다양하게 반응을 하는 이러한 환경이 다양한 종류로 있다. 그리스의 신 들은 특별한 장소를 할당받았다. 조화를 방사하는 듯한 장소는 제우스 신에게 바쳐졌다. 인간이 함께 모이기에 합당한 그러한 모임의 장소는 공동체적인 것을 표현하는데 이는 아테네 신에게 바쳐졌다. 건물의 배치는 자연적인 질서가 건물을 지배하면서 지세학을 통하여 결정이 되었다. 이렇게 건물의 배치에 자연스러운 지형을 그대로 살렸기 때문에 깔끔한 기하학적 배열이 놓일 수 없을 수도 있었던 것이다. 그리스 건물의 평면도면은 종종 혼란스럽게 작용을 한다. 왜냐하면 3차원, 주변의 지형학적인 형태가 반영되고 이것이 건물의 각 위치에 보이면서 이와 함께 이러한 것들이 종합적으로 반영이 되면서 주택들의 배치도 서로 명백하지 않은 배치관계를 보여주고 있다.(그림 4, 5)

고대 로마의 건축은 그리스나 이집트처럼 그렇게 강렬한 자연환경이 건축에 반영되지 않았다. 여기에는 무엇보다 두 가지 이유가 있다. 건축기술의 새로움은 지형에 그렇게 크게 의존하시 않아도 되는 가능성이 있었다. 예를 들어 벽돌-몰탈 기술이 새로운 지지구조를 만들어 냈고 한편으로는 도시국가에서 발전된 로마제국은 수도인 로마가 중심체계와 세계의 중심으로 되면서 로마 전체 제국이 4개로 나뉜 긴장된 조직구조를 갖고 있었다.(그림 6) 이 구조는 또한 도시간의 관계나 건물간의 관계 속에서 유지되면서 발달했다. 대부분의 로마 도시는 서로간에 수직을 이루는 두 개의 메인 축을 갖고 있다. 종종 우리는 이러한 배열을 깔끔한 형태로 생각지는 않는다. 왜냐하면 후에 도시를 확장하게 될 경우 더 이상 원래의 배열형태를 고려할 수 없는 상황이 되고 또는 지형학적으로 주어진 상황을 적용하는데 많은 제약을 받는다. 이러한 위치는 로마 건축에서 자연환경을 반영한 것보다는 로마를 권력의 도시로 표현하고자 하는 의도로 상징적인 배열구조를 사용한 것이 더 많기 때문이다.

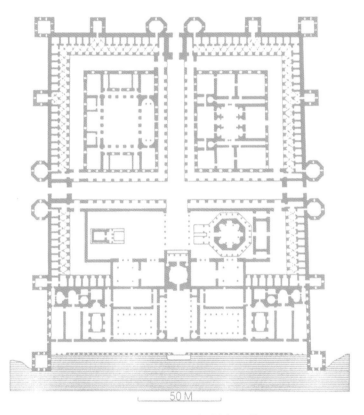

그림 7 | 디오클레치안 궁전. 기원전 300. 유고

4 – 4

인간과 자연의 관계

건물과 환경 사이의 관계를 이해 할 수 있으려면 먼저 이러한 환경에 대한 인간의 조정과 자연에 대한 조사가 일반적으로 되어야 한다. 모든 건물은 기본적으로 자연 속에서 취해진 조치이다. 이러한 조치의 방법은 자연에 대한 인간의 조정에 밀접하게 좌우된다. 동양문화 속에는 오늘날에도 부분적으로 자연과 인간사이의 밀접한 연결이 존재했었고 지금도 존재하고 있다. 인간은 자연의 일부분으로 살고 있으며 자연과 함께 다양한 관계를 통하여 연결이 되어 있다.(그림 8) 이러한 것이 둘 다 자연처럼 인간도 마찬가지로 살아남게 한다. 이 관계의 종류는 서양세계에도 존재한다. 그러나 교회의 이상이 여기에 첨가가 된다. 교회의 사고는 인간과 자연의 이중적인 연결을 삼각관계로 만들었다. 자연은 신에 의하여 창조가 된다. 인간은 자연을 신하로서 삼았다. 초자연적이고 위대한 신은 동양의 모델에서 자연과 밀접한 관계를 맺고 있다. 즉, 신은 자연의 일부였다. 그리고 이와 함께 인간과 커다란 통일감을 형성하였다. 서양의 모델에서는 삼원적인 관계가 전체적으로 보면 이원적인 관계를 갖고 있다. 예를 들면 신-인간, 신- 자연, 자연-인간, 주체-대상, 육체-정신 등의 관계이다.

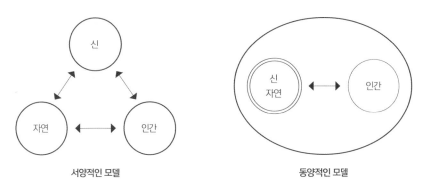

그림 8 | 신, 자연 그리고 인간의 관계

인간은 자연에 대하여 오랜 시간을 힘없이 대처해 왔다. 자연이 서구적인 사고로 사람을 위해서는 신과의 연결이 되지 않기 때문에 자연이 무엇인가 초자연적으로 설명이 되고 이와 같은 것으로 받아들여지는 것처럼 기적적인 것을 만들 것이라는 가능성은 전혀 없다. 우선적으로 르네상스에서는 자연이 대상화되는 것을 시도하였고 인간이 자연에 동등한 파트너로서 대립되었으며 신은 이와 함께 초자연적으로 되었다. 그리고 신은 인간과 자연의 관계 속에서 언제나 제외가 되었다. 그리고 우리에게 오늘날까지 대참사의 가장자리로 인도하는 상황이 시작되었다. 인간은 유기적인 존재로서 자연의 일부이고 자연 속에 산다. 그리고 이와 함께 또한 자연 속에 존재를 해 왔다. 마찬가지로 인간에 의하여 지어진 건물처럼 자연은 그와 같은 물리적인 법칙 아래 놓여 있다. 여기에서 자연이 인간에게 많은 건물과, 또한 건물 자체에서도 긍정적인 것으로 작용하는 것은 아주 당연하다. 종종 인간은 자연이 시각적으로나, 용도가 분명하며, 자연적이고, 기능적으로 자연 속에서 완벽할 때까지 만들어진다는 생각을 갖고 있다. 그러나 이것이 꼭 그렇지는 않다. 자연은 인간에게 모범적인 것으로

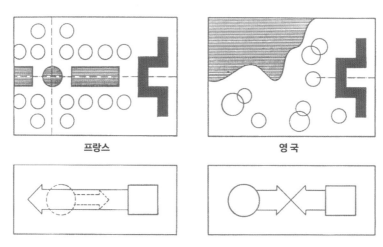

그림 9 | 프랑스와 영국에서 건물과 정원 사이의 관계

작용을 할 수 있다. 자연과 인간관계의 전개는 건물의 환경에 정원을 만들면서 잘 나타난다.

　서양과 동양에서 자연에 대한 다양한 배치에서는 일치가 된다. 또한 건물의 관계가 정원에 대하여 접근하는 자연적인 환경이 다양하다. 바로크의 건축에 대한 프랑스의 기여는 외부공간의 배열이다. 루드빅 14세는 절대적인 지배자로 있고 싶었기에 베르사유 궁전의 건물과 함께 그것을 표현하고자 했다. 그는 또한 자연에 대하여도, 즉 우주 자체의 지배자였다. 왕의 침실은 동쪽을 등지고, 즉 태양이 뜨는 곳을 등진 정원의 축이 서쪽으로 다시 내려가도록 만들었다. 이러한 순환은 상징적으로 군주의 "지레(lever)"와 "쿠쉐(coucher)"의 예식과 함께 군주가 원하는 그대로 행하여 졌다. 거대한 정원 시설과 그 끝없는 공간의 바로크 사상은 또한 외부공간에도 옮겨졌다. 앙투안 페브스너(Antoine Pevsner)는 말하기를 "성의 600미터에 달하는 정원의 정면은 르 노트르(Le

Notres)공원 위에서 그의 연속적인 정원, 그 높은 분수, 그 십자형 분수 그리고 그 수평이거나 화사한 형태의 높고, 예술적이며 구분이 잘 된 울타리가 끝없이 펼쳐지는 가로수 길과 도로가 빛을 낸다. 황제의 존엄아래 엎드리기 위하여 인간의 손에서 자연이 제압을 당하고 그의 손에서 변형이 된다. 그의 침실은 조경과 건축물에서 나오는 권력적인 구성을 이루며 정확히 가운데에서 찾을 수 있다. 건물은 자연과 접촉을 한다. 정원은 건물을 마주 보고 서있으면서 이들은 함께 거대한 통일을 이루고 있다. 그러나 이 둘은 동등한 파트너가 아니다. 그 주변은 자연스러움 속에 있지 않게 하였고 그들은 건물의 강력한 기하학을 표현하였다.(그림 9) 영국에서는 소위 영국의 정원(풍경정원)이라는 것을 만든 장 자크(Jean Jacques)의 아이디어 영향아래 부분적으로 18세기에 발전이 되었다. : 조경을 인위적인 기하학으로서 더 이상 구성되지 않고 계속적으로 자연을 연장시키는 것으로 발전이 되었다. 자연의 일부로서 건물은 정원의 합리적인 시설이 되었고 풍경 같으며 자연적인 환경이 건물과 함께 두 개의 동등한 부분으로서 대치를 하였다. 예술적인 기하학의 마구잡이가 자연적이지 못한 것으로서 거부된 것이다. 이러한 배치는 또한 건물의 패권에 대한 도전을 의미하며 이와 함께 자연에 대한 새로운 조정을 의미한다. 공무원이며 소설가인 조지프 애

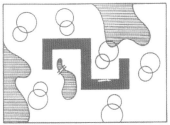

중국

그림 10 | 중국의 정원과 건물 사이의 관계

115

디슨(Joseph Addison)은 이렇게 자연적인 대지를 유지하는 것을 다음과 같이 선언하였다. "나는 나의 몫을 위하여 나무의 잎과 가지의 풍부함 속에서 즐거운 마음으로 나의 나무를 관찰하고 나무가 어떤 기하학적인 형태와 같이 보이더라도 나는 그것을 즐길 것이다. 주거가 자연과 더 많이 연결이 되어야 한다는 사고는 계속하여 강하게 관철이 되었다. 만일 왕의 관저가 우선적으로 되었다면 그 발전은 귀족의 지배영역에서 일반 시민에게까지 계속된다. 이 풍조는 19세기에 또한 도시건설에 영향을 주었다. 존 내쉬(John Nash)는 19세기 초에 왕에게 속한 런던의 한 공원에서 아파트를 설계하는 계약을 맺었다. 그것의 결과는 지배자의 공원이었다. 커다란 종합적인 건물은 자연적인 환경 속에서 자유롭게 만들어 졌다. 9세기 말에 이러한 아이디어에서 정원도시가 발전한 것이다. 이 정원도시는 산업지역으로 바뀌는 도시의 밀집현상에 대한 전환점을 형성하였고 최소한 사회적인 성격을 포함한 도시의 시작을 예고했다.

도시영역의 기초를 닦는 아이디어는 사실상 오래된 것이다. 이 아이디어는 15세기로 거슬러 올라간다. 이미 17세기에 런던에서는 하이도(Hyde)공원이라는 커다란 왕의 정원이 대중을 위하여 개방되었다. 이 시대에 명문가의 많은 회원들이 그들의 도시 공원과 정원을 부분적으로 과도하게 만들도록 하였다. 이렇게 바로크의 후에 새로운 집들은 거리를 따라서 지어지지 않고 새롭게 만들어진 장소에 지어졌다. 이를 통하여 소위 사각형의 정원이라는 것이 생겨났다. 공개적인 녹색시설은 거리의 주변에 놓이면서 그 옆에는 다시 폐쇄적인 주택의 열이 이어졌다. 지그프리트 기디온(Siegfried Giedion)은 말하기를 "17세기와 18세기의 사각정원은 도시건축의 중요한 역할을 하였다. 그 정원에는 처음

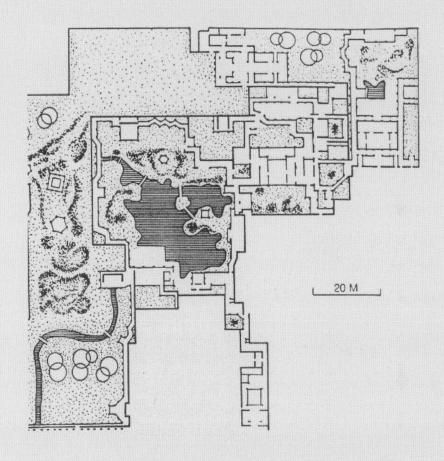

그림 11 | 리우 정원. 1573–1620. 주코우. 중국

으로 돌덩어리의 행렬과 거미줄 같은 거리의 표현이 없어지고 조경이 그 위에 만들어졌다."고 하였다. 이미 언급하였듯이 자연에 대한 인간의 관계가 서양세계는 동양의 세계와는 근본적으로 다르다. 가장 오래된 중국문화의 문서적인 서술 중의 하나인 이-깅(기원전 7세기나 또는 8세기)에는 대조적인 "진장"과 그것의 공동작업에 관하여 서술하였다. 모든 자연적인 형상 들은 상반되는 요소를 포함하고 이를 조건화 한다. 예를 들어 "크다"는 말은 단지 "작다"라는 말과 단순히 비교를 하면서 인식할 수 있게 하였다. 이 상반되는 짝은 대립하고 있는 것이 아니고 상대적으로 제한하는 것이다.

대립 사이의 충돌은 일정한 보완적인 관계를 위하여 서로 간의 방해적인 작용을 하게 된다. 이를 통하여 완벽성을 추구할 수 있다고 생각한 것이다. 이 사고의 과정이 대부분 동양 철학의 기본이 되었고 환경에 대한 건물의 관계에 의문을 푸는데 그 열쇠가 된다. 자연과 건축은 서로 상반된 관계가 아니다. 그들은 서로가 스며들면서 서로가 채워준다. 모든 집이 커다란 정원 내에서 홀로 설수 없기 때문에 자연과의 관계를 종종 내부와 외부 사이의 관계 상에서 제한을 한다. 중요한 것은 두 개의 상반된 짝이 존재한다는 것이다. 단지 한 개의 존재를 통하여서만 다른 것이 완전히 인식될 수 있다.(그림 10, 11)

4 - 5

환경에 대한 건물의 관계

조화-대조-대질

건물의 자연적인 환경이나 도시적인 영역에서 건물의 인위적인 환경을 어떻게 인위적으로 건물의 관계를 형상화 할 것인가? 기본적으로 우리는 3가지의 다양한 방법으로 구분을 할 수 있다.(그림 12)

첫 번째 가능성은 서로간의 조화이다. 건물로 된 새로운 것을 형태적, 재료적 등을 환경의 언어(문장) 속으로 취하는 것이다. 건물은 그러나 환경에 의도적으로 어느 정도 특수성을 갖고 놓이면서 대조적으로 형성이 될 수도 있다. 이것이 두 번째이고 세 번째 가능성은 건물과 주변의 관계에서 대질의 성격을 띄게 된다. 즉 건물과 주변의 상황이 서로간에 상대적으로 대치하며 서 있다.

이 세 가지 모두가 어디에서나 가능한 것은 아니며 어디에서 어떠한 것이 옳은 형태인지도 가능한 것은 아니다. 환경에 대한 조화의 형태를 통하여 한편으로는 혼란을 피하게 되기도 하며 다른 면에서는 진정한 발전을 방해하기도 한다. 지붕의 형태나 또는 색과 재료에 대한 엄격한 건축법규는 혼잡한 다양성과 이로 인한 혼란스러움을 막고자 하는 것이지만 그러나 더 나은 건축물로 인도하지는 않고 기껏해야 단조로움을 만드는 것이다. 종종 도시적인 환경에서는 조화를 시도하기에는 전혀 가능하지 않는 뒤섞임이 있을 수 있다. 모방적인 사고 속에서 조화는, 예를 들면 건물과 자연이 더 이상 구분이 되지 않는 상황속에서 자연의 산을 첨가하는 것은 비열한 배치가 된다. 루이기 스노치(Luigi Snozzi)는 다음과 같이 서술하였다. "우리의 처리 영역으로서 조경에 대한 이해는 인간이 문화 속에서의 자연을 확인하는 오랜 변화과정의 순간으로 이해가 된다.", "예를 들어 조경 속에 하나의 건물을 첨가한다고 생각하지 말고 새로운 조경을 만든다고 생각을 하여야 한다. 역사적인 도시에 첨가를 하고 그 도시에 순응하는 것이 아니라 역사적인 도시가 공간조직 내에 포함이 되는 다시 말하면 새로운 도시가 만들어 지는 것이다." 루이기 스노치(Luigi Snozzi)는 자연을 부정하는 것이 아니다. 그는 자연을 동등한 파트너로 취급하는 것이다. 새롭게 만들어진 것이 언제나 자연에 적합해야 하는 것은 아니다. 그러나 자연이 계획안에 포함 되어야 하며 자연과 함께 새로운 전체를 만들어야 하는 것이다. 자연의 일부인 인간이 스스로 자연을 포기하기를 원한다 할 지라도 결코 자연을 포기 할 수는 없다. 건물은 어차피 처음부터 자연에 대한 반항적 요소다. 시빌 모홀리 나기(Sibyl Moholy-Nagy)는 다음과 같이 설명하였다. "자연의 추상적인 발상 그 자체에서 자연법칙의 과학이 기인하였다. 그러나 건축은 자연의 주기적인 생존 제한으로부터, 그리고 무리의 부족한 방어 가능성으로부터 의존적이지 않도록 하려는 인간 의지에서 기인을 하였다. 집단적 발전의 형

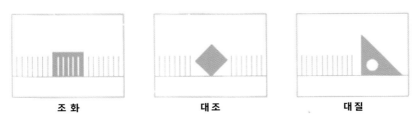

조 화   대 조   대 질

그림 12 | 환경에 대한 건물의 관계 : 조화 - 대조 - 대질

태단계에서 인위적인 담, 공간들, 열, 빛 그리고 음식저장의 발달이 지형적으로 전개가 된 것이다. 특징적인 단어-지질에 따라-형태가 형성이 되고, 자연의 형태와 기후적인 조건에 맞게 인간의 촌락이 적절하게 되는 것이 증명이 되었다. 그러나 자연의 조성을 위하여 인간이 선택할 수 있는 이로운 조건과 자유로운 선택이 끝없이 있었다."

환경에 의도적으로 첨가되는 건물에 대한 관계의 두 번째 방법은 첫 번째 요약과는(조화) 반대적이다. 건물은 환경에 대조를 이룬다. 도시적 영역에서는 주변 건물의 의식적인 첨가에 여러가지 이유가 있을 수 있다. 이웃관계가 모방할 가치가 있다는 것은 아니다. 또는 새로운 건물이 광고목적으로 다르게 있어야만 한다. 정보이론학적으로 "다르다"는 것은 예측하지 못했던 것을 의미한다. 그러니까 오리지널(원형)을 말한다. 그러나 처음에 언급하였던 것처럼, 오리지널이라는 것은 이전의 것을 최소한으로 포함하는 특징을 갖고 있어야 한다. 그래야 그 오리지널이 갖고 있는 전달을 이해하기 쉽다. 가령 건물의 환경으로부터 의도적으로 분리되기를 원한다 하더라도 그리고 그 환경에 어떤 대조적인 입장을 형성한다 해도 건물은 주어진 환경의 명확한 요소를 취해야 한다.

건물과 환경 사이의 관계의 세 번째 방법은 대립이다. 이 가능성은 두 번째 관계의(대조) 하부 그룹으로 취급할 수도 있다. 그러나 이것은 다양한 관점 속에서 구분이 된다. 두 번째 방법에서 대조가 새로운 건물과 환경 사이에서 존재하는 동안, 세 번째는 대립으로부터 나타난다. 건물은 의도적으로 환경에 적대적이다. 건물과 환경은 서로가 대화를 하고 있지만 같은 의견을 갖고 있지는 않다. 이 모든 세 가지의 가능성에서 건물의 영향이 크거나 또는 작게 자신의 환경에 커다란 영향을 주거나 또는 그 반대의 경우가 존재한다.

도시에서는 자연적인 문장 속에 있는 것처럼 모든 사물은 전체적으로 자신이 갖고 있는 환경과 함께 인식이 된다. 이렇게 때문에 환경은 인식을 하는데 분명히 영향을 준다. 영향의 정도는 새로운 건물이 자신의 환경을 두드러지게 하면 할수록 더 커진다. 첫 번째 가능성인 "조화"에서 환경이 그 새로운 건물보다 더 우세하다. 즉, 기존에 있는 환경의 하부구조로 배열이 되었고 건물 하부구조로 배열된 것을 인식하는 것은 그렇게 간단하지는 않다. 두 번째 경우(대조)에는 환경과 건물이 서로 구분이 되어 대조를 이룬다. 여기에서 두 개는 나란히 있으며 하나가 다른 하나에 지배적이지 않고 서로간에 평등한 관계를 유지한다. 세 번째 경우에는 건물과 환경이 나란히 있지 않으며 서로가 마주 보고 서 있다. 이것들이 서로간에 미치는 영향은 두 번째 경우보다 훨씬 강하다기에 대립적인 관계를 유지하고 있다. 이러한 경우에 새로운 건물은 자신의 환경을 지배할 수도 있다. 반대로 이러한 것이 또한 건물을 인식함에 첫 번째나 두 번째 보다 더 큰 영향을 미칠 수 있다. 건물과 환경 사이의 관계에서 이 세 가지의 일반적인 가능성을 더 간단히 하면 앞에서 다룬 건물과 정원 사이의 관계 3가지 방법과 비슷하다.(그림 13)

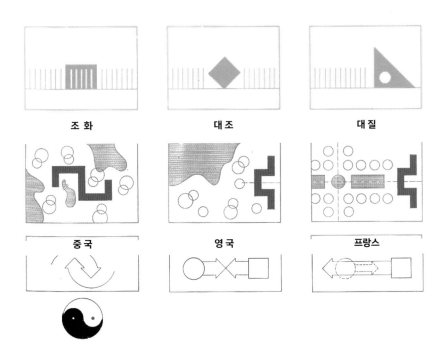

그림 13 | 건물과 환경 사이의 3가지 관계(윗 그림)과 건물과 정원 사이의 적용된 관계(아래그림)

그림 13은 중국의 정원에는 자연과 건물이 분명하게 나타난다. 정원을 포함한 환경은 비록 건물이 필수적으로 지배적이지 않더라도 건물에 강렬한 영향력을 갖고 있다. 영국의 정원에서는 자연의 자유로운 형태와 건물의 강한 기하학 사이의 대조가 이루어진다. 프랑스의 정원에서는 최소한 비교가 있다. 건물은 정원의 자연을 지배하고, 그 환경에 반항하는 건물이 정원을 필수적으로 지배하지는 않는다. 건물과 자연 사이의 관계에서 이러한 일반적인 건물과 환경의 관찰 후에 접촉면인 바닥과 외벽의 상태를 조사하면 건물을 이해하기 쉽다.

바닥에 대한 관계

일반적으로 모든 건물은 고정된 위치를 갖기 때문에 바닥을 이루는 대지와 함께 연결이 되어있다. 기본적으로 우리는 4 개의 방법으로 구분할 수가 있다.(그림 14)

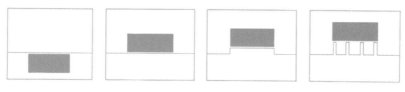

그림 14 | 건물과 바닥 사이의 4가지 관계

1. 집이 대지 안에 묻혀 있고 지하와 같은 방법으로 형성을 한다.
2. 건물의 바닥이 지면과 같은 높이이다. 즉, 건물과 주변 사이에 높이 차이가 전혀 없다.
3. 건물이 단 위에 놓여 있다. 즉 지면보다 높게 위에 있으며 이로서 분명한 독창성을 갖는다.
4. 건물이 기둥과 같은 지반 위에 놓여 있으며 이 때문에 지면에서 올려져 있다. 바닥은 집의 아래에 연속적으로 흐른다.

자연적인 지하는(그림 14의 첫 번째) 보호와 주거로 원시인에게 도움이 되었다. 그리고 인간의 도움 없이 자연적으로 생성이 되었다. 동굴 같은 공간들은 다양한 부분의 조립으로 생성이 되는 것이 아니고 기존해 있는 재료가 떨어져 나가거나 기존에 있는 사이공간의 이용을 통하여 만들어 진다. 환경에 대한 건물의 관계는 환경이 지배적이면서 종속이 된다. 이러한 건물 타입은 단지 내부만을 인식하게 하며 외부 형태를 갖고 있지 않다. 지면과 같은 높이의 건물 바닥은(그림 14의 두 번째) 내부와 외부 사이의 효과적인 관계를 가능하게 한다. 이러한 타입은 보호막 같은 지붕을 만들려는 욕구에서 발생했다. 수평적인 공간구분이 우선적인 목적이고 영역적인 경계는 나중의 일이었다.

단은(그림 14의 세 번째) 바닥에 대하여 명확한 경계를 갖는다. 건물에 들어서기 위해서는 높이의 차이에서 오는 계단이 필요하다. 내부는 이로 인하여 내부와 외부의 두 개의 공간 사이에서 명확한 수평적 경계가 생기며 외부로부터 완전하게 분리가 되었다고 할 수는 없다. 단과 대를 우리는 많은 옛날 문화에서 찾는다. 그것의 역할은 한편으로는 영역을 경계하고 다른 면으로는 단과 함께 있는 건물을 하나의 건축적인 단위로 묶는 역할을 한다. 새로운 건축에서는 요른 웃손(Jorn Utzon)이 설계한 시드니에 있는 오페라 하우스가 이에 관한 좋은 예라고 할 수 있다. 다양한 공간을 덮은 개개의 조개모양의 덮개가 이것들을 한 개의 단위로 묶어놓아 하나의 단위에 놓여져 있다.(그림 15) 단은 인위적으로 만들어진 것일 수도 있고 또는 자연적인 지세에서 생성이 된 것일 수도 있다. 예를 들어서 아테네에 있는 아크로폴리스 같은 경우에는 기존에 있는 언덕에 하나의 단을 인위적으로 만들어 놓은 예이다.

건물과 바닥 사이의 관계에서 네 번째 방법은(그림 14의 네 번째) 건물이 기둥 위에 있는 것이다. 이러한 집은 지상에서 자율적이고 이 때문에 대지의 형태를 고려할 필요는 없다. 이 경우는 건물이 물 위나 경사진 땅에 있을 수 있다. 내부 공간과 환경 사이의 수평적인 관계는 아주 미약하다, 내부에서 외부로 향한 교체가 동시에 수직적인 흐름이 강하게 나타남을 의미한다.

    우리가 한 건물을 무겁다 또는 가볍다고 판단하는 건물의 "무게"를 인식하는 것은 최소한 바닥과 건물의 관계에 의하여 좌우된다. 실질적인 물리적 무게가 관찰자가 인식하는 무게와 언제나 일치하는 것은 아니다. 이것은 바닥과 건물의 관계가 연결되면서 다양한 다른 요소에 좌우가 된다. 즉, 재료, 양식 그리고 개구부의 수와 형태 등이 건물의 무게를 느끼는데 영향을 미친다. 어떤 단위에 놓인 건물은 기둥 위에 얹혀 있는 건물보다 더 무겁게 작용을 한다. 커다란 지반 면을 통하여 우리는 오히려 견고하고 안정된 것으로 생각을 할 수 있기 때문이다. 이것을 생각한다면 왜 대부분의 기념물이 단 위에 놓여 있는가 하는 이유를 생각해 볼 수 있다. 이렇게 표현된 것들이 상징적인 무게에 인식적인 무게가 작용한다는 깃을 알 수 있다. 고대 로마의 묘비들은 앞에서 다룬 예를 따라서 만들어 졌다. 그것들을 살펴보면 인식적인 무게와 함께 단은 묘지로서 인식이 된다. 그 위에 놓여진 층은 죽은 자의 찬미를 나타내고 최상층은 죽은 자가 영원히 사는 하늘의 영역을 상징화 한다.

내부와 외부 간의 관계

건축에서 공간을 정의하는 요소에 내부공간은 주변 공간과 외부 공간으로 나누어 볼 수 있다. 오토 볼노브(Otto Friedrich Bollnow)는 다음과 같이 말하였다. "내부와 외부 공간의 이러한 이면성은 근본적으로 인간적인 삶을 위하여 공간의 계속적인 증축을 위한 것이다. 이 관계는 특히 주거에 관련이 있다." 극적인 긴장감 속에서 연이어 관련된 두 개의 면은 인간의 내적인 건강을 지켜주고 집의 내부를 안락하게 만들기 위하여 동등하게 필요한 것이다. "인간은 외부에서처럼 내부에도 존재하며 이 둘 사이에서 움직일 수 있어야 한다. 이 때문에 이 두 개는 절대로 구분이 될 수가 없다 단지 하나가 강하면 하나가 약해지는 등 이 둘에는 언제나 강한 관계가 존재할 뿐이다. 이 관계의 종류는 공간을 정의하는 요소 안에 있는 개구부의 종류와 이 요소의 공간적인 관계를 통하여 상호적으로 결정이 된다. 내부와 외부 사이에 존재하는 이 연결의 형상과 배열은 모순에서 생긴다. 즉 한편으로는 환경으로부터 보호되는 공간이 구분되고 다른 면에서는 공간과 환경, 두 개의 사이에서 연결이 되도록 한다. 왜냐하면 이 두 개는 인간의 삶에 필요한 환경에 속해 있기 때문이다. 만일 우리가 내부와 외부공간의 성격을 비교한다면 이러한 모순을 찾을 수 있다. 첫 번째가 (내부) 계속하여 제한하고 막혀 있다면 단지 유리처럼 투명한 판으로 되어야 할 것이다. 우리가 내부와 외부의 작업에서 발생하는 모순적인 공간을 간단하게 상상을 한다면 어떻게 내부와 외부를 명확하게 구분하면서 다시 서로를 연결해야 하는 이러한 대립적인 상황이 이해가 간다. 예를 들어 6개의 정사각형으로 구성이 되어 있는 주사위를 생각해 보자. 6면체의 내/외부를 명확하게 구분하면서 또한 우리의 내부 공간적인 삶을 위하여 개구부를 만들어 다시 뚫어야 한다. 이러한 상반된 작업에도 불구하고 내부와 외부의 관계가 분명하게 존재해야 한다. 크리스티안 노르베르그-슐츠(Christian Norberg-Schulz)는 내부와 외부의 상태가 건축을 실질적인 존재로 만든다고 하였다. 어찌됬던 내부와 외부 사이의 구분은 하나의 벽에 의하여 만들어진다. 언제나 그러 것은 아니지만 개구부의 형태를 보고 내부를 외부로부터 읽을 수도 있다. 대부분의 바로크 교회에서는 내부의 형상이 외부의 것과 의도적으로 일치하지 않게 만들었다. 이에 관한 새로운 건물 예는 시드니에 있는 요른 웃손(Jorn Utzon)의 오페라 하우스이다. 이 건물에서 강당의 형태는 외부에서 전혀 읽을 수 없다. 즉 이것은 모순적인 형태이다.(그림 15) 이를 모순으로 생각하는 사람 중의 하나인 로버트 벤투리(Robert Venturi)가 말하기를 "내부와 외부 사이의 대비는 건축에서 모순의 가장 중요한 현상적 형태의 하나가 될 수 있다. 20세기의 가장 당연하고 광범위한 정통성은 파괴를 하지 않는 것이었다. 즉, 내부는 외부를 통한 재현으로 되어야 한다는 것이었다."

우리가 본 것과 같이 내부와 외부 사이의 인식적인 상반성은 언제나 존재한다. 이 때문에 왜 이러한 상반성이 형태적으로 또한 표현되지 않아야 하는지 동의할 필요는 없다. 자연을 보면 이를 증명할 수 있는 것들이 많다. 외형적인 동물의 형상은 내장의 조직과 내부 그리고 외부 사이에 있는 것과는 아주 다른 규칙을 갖고 있다. 내장은 가능한 합리적인 공간이용을 고려하여 되어있다. 포르트만(Adolf Portmann)은 말하기를 "새와 벼룩에 있어서 밀집된 형태로 뭉쳐진 내장의 그림은 당연한 것처럼 우리는 신뢰를 한다. 이러한 내부의 구조가 외부의 그림을 전부 반영하는지 전혀 알 수 없다." 동물 형상의 외형은 아주 다양하며 우리의 시각적 인식에 그것이 구별된다. 예를 들어 좌우 대칭, 기하학적 기준, 다양한 형태와 색 같은 것이 구분된다. 우리가 보는 외형은 내부와는 아주 다른 형상학적인 규칙아래 놓여 있으며 또한 그에 상응하게 다양하다. 모든 아이들은 사자를 다른 동물과 구분을 할 수 있다. 그러나 뼈와 내장 만을 보고 이러한 동물의 구분은 전문가 또한 그렇게 간단하지 않다.

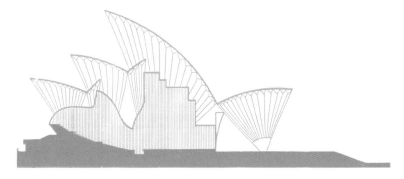

그림 15 | Jorn Ulzon. 오페라 하우스. 시드니. 오스트렐리아. 강당의 긴 축을 따라 자른 단면

이제 한 건물의 외형이 내부를 반영해야 하는가, 또는 내부가 외부에서 읽을 수 있어야 하는 가에 대한 물음은 양식에 대한 물음이다. 만일 직접적인 형태적 관계가 내부와 외부 사이에 존재한다면 명확한 배열구조가 일치한다. 내부를 외부에서 읽을 수 없는 것은 감정이 더 많이 이해를 앞서고 이와 함께 세 번째 단계의(단락 2-4의 그림 9) 양식보다 간단한 것과 복잡한 것 사이의 배열치수 안에서 비합리적인 형상과 일치한다.(단락 2-4의 그림 12)

내부와 외부 형태의 유사성은 개구부의 종류에 밀접하게 관계가 있다. 개구부가 크면 클수록 내부와 외부 사이의 관계도 크며 그리고 내부와 외부 형태 사이의 구분은 더 작아진다. 시드니에 있는 오페라 하우스에서 내부공간의 마무리(finishing) 마감 벽은 외부에서 볼 수 없다. 내부와 외부 사이의 경

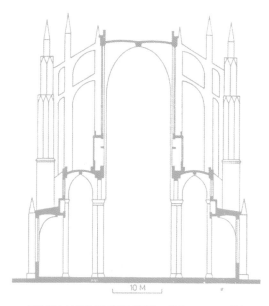

그림 16 | 고딕양식의 카테드랄 단면. 13세기. Beauvais. 프랑스

계가 중간(사이) 공간을 형성하는 두 개의 벽으로 형성이 되어있기 때문이다. (그림 15) 그러나 내부와 외부 사이의 차이 또한 다르게 나타날 수도 있다. 루이스 칸이 설계한 미국 뉴욕주 로체스터(Rocheter N.Y.) 에 있는 유니 테리 언 (Unitarier)교회의 계획설계에 건물의 외형적 형상은 정사각형이다. 그러나 중앙의 주 공간은 원형의 형태를 갖고 있다. 사이공간이 인접공간과 함께 두 개의 형태를 채우고 있기 때문이다.(단락 6-6 그림 75) 내부와 외부 사이에 있는 모순의 다른 종류는 정면이 내부와 다른 기대를 일으킬 수 있을 경우 생길 수 있다. 예를 들면 완벽한 좌우 대칭의 외벽이 비 대칭의 내부 공간조직을 보여줄 경우 이러한 상황을 경험할 수 있다. 이러한 모순의 기초는 무엇이 될 수 있는가? 내부와 일치하지 않는 구조가 외부에 왜 있어야 하는가? 여기에는 다양한 이유가 있다. 가장 타당한 이유는 한 건물의 외부 형태가 때로 주변 환경에

영향을 받아야 한다는 사실이다. 예를 들어 건물의 내부에서는 그 기능과는 일치하지 않는 어떤 형태를 요구하기도 한다. 그러나 그 상반됨은 또한 의도적으로 그 기능에 대한 작업이 있어야 할 때가 있다. 고딕의 교회건축에서(high 고딕) 외부와 내부 사이의 모순이 직접적으로 나타나지는 않는다. 외부는 계속적인 내부를 보이거나 그 반대의 모습을 보인다. 전체적인 지지구조를 외부에서 명확하게 읽을 수가 있다. 이를 통하여 내부 공간은 무형화 되고- 외부가 유형화 되었기에- 모순적으로 인도하고 이와 함께 내부와 외부 사이에 흔하지 않은 긴장감을 이끄는 정신적인 분위기를 의도적으로 만들어 낸다.(그림 16) 고딕에서는 종종 외부 면에 지지구조의 설치가 깔끔한 안정적 구조를 만들기 위하여 만들었다는 주장도 있다. 이 주장이 옳지는 않다. 왜냐하면 긴장감을 원했기 때문이다. 이 긴장감은 서양의 종교적인 이상을 구체화하는 것이다. 내부에서는 비합리적이고 정신적인 것이 지배적으로 되면서 외형은 세계적 우주관의 합리적이고, 논리적인 것을 명확하게 외부에서 읽을 수 있도록 상징화하려는 의도가 있었기 때문이다.

　　공간의 역사는 3개의 공간 요약이 3개의 다양한 시기 속에 함축되어 나누어 졌다. (참고 4단원 공간) 첫 번째 시기는 건축물이 조각품으로 이해가 되었기에 내부는 소홀히 다루고 외부를 중점적으로 신경 썼다. 두 번째 시기에는 내부 공간이 건축물의 중앙에 위치하였다. 단지 내부 아니면 외부만이 존재하였다. 이것은 내부와 외부의 구분이 너무도 분명하게 되었다는 의미로 이 두 개는 서로 단절되었음을 의미한다.(내부이거나 외부 둘 중의 하나) 내부와 외부 사이의 관계는 내부공간의 성격이 외부에서 얼만큼 읽혀지는가 또는 그 반대로 내부에서 외부를 얼마나 읽을 수 있는가? 하는 의문이 있다. 외벽 내에 위치한 개

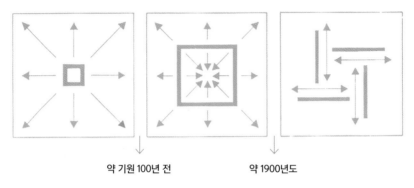

약 기원 100년 전   약 1900년도

그림 17 | 내부와 외부 사이의 3개의 기본적인 공간적 요약

구부의 기능은 꼭 필요한 빛만을 유입하는 것과 같이 단순히 출입구를 만드는 것에만 제한이 되었다. 내부와 외부 사이의 실질적인 공간관계는 20세기가 시작되는 세 번째 시기에 와서 일어났다. 내부와 외부 공간 사이의 경계선은 더 이상 명료하지 않게 되었으며 이 경계선은 혼란스럽고 복잡해졌다. 내부와 외부의 흐르는 듯한 연결 "A(내부)도 B(외부)도"를 위한 작업은 화가를 통하여 길이 열렸다. 지그프리드 기디온(Sigfried Giedion)은 "그러나 다양하게 표현을 하는 화가들은 대중에 좌우되지 않는 작업을 하며 새로운 공간원리를 개발하였다. 오늘날의 건축물을 아무도 진정 이해 할 수 없고 그 안에 있는 감정과 화가가 불어 넣은 정신을 이해할 수가 없다."라고 말하였다.

"입방체(입체파)는 르네상스 이후에 보여준 원근법적인 원리가 있는 공간 요약을 파괴하였다. 사물이 동시에 여러 면에서 그려질 수 있다. 즉 피카소의 "거울 앞의 소녀"처럼 하나의 얼굴을 같은 화면에 측면도까지 앞면을 그린 것과 같이 그릴 수도 있다.(그림 18) 피카소는 말하기를 "나는 내가 어떻게 보는 가를 그리는 것이 아니고 어떻게 생각하는가를 그린다." 다양한 건축가들이 이

그림 18 | 입체파. 그림. 계단. 안산대학교 자유관. 2002. 양용기. 안산대학교

러한 생각을 건축물에 옮기는 것을 시도하였다. 디 스틸 그룹은 1923년 그들의 선언문 5에서 다음과 같이 언급을 하였다." 조적조 등과 같은 폐쇄의 파괴를 통하여 우리는 내부와 외부 사이의 이중성을 폐지하였다." 1924, 일 년 후에 디 스틸의 일원이었던 테오 반 되스부르크(Theo van Doesburg)은 "새로운 건축물은 벽을 개방하고 내부와 외부의 구분을 폐지하였다."(단락 5-2 그림 30) 1923년에 조적으로된 전원주택을 위한 미스 반 데어 로에(Mies van der Rohe)의 계획에 그는 내부와 외부 공간영역이 서로 흐르게 하였고 이와 함께 내부와 외부 사이의 경계를 제거하였다.(단락 6-4 그림 16) 1929년에 세워진 바르셀로나 파빌롱에서(단락 5-2 그림 31) 내부 공간은 시각적으로 외부의 둘러쳐진 담까지 연장이 된다. 시각적 공간확대의 원리는 후에 종종 적용되고 오

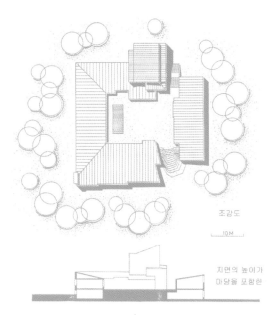

조감도

10 M

지면의 높이가
마당을 포함한

그림 19 ｜ Alvar Aalto, 시청, 1952, Saynatsalo, 핀란드

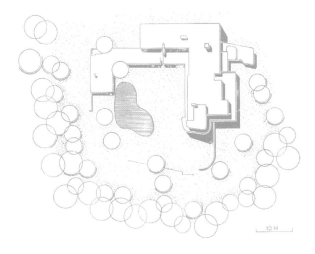

10 M

그림 20 ｜ Alvar Aalto, Mairea 빌라, 1939, Noormarkku, 핀란드

늘날에도 우리가 보는 것과 같이 일본에서는 이미 한 세기 동안 그 효율성을 갖었었다. 내부 공간의 이러한 외부로의 발산은 미스 반 데어 로에(Mies van der Rohe)에 의하여 연속적으로 외부공간으로 계속하여 흐르는 벽과 천정 판을 통하여 강조되었다. 내부와 외부 사이의 공간적인 연결은 현대에 와서 정신적인 상식이 되었다. 유럽에서는 가장 밀접한 부락을 형성하는 곳 중의 하나인 핀란드에서 인간은 이미 자연에서 특별한 것으로 존재를 하였고 이 때문에 또한 자연에 특별한 관계를 갖고 있었다. 알바 알토(Alvar Aalto)가 설계한 세이나찰로(Saynatsalo)에 있는 시청에서 변화는 내부에서 외부로의 흐름이 자연스럽게 중정 위까지 나타난다. 또한 알바 알토(Alvar Aalto)의 마이레아(Mairea)빌라에는 커다란 거실과 식당이 단지 유리 벽 하나로 정원과 분리가 되어 있다. 이것은 다시 주택, 앉는 장소 그리고 사우나의 3면으로 둘러싸여 계속적으로 주변과 연결이 되어 있다. 집 내부에 다양한 자연적 재료가 있는 것과 같이 알바 알토(Alvar Aalto)는 반대로 환경을 내부로 갖고 들어 왔다.(그림 20) 건축 파트너 카 우자(Kauja)와 헤이 키 사이렌(Heikki Siren)가 설계한 헬싱키 근처 오타니에미(Otaniemi) 교회에 미스 반 데어 로에(Mies van der Rohe)가 설계한 바르셀로나 파빌롱처럼 유사한 방법으로 환경을 유입하는 것이 있다. 교회의 정면은 완전히 유리로 되어 있다. 내부가 시각적으로 건물 주변의 소나무까지 넓혀지면서 내부 공간의 "최종적인 벽"은 유리 전면에 있는 시야가 더 이상 전진하지 못하는 숲이 되어 버렸다. 자연은 여기에서 다양한 무대를 보여준다. 행위는 이미 시각적으로 자연 속에서 이루어지고 있다.(그림 21, 22) 유럽에서 이러한 표현과는 상관없이 프랭크 로이드 라이트(Frank Lloyd Wright)도 내부와 외부 사이의 공간관계에 종사했다. 1953년 어떤 TV방송에

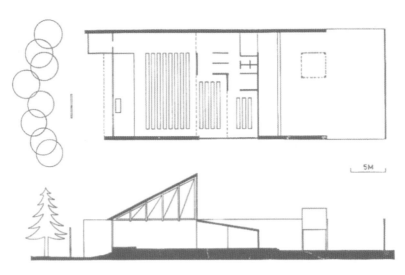

그림 21 │ Kaija와 Heikki. 1957. Otaniemi. 핀란드. 평면도와 단면도

그림 22 │ 핀란드 교회 내부

서 프랭크 로이드 라이트(Frank Lloyd Wright)는 건축에서 스스로 변혁이 될 수 있는 한 두 개를 설명할 수 있는가에 대한 물음에 답변을 한 적이 있다." 다음은 개방된 플랜이다. 건물이 상자를 늘어놓은 것 그리고 상자 안에 상자가 들어 있는 구성을 대신하여 앞으로 건물은 계속하여 개방될 것이다. 외부는 점차 계속 안으로 들어오고 내부는 계속하여 밖으로 나가는 공간표현이 의도적으로 강해진다. 우리가 마침내 새로운 평면도를 얻을 때까지 이 표현은 더 강해질 것이다. "그의 주택은 주변과 밀접하게 연결이 되어있다. 그들의 마치 함께 엉켜 버리는 듯한 인상을 주고 있다.(그림 23)

프랭크 로이드 라이트(Frank Lloyd Wright)의 모든 집은 그의 계획에 따라 환경과 함께 일치감을 형성하고 있다. 1910년에 그가 서술하기를" 조직적인 건축물에서 건물의 배치, 위치 그리고 환경 모두가 각기 다른 요소로 작용하는 사물로서 취급되는 것은 진정 불가능하다. 건물의 원리로서 모두가 함께 하나

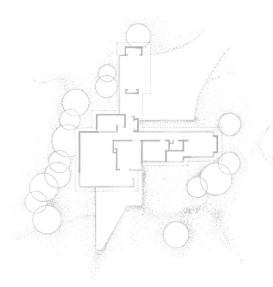

그림 23 | 프랭크 로이드 라이트. T. H. Kalil Haus. 1955. 맨체스터 미국

의 유기적인 사물로서 보여야 한다. "그가 건축물에 사용한 모든 건축재료는 자연적인 것이었다. 예를 들어 나무, 대리석 등. 그가 시카고에 머물렀던 전 시간 동안 그는 철골도 철근 콘크리트도 사용하지 않았다. 그의 유기적인 컨셉은 대지에 가까운 건축물을 특별히 요구하고 주거에 대한 그의 일반적인 요약을 따른다면 전체 벽이 유리로 되어 있는 미스 반 데어 로에(Mies van der Rohe)의 건축물 같은 것은 허락되지 않았을 것이다. 그의 내부- 외부의 관계는 아주 섬세한 방법이었다. "넓다는 의미를 뜻하는 그러한 감정은 외부가 내부로 들어오는 것이고 내부가 밖으로 나가는 그러한 욕구를 충족하는 것이다. 정원과 집이 이제 하나가 되는 것이다. 훌륭한 유기적 구조를 갖고 있는 모든 집은 어디에서 시작하고 끝나며 정원이 어디에서 시작하는지를 말하기 어려운 것이다. 그리고 이것은 우리가 자연에 대하여 바닥을 좋아하는 피조물이라는 것을 설명하기 때문에 우리의 건축물은 바로 유기적 건축처럼 그렇게 있어야 한다." 프랭크 로이드 라이트(Frank Lloyd Wright)의 자연으로의 연결은 단순히 그가 내부와 외부의 연결을 취급하는 방법만 표현한 것이 아니라 그가 유기적인 건축이라 부르는 결과인 공간에 대한 그의 전체적인 배치에서 나타난다. 그 배치는 공간에 대한 의문에만 국한된 것이 아니라 자연은 그에게 있어서 성경과도 같다고 그가 궁극적으로 말한 형태와 재료에서도 나타난다. 프랭크 로이드 라이트(Frank Lloyd Wright)의 건축물과 그의 훌륭한 아이디어는 1910년에 대단한 관심을 모았고 그로 인하여 전 유럽 건축의 발전에 결정적인 역할을 한 전시회의 형태 속에서 처음으로 유럽에 전해진다. 내부와 외부 사이의 개방된 관계는 서양 건축에서 사실 새로운 것이다. 일본에서는 한 세기가 흐르는 동안 발달이 될 정도로 일반적인 공간으로 간단하게 찾을 수 있다. 이러한 발달에는 두 가지 주된 이유가 있다. 첫 번째는 자연에 대한 일본인의 특수한 관계이다. 두 번째는 목조와 같은 골조구조가 널리 퍼져 있는 건축방식이 있었다는 사실이다. 잦은 지진 때문에 석조 건물은 드물게 특별한 목적으로 지어졌을 뿐이다. 지붕은 기둥에 의하여 지지가 되었기 때문에 벽의 기능은 특별히 구분해야 하는 경우를 제외하고는 많이 축소시켰다. 즉 벽은 취향에 따라 옮기거나 제거해 버렸다. 그래서 특히 습기가 많은 여름에는 쾌적한 자연적인 환기를 모든 공간에 제공할 수 있었다. 오늘날에도 사용하고 있는 나무 테두리로 된 종이 미닫이 벽은 14세기에 생겨난 것이다. 이러한 미닫이 벽은 빛을 투과 시키기 때문에 창이 필요 없다. 베란다는 내부에 놓인 거실과 외부 영역을 분리시키면서 겨울에는 추위를 막는 완충 역할을 한다. 이와 함께 내부와 외부 사이에는 물리적 분리가 존재하지 않는다. 즉 서양적인 사고로 내부와 외부 사이에 아무 것도 존재하지 않는 그 두 개가 일치되었다는 의미이다. 건축물과 자연 사이의 이러한 일치는 일본인 사고 방법의 중요한 경향이 작용하면서 이러한 구조를 갖게 하였다. 서양인들이 내부와 외부는 분리된 두 개로 서로 대치하고 있는 것으로 생각을 하는 동안 일본인들은 그들의 집에서 주거와 자연의 일치로서 발견한 것이다. 여기서 내부에서 외부로 이동하는 것 또한 연속적으로 형상화 하였다. 그 이동은 내부 공간의 다다미 판에서 베란다의 목제 바닥을 넘어 디딤대로 인도가 되고 계속하여 정원에는 돌이 깔려있으면서 연속적으로 환경 속으로 진입하게 된다. 빛, 바람, 추위, 더위 그리고 소음은 이 환경에서 나오며 집안의 삶에 영향을 미치게 된다. 지붕은 베란다를 덮었으며 정원영역까지 미치게 된다. 대부분의 경우 내부에서 외부로 나가는 이동은 아주 다양하다. 교토의 카슈라 빌라에는 베란다의 바닥과 다다미의 높이가 동일한 평상이 있다.

즉 이 평상이 최소한 내부 영역에 속한다는 것이다. 그러나 처마 지붕은 이 평상의 전부가 아닌 일부를 덮고 있다. 즉 외부 영역에도 이 평상이 속한다는 것이다. 또한, 재료를 갖고 이러한 영역교환을 확인할 수도 있다. 예를 들어 반들거리며 경사진 베란다는 대나무로 만들어진 평상에 비하면 어느 정도 인위적이다. 즉 재료가 인위적으로 작업이 많이 된 것이 아니라면 외부 공간에 있는 자연에 속해 있다는 의미를 내포한다. 정원 안에서 뱃머리같이 평면도가 툭 튀어나온 빌라의 극단의 끝인 평상의 위치는 외부공간이 내부 공간을 압박하는 곳이다.(그림 24)

반대로 내부 공간이 외부 공간을 압박하는 빌라를 우리는 쇼이켄 차 집에서 찾을 수 있다.(그림 24) 처마 지붕이 정원과 같은 높이를 갖은 영역 위로 돌출이 되어 있다. 바닥은 으깬 흙으로 되어있고 디딤돌이 베란다를 향하여 한

그림 24 | 일본의 다다미와 정원의 연속성

그림 25 | 쇼이켄 차집. 카수라 빌라 정원 내.

줄로 되어 있으며 베란다를 향하여 내부 공간의 높이에 맞추어 가면서 서서히 높아지고 있다. 디딤돌의 재료와 다듬어지지 않은 배열로 특성화된 불 규칙적인 자연은 내부공간의 강한 기하학으로 침입한다. 인위적으로 만들어진 내부 공간 안으로 자연의 침입을 우리는 모든 주거의 중앙에 그림처럼 있는 토코 노마스의 기둥에서도 찾을 수 있다. 이 기둥은 자연적으로 작업하지 않은 형태를 갖고 있고 기둥과 미닫이 벽의 강한 모듈적 배열에 대한 시각적 대비를 형성하고 있다. 서양에서는 제한의 의미로 사용되는 것이 대부분 물리적으로 무겁게 둘러쳐진 분리(벽, 담)를 사용하는데 반하여 일본에서는 분리 또한 다양한 의미적인 성격을 갖고 있다. 일본에서는 자연에서 발생한 각 신의 영역이 팽팽한 줄이나 일렬로 놓인 작은 돌 같은 것을 사용하여 분리의 의미를 갖게 된다. 신성한 지역의 종교적인 "내부영역"은 세속적인 세계와 상징적으로 분리가 되어 있다. 을제에서 메인 성전은 시각적으로 그리고 영역적으로 경계를 만든 4개의 울타리로 주변을 감싸고 있다. 우리가 안으로 계속하여 들어갈수록 울타리의 영역은 계속하여 작아진다. 가장 내부에 놓인 작은 울타리는 실질적으로 내부에 대한 광경을 더 이상 허락하지 않는 목조벽(시각적 차단)으로 되어있다. 또한 제한된 영역의 문으로 들어갈 수 있도록 허락된 사람의 숫자도 안으로 들어갈수록 점점 적어진다. 가장 외부에 있는 문은 모든 사람들에게 개방이 되어 있다. 그러나 가장 안쪽의 문으로 들어가도록 허락된 사람은 단지 일본의 왕과 가장 높은 제사장이다.

일본의 주택은 내부와 외부 사이의 분명한 경계가 알려져있지 않기 때문에 그리고 이러한 통과가 가능하면 연속적으로 되도록 형상화 되었기에 이러한 집은 내적으로 제한된 개인영역에만 제한을 두고 있다. 일본인의 자연친화적인 요약과 함께 이러한 것은 정원이 외부의 질서에 중요한 이유로 작용을 한다. 건물과 정원은 서로가 일치를 이루고 있다. 이러한 일치는 일본의 정원은 그 규모가 작은 경우가 많기 때문에 작은 규모의 정원에서 하나의 담에 의하여 막

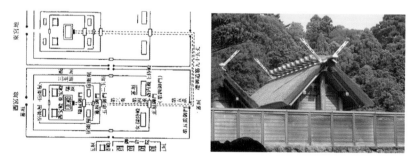

그림 26 | 을제의 울타리의 내부성역 평면조(좌측) 및 울타리(우측)

혀있다. 담은 중요한 설계요소 중 하나이며 담은 정원의 전체풍경을 그려내는 하나의 스크린을 형성한다. 커다란 정원에는 이러한 경계의 의미로서 벽돌담이 있을 필요는 없다. 이러한 경우에 주변의 풍경이 정원의 실질적인 그림 속으로 겹쳐지면서 서로 하나가 된다. 지금까지 우리는 지붕이 덮혀 있는 곳에서 덮히지 않은 곳으로 가는 이동의 좁은 영역 안에서 일본의 내부- 외부에 대한 관계를 보았다. 정원에 관한 앞의 심사숙고는 우리가 이러한 이동의 영역을 갖고 있어야 함을 설명해준다. 왜냐하면 정원은 자연을 그대로 복사해 놓은 것이기 때문이다. 공간의 이러한 이중성을 우리는 베란다 또는 소규모의 척도 안에서 경험하였다. 베란다는 주거와 정원의 중간 영역이다. 즉, 인위적인 건물과 자연적인 주변의 사이 영역이다. 커다란 척도 안에서 정원도 동일한 기능을 갖고 있다. 정원은 개인적인 주거영역과 공개적인 외부 사이의 연결 고리이다. 이 두 개의 상반된 개념이 하나의 일치를 향하여 통일을 이루고 있다.(그림 26)

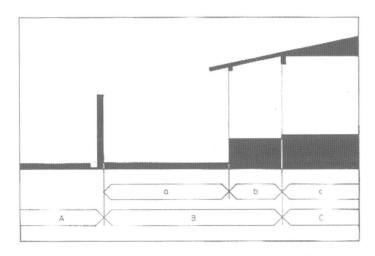

그림 27 │ 일본주거에서 내부와 외부 사이의 연결로서 베란다(b)와 정원(B)

그림 28 | 배경이 되는 담장

　다양한 공간 요약을 우리는 지금까지 내부와 외부 사이의 관계에서 여러 방법으로 조사하였다. 20세기까지 외부의 영역에서 내부를 읽을 수 있고 일본에서 내부와 외부의 공간영역이 섞이는 것을 1900년도 이후에 유럽에서도 읽을 수 있었다. 마지막으로 이 두 개가 섞일 수 있는 형태가 될 수 있다는 세 번째 가능성이 있어야 한다. 건물은 자신의 전체적인 형태를 통하여 주변환경과 함께 대화할 수 있다.(그림 28) 좋은 예로 안드레아 팔라디오(Andrea Palladio)의

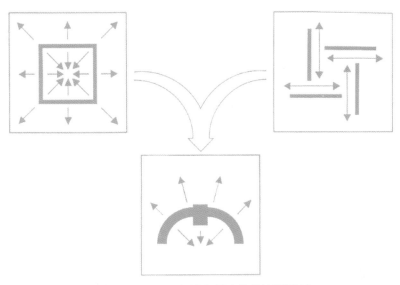

그림 29 | 내부와 외부의 관계가 건물의 가능한 형태를 돕는다.

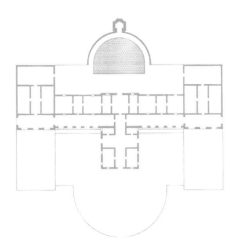

그림 30 | Andrea Palladio. 빌라 바바로. 1558. 이태리

빌라를 예로 들을 수 있다. 앙투안 페브스너(Antoine Pevsner)가 말하기를" 만일 전체적인 안드레아 팔라디오(Andrea Palladio)의 전원주택을 상상하고 싶다면 빌라가 계속적으로 주변에 있는 경치에 영향을 주는 핵심건물에 대한 활모양의 주랑과 낮게 위치한 외벽을 생각해야 한다. 이러한 최종적인 동기는 건축예술의 미래 발전적인 관점에서 고도의 역사적인 의미를 갖고 온다. 안드레아 팔라디오(Andrea Palladio)의 전원주택에서 처음으로 건축물과 주변의 자연환경에 대한 밀접한 관계를 이해하였고 그에 상응하여 형상화 하였다. "마저에 있는 빌라 바바로의 외적인 형태는 다양하며 다양한 정원의 건축을 통하여 되었고 주변의 경치 속에서 보호 벽이 강조되었다.(그림 29) 이를 통하여 많거나 적게 막혀버린 다양한 공간 영역이 생겨났다.

아케이드 아래에 위치한 영역. 다양한 높이로 서로 분리를 한 정원영역을 통한 님프의 전당과 함께 있는 빌라의 뒷부분 등이 개방이 되거나 막혀 있다. 배치의 중앙에 실질적인 주거영역은 3면의 빛이 내부로 들어가는 곳과 한편으로는 여러 방향의 광경이 주변으로 가능하게 되는 곳으로 돌출이 된다. 빌라 내부의 프레스코 벽화는 부분적으로 사람들이 벽의 개구부를 통하여 전경을 내다 볼 수 있는 인상을 고려하여 그려졌다. 이를 통하여 팔라디오는 바로크의 중요한 원리를 앞당겼다. 인위적인 방법으로 공간이 주변의 무한함 속으로 넓혀진 것이다.

+

5

공간

SPACE

5 – 1

공간이란 무엇인가

공간은 무엇인가를 채우는 비어있는 것으로 인식되어 왔고 명확하지는 않지만 측정할 수 있다. 예를 들어 우리가 대화 중에 충분한 공간이 아니라는 표현을 쓰기도 하며 아리스토텔레스(Aristoteles)의 표현처럼 공간을 채운다고 말하기도 한다. 공간은 하나의 사물에 의하여 측정 된다. 공간에 아무것도 없으면 비어있다고 말하고 무엇인가 있으면 채워졌다고 표현을 한다. 다시 말해 공간은 사물과 발생하는 관계에 의한 조직이다. 우리는 이를 주변공간이나 사이 공간이라고 표현하기도 한다. 이렇듯 공간은 어떠한 존재에 의하여 확정 지어지는 것이지 스스로 존재하는 것은 아니다. 또한 공간과 인간 사이에는 또 하나의 관계가 성립된다. 여기에는 서로 분명한 질서관계가 존재한다. 즉 공간 자체는 주어지거나 지속적인 것이 아니다. 즉 관찰자의 상태나 위치에 따라서 가변적으로 인식되는 것이다. 브루노 제비(Bruno Zevi)는 만족할만한 건축사가 쓰여지지 않았다고 하였다. 그가 이렇게 표현을 한 이유는 아직도 공간에 대한 정의를 여러 가지 모습으로 정의 하고 있기 때문이다. 그는 건축사들이 건물을 공간적 관점에서 연구하는데 일관성 있는 방법을 사용하지 못한다고 표

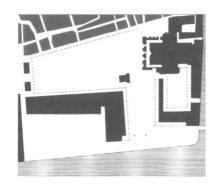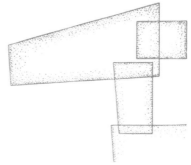

그림 1 | San Marco 광장. 베네치아. 이태리. 다양한 공간지역의 관계를 표현

현하였다. 공간은 물리적인 수단에 의하여 생겨난 추상적인 개념이다. 이렇게 추상적인 개념을 구체화한다는 것은 사실 어려운 일이다. 그러나 우리는 시간 이 어떻게 생겼는지는 알지 못하여도 시간에 대하여 충분히 인식시키려고 노력을 할 수 있다. 공간도 시간과 마찬가지로 추상적인 개념이다. 이러한 개념을 인식시키려고 건축사들은 건축의 역사가 쓰여진 이래 지금까지 공간에 대하여 인식시키려고 노력을 하였다. 이러한 공간을 인식시키려고 브루노 제비 (Bruno Zevi)는 공간의 차원을 먼저 예로 들며 "회화는 3차원과 4차원을 암시할 수 있다고 할지라도, 2차원적으로 작용을 하고 조각은 3차원이지만 관찰자는 언제나 외부에서 바라본다. 그러나 건축은 인간이 그 내부에서 움직이므로 이해되는 내부가 파헤쳐진 거대한 조각과 같다"고 말했다. 그는 건축은 회화와는 다른 차원이라는 것을 보여줌으로써 건축과 회화는 다르다는 것을 나타내려 하였다. 그러나 공간이라는 추상적인 것을 표현하기 위해 시각적으로 가능한 조각을 구체화 시키면서 서로가 이해할 수 있는 사물을 떠올릴 수 있게 되었다. 이는 건축을 마치 조각과 같은 것으로 착각하기 전에 내부와 외부

를 예로 들면서 공간에 대한 유도를 이끌려고 한 것이다. 그는 이에 덧붙여 건축은 그 외형적인 요소 폭, 길이 그리고 높이라는 치수에 의한 것이 아니라 그 치수가 만들어낸 비어있는 것, 즉 인간이 활동할 수 있는 에워싸인 공간에 그 의미가 있다고 하였다. 그의 의미를 따르면 건축은 인간이 생활하고 움직일 수 있는 공간에 그 목적을 두고 있다. 바꾸어 말하면 인간을 위한 공간이 아니라면 건축의 의미도 없다고 말할 수도 있다. 그는 공간을 보는 방법을 깨닫는 것이 곧 건물을 이해하는 비결이라고 단정을 지었다. 윌리엄 W. 카우델(William W. Caudill)은 공간에 대한 이해를 높이는 방법 중에 자신의 눈으로 생각하는 것이라고 하였다. 이러한 생각은 그가 공간을 동적 공간과 정적 공간으로 나누게 되는 생각을 나타내기 위함이다. 그는 건물의 내부를(공간) 둘러보지 않고 건축을 이야기 하는 것은 의미가 없다고 하였다. 이는 브루노 제비(Bruno Zevi)가 건축의 주역은 공간이라는 주장을 강하게 뒷받침 하는 것이며 누구나 동감할 수 있는 의견이다. 그의 주장을 살펴보면 우리 건축의 행위의 주 목적은 곧 공간의 창조에 있음을 강조한 것이다.

5 − 2

공간의 역사

공간이란 무엇인가? 이러한 물음은 오랜 시간을 두고 던져진 것이다. 그러나 위에서 언급한 데로 브루노 제비(Bruno Zevi)가 만족할 만한 건축사가 아직도 씌이지 않았다고 표현한 것은 건축의 주역인 공간에 대한 명확한 인식을 마치 만지거나 볼 수 있는 것처럼 해결하여 주지 못하였기 때문이다. 건축사를 보면 이집트 건축에서 지금까지 우리는 많은 건축운동이 있었음을 알 수 있다. 그러나 이렇게 많은 건축운동의 공통점이 있다면 그것은 모두 공간을 갖고 있다는 것이다. 브루노 제비(Bruno Zevi)는 추한 건축이나 아름다운 건축의 공통점은 모두 공간을 갖는다고 표현하였다. 건축운동의 공통점을 다시 본다면 이는 공간을 에워싸는 외피를 어떻게 나타내는가 하는 것이다. 그들이 외부는 내부를 반영한다는 이론을 기본으로 하였다면 장식의 존재는 무리가 있는 것이다. 그래서 기능주의 운동(형태는 기능을 따른다)은 최소한의 공간을 제공하려는 목적으로 생겼으며 아돌프 루스는 장식을 범죄로 치부할 정도로 격한 표현을 하였는데 이는 탈 과거주의에 대한 생각뿐이 아니고 그는 공간과 장식 사이의 연관성을 두지 않으려는 의도였는지도 모른다. 이렇게 역사 속에서 건축에 대한 운동은 시대의 흐름을 타고 변화를 하였지만 공간에 대한 인식은 아직도 추상적인 개념을 벗어나지 못하는데 이는 공간이라는 것이 주어진 것이 아니고 다른 것과의 관계에서 발생하는 성질 때문이다. 인간을 통하여 만들어진 건축적인 환경은 많거나 또는 적게 복잡한 관계 속에서 지배적이거나, 겹쳐지거나, 관통하거나 또는 서로 경쟁하는 형태 등 다양한 공간적인 배열구조를 갖는다.(그림 2) 이러한 공간상태를 우리는 곳곳에서 본다. 예를 들어 한 도시의 공간은 다양한 도로공간이 서로 교차되고, 건물과 건물 그리고 장소로서의 관계 등 공간관계에 존재하는 다 수의 요소로 형성이 되어 있다.

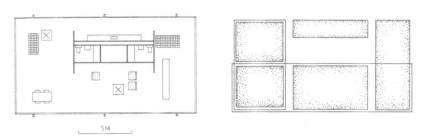

그림 2 | Ludwig Mies Van der Rohe, Farnsworth 하우스, 1950, 미국, 다양한 공간지역의 관계

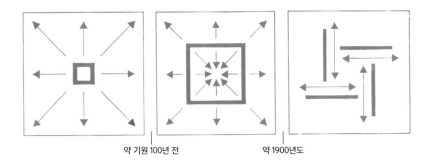

약 기원 100년 전   약 1900년도

그림 3 | 3개의 기본적인 공간적 요약

한 건물 내에서도 다양한 공간이 서로 구분이 된다. 초기의 커다란 공간은 다시 여러 공간으로 나뉘고 그 방과 같은 여러 공간은 가구나 그 외의 다른 요소들에 의하여 다시 부수적인 공간으로 구분이 된다. 공간의 구조가 배열이 잘 될수록 공간을 전체로서 이해하는데 더 간단하다. 복잡한 배열구조에서는 시각이 헤매게 되며 구조를 읽으려고 시도하게 된다. 이것은 곧 하나의 암호처럼 형성이 된다. 인간은 자연의 영향으로부터 보호를 받으려는 욕구를 갖고 있다. 이 욕구는 인간의 역사를 같이하여 왔고 현재까지 조금도 변화를 하지 않았다. 보호를 제공하는 공간은 무엇인가 달랐으며 지금도 또한 다르다. 그것은 인간적인 흐름으로 하나의 탈출구이며 인간으로부터 그의 공간적인 관계를 어디서 형성해야 하는가 하는 문제이다. 한 공간의 형태는 기술적인 가능성에 의존하며 설계자의 분명한 정신적 유지의 표현으로서 아주 중요하다. 루이스 칸(Louis I.Kahn)은 다음과 같이 표현을 하였다. "공간의 본질 속에는 존재에 대한 명확한 방법으로 정신과 의지가 담겨있다." 공간형상의 정신과 존재의 방법은 문화에 의존하기 때문에 그 스스로가 끊임없이 변화를 했다. 서양문화에는 역사의 흐름 속에서 공간을 구분하는데 3개의 기본적인 요약이 있다.(그림 3)

첫 번째 것은 이집트와 그리스의 고대시대에 속한다. 건축물은 끊임없이 펼쳐지는 공간 속에서 코스모스의 관계를 표현하는 방사형의 조각이었다. 즉 내부 공간은 외부에 비하여 등한시되는 제 2의 역할로서 존재하였다. 그리스의 조형적인 건축물로서 반대로 로마의 건축물이 때로 공간적인 건축물로서 나타나고는 한다. 건축물이 다양하게 이용되기 위한 첫 번째로 커다란 내부공간이 지어졌다. 이렇게 되면서 공간이 건축물의 제 1의 요소로 모형이 되고 실용화 되었다. 19세기 말에 제 삼의 공간적 요약의 시기가 시작되었다. 공간은 더 이상 밀폐된

그림 4 | Chephren왕의 계곡사원. 기제,
4. 왕조, 약 기원전 2600년

그림 5 | 세토스 Ⅰ세의 사원. Abydos, 19. 왕조
약 기원전 1300년

용기가 아니고 하나의 지역으로서 존재한다. 이와 함께 내부와 외부 사이의 관계에 흐름이 또한 생겼다. 예를 들어 기둥을 통하여 정의 되어진 것과 같은 개방된 공간이 또한 그리스와 로마에서도 존재하였다. 그러나 여기에서 공간은 기둥과 외부공간 사이의 연결 그리고 인접한 밀폐된 공간과 함께 찾아야만 한다. 제일의 요소인 지역으로서의 개방된 공간은 현대적인 발견이다. 고대 이집트의 건축물에서 내부 공간은 제 이의 요소로서 역할을 하였다. 이것이 단지 기술적인 이유에서만 나타나는 것은 아니다. 이집트 사람들은 아치보를 기원전 18세기에 이미 사용을 하였다. 물론 이것은 단지 공간적으로 나타내기 위한 것이 아니라 기초나 조적조를 구조적으로 분명하게 하기 위한 곳에만 있었다. 이들은 분명하게 인간적인 치수를 만들고 이와 함께 실질적인 내부공간을 만들어냈

을 가능성이 있다. 그러나 짐작하건데 의도적으로 이렇게 작용한 것은 아닐 것이다. 그들의 건축물은 언제나 상징적인 내용을 소유하고 있었다. 그들은 우주를 재현하려는 소망을 전개하였다. 이집트 사람들은 사후의 삶을 믿었다. 이들은 그러한 이유로 내부공간을 어떻게 다루어야 하는지 그 방법을 알고 있었으며 그러한 원리는 인간이 끝없이 배회하며 결코 그 여정의 끝이 없다는 결과를 갖게 된 것이다. 그래서 그들의 내부 공간은 육체적 사후에 돌아올 것을 준비해야 하는 공간으로 쓰였다. 즉 모든 내부 공간은 이와 함께 영원한 여행의 진보이고 이 때문에 또한 특별한 의미를 내포하지 않았다.(그림4, 5)

고대 그리스의 언어에는 실질적으로 공간을 위한 단어가 존재하지 않았다. 공간이라는 것이 공간을 정의하는 요소가 공간보다 그 스스로가 더 중요한 "그 사이" 라는 의미로서 표시가 되었다. 아리스토텔레스(Aristoteles)에게 공간은 한

그림 6 로마의 목욕탕

그릇의 내용물이었다. 이 요약은 공간에 대하여 단위적인 것을 넣으므로 함축이 되었다. 공간은 복수이고 주변의 요소와 그것의 기능에 좌우가 되었다. 공간에 대한 이 입장은 또한 인간과 자연의 재 결합에 따른 기원과 함께 요약 되었다. 이 두 개의 요소는 내부공간이 그리스 건축물에서 제 1의 의미를 갖지 않게 작용을 하였다. 두 번째 공간적 요약의 시대는 로마의 재건과 함께 19세기까지 간다. 공간은 속이 빈 내부공간이고 건축의 가장 중요한 요소로 되었다.(그림 6) 고대 로마에서 이 전개는 첫 번째 정점을 온천의 공간적 형성에서 찾는다. 이 구조는 보의 결정적인 기술적 진보로서 가능했다. 이것은 더 이상 커다란 다듬어진 돌을 겹쳐놓는 일을 한 것이 아니고 특수한 모르타르와 벽돌의 도움으로 만들게 된 것이다. 이를 통하여 이 전에 알 수 없었던 강도를 얻을 수 있었고 구조적 무게를 충분히 이용할 수 있도록 가볍게 할 수 있었다. 또한 외부공간과 주변공간은 의미를 얻게 되었다. 로마제국은 로마가 중심이 되고 모두 하나의 통치 아래 지배를 받으면서 4개로 분리가 되었다.(그림 7, 8)

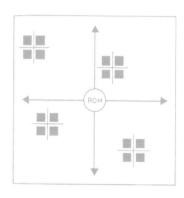

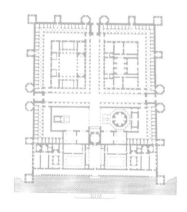

그림 7 | 고대 로마의 배열구조

그림 8 | 디오클레치안 궁전. 기원전 300년
유고슬라비아

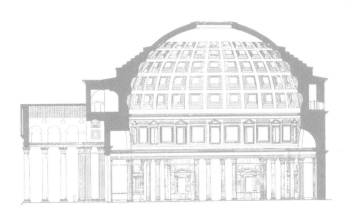

그림 9 | 판테온 신전 입면도. 기원 120. 로마. 이태리

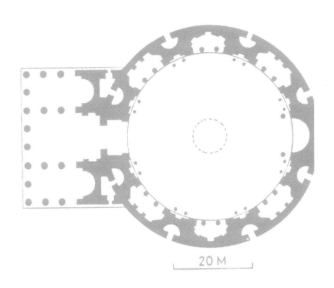

20 M

그림 10 | 판테온 신전 평면도

이 배열은 또한 도시와 건물군에 유효하게 작용을 하였으며 이들의 관계가 서로 연관되게 규칙화 되었다. 새로운 공간이해 하에서 로마인들은 계속적인 개발을 했고 결정적인 역할을 하는 두 개의 기본적인 공간형태를 전개해 나 갔다. 즉 중심공간과 세로공간을 의미한다. 이 두 개의 형태는 이미 이전에도 존재했다. 가장 정갈한 로마의 중심형 건물은 2세기에 지어진 판테온 신전이 다.(그림 9, 10) 반원이 실린더에 얹혀진 형태에 그 높이가 원의 지름과 같다. 이 러면서 그 공간은 하나의 구를 형성하고 있다. 전실은 메인 공간과 비교하여 그 형태가 다른 것을 볼 때 후에 추가된 것이 아닌가 하다. 그러나 크리스티안 노르베르그-슐츠(Christian Norberg-Schulz)는 이 이전 건물과 함께 특별한 의미를 주었다. 입구의 축은 중심공간을 통과하면서 반대편까지 하나의 축을 이룬다. 중심공간에는 그 축이 더 이상 흔적이 없다. 이 축은 곧 원형 건물 안에 서 우주적인 배열을 연결하는 역사의 길을 표현한다. 세로공간의 기본적인 타 입은 기원전 2세기까지 되 돌아가는 로마의 바실리카이다. 이것은 원천적으로 사각의 회당공간이다.(그림 11)

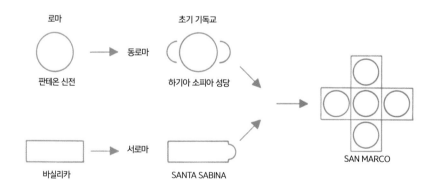

그림 11 | 중심형 공간과 세로형 공간이 십자형으로 전개되는 과정

입구의 배열을 위하여 2가지 가능성이 여기에 존재한다. 즉 입구를 세로 면이나 가로 면에서 찾았다. 두 번째 타입은 기독교 교회의(기독교와 천주교의 구분이 없음) 원형으로 되었다. 한편으로는 철학이기도 했던 종교적인 행위는 그 건축물의 기본이 자연도 역사도 아니며 인간적인 현상도 이끌지 않았고 단지 그 자신의 내용을 내포했을 수도 있다. 즉 구원의 약속과 그 길을 형상화 하여 중심을 통하여 나타내었고 특별한 빛의 사용으로 교회의 내부에 정신화하고 현실화하는 분위기를 만들 수 있게 하였다. 4세기에 콘스탄틴 대제를 통하여 동로마 제국에서는 기독교적인 기초 위에 새로운 질서를 갖고 새로운 시작을 하게 되었다. 이와 함께 동로마와 서로마는 서로 다른 성격으로 전개가 되었다. 동로마의 초기 기독교 건축은 중앙공간의 개념을 그리고 건축사에서 서로마는 세로공간을 기본적인 타입으로 취하게 된다. 아마도 이 선택은 로마에서 기독교가 자신의 존재를 위하여 250년간 싸워야 하는 원인이 될 수 있다. 그러나 동로마에서는 기독교를 통하여 새로운 수도의 설립과 함께 국가 자신의 목표를 달성하기 위하여 황제에 더 접근하면서 기독교 정신이 중요하게 여기는 기독교의 천국의 길을 잃었다.

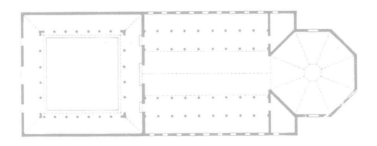

그림 12 | 예수탄생교회. 333년. 베들레헴(재건한 형태)

위 두 개의 기본적인 타입을 통합하기 위한 첫째 시도 중 하나는 바로 기원 333년의 베들레헴에 있는 예수탄생 교회이다.(그림 12) 여기에서 이 연결은 공간을 측면에 연속하여 놓는 것이다. 마치 매달린 것과 같은 팔각형의 중심건물과 함께 긴 형태의 공간이 되었다. 그러나 이 연결은 정확하게 기독교적인 길을 마치 목표로 향하듯 명확한 표현을 하였다. 비잔틴이나 동로마 건축의 절정은 콘스탄티노플(지금의 이스탄불)에 있는 하기아 소피아(Hagia Sopia) 성당이다. 이 건물의 기본적 타입이 후에 이슬람 건축에 지대한 영향을 미쳤다.

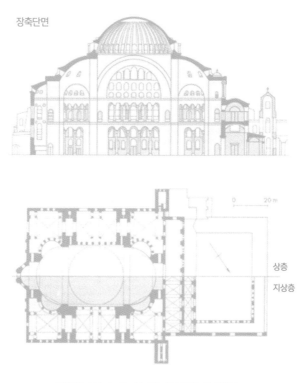

그림 13 │ Hagia Sophia성당. 콘스탄틴노플 단면도

그림 14 │ Sophia 성당 내부

다음의 그림을 보면 중간의 중앙공간이 좌우의 두 개의 반원 돔에 얹혀 교회의 공간이 만들어졌고 이와 함께 중앙공간과 세로공간이 혼합된 것을 알 수가 있다. 창 띠가 둘러쳐진 메인 천정의 시각적인 분리를 만들고 개구부의 도움으로 사각 벽을 분리하면서 공간이 어느 정도 비현실적이고 속세를 초월한 성스러운 형태로 보인다. 이와 함께 비잔틴 양식에서는 역학적인 스케일이 불분명해졌다. 하중의 흐름을 더 이상 읽을 수 없고 이 때문에 이해하기도 힘들어 보인다. 로마건축은 인간적 스케일을 사용하였지만 역학적 이해를 볼 수 있다. 소피아 성당의 구조적 성능은 그 자체 의지로서 발생한 것이 아니다. 이 건물을 만들 때 제일의 계획은 대지 위에 하늘을 형성하는 것이었다. 이 아이디어를 현실화하기 위하여 시각적으로 분리된 반구를 찾아야 하는 건축기술의 해법에 따라 공간이 형성되었다. 교회를 짓도록 허락한 시인이면서 동로마의 황제였던 유스티니아누스(Justinian)은 상층부의 마무리에 관하여 이렇게 적었다. "--- 그리고 커다란 반구를 손에 쥘 수 없는 허공 속으로 올리고 교회는 찬란한 하늘처럼 모든 것들이 둘러쳐졌다." 중심공간과 공간에 대한 그의 생각은 소피아 성당에 나타나게 되었다. 역으로 과거에 스쳐간 모든 중심형 건축을 살펴보면 공간은 외부로 설치가 되었다. 판테온 신전에서 모든 하중은 가운데

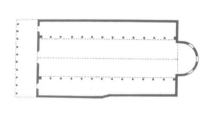

그림 15 | Santa Sabina 교회내부

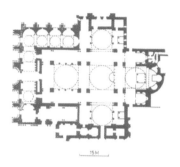

그림 16 | San Marco 교회, 1094, 베네치아, 이태리

로 조정 되었다. 그러나 소피아 성당은 모든 하중이 가운데서 분포가 된다. 이와 함께 내부와 외부 사이에는 서로간에 관계가 없게 되었다.

초기 기독교의 세로형 교회의 표본은 로마의 바실리카이다. 이 타입이 단지 기독교적인 것만을 취하게 된 것은 아니다. 다수의 이교도 교주들이 이 형상을 따라서 그들의 문화공간을 만들었다. 이것은 초기 기독교유물이 이교도 교주와의 경쟁 속에서 3백년 동안 추종자들에 대한 호의를 선전하기 위한 것이라고 생각하면 이해가 간다. 초기기독교 세로형태 교회의 가장 좋은 예 중의 하나는 로마의 산타 사비나 성당(Santa Sabina)이다.

이 건물은 하나의 길게 놓인 새로 공간으로부터 2개의 좌우 공간이 있으며

휘어진 중심건물이 놓이면서 이것이 종교적
인 목적을 이루려는 아이디어를 형상화한 것
이다. 비잔틴(동로마)의 중심형 공간과 서로마
제국의 세로형 공간 사이에서 초기 기독교 건
축물이 계속적으로 중요하게 발전한 것의 하
나는 십자가 평면으로 된 이 두 개를 합성한
것이다. 오늘날까지 존재하는 교회 중에 이
타입을 가장 잘 재현한 것은 베네치아에 있
는 산 마르코(San Marco)교회이다. 현재도 있
는 이 교회는 황제 유스티니아누스(Justinian)
시대인 6세기에 콘스탄틴노펠에 있던 성 아
포 스톨(Apostel)의 부서진 교회의 기초에 11
세기에 세워진 것이다. 다섯 개의 구와 함께
교차되는 형태의 기본평면은 6세기에 있었던
교회에서 온 것이다. 또한 황제 유스티니아누
스(Justinian)의 지배하에 있었던 소피아 성당
에서도 세로 방향은 중심형 공간의 개념보다
는 덜 중요했다. 산 마르코(San Marco) 성당에
서 다섯 개의 구처럼 두 개의 교차되는 모양
은 십자가를 동시에 형성하고 중심적인 사고
를 분명하게 하기 위하여 중요시 되었다.(그림
11 참조) 여기에서 또한 빛은 높게 위치한 창

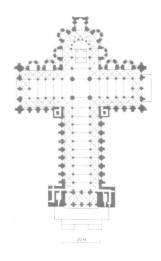

그림 17 | Kathedraie 교회. 11~12세기.
스페인

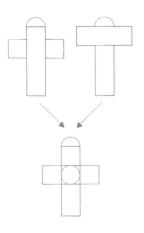

그림 18 | 교차되는 배열의 두개의
기본적인 타입의 혼합이 4개의
형태가 되고 명확한 중심을
만든다.

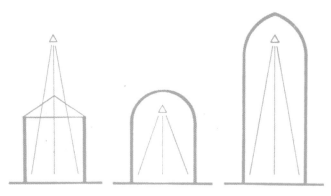

그림 19 │ 교회공간의 내용에 관한 3개의 요약.
초기기독교 : 지상의 인간이 하늘의 하나님께 기도
로마 : 인간이 있는 지상에 하나님이 계심
고딕 : 지상으로 내려온 하늘

을 통하여 교회 공간의 상층 부분을 강조하며 인간의 반은 어두운 공간에 머물게 하여 이로 인하여 공간 전체에 신성한 차원을 전달한다.

　신을 찾기 위하여 내부에 관심이 있었던 초기기독교 건축물에 반하여 로마의 컨셉은 신을 대지로 모시기 위한 것으로 인간을 향한 것이었다.(그림 15, 16) 이것은 공간에 대한 조정에서 분명하게 나타나게 된다. 그의 정신적 비현실과 함께 초기 기독교 공간은 명확한 배열을 갖고 있으며 연계적인 공간으로 되었다. 이는 무엇보다 건물이 골격적인 건물의 특성을 유지하고 공간을 인간적인 척도에 다시 근접하게 하는 리듬을 갖는 교형(Joche)의 세로형 흐름을 통하여 달성하게 된다. 여기에서 인간은 단지 신에게 놀라기만 하는 관망자가 아니고 그 안에 속하게 되며 그 구조의 한 부분이 되어야 했다. 로마건축의 명확한 견고함은 시민 건축을 믿고 보호를 위한 욕구에서 반영된 것이다. 목조가 갖고 있는 문제를 해결하여 생겨난 석조 보는 층 단위와 전체성을 지지하고 동시에

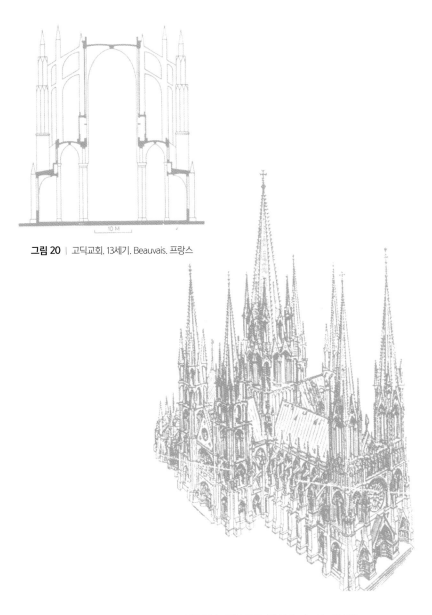

그림 20 | 고딕교회. 13세기. Beauvais, 프랑스

그림 21 | 그림 20의 교회. Viollet-Le-Duc가 재건

화재에 의한 파괴를 막아준다. 그리고 내부에 발생하는 소리전달을 더 좋게 관리한다. 로마의 교회 공간은 세로 형 공간이다. 세로로 놓인 장방향 공간은 단지 다양한 방법으로 나타나게 되는 가로 공간이 첨가되는 부분에서만 끊어질 뿐이다. 관통되는 가로 공간은 제단과 긴 공간 사이에서 밀려나거나 가로면은 메인 면보다 작다. 그리고 이 두 개의 면이 서로 걸쳐져 있다. 전형적인 로마 형태는 이 두 개의 요소가 서로 혼합된 것이다. 메인 면과 가로 면이 동시에 천정이 높고 두 개의 관통된 공간을 형성한다. 이것은 앞에서 우리가 이미 산 마르코(San Marco)교회에서 경험했고 여기에서 분명하게 중심으로 향하는 십자가 형태로 평면을 만들어 간다. 로마 시대에 교회의 외부면은 우선적으로 중요했다. 외벽은 내부공간에 대하여 유사하게 구조를 나타내게 된다. 그리고 탑은 중요한 형태적 요소가 된다. 외부영역의 형상은 정신적인 개방에서 기초화 하였다. 교회는 형태와 공간적으로 방사적이고, 선교적인 지지를 해야 하는 과제를 갖고 있었기 때문이다.

로마적인 공간 컨셉이 더 이상이나 더 이하의 단위로 순례자의 길을 따라서 준비되는 동안 고딕에서는 모든 것이 하나의 동일한 컨셉 위에 기초화 하면서 다양한 모습으로 자율적 흐름이 발생하였다. 로마시대에는 하나님을 지상으로 모시는 것을 시도하였고 고딕은 하늘의 한 부분을 지상에 설계하고자 하였다. 초기기독교 건축물에서 특수하게 빛을 공간으로 인도하여 최소한 시각적으로 가능하도록 시도했던 벽의 부분적 제거가 고딕에서 실질적으로 일어났다. 벽이 투명해진 것이다. 벽체구조는 골격적으로 감소되었지만 공간외부가 혼란스럽게 된것이다.(그림 20 참조) 여기에서 첨두(끝이 뾰족한 Vault), 부벽(고딕식 첨두 아치) 그리고 플라잉 버트레스와 같은 기술적인 방법들이 고딕

만의 새로운 발견은 아니었다. 이것 들은 이 요소를 함께 갖고 와서 개선하였으며 작업 중 그들의 아이디어를 나타낸 것이다. 외부에 구조적인 혼란은 내부에 강도 있게 불안정을 작용시키면서 구조적인 긴장감을 준다. 반대로 교회공간이 각각의 틈을 통하여 부분적으로 해체되는 로마 건축이 고딕에서는 단위적으로 강조가 된다. 교회 몸체는 보가 교차됨에도 불구하고 다시 하나로 통합이 되고 또한 외부영역에서는 구조적인 요소가 융합이 되어진다. 그러면서 첨탑은 교회와 함께 통합되는 형태를 갖게된다. 중심형 공간 그리고 세로형 공간이 두 개의 성스러운 건축물의 기본적인 요소는 고딕에서도 또한 계속되지만 그대로는 아니고 변형된 형태 속에서 이루어진다. 외부로 교회 공간이 개방되는 것을 통하여 환경과의 관계가 발생된다. 즉, 전체적으로 도시적인 유기적 조직, 그리고 교회는 이와 함께 도시 공간의 중심으로서 스스로 중앙이 된다. 교회 몸체의 긴 공간은 도시의 긴 길의 마지막 부분이 되고 교회 내로 유입이 되면서 제단에 있는 성찬대에서 끝이 난다. 이 길의 마지막 집결지는 높고, 초대하는 듯한 교회입구를 나타낸다.(그림 22 참조)

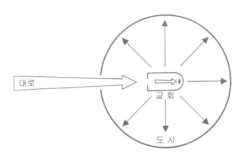

그림 22 │ 도시적 맥락 속의 고딕의 주교성당. 길과 중앙

근세에 이르러 르네상스 시대는 종교상의 건축만을 다루지 않은 첫 번째 양식주기이다. 교회의 건축주로 부유한 상인들이 생겨난 것이다. 이렇게 세속적인 건축물에서도 양식적인 표현을 발견하게 된다. 플로렌스는 르네상스의 요람이다. 여기에서 새로운 아이디어가 다른 지역으로 전해지기 전까지 거의 반세기 동안 르네상스가 전개되고 있었다. 중세의 암흑기 후에 다시 고대의 유산을 만들어 내면서 인간이 다시 중심에 서게 되었다. 고대유산이 르네상스에 와서 다시 이상적인 것으로 된 것이다. 앙투안 페브스너(Antoine Pevsner)는 이에 관하여 다음과 같이 서술하였다. "그들의 관심이 세계적인 이상과 초월적인 것에 두지 않았으며 아울러 관찰과 신비에 있지 않고 활동적이며 분명한 판단력에 그 목적을 두면서 번성하는 상업 국가의 존재 속에 부흥 했다." 이러한 정신은 공간형성에 명확성, 논리, 조화 그리고 비례에 기초를 두면서 발달했다. 공

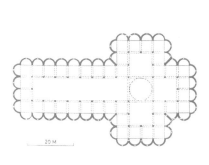

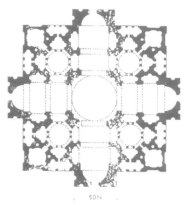

그림 23 | Filippo Brunelleschi, Santo Spirto 교회, 계획안, 1436, 플로렌스, 이태리

그림 24 | Donato d'Angelo Bramante, 계획안 베드로 돔, 1506, 로마, 이태리

간의 각 요소는 기하학의 원리에 따라서 형성이 되었다. 건축물은 우주적인 질
서를 표현하고 수학적인 지식에 따라 구성되었다. 공간은 기하학적인 요소들
이 모여 전체 구성이 된다.(그림 23, 24 참조)

　15세기에 시작된 르네상스 초기에는 원근법 표현이 있었다. 초기에는 평평
한 면에 사물을 놓고 어떻게 실질적으로 나타내는가 표현하였다. 그러나 이 표
현 방법은 단지 한 초점에서 나타나는 것을 보여주었다. 즉 움직임의 요소가
배제된 것이다. 사람의 위치가 어디에 있는가에 따라 새로운 상황을 함께 보여
주는 이 발견은 세로형 공간보다는 중심형 공간이 오히려 르네상스에 더 가깝
다는 것을 명확하게 보여준다. 즉 인간 스스로가 중심에 놓여 있다는 것을 보
여주고 영적인 신에게 가까이 가려는 것을 더 이상 시도하지 않았다. 공간 역
사에서 신에게 지배를 받지 않고 인간 스스로를 위하여 건축물의 정확한 질서
를 느끼게 하고 읽을 수 있게 하는 첫 번째 시도인 것이다. 이와 함께 현대 건
축 사고에 대한 기초를 다진 브루노 제비(Bruno Zevi)가 "이 후 인간은 건축
물의 법칙을 받아들이고 그 반대의 현상은 나타나지 않았다."고 말하였다. 영
적인 완벽함을 더 이상 어느 쪽에서도 찾지 않고 이것을 자연 속에서 직접적
으로 받아들이며 이와 함께 인간 스스로 찾는 것을 시도하게 되었다. 이와 함
께 동선의 필요가 전개되었다.(그림 24 참조) 그러나 중심형 공간은 당시의 예
배를 거행함에 그 공간의 형태가 적합하지 않았기에 중심형 공간의 컨셉이 종
종 세로형 공간의 컨셉과 섞이기도 하였다. 공간에 대한 르네상스의 주 초점은
조화와 균형이다. 공간의 긴장감과 애매함은 르네상스와 바로코 사이에 있는
르네상스에 거부감을 나타냈던 다음 단계 매너리즘에서 등장한 과정이다. 근
세가 등장하면서 가졌던 인간의 자신감과 자신의 도덕성에 대한 인간의 순박

그림 25 | 미켈란젤로. 라우렌치아나 도서관 정면. 1526. 플로렌스, 이태리

한 믿음은 오히려 사라지고 16세기에는 인간 자신의 위치에 대하여 의심과 불안이 있었다. 매너리즘 시대에 요구되는 가장 좋은 예의 하나는 플로렌즈에 있는 라우렌치아나(Laurenziana) 박물관에 있는 미켈란젤로의 정면이다. 이 건물을 보면 창의 형태는 있으나 창문이 없고 단지 홈과 함께 테두리만 있을 뿐이다. 기둥이 있으나 이는 홈이 있는 내력벽 사이에 위치하며 하중을 받지는 않는다. 각 부분의 기능은 의도적으로 불합리하게 되어 있으며 하중의 흐름은 보이는 것과 다르게 더 이상 읽을 수 가 없게 되고 이상적인 상황이 아니다.(그림 25참조) 르네상스의 명확함은 바로크 시대에 와서 마침내 포기한다. 바로크의 공간은 불만족을 보이는 요구로 가득 차 있으며 우리들의 사고가 실망을 보이기 시작한다. 왜 실망을 하는가? 앙투안 페브스너(Antoine Pevsner)는 이렇게 표현 하였다. "이 물음에 대한 답은 모든 시대의 종교적인 의지와 밀접하게 연결이 된다. 기독교 교회의 최상의 실현은 떡과 포도주가 살과 피로 변화하는 것과 같은 영적인 기적이다. 카톨릭적인 교의 속에서 한 시기를 이룬 기적과 미스터리는 더 이상 중세 속에서 필수적인 것이 아니었으며 일반적이지 못했던 17세기와 18세기에 이 현실은 교회의 열정적인 노력(분투)의 사물로 되었다. 이러한 분투는 이단이 들어오고 회의적인 상황이 벌어지는 현상 속에서 오히려 저항처럼 되었다. 믿음을 다시 되찾고, 신앙에 대한 의심을 없애기 위하여 바로크의 종교적 건축물은 정서적인 분위기를 일으키고 의도를 갖고 매혹적으로 보이려 하였다. 초월적인 현실을 감각적 눈으로 볼 수 있게 하려고 바로크의 건축가들은 환상적인 마술의 세계와 속임수적인 현상을 표현하려 하였다. 앙투안 페브스너(Antoine Pevsner)의 설명은 우리가 17세기 초에 현대물리학의 기초를 만든 갈릴레이 갈릴레오의 사건 상황과 현대에 와서 교회의 철학

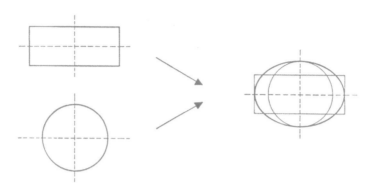

그림 26 | 사각형(길)과 원(장소)의 혼합을 이룬 타원형

적인 역할이 흔들리고 약해지는 상황을 관찰한다면 앙투안 페브스너(Antoine Pevsner)의 설명이 어느 정도 납득이 간다. 바로크가 생각한 모순은 종교건물이 갖고 있는 세로공간과 중심형 공간 두 개의 공간적 타입이다. 바로크는 이두 개의 타입이 서로 관계하지 않도록 하였으며 오히려 방향성을 갖고 있는 길도 나타내지 않고 중심적인 특성도 갖지 않는 이 두 개가 하나가 되는 타원형의 형태를 만들었다.(그림 25 참조) 타원형의 형태는 바로크의 가장 중요한 공간적 창조물이다. 직사각형이 갖는 시작과 마침이 존재하지 않는 이러한 공간의 요소가 더 이상 명확하게 인식이 되지 않는다. 콜럼버스(Kolumbus)와 마젤란(Magellan)은 중세의 무한한 거리적 인식을 파괴하였으며 오토 볼노브(Otto Friedrich Bollnow)는 바로크에서 이 무한함의 정열이 마지막 도약을 발견하는 것이라고 생각하였다. "내부공간은 자신의 존재를 포기하지 않으면서 무한함 속에서 소멸된다." 바로크 시대 이후에 근본적인 변환이 되는 시기가 시작된다. 즉 산업과 사회적인 혁명이 오는 시기이다. 그러나 이 혁명이 역사적 순서에 있어서 우선적으로 건축에 새로움을 준 것이 아니고 그 반대로 약 1890

년도 까지는 새로운 클라시즘부터 새로운 바로크까지 새로운 양식이 시도되는 즉 모든 것이 시도되는 시간이었다. 앙투안 페브스너(Antoine Pevsner)는 이 것을 이렇게 설명하였다. "기술과 산업이 혼란 속에서 급속도로 펼쳐지고, 곳곳에서 파괴적인 공장굴뚝과 서두름 속에 도시의 형태가 없는 성장이 곳곳에서 일어났다. 추한 것들이 수없이 생겨나고 아름다운 것은 파괴가 되면서 미적인 감수성에 대한 불신이 계속되면서, 황폐화 되는 현재의 위치에서 감수성에 대한 신용을 찾기 위하여 과거에 대한 두려움이 생겼다." 오토 바그너(Wagner, Otto)는 이와 유사한 이론을 가졌다. 그는 또한 일반적인 상황에서는 예술이 그리고 특수한 상황에서는 건축이 일상적인 수준의 감수성에 대한 가치질서가 된다는 생각을 하였다. 이 생각은 개발이 서서히 흐르는 동안에는 가능했다. 산업화되고 그 외의 모든 것이 산업의 주변에서 일어나던 19세기에 그 현상이 가능하다는 것이 뒷받침 되었다. "그 현상은 예술적인 전개 보다 더 빠르게 흘렀다. 소홀하게 만들어져서 조급함 속에서 오는 예술, 모든 곳에서 신성한 것을 구하고 찾을 것을 믿으며, 이 때문에 많은 예술가들이 넘쳐나는 양식의 포착에서 아르키메데스의 외침을 소리치며 그들에 의하여 주장되는 의도에서 영감을 얻은 젊은이들이 구하고 찾은 것이다. 그러나 이미 1895년에 오토 바그너(Wagner, Otto)는 예언을 하였다." 우리는 이 운동의 말미에 있다. 모방과 습관의 넓은 대로에서 거듭되는 이탈, 예술에 있어서 진실에 대한 이상적인 노력, 해방에 대한 그리움. 거대한 힘과 함께 이들이 압박한다. 분명한 것은 모든 승리의 길을 저지하고 조심스럽게 파괴한다. "현재의 황폐함"에 대한 원인은 전체 예술작품의 손실에 분명히 있다. 예술의 단일화는 19세기에 완전히 무산되었다. 모든 장르가 자체적인 길을 갔고 그들 사이에 더 이상의 공유적인

요약이 존재하지 않는다. 이와 함께 모든 예술 장르가 포함했던 단위적인 양식
은 이제 불가능하다. 이 상황은 19세기에 들어서 더 이상 교회나 성 건축에 집
중하지 않는다는 사실을 뒤 받침하고 있다. 건축양식의 요구사항은 이를 통하
여 더 거대해 지고 다각적이 되었다. 현대는 새롭고 복잡해진 과제들이 전체적
인 요구 속에서 소규모의 공통점 위에 놓이면서 이를 통하여 정당화하려고 시
도를 한다. 과거보다는 형태의 다양성이 증가하고 기존의 모든 양식들이 정돈
되었다. 한스 제들마이어(Hans Sedlmayr)는 여기에서 블란서의 혁명건축에
대하여 증명하였다. 클로드 니콜라 르두(Claude Nicholas Le-doux)는 모든 건
축 의무의 평등화를 알렸다. 물론 이는 당시의 이데올로기적인 이유에서 나온
것이다. 몇몇 종교적 건물의 특권은 그의 견해와는 달랐다. 그리고 형태언어는
몇 개의 소수의 기본적인 형태에서 과거보다 단순화되었다. 한스 제들마이어
(Hans Sedlmayr)는 18세기의 혁명건축에서 현대건축의 발전으로 가는 중요한

18세기의 벽체구조에서 골조구조로 전개되는 모습

그림 27 | Charles Bage. 방직공장. 1797. Shrewsbury. 영국

근원을 보았다. 기념비에서 박물관, 공장, 상점건물, 홀, 극장을 거쳐 주거에 이르기까지 새 건물의 스펙트럼은 복수적인 공간개념을 요구한다. 홀 안에서 수직과 수평적으로 연계되는 콤팩트한 공간으로부터 사무실 주거도 존재할 수 있는 크고 다각적인 공간들을 요구하게 된다. 처음에는 엔지니어들에 의하여 교량 또는 넓은 홀을 위한 새로운 건축재료인 철골과 철근 콘크리트를 사용하여 특별한 경비를 감안하지 않고도 지지 기능을 가능한 멀리 놓을 수 있는 넓은 폭을 허용하는 것이 가능해졌다.

골조구조의 천장과 함께 만들어지는 기둥은 공간을 구분하는 요소로서 자유로운 배열을 가능하게 하였다. Joseph Paxton에 의하여 1851년에 지어진 런던의 세계 박람회인 크리스탈 궁전은 과거의 그 어느 건축양식도 취하지 않은 첫 번째 골조구조 건물이다. 100% 골조구조인 이 건물은 유리, 철 그리고 나무의 재료로 되어 있고 대부분 재료가 표준형과 주문형으로 만들어진 것으로 훌륭하게 구성이 되어 있다. Paxton은 건축가가 아니다. 근본적으로 그는 정원사로서 종사하였으며 식물원 건물에 대하여 이해를 하고 있었다. 골조구조가 새로운 것은 아니다. 이미 그리스의 사원 건축에 있었으며 고딕의 중앙 사원(Kathedralen)이 이러한 구조를 갖고 있다. 건축자재인 목조가 이러한 구조와 전혀 다르지 않다. 기둥과 보의 조직이 이러한 구조에 유일하게 적합한 재료이다. 그러나 서양에서는 최소한 이 조직의 공간적 가능성이 19세기 중반까지 잘 사용되지 않았었다. 크리스탈 궁전과 1889년에 세계박람회를 위하여 만들어진 파리에 있는 에펠탑은 지역적인 공간을 갖고 있고 내부와 외부 사이의 분명한 구분을 만들어 내면서 이 두 개를 강도 있게 표현하는 제 3의 공간 요약에 (그림 3의 3번째 그림) 대한 중요한 실 예이다. 18세기에 지은 영국의 방직공작

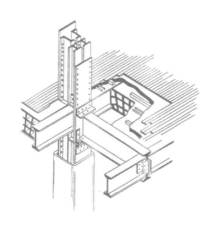

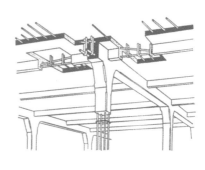

그림 28 | 방화 철골라멘구조. 1891. 시카고. 미국   **그림 29** | 철골콘크리트 연결. 1892

건물과(그림 27) 19세기의 엔지니어 건물에 뿌리를 두고 있는 시카고의 학교건물인 고층건물에서 현대의 철골구조가 발전되었다고 볼 수 있다.(그림 28).

　건축자재로서 콘크리트는 단일부재 연결의 가능성에 문제가 있지만 이미 오래전에 알려졌다. 시공업자 프란체스 헤네비큐는 1892년에 철근콘크리트 구조도 골조구조로 가능하다는 특허를 받았다.(그림 29) 오귀스트 페레(Auguste Perret)는 1904년에 파리에 위치한 프랭클린 가(Rue Franklin)집에 처음으로 주택공사에 철근 골조구조를 적용하였다. 르 코르뷔지에(Le Corbusier)는 1914년 그의 도미노-하우스(Domino-Haus) 아이디어에 이것을 홍보하였고 이를 자유로운 평면형상에 적용하였다. 콜린 로우(Colin Rowe)이후에 골조건물은 이제 과거의 건물에 있는 그 기둥의 자리에 놓이는 권리를 차지하였다. 골조건물은 현대건축이 단순하게 가는 국제양식의 촉매적인 역할을 하게 된 것이다. 헨리 러셀 히치콕(Henry-Russell Hitchcock)과 필립 존슨(Philip Cortelyou Johnson)은 그들의 과제와 1932년 뉴욕에서 있었던 현대의 박물관에서 이 전

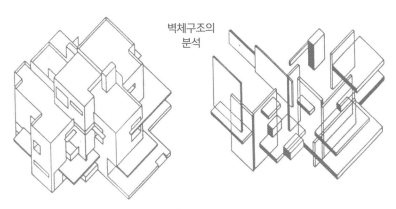

벽체구조의
분석

그림 30 | Theo van Doesburg. 주택의 연습. 1923

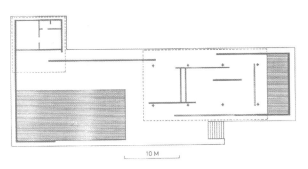

10 M

그림 31 | Mies van der Rohe. Barcelona Pavillon, 1929, Barcelona. Spanien

시를 위하여 그들의 책 "국제적 양식" 속에 그들이 적용한 것이 어떻게 작용하였는가 다음과 같이 서술하였다. 오늘날의 시공방법은 골조구조로서 라멘구조나 골격적 구조를 적용한다. 이 골격적 구조는 건물의 외부마감 이전에 나타나는 것과 같다. 이 골조 시스템은 금속으로 되었던 또는 보강한 콘크리트이던 수직이나 수평적인 요소로 되어 있는 창살처럼 구조로서 작용한다. 날씨로부터 보호하기 위하여 이 골격은 어떠한 방법으로던 벽체 면이 필수적으로 마감

되어야 한다. 전통적인 조적조 건물에서 이 벽은 자체적으로 하중을 받는 역할을 한다. 이제 이 벽은 보와 같은 요소에 적합하게 끼워 넣고 건축물의 부수적인 요소이거나 공간의 피부와 같이 공간 주변을 만드는 것이다. 이렇게 과거의 건물에서 구조적으로 된 벽은 동시에 하중을 받는 내력벽의 역할을 하면서 기후로부터 보호를 하는 기능도 갖고 있었던 것과 같이 선박이나 또는 우산에 있는 튼튼한 내부 골조구조처럼 동일시 되었고 필수적인 외부의 경계 막이 되었다." 뉴욕에서 전시했던 국제적 양식은 아주 짧은 시간 동안 단편적으로 나타났다. 현대건축은 로마네스크처럼 단위적인 양식이 아니다. 헨리 러셀 히치콕(Henry-Russell Hitchcock)는 33년에 있었던 유명했던 전시 후에 우리 세기의 건축역사 흐름과 함께 양식을 비교하였다. "처음에는 천천히 흐르고, 넓고 자유롭게 그리고 1920년 이전에는 많은 거품을 갖고 흘렀다. 그러나 20년대에는 물이 물리적인 법칙에 따라서 흐르듯이 양식도 좁은 틈 속에서 함께 이어졌으며 30년대 초반에는 그 흐름이 넓게 흐르면서 다시 소용돌이를 만들었다." 약 10년 동안 현대의 양식은 상당이 단위적이었다. 다양한 재료기술의 진보와 기술의 영향아래 차원적이고, 구조적이며 실험적인 흐름이 발생하였다. 이 흐름은 앙투안 페브스너(Antoine Pevsner)이 말한 것과 같이 "상식에 대한 반란"이었다. 이것들은 새로운 방법에 대한 갈구함이었다. "상식에 대한 반란"은 새로우며 과거와 비교함에 따라서 현대건축이 분기점 안에 존재하고 새로운 것으로서 승인을 탐색하는 것과 같은 입장이었다. 소위 포스트모던은 이러한 탐색이 결정되지 않은 결과이다. 이 분기점이 단지 형태적인 변화를 극복하려는 것은 분명히 아니다. 또한 건축의 새로운 이상으로서도 충분하지 않다. 그 근본은 더 깊은곳에 있으며 단지 건축물만의 단독적인 목표도 아니다. 다음의 3가

그림 32 | Frei Otto, 막구조

그림 33 | Eero Saarinen, TWA 입구건물, 1962, 뉴욕, 미국

그림 34 | 르 코르뷔지에, 롱샹교회, 1950, 프랑스

지 요점이 분기점의 주 원인으로서 계산해야 한다. 이미 언급된 1) 이해와 감각
의 분리, 2) 전체 예술작품의 손실 3) 언어의 부족이다.

　현대건축이 전체적으로 이전의 양식으로부터 단절되어 왔으나 포스트 모던
이 등장하면서 과거 단계인 근본적인 형태 요소를 사용하면서 양식을 의미적
으로 사용하게 되었다. 건축물은 이제 더 이상 순수하고, 추상적이며, 입체적
인 공간관계를 만들지 않고 그 기능에 관하여 그림 같고 상징적인 표현을 끄
집어 내려는 것이다. 로버트 벤투리(Robert Venturi)는 이미 60년대에 "A 나 B"
, "~로" 그리고 "A도 B도" 라는 의미의 전향적인 이론을 보급시켰다. 건축물은
이제 더 이상 그 의미를 분명하게 가질 필요는 없다. 즉 모호함과 모순 또한 포
함 할 수 있다. 바로크에서 이미 경험을 하였듯이 공간의 모호함이 다시 활동
하는 것이다. (그림 35)

그림 35 | Charles Moore, Piazza d'Italia, 1979, 뉴 올리언스, 미국

5 – 3

공간의 종류

수학적인 공간과 경험적인 공간

영어에서 "Space"라는 의미의 공간은 세 종류로 구분할 수 있다. 지리학적인 공간, 실질적인 삶의 공간 그리고 건축적인 내부 또는 사이공간으로 나눌 수 있다. 공간을 인식함에 있어서 첫 번째 것은 우리의 사고 속에서 우리가 직접적으로 인식하는 것이 아니기 때문에 추상적인 공간이다. 우리의 사고 속에서 이 것은 보여지는 개개의 정보들로부터 발생하는 요소들이 함께 놓이거나 사인 또는 모델을 통하는 등 어떤 기술적인 도움으로 이를 인식하는 것이다. 삶의 공간은 반 추상적인 공간이다. 공간특성의 부분을 직접적으로 인식할 수 있다. 많은 다른 부분을 경험할 수도 있지만 또는 전혀 인식할 수도 없다. 3 번째 공간의 방법은 분명하게 인식할 수 있다. 이것은 직접적으로 경험하는 내부 또는 사이공간이며 경계적인 요소를 직접적으로 인식할 수 있다. 오늘날 집은 대부분 설계도의 도움으로 지어진다. 건축가는 자신의 공간적인 계획을 2차원적인 도면에 나타낸다. 그리고 시공 전문가가 설계도에 따라서 재료가 가미된 3차원적인 공간을 만들면 관찰자가 직접적으로 경험할 수 있는 공간이 만들어 진다. 이렇게 도면 내에 존재하는 공간을 우리는 소위 수학적인 공간이라 부르고 경험적인 공간과는 원칙적으로 구분이 된다. 이것은 어떠한 경우에도 동일하다. 오토 볼노브(Otto Friedrich Bollnow)는 이 요약을 다음과 서술하였다. "다양한 경험과 뚜렷한 삶의 관계를 바탕으로 공간을 바라보고 다시 삶이 이해를 하는데 모든 요소를 함축시키면서 이를 바탕으로 수학적인 공간이 경험적 공간으로 바뀐다." 수학적인 공간에서 모든 포인트는 동일한 값을 갖는다. 여기에서 모든 임의의 방향은 하나의 축에 대하여 인식된다. 경험적 공간은 언제나 관찰자의 위치가 중심이 되고 관찰자의 태도에 따라서 좌우되는 축이 있다. 경험적인 공간에서 개개의 요소는 후면의 앞, 왼쪽 그리고 오른쪽 등 서로간의 관계가 성립된다. 이 관계는 서로간에 연계가 되고 다시 관찰자의 위치에 모든 것이 좌우된다. 즉 공간을 경험하는데 주관적이라는 의미이다. 이와 함께 경험적인 공간은 관찰자의 상태에 따라 강하게 연결이 되지만 동일한 위치에서 다양한 종류의 사람들은 다른 인식을 할 수 있고 동일한 관찰자라도 그의 임시적인 심리상태에 따라 다양한 경험을 하게 된다. 사회-심리적인 경향이 여기에서 결정적인 역할을 하게 되는 것이다.

수학적인 공간과 경험적인 공간 사이의 커다란 차이는 간격이다. 두 점의 지각된 거리가 대부분 측정된 간격과 동일하지는 않다. 다양한 주택의 두 개의 방은 도면상에서 단지 벽에 의하여 나뉠수 있다. 그러나 이것들은 감각적으로 많은 거리감을 갖고 있다. 또한, 여기에서 사회-심리적인 경향이 나타난다. 앞에서 언급한 것과 같이 도시의 중심을 향하는 간격이 일반적인 중심으로 향하는 길이보다 더 짧게 된다. 비록 이 길이를 수학적으로 측정하였을 경우 동일한 길이 값을 갖는 경우라도 그렇다. 수학적인 공간과 경험적인 공간의 다양성에도 불구하고 이 둘 사이에는 밀접한 관계가 있다. 벨기에의 화가이면서 건축가인 조르주 반통겔루(Georges Vantongerloo)는 다음과 같이 서술하였다. "아르키메데스 이후에 곧은 선은 두 개의 점 사이에 가장 짧은 연장선이다. 공간은 기하학이 아니고 나는 유클리드가 어떻게 가장 유클리드화 하지 않은 것인가를 가장 잘 알고 있다고 확신한다. 유클리드는 기하학이 하나의 도구이며 자연 속에는 기하학이 없다는 것을 알고 있었다. 인간은 기하학을 우선적으로 다루고 공간에서 학습한 명확한 포인트를 좀 더 분명히 하려고 한다. 앞, 뒤, 왼쪽, 오른쪽, 위 그리고 아래는 첫 번째 기하학적 배치이다. 공간에서 포인트는 우리의 사고를 사물로 나타내는 것이다. 그리고 이것을 명확히 하기 위하여 어떤 방법을 필요로 한다. 유클리드 기하학은 우리에게 익숙한 사물을 분명하기 위한 좋은 방법이다.

낮의 공간과 밤의 공간

만일 우리가 공간을 관찰함에 있어서 시간적인 요소가 존재한다면 구별하는데 상대적으로 다른 결과를 갖고 올 수 있다. 치수를 갖는 수학적인 공간은 어느 시간대건 동일하다. 그러나 경험적인 공간에 있어서 오토 볼노브(Otto Friedrich Bollnow)는 낮의 공간과 밤의 공간으로 구분하였다. "낮의 공간은 공간을 경험하는데 밤의 공간 보다 우위를 갖는다. 우리의 익숙한 공간 표현은 낮의 공간을 떠올린다. 만일 우리가 밤의 공간을 인식하고자 한다면, 그 공간을 낮에 보았다면 먼저 낮의 공간을 우선적으로 끄집어 내야 한다. 낮의 공간은 이해하기 쉽다. 사이 공간과 경계는 관찰자의 위치에 따라서 인식하기가 쉽다. 공간은 관찰자의 위치에 따라서 방향성을 갖는다. 밤의 공간은 팽창력도 그리고 깊이와 방향성도 인식할 수 없다. 그래서 불 확실하게 작용을 한다. 낮의 공간과 밤의 공간은 조명의 종류를 통하여 구분되는 두 개의 차이를 갖는다. 낮의 공간은 빛으로 가득차 있고 밤의 공간에서는 어둠이 지배를 한다. 이 둘의 사이에는 공간 인식을 하는데 예상하지 못한 많은 중간단계가 있다. 예를 들면 여명과 안개 같은 것을 생각해 보자."

개인 공간과 공공 공간

수학적인 공간은 개인적인 공간과 공적인 공간 사이에서 결정할 수 없다. 그러나 감각적인 공간에서 이 구별은 중요하다. 영장 동물인 인간은 공동체 위에서 존재하였다. 공동체적인 인간의 접촉은 모든 공동체적인 관계를 위한 조건이 있다. 한편으로 개체는 자의식과 휴식을 위한 개인적인 폐쇄성을 필요로 한다. 개인적인 것과 공공적인 공간은 대립성이 연속하여 발생하면서도 서로간에 밀접한 관계가 있다. 한스 폴 바르트(Hans Paul Bahrdt) 이후 개인적인 공간과 공공적인 공간의 관계 사이에서 비례가 존재하고 다른 한편으로는 주거지역이 도시적인 성격도 나타내고 있다. 서로 간에 이 교류(주거의 도시적인 성격, 도시의 개인적인 성격)가 강할수록 주변공간(준 개인공간 또는 준 공공적인 공간)은 더 많은 도시적 내용을 포함하고 있다.(좋은 의미이다)

　개인공간과 공공공간의 구별은 도시건축의 역사만큼 오래 되었다. 메소포타미아 도시의 본질적인 특징 중의 하나는 기념비적인 공공건축물이 무명의 개인적인 건축물에 비례, 재료 그리고 척도의 차이를 보이면서 더 강조되고 서로간에 대조를 통하여 대립되는 교회 정치적인 건물 배열을 갖고 있다. 인간은 개인적인 영역과 공공적인 영역 사이에서 이리 저리 움직인다. 크리스티안 노르베르그-슐츠(Christian Norberg-Schulz) 이후에 기둥도 건축물의 기본적인 요소로 나타내지면서 동굴은 개인적 공간의 가장 근본적인 타입이다. "--- 동굴이 새로운 삶이 발생된 자궁으로 표현되는 동안 기둥은 근본적으로 생식력의(남근) 재현으로서 나타내어졌다. 이 둘의 모태적 조합을 통하여 최초의 실질적인 건물이 발생되었다."

　개인적 공간으로서의 주거건물은 인간과 밀접한 관계를 만든다. 이것은 인간이 어디로 가고 어디에서 다시 돌아오는지 장소에 대한 경험적인 방법이다. 주거라는 것은 단순히 어디에 머문다는 것 이상의 의미를 갖고 있다. 주거라는 것은 집에 있다는 것을 의미한다. 오늘날에는 이것이 끊없이 이사하는 이유에서 나타나고 집을 바꾼다는 것이 더 이상 당연한 것이 아니다. 살아가고 사망하기까지 성장하고 태어나는 집은 곧 시작과 마지막인 인간의 근원지이다. 많은 사람들에게 있어서 죽음은 무덤으로까지 가는 영원히 영속적인 의미를 갖는 죽음 이후의 주거지로서 무덤은 집들의 모양을 의미하는 흙의 모델이다. 많은 지역은 또한 이러한 전통을 여전히 계속 사는 것으로 여긴다. 예를 들어 집의 형태로 되어 있는 이태리의 무덤들을 생각해 보자. 개인적 공간은 공간적으로 제한이 되고 단지 특별하게 제한된 사람만이 입장이 허가되면서 공공공간과 구별이 된다. 우리는 앞에서 인간에게도 동물과 비슷하게 함께 사는데 규칙이 있는 비 시각적인 경계와 거리가 있다는 것을 이미 보았다. 정지되어 있고 개인 요구에 따라 정해지는 개인적인 공간과 공공적인 공간이 상대적으로 다양한 영역으로 임의의 위치에서 서로간에 직접적으로 역할을 한다. 에드워드 홀(Edward T. Hall)은 주변을 집중적인 영역, 밀집된 영역, 개인적인 영역 그리고 공공적인 영역 등 4개의 공간적인 영역으로 다양하게 구분하였다.

　　사람이 어떤 밀집된 영역으로 들어가면 좁아서 신체적인 접촉이 발생할 수 있다. 이 접촉 거리까지는 일반적으로 잘 알거나 아니면 의도적으로 서로 싸우는 사람 사이에 이 거리가 발생한다. 이렇게 되면 지각은 더 이상 시각적인 감각 기관에서 일어나지 않고 촉각과 후각에서 일어나게 된다. 개인적인 영역 내에서는 두 사람 사이에 직접적인 접촉이 생기는 것이 일반적이다. 즉 대화를 하기에 충분한 거리이다. 이 정도 거리를 개인적인 영역으로 본다. 개인적인 것과 공공적인 것 사이에 사회적인 영역이 놓여 있다. 이 영역 내에서는 상대적으로 접촉과 같은 직접적인 행위가 일어나지 않는다. 그러나 이 영역을 개인적 영역처럼 완전히 무시할 수 있는 거리는 아니다. 공공적인 영역에서 각 사람간에 직접적인 공통 수는 없다. 서로간에 관계는 없고 그들의 만남은 아주 우연적이다. 우리는 원과 같은 지역에서 각 사람에 관하여 다양하게 상상할 수 있다. 즉 원의 중심에서 거리를 어떻게 주는가에 따라 다양한 원의 형태가 임의로 생겨나는 것과 같다. 이것은 문화적인 조건에 따라 다르며 상황에 따라 좌우된다. 예를 들어 한 방에 미국인 한 명이 다른 사람과 함께 있다고 보면 이 미국인은 개인적인 접촉을 갖기 위하여 아주 친절하게 대할 것이다. 그러나 같은 상황에서 영국인은 반대의 경우가 나타날 것이다. 영국인에게 있어서 이 개인적인 영역은 아주 좁게 느낄 것이며 그렇기 때문에 다른 사람과 커뮤니케이션의 필요성을 느끼지 못한다. 공간적으로 인간간의 관계는 근접, 회피, 피함, 우회 등의 복잡한 구조에서 작용한다. 완성된 건축적인 공간은 이 때문에 수학적으로 확인된 사용프로그램 상으로만 고려되는 것이 아니고 이러한 사회 심리적인 관계의 모든 방법이 작업에 요구되고 작업 시 공간 사용자의 심리 상태를 고려하여 최소한 방해를 하지 않는 방향으로 계획해야 한다.

사이 공간

공간은 사물 간의 어떤 관계로 볼 수 있다. 사물간의 공간 즉 사이공간을 단순히 비어 있는 것으로 취급해서는 안 된다. 사이공간은 우리가 우리 자체의 신체적인 인식을 할 필요가 있는 거리로 보기 보다는 사물을 인식하기 위한 필수적 공간이다. 사이공간은 각각 요소들 간의 관계를 위하여 서로간에 위치정보를 주는 역할을 한다. 거리에서 우리의 시야에 많은 건물이 들어 오면서 건물 간에 발생하는 사이공간을 통하여 그들 사이의 관계가 발생한다.

예를 들어 두 개가 서로 근접하게 있으면 하나는 다른 하나의 어떤 부분으로 역할을 한다. 그러나 너무 멀리 떨어져 있으면 아무런 관계도 작용하지 않는다. 사이공간은 각각의 건물의 관계를 위하여 서로간에 영향을 주고 건축적이고 형상적인 환경에서 결정적인 영향력을 서로간에 작용한다. 사이공간의 종류는 크기, 비례 그리고 각 요소의 형태의 3가지 요소에 의하여 결정 된다.(그림 36 참조)또한 여기에서 사회-심리적인 경향도 중요하다. 예를 들면 사이공간이 한 개인에게는 보호하듯이 보이지만 다른 사람에게는 압박을 주는 경향

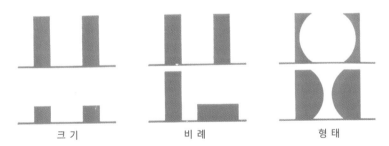

크 기　　　　　　비 례　　　　　　형 태

그림 36 | 사이공간의 종류를 결정하는 3가지 요소 : 개체의 크기, 비례 그리고 형태

그림 37 | 베네치아, 운하

그림 38 | 사이공간 – 유럽거리

을 보일 수도 있다. 도시에서 시야에 들어오는 중요한 사이공간 중의 하나는 우리를 이끄는 거리이다.(그림 37, 38) 이 때문에 거리는 단지 교통을 위한 공간 이상으로 존재하여야 한다. 거리 공간을 제한하는 건축물은 한편으로 그 정면에 거리의 언어를 표현하여야 하는데 이는 분명한 형상적 규칙을 나타내고 다른 면에서 자신의 독창적인 것을 표현해야 한다. 도시적인 사이공간의 두 번째 종류로서 장소인데 거리처럼 장소에도 동일한 규칙이 적용된다. 중세에 보여주었던 사이공간을 의미하는 거리감에 대한 이해는 바로크 시대에 와서 더 이상 유효하지 않게 되었다. 공간이 시각적으로 무한대로 넓어져서 사이공간의 의미가 없어진 것이다. 이렇게 건축물의 주변이 건축물 사이에 발생하는 공간개념을 인식하는 중요한 요인이 된다. 사이공간도 3차원의 형상으로서 받아들여져야 하고 도시계획 시 이를 감안하여야 한다. 장소의 개념은 필수적으로 계획되는 사용공간만큼 중요하고 건축물 사이에 발생하는 장소 또한 건축물 계획 시 제일의 관심사가 된다. 이렇게 공간적이고 형태적인 사이공간과 장소 또한 이상적인 배경을 갖고 작업 되었다. 절대적이고 종교적 또는 반 종교적 지배자들은 그들의 목적을 위하여 이 자유 공간을 사용할 줄 알았다. 로마에 있는 베르니니(Bernini)가 형상화한 바티칸은 가능한 교황에게 충성스러운 많은 사람들을 모으고 이와 함께 그의 권력을 나타내고자 하는 목적을 이 자유 공간을 통하여 충족시켰다. 포스트 모던은 그 거리와 광장을 공공적인 자유 공간으로서 다시 재평가 하였다. 도시적인 삶 또한 다시 더 많은 의미를 얻고 여기에서 이웃은 공공 공간과 적당한 테두리를 이루었다. 공공 공간은 다시 설계자의 중요요소가 되었다. 찰스 젠크스(Charles Jencks)는 다음과 같이 서술하였다. "기본적으로 이것은 결코 완벽하지 않기 때문에 고대로 돌아가는 것이 좋다. 공공장소와 삶에 관하여 다양한 견해를 의논하고 그들의 공동체를 유효하게 만들 수 있도록 시민을 위한 공간을 나타내는 회교사원이나 체육관과 같은 집회장소인 아고라(Agora)와 같은 공공 공간이 결코 완벽하지 않기 때문에 기본적으로 과거의 것으로 돌아가고자 한다." 건물 앞의 자유공간의 의미를 위대한 건축가들은 결코 과소평가하지 않는다. 예를 들어 안드레아 팔라디오(Andrea Palladio)의 도시 내 성곽은 근본적인 차별을 보이고 있다. 그 성곽 앞에 자유공간의 유무에 상관없이 폭이 좁은 거리에 인접해 있거나 어떤 광장에 인접해 있다면, 폭이 좁은 거리에 인접하고 길고 좁은 대지에 놓인 이 성곽은 빛과 공기

그림 39 | 치어리카티 궁전

그림 40 | 티네 궁전

를 건물의 내부에 끌어 들이기 위하여 안마당이 필요하다. 건물 외부형상에 있어서 거리 연속성을 강조하기 위하여 수평적인 강조는 축의 균형으로서 커다란 역할을 한다. 왜냐하면 입면도에서는 평면을 읽을 수 없기 때문에 이 좁은 거리에서 유효성이 없기 때문이다. 광장에 인접한 도시성곽은 오히려 좁은 거리에 인접한 성곽으로서 안드레아 팔라디오(Andrea Palladio)의 빌라와 비교할 수 있다. 빌라에서 개방된 면이나 광장은 중앙의 위치에서 더 잘 인식할 수 있게 다른 관찰방법이 가능하다. 이태리 비첸차에 위치한 안드레아 팔라디오(Andrea Palladio)의 성 팔라초 키에리카티(Palazzo Chiericati)는 정면이 수직적으로 3개의 부분으로 나뉘면서 균형을 이루고 있고 이와 함께 중앙의 지지대가 강조되고 있다.(그림 39) 위에 놓인 베란다와 제한적인 기둥 열은 정면이 안으로 들어가게 보여준다. 이와 함께 광장의 자유공간은 건물의 건축 공간으로 연결이 되고 반대로 성과 광장은 서로 간에 공간적인 관계가 만들어 진다. 즉 그 들 사이에는 어떤 대화가 존재한다. 이 구성을 보면 안드레아 팔라디오(Andrea Palladio)는 이미 바로코의 기본적인 아이디어를 선행하고 있었다. 요약적으로 안드레아 팔라디오(Andrea Palladio)의 궁전건축은 건물이 좁은 거리에 인접하든 자유로운 대지에 인접하든 4가지 포인트로 구별 된다.

1. 공간들이 첫 번째 타입에서 빛이나 공기를 소유하는 내부정원을 군집 형으로 하는 동안 두 번째 타입에서 외부 방향으로 정렬 한다. 즉 하나는 내향적이고 다른 하나는 외향적이 되는 것이다.
2. 거리에 인접한 궁전의 정면은 수평적으로 강조가 되고 이와 함께 거리 방향으로 지지가 된다. 그리고 광장에 인접한 건물은 수직적으로

연결이 되어있다.

3. 첫 타입의 형상은 좌우대칭으로 해석이 되고 두 번째 타입은 축에 의한 정렬이 된다.

4. 거리에 인접한 건물은 면 형태의 외벽을 통하여 나타나고 광장에 인접한 건물에서는 정면이 3차원적으로 연결이 되어 깊게 후퇴한 인상을 준다.

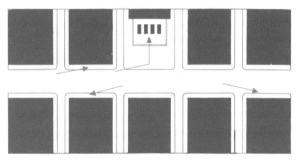

그림 41 | 맨하탄 거리공간에 있는 Seagram 건물의 위치
(미스 반 데로와 필립존슨. 1958)

미스 반 데어 로에(Mies van der Rohe)는 자유 공간의 의미를 뉴욕에 있는 시그램(Seagram) 건물의 설계에 적용하였다. 거리의 정면에서 건물을 뒤로 후퇴시키면서 하나의 광장 같은 공간이 생겼다. 거리 공간은 건물에서 커다란 자유공간까지 확장이 되고 방문객이 건물에 인접한 정면으로 접근이 가능하게 하였다. 이와 함께 시그램 건물은 단순히 다른 고층건물의 배열처럼 거리를 따라 첨가된 것이 아니고 건물의 앞 공간을 통하여 다른 건물군과 구별되게 하면서 특별한 위치를 점유한다. 건물은 맨하탄의 다른 대부분의 건물처럼 단지

하나의 선 속에서 경험되어지는 것이 아니고 방문자가 건물의 정면에 더 다가 갈 수 있으며 앞의 광장에서 건물의 크기를 완전히 경험할 수 있는 가능성을 제시하였다.(그림 41) 시그램(Seagram)건물은 주변의 다른 건물과 연결 없이 하나의 기둥 모양의 상자처럼 서있다는 첫인상을 받게 된다. 그러나 미스 반 데 어 로에(Mies van der Rohe)는 안드레아 팔라디오(Andrea Palladio)와 비슷하 게 건물과 광장의 자유공간이 두 개의 공간을 서로 연결되게 하였다. 1층이 뒤 로 물러나게 하면서 외부 공간을 건물 안으로 흘러들어 가도록 한 것이다. 외 부공간은 투명한 유리 벽을 통하여 육중한 연결 코아까지 연장이 된다. 정면의 수직적인 이중 T 프로필은 외부공간에 나타나 그림자 형상을 통해 정면에 뚜 렷한 깊이를 보여주고 있다.(그림 42)

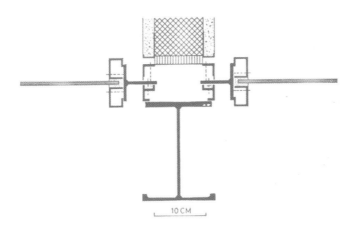

그림 42 | Seagram건물의 정면디테일

비어있다

어디에서 사이공간이 끝나고 어디에서 빈 것이 시작되는가? 사이공간의 종류
는 그것에 영향을 주는 크기, 비례 그리고 형태에 좌우된다. 만일 이 3가지 요
소가 두 개의 건물 사이에 있는 공간에서 아무런 영향을 끼치지 않는다면 우
리는 그것을 비어있는 것으로 간주할 수 있다. 예를 들어 완전히 깜깜한 상태
에서 아무것도 인식할 수 없거나 확 트인 바다에 구름 한 점 없는 상황에서 완
전히 비어있는 것을 경험하게 된다. 인식 하는데 자극을 주는 요소들이 부족
하거나 너무도 단조로워서 비어있다는 의미가 단지 바다나 어둠에만 있는 것
은 아니고 개개의 건물의 연결방법이 동일한 형태로 되어있고 그 건물의 정면
이 실질적으로 인식을 자극하는 아무런 것도 주지 않는 단조로움이 있는 주
거지역에도 있다. 인간은 단순함, 고독감 그리고 공허에서 어떤 감정을 느낀

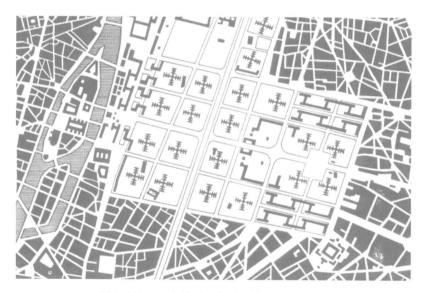

그림 43 | 르 코르뷔지에의 "파리 신도시를 위한 'Plan vision'", 1925

다. 예를 들어 르 코르뷔지에(Le Corbusier)의 도시계획(plan vision)처럼 현대
적 도시모델을 보면 이 계획의 판정에 앞서 왜 좌절감이 드는가? 공허의 문제
가 있기 때문이다.(그림 86) 이 도시의 건물은 공간을 배제하여 작용했고 전통
적인 도시의 요구 속에서 독립적인 개체로 존재하려고 했다. 콜린 로우(Colin
Rowe)는 이 두 개의 도시모델을 비교하였다." 연속적으로 연결되지 않은 메스
안에서 빈 공간의 군집, 다른 덩어리의 군집이 연속적으로 순수한 빈 공간 보
이고 다른 범주를 보여주고 있기 때문이다. 예를 들어 이 계획안을 살펴보면
어느 경우에는 공간으로 또 다른 경우에는 하나의 사물로 작용하기 때문이다.

빈 공간에 어떤 역설적인 면을 만들어내고자 할 경우 아주 적은 경비를 들
여 긴장감을 생성시킬 수 있다. 이에 관한 좋은 예가 교토에 있는 료안지 사원
의 젠 석조정원이다.(그림 44) 9미터의 폭과 23미터의 길이를 갖는 사각형의 형
태에 몇 개의 자연석이 불규칙적으로 놓여있다. 바닥은 고르고 자갈로 덮여있
다. 그리고 정원의 3면이 벽돌로 막혀있다. 돌이 없는 마당은 단순하고 비어있
다. 돌의 형태와 그들 간의 관계 속에 고요와 미가 발산되며 한편으로는 또한
긴장감이 생기는 대비와 조화가 생긴다. 그 정원이 500년 이상 오래되었음에
도 불구하고 그 개념은 아직도 추상적 회화와 함께 비교된다.

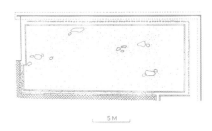 

5 M

그림 44 | 료안지 사원의 석조정원. 1473. 교토. 일본

5 - 4

공간의 요소

모든 인간적인 행위에는 공간적인 견해를 갖고 있다. "Action takes place" 어떤 행위가 일어나려면 공간이 필요하다. 건축적인 내부공간은 우선적으로 자연의 영향으로부터 보호하려는 인간에 의하여 만들어진 것이다. 인간에 의하여 더 잘 사용될 수 있도록 내부가 생기면서 환경으로부터 공간이 분리가 된 것이다. 공간은 공간을 제한하는 요소를 통하여 인식된다. 그리고 공간의 성격은 이 요소의 조직과 종류에 의존한다. 루이스 칸(Louis I.Kahn)은 말하기를 "공간을 처음에 계획한 데로 명확하게 인식할 수 없다면 그것은 공간이 아니다" 라고 언급하였다. 공간을 정의하는 요소는 다양한 성격을 가질 수 있다. 구 형태의 공간을 정의하는 요소는 전체를 봐도 내부공간이 구별되지 않게 동일한 거리를 갖고 경제적인 이유로 대부분의 내부공간은 수평과 수직적인 요소로 구성되어 있다. 사각공간의 성격은 구의 형태보다는 더 구별이 된다. 또한 모서리가 많고 여러 부분에서 막힌 공간은 벽을 따라 형성되기 때문에 오히려 개방된 공간과는 구별이 된다. 실질적으로 하부에서 공간을 제한하는 바닥은 수평적이다. 여기에서 바닥의 변화는 단지 제한적으로 가능하다. 즉 높이의 다양성, 구성의 변화 그리고 재료의 다양성이다. 다양한 공간에서 바닥 면의 관계는 공간 구성의 성격에 결정적인 영향을 준다. 바닥은 각각의 공간이 서로 연결되는 공간 흐름을 돕는 연속성을 갖는 요소이다. 반대로 높이의 차이는 공간을 구분하는 작용을 하기도 한다. 예를 들면 많은 교회들이 제단 영역을 교회 내의 다른 공간과 어느 정도 바닥의 높이를 달리하여 구분해 놓았다. 즉 바닥 면이 홀로 범주, 지역 그리고 영역 등 공간의 종류를 결정지을 수도 있다. 일본의 신토스 같은 자연종교는 바닥의 표시를 다르게 하여 어떤 상징적인 내용을 통하여 특별한 의미를 요구하는 신성한 지역을 형성한다.(그림 46)

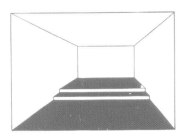

그림 45 │ 공간을 정의하는 바닥

그림 46 │ 광격자의 집. 1980. 나가사키. 일본

두 번째 수평적으로 공간을 정의하는 요소는 천장과 지붕이 있다. 여러층의 건물에서 천장은 또한 그 위층의 바닥이다. 그래서 수평적으로 있어야 하지만 오늘날 천장 형태의 종류는 그 한계가 없다. 천장의 형태는 공간의 전체 성격에 결정적인 영향을 줄 수 있다. 바닥처럼 비슷하게 천장의 높이를 다르게 함으로써 공간이 다양한 구역으로 분할된다.(그림 47, 48)

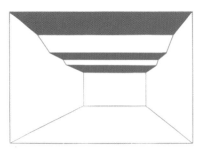

그림 47 | 공간을 정의하는 천장

그림 48 | 국립 옥내 종합 경기장. 1964 도쿄. 일본

벽은 공간을 정의하는 수직적인 요소이다. 벽은 공간 간의 관계에 따라 그 주변을 다양하게 형성할 수 있고 공간에 차별적인 개성을 줄 수 있다. 규칙적으로 공간은 바닥을 갖지만 간접적으로 벽이 꼭 필요한 것은 아니다. 이러한 경우 유일한 수직적 요소는 천장을 지지하는 기둥이다. 기둥 사이의 개방성은 단지 시각적 자유상에서 제한이 될 뿐 공간의 제한은 임의적으로 없는 것과 같다. 즉 기둥 사이의 벽과 같은 면은 유리로 하거나 투명한 요소로 만들 수 있다. 기후적으로 내부공간은 분리되어 있다. 그러나 시각적으로는 그 주변으로 동적인 공간과 같이 흐르고 있다.

외부공간으로부터 내부공간이 더 많이 분리 될수록 그들의 관계는 비 의존적인 것이 더 많다. 정자에서는 무엇보다도 수평적인 요소 바닥과 지붕 요소만이 공간을 정의하는 작용을 한다.(그림 49) 기둥이 면의 요소가 없음에도 불구하고 공간 구분을 정의 하는 역할은 한다. 결정적으로 여기에 정자가 분명히 있다.(그림 50, 51)

공간은 공간을 정의하는 요소를 통해 인식된다. 찰스 무어(Charles Moore)는 다음과 같이 서술하였다. "만일 천장, 4개의 벽 그리고 바닥 등 여섯 요소로

그림 49 | 사각정자 형태

그림 50 | 정자

방을 만든다면 이 여섯 개의 요소에는 또 하나의 일곱 번째 요소가 있으니 공간을 만들어 내는 물리적인 요소보다 더 많은 영향을 갖게 되는 곧 공간이다." 이 공간의 질은 우선적으로 공간을 만드는 건축적인 요소들과 서로에게 작용하는 공간의 관계에 의하여 형성된다. 이것은 다음과 같은 구별에 의하여 더 분명해 진다.

1. 구성요소의 치수
2. 구성요소의 배열 : 치수와 함께 크기, 척도, 비례 그리고 공간의 형태가 정해진다.
3. 구성요소의 종류 : 재료, 표면, 질감 그리고 색채
4. 공간들 간의 관계와 주변으로의 관계 등 영향을 주는 구성요소 그리고 그 사이에 있는 개구부 3과 4는 특수한 경우로 취급할 수 있다.

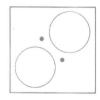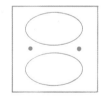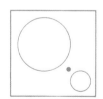

그림 51 | 다양한 공간구역을 정의하는 기둥

재료와 표면

1795년 요한 볼프강 폰 괴테 (Johann Wolfgang von Goethe)는 건축예술이라는 논문을 썼다. 그는 건축물을 평가하는 가장 중요한 요소로서 목적과 미의 작용 이전에 재료를 나타내었다. 공간을 정의하는 요소의 재료가 때로는 이 공간의 작용에서 과소평가된 영향을 갖는다. 아래의 그림 52와 53의 두 건물의 덮개는 자일로 된 동일한 구조이다. 그러나 천장의 다양한 재료에 의하여 이 두 건물의 성격이 인식 된다. 재료에는 분명한 형태적 가능성이 있어야 한다. 철골조 에펠탑은 재료에 분명한 형태적 가능성이 있도록 노력하였고 이에 맞게 설계 되었다. 석조로 된 에펠탑이나 철골과 유리로 된 르 코르뷔지에(Le Corbusier)의 롱샹교회를 한 번 상상해 보자. 이렇게 재료와 관념적인 형태의 상상을 파괴한 시도가 초현실주의자들과 많은 대중 예술가들에 의하여 사용되었고 허무맹랑하게 이끌려 왔다. 클래스 올덴버그(Claes Thure Oldenburg)의 소프트 조각품은 전화기, 케잌 그리고 화장실 같은 일상적으로 쓰이는 소품을 특이한 재료를 사용하면서 이를 예술품으로 만들었다.

그림 52 | 초록 숙녀구두. C. Oldenburg   **그림 53** | Meret Oppenheim. "모피에서 아침을" 1936

"적합한 재료의 건축" 은 오늘날 자주 남용되는 주제이다. 그러나 기술이 모든 것을 가능하게 하기 이전의 과거에는 이 말이 너무도 당연하였다. 형태는 건축재료의 가능성에 의하여 결정 된다. 루이스 칸(Louis I.Kahn)은 재료의 정당한 사용에 대하여 특별한 점수를 주었다. "만일 당신이 벽돌이 무엇을 원하는가 묻는다면 벽돌은 아치를 사랑한다고 말할 것이다." "만일 당신이 벽돌이 저렴하거나 다른 어떤 재료가 없어서 그것을 사용한다면 당신에게 굳이 벽돌이 필요하지는 않을 것이다. 하지만 절대로 그렇지 않다. 당신은 벽돌이 갖고 있는 절대적인 장점을 살려줄 수 있도록 그 재료를 적용해야 한다. 이것이 벽돌이 자신을 나타낼 수 있는 유일한 적용 방법이다."

재료는 자신의 기술적인 특성을 나타낼 수 있는 다양한 상징적 의미를 갖고 있다. 개인이 존중 받지 못하고 인생의 무상함이 있는 의식을 갖고 있는 중국

그림 54 | 낙수장. F. L. Wright. 1936. USA

벽체구조

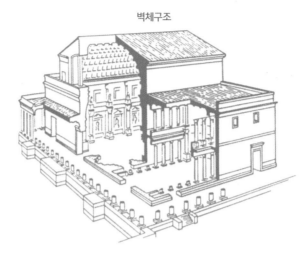

그림 55 │ Domus Flavia. 기원 후 92년. 로마. 이태리

골조구조

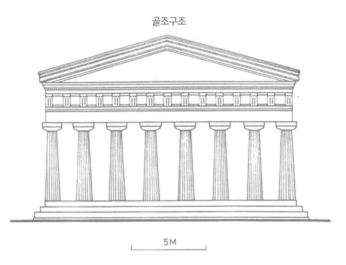

5M

그림 56 │ Athene 사원. 기원 전 5세기. Paestum. 이태리

의 집들은 나무나 점토와 같이 간단하고 소멸되는 재료로 구성이 되어있다. 유럽에 대한 요약은 이와는 반대이지만 중국에서는 개인이 우선적으로 추앙을 받은 것이 아니라 왕조의 연속으로 지배자 우선의 기본적인 인식하에 취급 되었다. 이러한 황제 교체의 연속성에 있는 사고는 지하무덤에서 그 표현이 나타난다. 이것은 단단한 석조구조로 되어 있고 영원을 위하여 시공되었다. 지상에 있는 궁궐이나 성전은 황제의 권력을 잘 표현하였다. 그러나 권력자가 무상하게 사라지는것과 같이 건축재료도 간단하게 이와 비슷한 재료를 사용하였다.

고대 이집트에서는 전적으로 무덤의 개념으로 성전과 연결되며 석조로 만들었다. 사후에도 연속적으로 산다는 믿음은 모든 것을 현세의 삶과 함께 무상함을 연결시켜 주었다. 이 무상함에 반하여 거대한 무덤은 연속적인 삶의 테두리였으며 이 때문에 지속적인 형태를 유지할 수 있는 재료를 가능하게 하였다.

건축재료는 단지 목적에 대한 수단이거나 상징적인 내용을 담는 임의적인 것이 아니다. 재료표면의 아름다움 또한 일상적으로 치장하는 수단으로서 적용 되기도 하였다. 예를 들어 아돌프 로스(Adolf Loos)는 장식을 혐오하는 건축가이다. 그는 장식을 범죄에 비유할 만큼 자신의 건축물에 의도적인 장식을 배제하였지만 귀족적인 재료를 장식을 위한 대용으로 사용 하였다. 재료는 최종적으로 표면을 결정한다. 다양한 재료는 그 다양한 표면을 통하여 서로간에 대조가 되고 건축적인 요소로 적용이 된다. 프랭크 로이드 라이트(Frank Lloyd Wright)는 건물을 만드는 과정에서 떨어지는 물 위에 의도적으로 대지에 친근한 잘라낸 돌로 돌담 벽을 만들고 채색과 매끄러운 시멘트 판을 피하여 설계하고 이를 통하여 자연과 인공적인 건물간의 대비를 창조하였다.(그림 54)

촉각은 시각 후에 오는 건축물의 경험에 중요한 인식 방법이다. 접촉은 표면을 직접적으로 스치면서 오는 것이다. 예를 들어 직접 카페트 위를 걷는 발의 촉감은 대리석 위를 걷는 것과는 아주 다른 인상을 받는다. 계속해서 표면구조는 공간 음향에 중요한 역할을 한다. 윤기 있는 면은 음향 반사를 하고 부드럽고 공극이 있는 재료 는 흡수를 한다.

개구부

르 코르뷔지에(Le Corbusier)에게 있어서 개구부는 건축의 중심적인 문제였다. "건축의 전체적인 역사는 전적으로 조적벽체의 개구부에 대한 것이었다." 어떤 공간이나 건물의 개방성에 대한 척도는 주변 공간이나 주변 환경과의 관계가 나타낸다. 개구부의 종류는 외부와 내부 사이에 임의적으로 존재하는 관계를 통하여 결정된다. 개방과 밀폐의 존재는 건물의 기본적인 개념에 많이 좌우된다. 공간은 용기로 생각해 볼 수 있다. 필요에 따라 개구부가 만들어지고 이렇게 형성된 공간은 개방이 되며 그 후에 개방의 필요성을 느끼지 못하는 곳에는 개구부가 없다.(그림 55~58) 최초의 공간 타입은 벽체구조였다. 이것은 기본

그림 57 | Le Corbusiet. 통상교회. 1950.
Ronchamp. 프랑스.

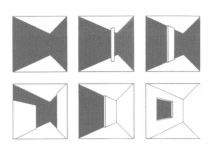

그림 58 | 개구부의 수준은 공간을 정의하는 요소의
크기, 위치 그리고 형태에 좌우된다

적으로 폐쇄된 모습이고 후에 요구에 따라서 개구부들이 설치 되었다. 골조구조인 두 번째 타입에서는 그 반대현상이 있었다. 공간 타입이 먼저 개방이 되고 설계 요구에 따라서 개방된 부분이 막히는 모습이 된 것이다. 이러한 타입에서는 하중을 지지하는 것과 공간을 분리하는 기능이 구별 되었다. 모든 건물의 개념은 건물의 특징을 결정 짓는 위(그림 57, 58) 두 개의 극적인 결정에 따라 작업이 된다.

벽체구조인 첫 번째 타입은 무게가 느껴지는 콘크리트건물의 이미지가 되고 골조구조인 두 번째 것은 경량 철골 유리 건물이 된다. 그러나 이러한 구별은 아주 오래된 것이다. 고대 로마의 건축물은 벽체구조의 건축물이다. 벽과 둥근

그림 59 | 향미정. 수원. 조선조 정조.

그림 60 | 나폴레온 개선문. Chalgrin. 1806. 파리. 프랑스

천장은 오늘날 콘크리트의 전 단계인 벽돌과 몰탈로 되어 있고 개구부는 꼭 필요한 부분만 요구에 따라서 만들어졌다. 고대 그리스의 건축물은 골조 구조이다. 기둥과 발콘이 압도적으로 많이 생기고 이들 사이에 개구부가 형성된다. 공간은 예를 들어 몇 개의 기둥으로 또는 모든 면이 완벽하게 벽으로 둘러쳐진 상태인가에 따라서 그 성격이 결정된다. 폐쇄성의 정도에 따라서 개방성의 상태와 종류가 좌우되는 것이다. 이와 함께 최소한으로 정의된 공간은 수평적인 요소가 필요하지 않다. 예를 들어 그림 46처럼 줄을 쳐 놓아 영역을 표시하거나 그림 59의 정자처럼 지붕 하나로 있는 경우이다. 이렇게 외부와 내부의 공간의 분리가 제거되면서 공간과 그 주변 사이에 최대한의 연결이 생긴다. 만일 기둥이 작으면 비종속적이 되고 벽체의 요소로서 인식되지 않기 때문에 기둥은 벽체 보다는 공간 구분의 성격이 적다. 개개의 폐쇄적인 표면 사이의 개구부는 이 면을 서로 간에 구분하고 이를 통하여 독립적인 것이 강조된다.

만일 개구부가 벽의 모퉁이에 있다면 모퉁이는 더 이상 공간을 정의하는 요소로서 인식되지 않기 때문에 더 강하게 개구부가 작용 한다. 만일 개구부가 전체 공간을 막아 버리는 벽체의 안에 있다면 내부와 외부 사이의 관계는 아주 약하게 된다. 이러한 분리의 강도는 개구부의 종류에 좌우가 된다. 공간이 이렇게 인식되려면 최소한의 분리가 필요하다. 그러나 한편으로는 완전히 분리시키는 것 또한 의미가 없다.

오토 볼노브(Otto Friedrich Bollnow)는 다음과 같이 말하였다. "집이 인간에게 감옥으로 되지 않으려면 집의 내부에 적절한 방법으로 외부세계와 연결을 해 줄 수 있는 개구부가 필요하다." 만일 내부공간이 외부와 기후적인 이유로 분리가 되어있다면 개구부는 문과 창문으로 되어 있다. 문은 공간으로의 출입에 대한 자격을 부여한다. 그러나 출입자가 자격이 없으면 출입을 거부한다. 문지방은 구조적 기능에서 어떤 상징적인 의미를 갖고 있다. 문지방은 외부와 내부의, 그리고 공공적인 것과 개인적인 것의 경계선이다. 곧 문지방을 넘어설 때 사람들은 다른 영역으로 들어서게 됨을 의미한다. 이 외에도 문의 상징적 기능은 건물로부터 내 외부를 연결하는 통로로 나누어 진다는 것과 개선문처럼 자율적으로 존재할 수 있다는 것이다.

5 − 5
───

공간 조직

두 공간 사이의 관계

공간은 대체로 독단적으로 존재하지 않는다. 기본적으로 우리는 공간을 4개
의 다양한 방법으로 구분 할 수 있다.(그림 61)

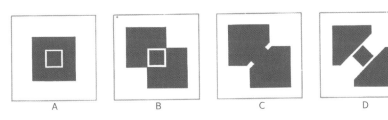

그림 61 | 두 공간의 상관관계

A. 어떤 작은 공간 자체가 어떤 큰 공간 안에 완전히 들어가 있다. 내부
의 공간은 그 주변에 있는 볼륨에 좌우되고 외부영역으로 직접적인 연
결을 갖지 않으며 큰 공간을 통하여 연결 된다. 큰 공간의 내부 영역은
동시에 작은 공간의 외부영역이 된다. 두 개의 공간은 그 자체가 크기에
있어서 분명한 구분이 있어야 한다. 만일 크기의 구분이 미세하게 되면

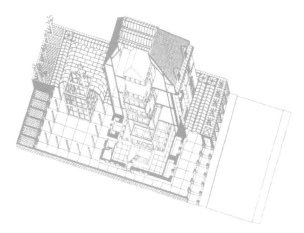

그림 62 ┃ Oswald Mathias Ungers. 독일 건축박물관. 1984. 프랑크프르트. 독일

주변을 이루는 공간이 이러한 역할로서 인식되기가 쉽지 않다. 형태와 배열의 다른 방법을 통하여 작은 공간의 특성이 강조된다. 우리는 이러한 공간의 연결을 다양한 요소 속에서 이미 그리스 건축과 로마건축에서 보았다. 기독교의 종교적인 건축에서 제단은 종종 작은 공간이 커다란 교회 공간과 분리가 되고 이와 함께 제단과 같은 특수한 영역이 강조되는 것처럼 용개(종교적 행렬에서 성체나 주교 머리 위에 떠 받쳐지는 것)와 함께 덧씌워지는 경우가 있다. 공간 속의 공간을 우리는 현대건축에서도 찾을 수 있다. 찰스 무어(Charles Moore)는 이러한 상태를 자신의 설계에 종종 적용한다. 2층 주거 공간에 평판형태가 깊숙한 공간영역을 덧씌웠다.(그림 62~64)

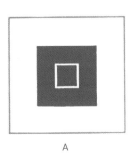

A

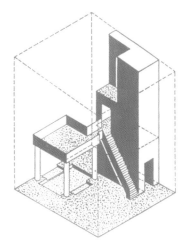

그림 63 | 일반적인 주거공간. 평면형태와 부엌과
화장실을 갖고 있는 습기공간

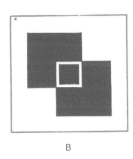

B

그림 64 | Charles Moore. Sea Ranch. 1966부터 계획.
San Francisco 근교. 미국

B. 공간 관계의 2번째 방법은 자체적으로 위아래로 나누어 졌거나 관통되는 공간이다. 여기에서 두 개의 볼륨은 공유하는 영역을 갖고 있다. 그러나 나머지 영역에서는 그들의 특성을 유지한다. 관통되는 공간은 수평적인 것 또한 수직적으로 될 수 있고 내부 외부의 관계에서 우선적인 역할을 한다. 관통되는 공간은 역사 속에서 중요한 설계 요소 였음을 알 수 있다. 이미 앞에서 언급한 데로 관통이 되는 형태를 기독교 종교 건축에서 장방형과 중심형 공간이 중요한 주제로 쓰인 것을 알 수 있다. (단락 4.5.3 내부와 외부의 관계 참조)

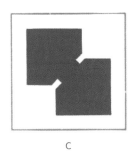

C

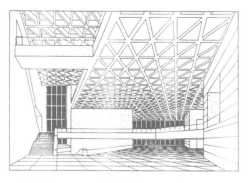

그림 65 | I. M. Pei. 내셔널 갤러리. 1978. 워싱턴 D.C 미국.

C. 공간관계의 3번째 방법은 이웃 관계이다. 공간은 서로 이웃 관계에 놓여 있고 완전히 자율적이다. 그러나 공간적 그리고 시각적으로 공간 사이에 어떤 연결이 존재한다. 연결의 방법은 두 공간을 구분하는 요소에 좌우된다. 분리의 규모가 클수록 각 공간의 자율성이 더 크다. 문을

D

그림 66 | 도서관, 1966, Isozaki Arate, Oita, Japan

갖고 있는 공간 사이의 벽은 공간간의 연결을 허락하지만 강제적인 것은 아니다. 그러나 분리는 두 개의 영역 내에서 공간을 서로 간에 나누는 기둥으로도 또한 만들 수 있다.(그림 67)

D. 공간관계의 4 번째 방법은 제 3의 공간으로 연결하는 것이다. 두 개의 공간은 직접적인 접촉이 없고 그들의 관계는 두 개의 공간을 연결하고 두 개의 공간에 종속되지도 않고 지배하지도 않는 자유로운 제 3의 공간에 의하여 표현 된다.(그림 67) 여기에서 계단은 수직적인 공간 연결로서 큰 의미가 있다. 위로 또는 아래로 내려가면서 공간은 계속하여 여러 방향에서 나타난다. 이와 함께 움직임 속에 등장하는 공간에 대한 호기심과 연결이 된다. 우리는 계단을 통하여 상하로 움직이면서 아래에 또는 위에 무엇이 우리를 기다릴까 의문을 갖는다. 계단은 종종 문(door)처럼 그 기능적 과제에 관하여 아주 강하게 심리적, 상징적 의미를 여전히 갖고 있다. 이러한 것을 보면 건축에서 계단이 의미하는 바

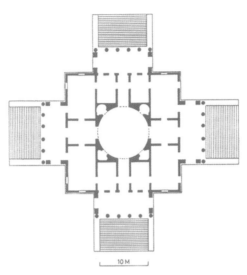

이웃하는 공간과 제3의 공간의 연결

그림 67 | Andrea Palladio. 빌라 Capra-Valmarana 1566. 빈센짜 . 이태리

그림 68 | 마야 신전

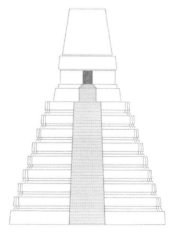

그림 69 | 사원 1. Tikal. Maya

는 건축물의 기념비적인 표현 수단에 속한다. 예를 들어 중앙 아메리카 의 마야 문명 속에 나오는 거대한 계단을 떠올려 보자.(그림 68, 69)

중세에 계단은 단지 수직적인 연결의 수단으로서 작용하였다. 그 때문에 그 시대의 계단은 대부분이 숨겨져 있다. 르네상스 시대에는 또한 계단이 건물 내 에서 일정한 규칙 속에 역동적인 요소로써 사용되었을 뿐 커다란 의미는 없다. 도나토 브라만테(Donato Bramante)는 계단을 외부공간의 모델로서 다시 적용 하였다. 무엇보다 투시적인 심도효과를 뒷받침하는데 계단을 적용한 것이다. 또한 안드레아 팔라디오(Andrea Palladio)의 관심은 단지 외부 계단에 있었다. 내부 계단은 대부분이 단지 이동의 경로로 적용이 되었기 때문에 그는 계단 을 외부 나머지 공간에 넣었다.(그림 67 참조) 이에 반하여 외부 계단은 안드레 아 팔라디오(Andrea Palladio)에게 있어서 위계질서의 개념을 지지하는 커다 란 의미가 있다. 수직적으로 공간의 관통이 외향적으로 중요하게 되었던 바로 크 시대에는 우선적으로 공간형상의 요소로써 내부계단이 커다란 의미가 되 었다. 계단의 변형으로서 램프는 고저 차를 완만하게 극복하게 하였으며 이집 트와 페르시아에 의하여 이미 위대한 양식으로 적용이 되었다.(그림 70, 71) 르 코르뷔지에(Le Corbusier)는 장소가 허락하는 한 곳곳에 램프를 설치하였다. 프랭크 로이드 라이트(Frank Lloyd Wright)의 구겐하임 박물관에는 주 전시공 간 전체에 커다란 램프를 설치하였다. 이를 통하여 예술작품 관객들은 연속된 경험을 할 수 있으며 공간들과 층이 만들어낸 구간에서 더 이상 분산되지 않 았다. 램프는 계단보다는 단순한 기능적 요소보다 더 많은 것을 의미하며 공간 내에서 움직임의 수단이며 지지대이다.

그림 70 | Oscar Niemeyer, 1960, 브라질

그림 71 | Frank Lloyd Wright, 구겐하임 박물관, 1959

공간 가변성과 공간 다양성

건축적인 공간에 관한 내용이 어느 정도는 명확해지고 있다. 예를 들어 공간을 다른 공간과 연결될 수 있게 더 크게 하거나 더 작게 하는 행위 등 공간을 개념화시키기 위한 여러가지 이유로 필요한 사항이 더 있을 수 있다.

그림 72 | 18세기에 벽체구조에서 골조구조로 전개

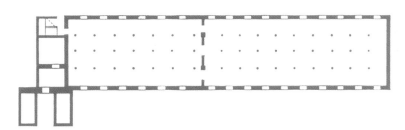

그림 73 | Charles Bage. 방직공장. 1797. Shrewsbury. 영국

공간을 변경하기 위하여, 여기에서 그 시스템이나 기본적인 요소를 변경하지 않으면서 다른 여러 요구를 시도하는 것이 한 시스템 내에서 가능하다면 그 공간은 가변적인 성격을 갖는다는 의미이다. 공간이 공간을 형성하는 요소에 의하여 형성되기 때문에 무엇보다 이 요소가 가변적이어야 한다. 기술적이라는 것은 곧 지지하는 것과 분리하는 이 두 개의 기능을 우선적으로 나누어서 취급되어야 한다. 지지하는 일차적인 시스템의 기본적 구조는 공간을 분리하는 요소가 무시되어질 수 있어야 한다. 가변성에는 이것이 문제를 만들지 않아

야 한. 전체적인 가변성은 조직과 그 기본적인 구조가 유지되어야 하므로 가능하지 않다. 가변성을 위한 전제조건이 공간을 지지하고 분리하는 요소를 나누어서 취급해야 하므로 가변성의 역사는 골조구조의 발전과 함께 연결 되어 있다. 대영제국의 방직공장에서 벽체구조의 내벽은 18세기에 주철기둥으로 대체가 되었고 이와 함께 오늘날의 골조구조에 쓰이는 경량 파사드와 함께 만들어지면서 골조구조의 개발이 시작된 것이다.(그림 72, 73)

시카고의 주거건물은 이미 19세기 말에 세입자들의 바람이 가능하게 되면서 공간 구분 요소 없이 계획 되었다.(그림 74) 오귀스트 페레(Auguste Perret)은 1904년에 유럽에서는 최초로 파리에 자유로운 평면형태가 가능한 철근콘크리트 골조구조의 자택을 지었다.(그림 75) 공간을 구분하는 벽은 조적이나 석회로 만들어졌고 집의 지지구조를 변경하지 않으면서 적은 비용으로 벽을 제거해 버렸다. 르 코르뷔지에(Le Corbusier)는 1914년에 도미노 하우스를 위하여 "자유로운 평면(Plan Libre)"을 선보이면서 아이디어를 내었다. "기둥구조는 층의 바닥을 지지하고 이것이 지붕까지 연결된다. 비 내력 벽은 다른 연결이

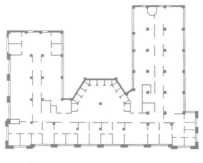

그림 74 | Holabird와 roche. Marquette 건물. 1894. Chicago. 미국

그림 75 | Auguste Perret. 주택건물. 1904. Paris. 프랑스

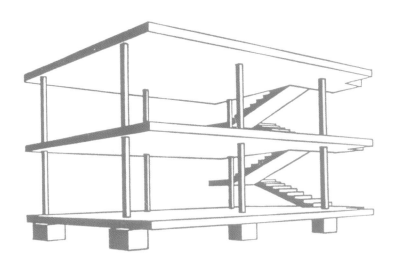

그림 76 | Le Corbusier, Domino-House(계획안), 1914

없는 상태에서 원하는 곳에 임의로 놓을 수 있게 되었다. 이렇게 기둥을 놓으면 더 이상의 내력벽이 필요하지 않고 공간을 구분하는데 임의의 강도를 갖는 얇은 판만이 필요하기 때문이다. 이러한 방법으로 하면 평면 속에 절대적인 공간 자유를 가질 수 있다. 즉, 전체 공간 안에서 자유로운 공간처리가 가능하다는 것이다." 이 아이디어는 다음 해에 여러 건축가에 의하여 사용 되었고 널리 알려졌다. 1924년 테오 반 되스부르크(Theo van Doesburg)은 자신의 이론을 위하여 다음과 같이 말하였다. "새로운 건축은 열려있다. 전체는 여러가지 기능성들에 분류되어 조화를 이루는 공간으로 되어 있다. 이 분류는 간접적으로 내부에 공간 분리 벽이 있고 외부에 보호면을 이루는 벽을 만든다. 우선적으로 여러 가지 기능성 공간들을 가변적으로 서로 분리되게 하는 것이다. 즉, 벽체 구조에서 내벽이었던 분리벽을 가변적인 면이나 판으로 대체 할 수 있게 되었다” 이 말의 의미는 벽체구조에서 움직일 수 없었던 내력벽이 기둥구조가 되면서 하중을 지지해야 하는 부담에서 벗어나 그 벽을 필요에 따라서 자유롭게 설치하고 제거할 가능성을 시사하는 것이다. 미스 반 데어 로에(Mies van der Rohe) 데 로는 1927년에 스투트가르트에 있는 흰 마당주거를 위하여 그의 주택에서 더 발전된 것을 보여 주었다. 천장에 나사만으로도 고정을 시킬 수 있는 차단 목으로 주거자 스스로가 공간 변경을 할 수 있도록 벽의 다양한 이동성을 가능하게 하였다. 오늘날 이와 같은 방법들이 곳곳에서 개발되었다. 오늘날 부분을 첨가하는 가능성이 개발 되었고 시장에서 저렴하게 구할 수 있는 벽체요소 들을 다양하게 구입할 수 있게 되었다. 이러한 상황에서 골조구조는 현대적인 것으로 가는 촉매가 되었고 이 양식은 더 발전되고 있다.

   헨리 러셀 히치콕(Henry-Russell Hitchcock)와 필립 존슨(Philip Cortelyou Johnson)은 1932년 다음과 같이 서술하였다. “건물의 형태가 다양하기는 하지만 사실 한 공간을 감싸는 단순한 면적 안에 있을 뿐이다. 건축가가 아무리 다양한 입체를 표현한다고 해도 이 평평한 면적을 감싸는 작업을 통해서 만들 수 뿐이 없다는 것을 인정해야 한다.” 그리고 “평면은 이제 과거보다 넓고 커다란 공간을 가질 수 있게 되었다. 기둥 또한 구조에서 그 크기에 걸림돌이 되었던 지름에 대하여 자유로워졌다. “사실 가변성이 큰 건축물은 그렇지 않은 건축물보다 비용이 더 들어간다. 그리고 가변성을 주기 위하여 발생하는 이음매 부분에 문제가 발생할 확률이 크기 때문에 추가적인 기술적 문제가 발생한다. 물론 가변성이 있는 건축물에 대한 필요성을 느낄 때가 있다. 그러나 이렇게

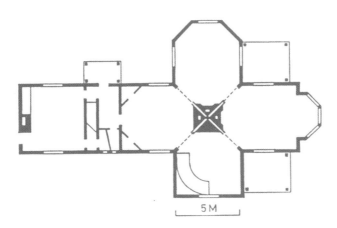

그림 77 | G. Woodward. 일반농가를 위한 계획. 1873

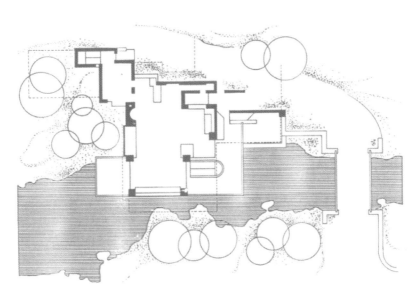

그림 78 | Frank Lloyd Wright. 낙수장. 1936. Ohiopyie. 미국

가변성에 대한 이론이 등장했음에도 불구하고 가변성의 특징이 있는 건물이 왜 많이 개발되지 않았는가 생각해 볼 필요가 있다. 사실 가변성을 많이 요구하는 건축물이 실패했음이 증명되었기 때문이다. 건축물이 준공 즈음에 가변성을 이용할 수 있겠지만, 후에 거주자 스스로 가변적인 벽을 변경할 수는 없다. 렌조 피아노(Renzo Piano)와 리처드 로저스(Richard Rogers)가 설계한 퐁피두(Pompidou) 건물에는 최대의 가변성에 도달하기 위하여 50미터 이상 넓게 뻗은 트러스가 있다. 사실 여기에는 무리한 작업이 많았다. 이 건물에는 이렇게 많은 벽이 필요한 것이 아니었다. 가변적인 건축의 목표는 가변되어 생겨난 공간들이 그 목적에 맞게 적절히 사용되는 것이다. 여기에서 언급된 가변성은 공간을 정의하는 요소들이 서로 조화를 이루면서 새로 만들어진 공간적 이익에 타당해야 한다는 것이다. 이러한 문제를 해결하기 위한 다른 방법은 다양한 공간을 창조하는 데 있을 수 있다. 다양한 기능이 있는 공간이 특수한 기능을 만드는 것이 아니라 변경 없이 더 많은 다양한 공간이용을 허락하는 것이다. 이에 관하여 로버트 벤투리(Robert Venturi)는 다음과 같이 말하였다. "

　다양한 기능을 가진 공간 창조가 가변성에 대한 현대 건축의 설득력 있는 대답이다. 일정한 목적을 갖고 있는 공간이 특별한 목적을 위하여 결정되는 것이 아니고 유동적인 준비를 말하며, 물리적인 첨가를 통하여 유동적인 분리벽을 설치하면서 변경하는 것이 아니고 공간인식에 대한 가변성이 있는 공간을 말하는 것이다. 진정한 다양성은 사용에 대한 가변성을 의미하는 것이다." 다양한 기능적 공간 타입이 있는 건축물들을 많이 찾아 볼 수 있다. 이 중의 하나는 오래된 미국주택에서 찾아볼 수 있는데 이 집의 중앙은 모든 주 공간에 연결되어 있는 벽난로를 갖고 있다. 미닫이 문을 이용하면 모든 공간 들이 서로 연결이 된다.(그림 77) 프랭크 로이드 라이트(Frank Lloyd Wright)는 이러한 전통을 연결하였고 자신의 개인주택들에 벽을 제거하고 자유롭게 서로 이어지는 공간영역을 만들면서 가능한 많은 다양성을 주었다.(그림 78)

공간의 다양성이 미국에서는 다르게 표현 되고 있었다. 대부분 입방체로 설계가 되었던 유럽의 주택에 반하여 미국의 집은 사회적이고 경제적인 조건에 따라서 확장되어 보여준다. 지그프리트 기디온(Siegfried Giedion)은 식민지 시대 이래 남아 있던 집의 이러한 가변적인 행위가 미국건축 열쇠 중의 하나라고 주장하고 있다.

1927년 발터 그로피우스(Walter Gropius)가 설계한 베를린에 있는 토털시어터(Tota ltheater)를 위한 프로젝트는 극장 공간이 건축적인 방법을 변경하지 않고 다른 방법을 제시하였다. 여기에서 유일한 변경은 작은 무대와 함께 가운데 관중석 부분을 180도 회전하는 것이었다.(그림 79)

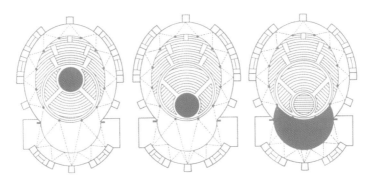

그림 79 | Walter Gropius. Totaltheater(계획안). Berlin. 1927. (무대와 객석의 3가지 다양한 배열)

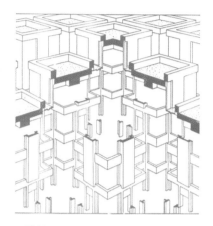

그림 80 | Hermann Herzberger, 사무실의 구조와
공간구조, 1974, Apeldoorn, 네덜란드

헤르만 헤르츠버거(Herman Hertzberger)는 다양한 건축물로 잘 알려진 대변자 중의 한 사람이다. 그에 따르면 공간의 개별적인 특수성만을 위하여 계획하는 것은 불가능하고 공간해석이 가능하게 만들어야 한다고 하였다. 그가 계획한 네덜란드의 아펠도른(Apeldoorn)에 있는 보험회사의 본관건물은 이 개념을 분명하게 보여주고 있다. 이 건물은 여러 층이 위 아래로 겹쳐있고 채광을 위한 개구부가 서로 나누어진 육면체의 단처럼 구성 되어있다. 이 단의 형태는 수요에 따라서 서로 사용될 수 있도록 다양한 영역이 그물처럼 형성이 되어 있다.(그림 80)

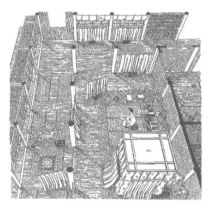

그림 81 | 일본의 공간 내 목조기중과 말아올려서
공간분리하는 모습

그림 82 | 한국의 들창

일본주택은 다양한 공간이 가변적으로 공간을 정의할 수 있게 여러 요소가 섞여 있다. 지진 때문에 일본은 거의 모든 오래된 건물이 목조 기둥으로 된 골조형식을 갖고 있다. 기후적인 이유와 자연에 대한 일본인의 특수한 입장 때문에 기둥 사이의 면들은 결코 영구적인 요소(고정된 기능의 영역을 갖고 있는)로 구성을 하지 않는다. 일본 고대의 쉰덴 양식을 보면 공간을 분리하는 목적으로 위로 말아 올리는 대나무차양을 기둥 사이에 걸어 두었었다.(그림 82) 그러나 14세기에 쉰덴 양식이 쇼인 양식에 의하여 해체가 되면서 공간을 서로 나누고 베란다를 구분하던 형태가 사라지고 오늘날 미닫이 문으로 바뀐 것이다. 대부분의 공간은 뚜렷하게 정해진 목적을 갖고 있지 않으며 일본의 집에는 많은 가구가 배치되어 있지 않기 때문에 공간을 요구에 따라 개방과 폐쇄를 하거나 서로간에 연결 할 수 있는 가변적 공간구조를 갖고 있다.(그림 83)

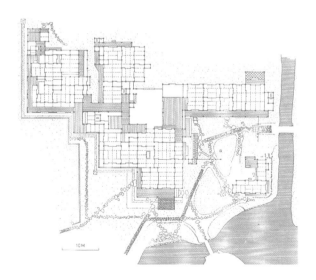

그림 83 | Katsura Villa. 17세기. 교토. 일본

공간 내의 질서

공간의 배열에서 인간은 두 가지 지각적 구조로 시각적 좌표구조와 운동학적 감각 위에 근거를 둔다. 귀와 근육감각의 평형 조직은 운동학적인 구조를 만들어 낸다. 또한, 중력은 운동학적인 감각을 이끈다. 즉, 시각적인 도움 없이 상하를 구분할 수 있게 한다. 어떠한 상태에 우리의 몸이 있던 우리는 중력을 인식하고 상하와 전후를 알 수 있다. 만일 중력이 없다면 우리의 운동학적 인식은 불가능하며 우리는 시각적 좌표구조에만 작용을 하게 된다. 시각적 질서는 기준이 되는 사물이 존재해야 인식할 수 있다. 비어 있거나 영역의 제한이 없는 공간 내에서는 상하 또는 전후와 같은 시각적 질서가 불가능하다. 제한되어 있는 공간은 좌표시스템으로서 작용을 한다. 이에 관하여 허먼 위트킨(Herman Witkin)은 인간이 자신의 성향 시스템에 따라 기준이 되는 사물을 정하고 이를 신뢰한다는 실험적인 결과를 나타냈다. 즉, 내성적 타입은 동적 구조상에서 더 많이 신뢰하고 외향적 사람은 시각적 좌표시스템에 따라 방향을 잡는다고 하였다. 이 두 개의 시스템은 우리의 인식 하에서 측정하며 방향을 잡는 조직 뼈대와 스크린 망을 만들어 낸다. 이 구조의 주축은 수평적이고 수직적이다. 수평적인 것은 하늘과 땅을 구분하고 이를 통하여 수평선을 만든다. 수직적인 것은 대지에 존재하는 많은 구체적인 것을 하늘의 추상적인 것과 연결한다. 모든 종교적인 건축물에서 인간의 영역은 신의 영역과 연결이 되기 때문에 이러한 수직과 수평적인 요소가 중요한 역할을 한다.

  인간의 눈은 경사진 것보다 수평-수직적인 시각을 우선한다. 이에 관한 설명이 우리에게 형상심리학의 기본적 법칙을 제공한다. : 모든 사물은 그 사물이 갖고 있는 구조를 가능한 간단하게 보이기를 원한다. 수직 안에서 우리가 아래로 움직이든 위로 움직이든 중력의 영향을 받는 것이고 그 반대도 마찬가지이다. 수평적인 시각의 모든 방향은 어디를 향하던 그 시각의 위치는 최소한 중립이다. 수직적 환경에서는 위 아래를 구분하는 위계질서와 경쟁적 사고가 발생하며 수평은 주변을 인식하게 하며 수직보다는 움직임이 자유롭고 인간 사이의 접촉을 찾게 된다. 수평과 수직 좌표 면의 절단 선은 건물의 바닥이 있는 부분에 대부분이 놓여 있다. 형태와 연결되어 있는 이 접촉위치(절단 선)는 곧 주변과 사물의 지각적 관계를 결정하는 역할을 한다. 예를 들어 바닥 위에 있는 건물은 지하로부터 돌출되는 느낌을 받거나 반대로 밑으로 침몰할 것 같이 서 있는 느낌을 받을 수 있다. 수평적으로 강조된 건물은 곧 대지 위에 놓여 있다는 뜻이다.

일차적 사고에는 수직적 팽창이 수평적인 것보다 더 중요한 의미를 갖는다. 정방형 폭이 우리가 느끼는 실질적 높이보다 더 크다고 해도 우리에게는 동일한 면을 갖은 사각형으로 나타난다. 이것은 수평적 시야의 움직임이 수직적인 시야보다 반 정도의 근육만이 관여를 하기 때문이다. 수평적 팽창을 지각하는 것이 수직적인 팽창을 지각하는 것보다 더 적게 반응하기 때문이다. 수평적 보다 수직적 관찰이 더 많은 노력을 필요로 한다. 이 때문에 수직적인 관찰이 더 중요하다. 이 요약에서 흥미로운 것은 위치의 정의가 두 사람이 취한 자세에 따라 결정이 되고 그들이 갖고 있는 환경에 의해서도 결정된다는 것을 오토 볼노브(Otto Friedrich Bollnow)’가 확인하였다. 동일한 길이에서 높이의 차가 폭의 차이를 인식하는 것보다 더 많은 것으로 인식되는데 이 현상은 중립적 수평 화면 안에서도 나타난다. 수직적인 것과 수평적인 것이 밀접하게 대립되는(한 곳에 밀접하게 놓여 있는) 경우 우선적으로 수직적인 것이 먼저 이해가 되며(인식) 두 번째로 수평적인 것이다. 즉 위 아래가 먼저 이해되고 다음이 왼쪽 오른쪽이다. 방향이 위로 향한다는 것은 곧 중력의 반대방향으로 움직임을 말하고 반대로 저항은 아래로 향하면서 적어진다. 위에 놓여 있는 사물의 위치 에너지는 낮은 곳에 있는 것 보다 크다. 그리고 또한 어떤 사물의 지각되는 무게는 위에 있는 것이 동일한 사물의 경우 아래에 있는 것보다 크게 지각된다. 위와 아래 사이에는 계급이 존재한다. 좌우는 동일한 값으로 나타나지만 사실상은 그렇지 않다. 이미 사람의 좌우가 동일하게 보이지만 사실상 내부 조직의 배열은 불균형하게 되어 있어 외부적으로 제한이 되는 것이다. 왼손잡이인 사람이나 손놀림이 서툰 사람은 미숙한 사람으로 취급 한다. 사람은 이 두 개의 경향 사이에서 심리학적으로 다른 가치판단을 갖는다. 오른쪽은 "옳다" 그리고 "정당하다" 처럼 동일한 어원을 갖는다. 오른편은 종종 우선적이다. 신사는 숙녀를 오른편에서 걷게 한다. 주빈은 주인의 오른편에 앉는다. 여기에서도 오른쪽과 왼쪽 사이에 평등함이 없다.

어떤 사물을 더듬는 방법으로 인식하려고 할 때 글을 읽는 것처럼 자동으로 왼쪽에서 오른쪽으로 행동하는 것이 일반적으로 나온다. 사물을 식별할 때도 우리는 사물이 시야에서 왼쪽이 쉽고 동일한 사물이더라도 시야의 오른쪽에 있는 것보다 작게 보인다. 우리가 동일한 형태를 보고 있다면 왼쪽 아래가 가장 쉽고 가장 작게 그리고 오른쪽 위가 가장 어렵고 가장 크게 나타난다.(그림 84) 관찰자는 영화관이나 필름을 관찰할 때 왼쪽을 오른쪽 보다 더 무게를 둔

다. 연극에서 보면 무대를 반으로 나
눌 경우 왼쪽을 더 중요시 하고 주인
공을 가능하면 왼편에서 찾으려고 노
력한다. 이렇게 관객은 그 상태를 확
인하고 그 위치의 현상을 주시하게 된
다. 우리가 글을 읽을 경우 왼편에서
오른편으로 읽기 때문에 시각적 움직
임의 흐름이 반대 방향 즉 우측에서
좌측으로 흐르는 것 보다는 덜 힘이

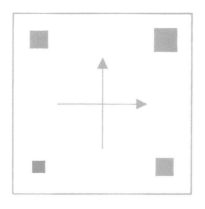

그림 84 │ 4개의 동일한 크기의 사각형의 시야적
상태에 따른 지각의 변화.

든다. 이 때문에 영화에서 좋은 사람은 종종 왼편에 등장 하고 관객이 나쁜 사
람이라고 생각하는 사람은 오른편에 나온다. 이 사실은 지각적 속도에도 적용
이 된다. 좌측에서 우측 방향으로 가는 자동차는 반대 방향에서 오는 동일한
속도를 갖는 자동차 보다 더 빠르게 인식된다. 이 현상의 정확한 이유는 아직
알려지지 않고 있다. 그러나 왼편에 있는 뇌가 우성으로 작용하기 때문이 아닌
가 한다.

6

형태

SHAPE

6 – 1

형태와 형상

형태에 대한 이해는 형상과 밀접하게 연결이 되어 있다. 영어 "Form"은 라틴어 "forma"에서 유래하며 다음과 같이 정의를 한다." 형상은 명백하고, 경계가 있으며, 많거나 또는 적게 구성이 되었고 한 사물이 나타나는 현상 그 자체가 완전한 단위를 나타낸다." "미학에서 형태는 한 사물의 구체적이고 완벽한 현상이고, 자신의 표현을 미적으로 지각할 수 있게 제공되는 방법이다." 한 사물의 표현을 위하여 이 두 개의 요약이 존재한다. 사물은 하나인데 하나의 사물을 놓고 형상과 형태로 이 표현의 내용은 두 가지로 나뉘어지며 동일한 내용을 의미하지는 않는다. 즉 형상은 내용을 포함하지 않는 개괄적인 사물의 모양이며 형태는 구체적인 사물의 내용이다. 건축가의 눈을 통하여 이 문제를 취급하는 것을 시도해 보자. 루이스 칸(Louis I.Kahn)은 다음과 같이 서술하였다. "형태는 형상이 아니다. 형상은 제도적인 일이다. 그러나 형태는 분리할 수 없는 구성요소의 구체적인 것이다. 제도는 이 구체적인 것 즉, 형태가 우리에게 말하는 것을 사실화하는 작업이라고 말할 수 있다. 형태는 한 사물의 자연(성질)이고 제도는 이 자연(성질)의 법칙이 적용되는 어느 한 시점 후에 소멸된다." 형태는 한 사물의 자연(성질) 속에 놓여 있다. 즉 형태는 그 사물이 포함하는 내용에 의하여 조건이 주어진다. 또한, 이미 주어진 것이고 임의로 조작을 할 수 있는 것이 아니다. 테오도르 아도르노(Theodor Wiegengrund Adorno)는 말하기를 "형태가 어떤 무엇인가의(구체적이지 않은 것) 단순히 형태에(구체적인 것) 따른 자체적인 이해이기 때문에 이 무엇인가는(구체적이지 않은 것) 형태의(구체적인 것) 단순한 동의어 반복에 대한 것이 될수 가 없다." 즉 형태는 구체적인 의미가 된다는 것이다. 형상은 형태를 만드는 제도이다. 이것이 의미하는 것은 다음과 같다. 형태는 형태가 제도 방법에 따라서 그것이 내포하는 내용에 상응하는 것에 따라 선택되어 진다. 형태적인 형상은 이에 따라서 다양한 요소에 의하여 좌우 된다. 예를 들면 개구부의(문 또는 창문과 같은 성격) 형태는 또한 재료와 벽의 구조를 통하여 함께 결정 된다. 벽돌로 지어진 벽 안의 개구부는 곡선(Vault)을 요구한다. 각진 모서리가 있는 개구부는 오히려 철제 창문틀이 있는 구조로 계획한다. 형태는 그 안의 구체적인 내용물에 의하여 조건되어 진다. 테오도르 아도르노(Theodor Wiegengrund Adorno)는 다시 다음과 같이 서술하였다." 미적으로 성공이라는 것은 모양을 만들 때 형태 안에 침체된(활성화되지 못한) 내용을 다시 일깨울 수 있는 능력이다." 형상은 어떻게 형태가 적용되어 지고 어떻게 그것들이 서로간에 존재하는가 하는 방법이다. 이 두 개의 이해는 서로간에 아주 밀접하게 연결이 되어 있다. 이것들은 단지 이론적으로만 분리시킬 수 있다. 모든 형태는 형상화 되어 있다. 그리고 언제나 한 사물의 형상은 형태를 포함하고 있다. 즉 한 사물의 명확한 형태(내용을 포함하고 있는 것)는 하나지만 형상(사물의 외곽선만 존재하는 것)은 여러 개가 있을 수 있다는 것이다.

6-2

형태와 문화

필립 드류(Philip Drew)는 형태를 언어와 비교하였다. "사고는 전달언어 (medium-language)를 통하여 공식화 된다. 이러한 과정을 통하면서 심리적 형태는 또한 정신적인 상상과 원형에 의존한다." 이렇게 언어가 단어들로 형성이 된 것처럼 또한 모든 형태언어는 제시되는 기본적인 예나 요소적인 형태들로 다양하게 조립이 되어 있다. 모든 정보는 그 내부에 명확한 암시를 내포하고 있다. 즉, 그 표시가 되는 부분(외부로 드러나는 내용)은 정보적이지도 않고 오히려 사치적(혼란스럽다)이다. 또한, 이 암시가 모든 형태 안에 언제나 있는 것은 아니다. 아주 미세한 암시를 의미하는 것이 있을지라도 형상에서는 그 어느 부분도 풍부하지 않다는 것이다. 예를 들어 앞에서 언급한 데로 형상은 테두리만 갖고 있기 때문에 그것이 무엇을 의미하는지 인식하는데 풍부하지 않다는 것이다.

19세기의 많은 기술적인 건물도 아주 미세한 암시만을 갖고 있다. 그들의 형태를 제대로 인식하려고 하지만 역학적인 요구사항에 의하여 단지 결정 되어 질 뿐이다.(단락3-2 그림 2 참조) 오래되고 소위 원시적인 문화에서 만들어진 많은 형태언어 일수록 암시는 더 미세하다. 모든 형태는 근거가 있고 이와 함께 그에 따른 기능도 갖고 있다. 버나드 루도프스키(Bernhard Rudofsky)는 1964년에 뉴욕에서 많은 관심을 보인 전시 중 하나인 "건축가 없는(형상) 건축물(형태)"을 홍보한 적이 있다.(그림 1, 2)

형태언어는 오랜 발전을 통하여 생성 되었다. 한 문화의 안정과 성공은 유효한 형태언어를 소유함에 기초를 둔다. 정신적인 내용을 시각적인 표현으로 변형하는 형태는 의미론적 표현으로서 작용한다. 즉 형태언어는 이 암시의 전체적인 표현이다. 이 암시는 한 문화의 정신적인 기본적 태도이기도 하다. 만일 이 암시가 어떤 이유로 빠르게 변화한다면 이는 문화에서 손실이 생길 수 있다는 것이다. 이것이 그들의 형태언어가 식민지화 되는 원시적인 민족에게만 단지

그림 1 | 건축가 없는 건축

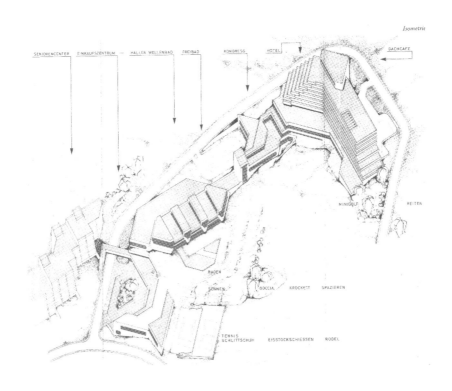

그림 2 | Hans Schaefers. 자유의 마을 Deggens. 1970. 독일

적용되는 것이 아니다. 19세기의 산업화는 건축에도 새로운 형태언어가 필요하게 되는 사회-문화적으로 대 변화가 작용을 하였다. 산업화란 동일한 개수를 다른 합리적인 생산 하에서 더 많은 개수를 만들어 내는 것을 의미한다. 이 장점이 건축업에 직접적으로 연결될 수 있었던 것은 아니었다. 이것은 무엇보다 형식적인 영역에서 성공 하였다. 산업화가 주를 이루면서 형태는 기능적인 관점이 주를 이루면서 선택이 되었으며 점차 그들의 의미론적인 표현력은 상

실되어 갔다. 과거에 그 형상이 풍부하지 못한 건축재료로 인하여 제한적이 되는 동안 형태는 재료의 특성에 따라서 생성 되었다. 즉 과거에는 동일한 형상이 많았고 재료 또한 다양하지 못했으나 산업화 이후 똑같이 동일한 형상 속에 다양한 건축물의 표현이 가능했었다는 것이다. 산업화는 새로운 건축재료와 건축방법으로 인하여 갑자기 모든 것이 가능하게 되었다. 반대로 모든 민족이 가진 "건축가 없는 건축"에서 나오는 형태언어가 현대건축에서 몇몇 건축가의 독점적인 소유물로 되기도 하였으며 다수의 사람들은 다양한 표현과 재료의 사용으로 그것에 관한 것을 이해하지 못하는 사람도 있었다. 형태언어의 발전은 계속되었다. 즉, 전체 문화를 재현하기 위하여 그들의 스펙트럼까지 그 범위가 충분하였다. 그러나 이러한 것을 습득하기 위하여 충분한 시간과 서로 간에 부딪치는 것이 어쩔 수 없이 필요하게 되었다.

6 – 3

형태와 구조

우리가 앞에서 보았듯이 공간은 공간을 정의하는 요소에 의하여 정의가 된다. 이 요소들과 그들의 관계는 한 공간의 성격을 어떠한 형태로 만들게 될 것인가 정의하는데 영향을 미친다. 그 많은 요소를 배열하기 위한 시도의 첫 번째 단계는 불규칙적인 것과 규칙적인 형태 안에서 구별이 될 수 있다. 규칙적인 형태는 기하학의 명확한 배열법칙 아래에 있다. 규칙적인 암시는 불규칙적인 배열보다 더 커다란(명확한) 암시를 보이고 있다. 즉, 예시성이 크다는 것이다. 이 형태는 미세한 정보들로 시작했음에도 불구하고 규칙적인 미세한 정보가 인식을 완전하게 하고 다시 구체적인 인식구조를 예상하게 만든다.(그림 3) 규칙적

그림 3 | 전달이 규칙적일수록 그 상황을 더 예견하기 쉽다

인 형태는 구조적인 토대를 갖고 있다.(구조적 토대란 하나의 형상 안에서 읽을 수 있는 축과 같은 것으로 보통 규칙적인 형태 안에는 두 개의 축이 만들어지고 이 두 개의 축이 만나서 만들어지는 점을 무게중심이라 부르기도 한다) 각 부분의 관계가 서로간에 형태적인 규칙을 알 수 있는 배열을 갖고 있다. 형상 인식은 예를 들어 좌우대칭의 축, 비슷한 변의 길이나 각도, 초점 등으로 구성될 수 있는 이러한 구조적 토대(형태의 축)의 탐구와 함께 시작한다.

이 구조적 토대를 바탕으로 여러가지 형상의 외각선이 함께 나타나며 이 외각선은 간접적으로 보여질 수 있다. 왜냐하면 대부분이 선이나 점으로 나타나지지 않기 때문이다. 이럼에도 불구하고 이 구조적 토대는 형상을 인식하는데 외각선의 전체적인 흐름보다 더 중요하다. 왜냐하면, 이 구조적인 선이 다양한 형태를 인식하는 근원이 되기 때문이다. 즉 모든 형태는 이 구조적 선 또는 토대를 갖고 있다는 의미이다.(그림 4의 1-4)

어떤 사물의 상태가 변경되면서 이 구조적 토대가 변경된다 하여도 그 과정 속에서 본래의 형상을 인식할 수 있다.(그림 4의 5-8) 삼각형을 180도로 돌려보면 인식되어지는 형상은 완전히 다르다.(그림 4의 8) 그림 4에서 형태가 놓여 있는 수평면을 지붕으로 본다면 모양은 안정적인 것에서 불안정적인 상황으로 바뀐다.(그림 4의 5에서 8로 진행하는 경우) 또한 9에서 10으로 진행되면서 구조토대의 변경으로 또한 형태도 정사각형이 평행 사변형으로 바뀌는 것처럼 새로운 형상이 발생된다.(그림 4의 10) 또한 새로운 상황 속에서 어떤 모양의 다양성에 새로운 구조토대의 인식 또한 다양하다면 그 형상의 변경이 인식됨을 알 수 있다. 예를 들어 그림 4의 9번 정사각형을 45도로 돌려보면 이전의

지속적인 구조토대와 변형하는 모습 – 형상은 지속된다

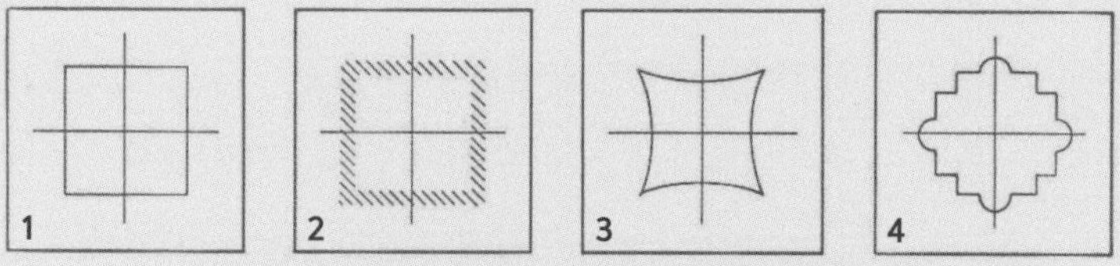

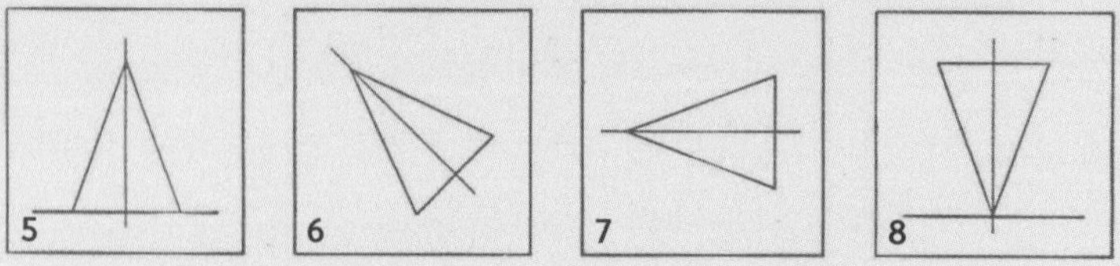

지속적인 형태와 변경되는 위치 – 부분적으로 새로운 형상이 생긴다

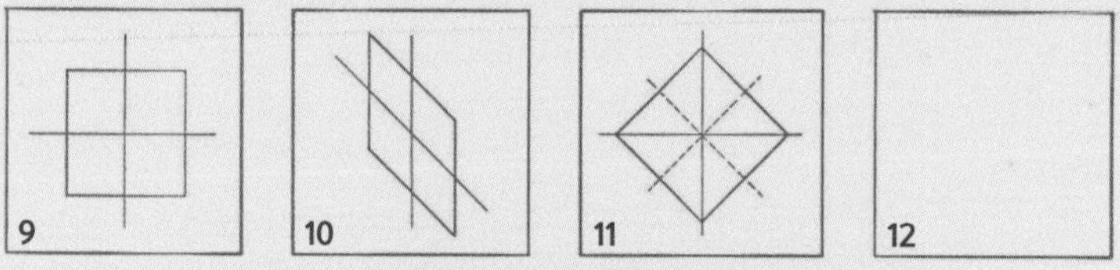

변경되는 구조토대 – 새로운 형상
이전의 구조토대가 새로운 형상에서 새로운 구조토대로 되어진다

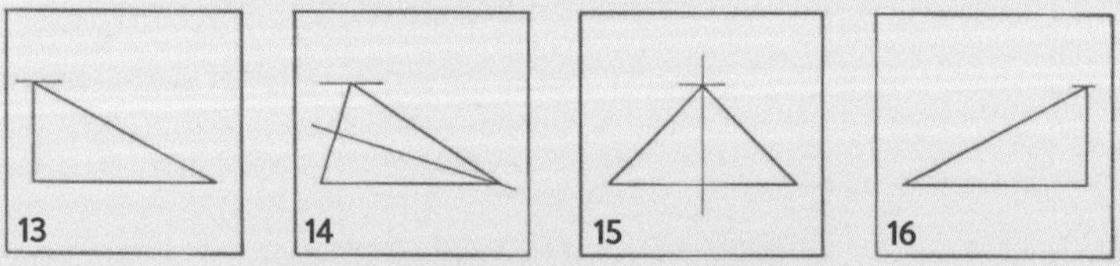

형태의 미세한 변경이 새로운 구조토대를 만들어 낸다

그림 4 │ 형상과 구조토대

구조토대에는 그 상황(구조토대의 직교 교차)이 변경 없지만 새로운 구조토대로 만들어질 수가 있다. 9번에서 수직과 수평선이 직각으로 교차된다. 그러나 11번에서 직각으로 교차되는 상황은 변함없지만 수직과 수평선이 사선으로 바뀌었다). 두 개의 축은 대각선으로 변경되는 것이다. 이와 함께 인식적인 형상 또한 정사각형이 마름모꼴로 변경이 된다. 정사각형에서는 사각형의 선이 더 강조되었지만 마름모에서는 모서리가 강조되고 측변은 부수적인 것으로 된다.(그림 4의 11) 때로는 형태가 미세한 변경을 하여도 새로운 구조토대 또는 강조된 표현을 이끌어 낼 수 있음을 보여주는 것이다. 그림 4의 13-16에서 삼각형은 같은 길이의 밑변과 높이를 갖고 있다. 단지 정점의 상태만이 조금씩 변경이 되었다. 그러나 이 다양성은 새로운 구조 토대를 만드는 데 충분하다. 암호가 만들어지면 우리는 그것을 도식화하는 경향이 있다. 즉, 구조토대를 유지함에 형태는 단순화된다. 또한, 추상적인 것은 구조토대로서 마지막까지 많은 것이 남지 않도록 형태를 단순화하고, 축소하는 것이다. 불규칙적인 형태는 구조토대가 없다. 왜냐하면 불규칙적인 형태는 원래의 형상을 인식할 수 없기에 예시적이지 않기 때문이다. 그러므로 그 자체가 다른 형태의 구조적 토대의 변형에 기인하여 만들어 진 것이 아닌 그 자체가 원형이다. 우리가 형상을 인식하려면 우리가 앞에서 본 것처럼 원래의 암시가 선행된 것에서 출발해야 하며 이를 인식할 수 있는 최소한의 요약을 포함해야 한다. 그렇지 않다면, 전혀 이해할 수 없는 것이 된다. 그렇기 때문에 우리는 불규칙 적인 것을 경험에 따라서 측정하고, 우리에게 알려진 모양과 연결하려고 시도하며 근원적인 형상을 인식함에 긴장감이 일어나며 우리의 의식을 일깨운다.

그림 5 | Reima Pietila, 학생기숙사, 1966, Otaniemi, 핀란드

레이마 피에틀래(Reima Pietila)의 헬싱키의 오타니미에 있는 학생기숙사는 (그림 5) 숲속 안 화강암 덩어리의 주변에 위치하고 있다. 기하학이 강하고 깔끔한 기능적 관점에 따라 배열 되어 있다. 전체적으로 공간들은 사각의 형태를 갖고 있다. 일반인을 위한 영역은 주변이 불규칙적인 형태를 갖고 있으며 공적인 영역은 자연적 형태언어를 보이며 하나의 동굴을 강하게 연상시킨다. 오히려 비규칙적인 형태가 조합적인 것을 만드는 동안 규칙적인 형태는 틀에 박힌 획일성을 보이고 있다. 처음의 것(불규칙적인 형태)은 의미론적인 것을 더 많이 내포하고 있고 두 번째 것(규칙적인 형태)은 오히려 미적인 것을 더 많이 갖

고 있다. 기능과 기술적인 영향을 엿보게 되는 어떤 종류의 형태가 적용되어야 하는 가는 양식의 문제이고 건축의 기본적인 의문 중에 하나이다. 분명한 것은 불규칙적인 형태도 형태언어로 시도할 수 있다는 가능성을 Pietila의 학생기숙사가 기초를 놓은 것이다. 또한, 이 동일한 용도가 규칙적인 형태 안에서도 연출될 수 있다. 이제 자연이나 또는 건축 기술에 형태언어의 선택을 전형으로서 적용해야 하는가 하는 의문이 생기면서 이것이 작업의 방향을 밀접하게 좌우하게 된다. 산업화의 경향이 건설경제 안에서 시도되었던 20세기 초에 여러 분야의 사람들이 엄격하고 규칙적인 형태를 위하여 이를 적용하려고 의도적으로 유익한 방향으로 끌고 갔다. 구성주의 대표자 중 한 사람인 엘 리시츠키(El Lissitzky)는 1929년에 다음과 같이 말하였다.” 우리의 시대는 형태(기하학)에서 발생되는 요소적인 형상을 요구한다. 혼돈의 미와 함께 하는 싸움 속에서 그 흐름이 만들어진다.” 또한 미스 반 데어 로에(Mies van der Rohe)는 이 엄격한 기하학을 형태에 첨가시켰다. 이 조절은 건축 안에서 표현을 갖고 오고, 당시의 시대를 나타내는 놀라운 기술 속에서 긴장되지만 그 속에서 오히려 간단한 형태미를 요구하는 것이 비중이 점차 커지는 결과를 갖고 왔다.

지그프리트 기디온(Siegfried Giedion)은 미스 반 데어 로에(Mies van der Rohe)의 이러한 전개에 대하여 다음과 같이 서술하였다. “깔끔한 형태에 대한 계속된 충동은 건축에 불투명하게 나타나는 것을 포기하는 것이 아니라 오히려 증가시키는 행위와 같은 것이다. 이 절대적인 요구는 미스 반 데어 로에(Mies van der Rohe) 이후에 종종 의도적으로 사용되어 온 반어법적인 표현” 적을수록 많다(Less is more)”에 나타나 있다.” 폴 루돌프(Paul Rudolph)는

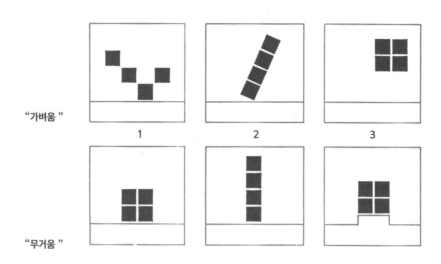

"가벼움"

1   2   3

"무거움"

그림 6 | 형상과 그의 인식적(시각적) 무게

당연히 다음과 같이 생각을 하였다. "미스는 건물의 일정한 부분을 단지 모른 체 하였기 때문에(디테일하게 표현하지 않았기 때문에) 놀라운 건물을 지었 다. 만일 그가 더 많은 문제를 해결하였다면(상세하게 표현하였다면) 그의 건 물들은 더 많은 영향력을 보여주지 않았을 것이다. 이 파라독스는 기능주의 자 들의 수 많은 고백을 통하여 더 강하게 되었을 것이다." 규칙적인 형태와 불 규칙적인 형태가 함께 밀접하게 연결된 것은 한 사물의 무게에 대한 인식에 서 나타난다. 규칙적이고 간단한 형태는 복잡한 것보다 더 무겁게 보인다.(그 림 6의 1) 수직적인 것은 경사진 것 보다 더 무겁게 느껴진다.(그림 6의 2) 또한 전체적인 구성에서 한 형상의 상태는 자신의 무게를 결정할 수 있다. 만일 이 것이 전체구성의 구조토대 속에서 하나로 일치가 되거나 분리되지 않고 하나 로 묶여 있다면 더 무겁게 보인다.(그림 6의 3) 아르투어 쇼펜하우어(Arthur

Schopenhauer)는 무게의 다양한 인식 사이에서 건설미학의 실질적인 요소를 보았다. 재료와 형태의 안정적이고 다양한 기술적인 성질을 시각화 하는 것이 그에게는 건축의 실질적인 과제였다. 또한, 균형이 형상의 종류에 따라 좌우 될 수 있다. 특히 좌우대칭이며 평균적인 간단한 형태들이 그렇지 않은 것보다 더 잘 나타난다. 우리는 재료에 좌우되지 않는 명확한 형태를 더 잘 지각한다. 특히 각지고 모서리적인 것은 부드럽고 연속적이며 둥그런 것보다 딱딱하게 지각을 한다.

6 - 4

규칙적인 형태

형태를 이해했다는 것은 추상적이라는 의미이다. 어떤 형태는 그 자체의 존재를 위하여 독립적이지 못하고 어느 매개체와 함께 공생적으로 가야 한다. 우리가 형태의 종류에 관하여 말하기를 원한다면 우선적으로 그것이 어떻게 인식되어 지는가 먼저 물어야 한다. 모든 공간은 3차원적으로 되어있고 그에 상응하는 3차원적인 형상을 갖고 있다. 공간을 정의하는 요소는 대부분이 선에 의하여 다시 결정되는 2차원적인 면으로 인식이 된다. 불 규칙적인 것에 대하여 인식하기 위하여 상대적인 것으로 규칙적이고 기하학적인 것이 먼저 나타나는 것은 어느 시대이든 우위적인 위치에 있었다.

그래서 혁명적 건축에서는 특히 순수한 형태를 추구했던 것이다. 러시아처럼 프랑스의 건축물은 기하학을 갖는 동일한 이미지를 많이 갖고 있다. 이 전개는 이미 현대의 중요한 부분으로 믿고 있고 그 때문에 후에 이를 배척해 버리기도 한다. (히틀러 시대의 건축물)

수평과 수직

5.4.3장에서 수직과 수평적인 연결 평면이 공간을 설명하는데 어떤 의미가 있는가 나타냈었다. 이제 형태의 현상에서 그 영향을 나타내 보자. 모든 시각적인 인식에서 수직적이고 수평적인 선은 모든 경사진 선보다 우선적이다. 왜냐하면 경사진 것이 우리의 눈에는 약한 매력적 형태를 갖고 있기 때문이다. 상하의 눈의 움직임은 좌우로 살펴보는 것보다 두 배의 더 많은 움직임을 필요로 한다. 이것은 인간의 눈이 왜 수평선과 같은 넓이 속에서 더 현저하게 움직이는가 하는 주원인 중 하나이다. 수평선 속에 펼쳐진 이러한 소위 놓여져 있는 형태는 더 쉽게 인식되지만 서 있는 형태 보다는 오히려 원형에 대한 정보를 더 적게 함유하고 있다. 이 두 개의 수평과 수직에 대한 방향의 차이가 가진 의미는 또한 거리감의 차이를 보여 준다. 즉 동일한 간격에서 수평선이 수직선 보다 길이의 폭이 더 크게 나타난다. 그러나 인식의 충격은 오히려 수평선 보다 수직선이 더 강하다. 100미터의 높이를 주목하는 동안 100미터의 길이는 우리에게 그렇게 특별한 크기가 아니다. 프랭크 로이드 라이트(Frank Lloyd Wright)는 이렇게 말했다." 수직적인 것 안의 모든 요소들이 어떻게 매우 의미가 있게 되며 수평적인 의미가 전혀 역할을 얼마나 못하는지 스스로 보시오."

선

선은 2차원적인 요소를 나타내는 것이다. 건축에서 선은 면을 구분하는 것으로서 나타난다. 이러한 특성 안에서 선은 상황에 따라서 표현 차이의 양이 다를 수 있다. 그리스 사원에서 선이 분명한 경계로 명확하게 나타나는데 반해 바로코에서는 선이 배경 속에서 나타난다. 즉 바로코에서는 선을 찾아내기가 쉽지 않다는 것이다. 선과 면은 서로가 서로를 완전하게 한다. 만일 하나가 강하게 강조되면 다른 하나는 배경이 되어 버리며 그 반대의 현상으로도 나타난다. 파울 클레(Paul Klee)는 이것을 다음과 같이 나타내었다. "능동적인 선에는 수동적인 면이 있고 수동적인 선에는 능동적인 면이 발생된다." 곡선과 대조하여 직선은 경직되고 명확하다. 하나의 선이 직접적으로 볼 수 있게 존재하지 않을 수도 있으며 단지 우리의 사고 안에서 점이 선과 함께 연결되어 나타날 수도 있다. 특별하게 포인트적인 건물이 있는 도시 건축적 요소는 우리의 공간적인 조직체계 안에서 선으로 인식할 수 있는 하나의 축을 형성하기도 한다. 하나의 선이 나타내는 상태에는 방향, 나눔 그리고 경계를 보여주는 어떤 표현을 내포하고 있다. 예를 들어 경사를 이루는 선은 수평과 수직에 반하여 명확한 운동력을 갖고 있다. 즉 이러한 경사 선은 좌측의 상하나 우측의 상하로 움직이려는 경향 또는 운동력을 갖고 있다.(그림 7)

　　모든 건축양식은 형태-공간적으로 정신적인 내용을 표현한다. 이 표현의 종류에 따라 건축설계에서 수직적인 것과 수평적인 것이 적거나 많게 나타나게 된다. 바로크에서 운동력이 있는 대각선과 곡선을 주로 사용하고 수직과 수평적인 요소를 꺼리는 반면 논리와 명확함이 확실한 르네상스는 강한 수평과 수직의 연결이 많이 표현된다. 대각선은 언제나 수직과 수평적인 상황에서

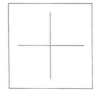

그림 7 | 선

그것을 평가받게 된다. 만일 이 대각선이 왼쪽 아래에서 오른쪽 위로 올라간다면 우리는 오르는 인상을 받게 되며 그 반대는 내려가는 인상을 받게 된다.(그림 7 참조) 직선과 반대로 비교를 할 경우 곡선의 형태를 보이는 선이 운동력을 갖는다. 이 둘의 관계에 관하여 피트 몬드리안(Piet

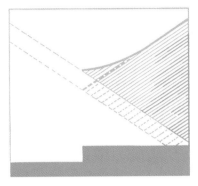

그림 8 | 동양건축의 휘어진 지붕선 구조

Mondrian)은 다음과 같이 서술하였다." 직선은 완성을 의미하고 자연에 가장 상응하는 것은 굴곡의 형태이다. 그리고 별이 가득한 하늘에는 적지 않은 굴곡을 나타낸다. 이러한 이유로 곡선은 자연적이며 직선에서는 완성을 요구한다." 곡선에서 우리는 두 개의 주 타입을 구분할 수 있다. 하나는 기하학적으로 규칙적인 곡선이다. 예를 들어 포물선이나 부채꼴 같은 것이다. 그리고 두 번째는 불규칙적인 곡선이다. 우리의 전통적인 기와 건축물의 지붕을 보면 처마에 오면서 일반적으로 끝 부분이 가볍게 위로 구부러지면서 지붕의 선이 가볍게 위로 들어 올려지고 모서리에서 특별하게 보여진다.(그림 8) 두 번째 원인은 지지구조의 버팀목이다. 지붕의 무게가 버팀목 개수에 따라서 지지대 안으로 흘러간다. 이러한 구조는 지붕이 위로 휘어진 것을 통하여 감소되는 비교적 많은 높이를 요구한다. 곡선 또한 미적인 의미를 갖고 있다. 일본의 건축은 기둥이 수직적 요소이고 지붕, 대 그리고 보의 수평적 요소가 지배적인 골격적 건축이다. 지붕의 휘어진 선은 이 두 개의 극단성 사이에서 나타나고 그 운동성을 통하여 건물에 그 포인트로 작용한다.

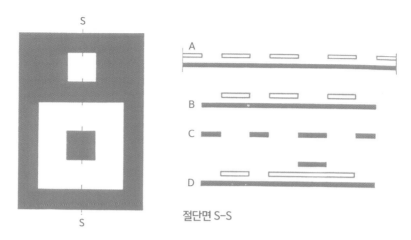

절단면 S-S

그림 9 │ 형태의 관계에 따른 다양한 표현가능성 – 이것은 평면에 보이는 모양만 있는 것이 아니라 이 평면의
입체가 어떠한 가에 따라서 나오는 단면은 다양하다

평평한 면

한 선이 끝에서 다시 다른 선을 만나면 일정한 형태의 외각선의 성격을 갖게
된다. 형상이론에 따르면(그림 9) 우리는 이러한 선을 한 형태의 배경으로서
인식하게 된다. 즉 3차원적인 선이나(그림 10의 1) 또는 외각적인 면으로서(그
림 10의 2) 인식을 한다는 것이다. 어떤 면은 또한 각각의 선을 의미할 수도 있
다.(그림 10의 3) 또한 개구부를 가진 벽을 한 면으로 인식할 수도 있다.(그림 10
의 4) 면은 건축에서 결정적인 역할을 한다. 그러나 면이 벽면이나 외벽으로서
단지 공간을 제한하는 요소로서의 기능이 대부분이라면 건축물에서 요약적

그림 10 │ 평평한 면

으로만 단순화되면서 건물의 기본적인 요소(기능적으로만)에만 속하게 된다.
그러나 그 이상의 기능으로서 어떤 집의 정면은 그 이상의 역할로 중요한 형상
요소가 될 수도 있다. 예를 들어 베니스의 수로를 지나면서 좁은 운하에 빽빽
하게 지어진 집들을 생각해 보자. 이곳을 지날 때는 통로에 가까이 마주보며
인접한 집을 인식할 수 있는 방법은 단지 집의 정면만을 바라 볼 수 밖에 없다.
(그림 11) 미국의 서부영화에 자주 등장하거나 지금도 서부에 있는 마을을 보
면 중앙으로 지나는 거리에 인접한 건물들의 정면은 그 뒤에 있는 건물의 정면
보다 훨씬 더 높게 위치하고 있다. 이 정면들은 하나의 상징이나 표시로서 작용
한다.(그림 12)

그림 11 | 베니스 운하

그림 12 | 서부의 건물정면

대부분의 교회는 입구에 일정한 면적을 차지하는 전실을 갖고 있다. 이러한 정면은 정면의 위치와 방문자가 건물의 입구로 향하는 방향을 나타내고 다른 면은 교회의 좌우와 후면을 나타내는 기능이 담긴 입구 전실로서의 기능 때문에 있다. 이러한 교회의 외적인 표현은 종종 방문자를 위한 단지 형태적 언어를 나타내는 면이고 방문자들이 어디로 방향을 잡게하며 그들이 그러한 배치를 통하여 내부로 들어오게 하는 기능을 가지려고 나타낸 것이다.(그림 13) 모든 건축물은 일정한 바닥면 위에 존재한다. 이 면은 주변공간으로부터 내부공간을 분리시키며 또한 면을 제한하는 선으로서 존재한다.

하나의 양식이 선 또는 면 이상으로 표현되어 질 수 있음에도 불구하고 하인리히 뵐플린(Heinrich Woelfflin)은 미술적인 것에 관하여 논하였다. "하나 또는 다른 것의 어떤 강조를 통해서 다양한 작용 들이 발생한다. 앞에서 하나라는 것은 존재의 예술이고 다른 것은 현상의 예술이다." 이는 앞에서 언급한 파울 클레(Paul Klee)가 구분했던 능동적이고 수동적인 선과 면에 관한 것과 유사한 논리이다.

선은 특수한 형태나 특별한 빛의 작용에 의하여 강조 될 수 있다. 즉 분리와 명확성을 보이는 것처럼 경계를 통하여 작용 한다. 여기서 경계가 소멸되거나 숨어있게 되면 불확실성이 생긴다. 그리고 변경의 현상을 통하여 긴장감과 동적인 것이 발생한다. 바로크는 단순히 경계의 목적으로서 선을 사용하는 동안 르네상스 건축예술은 명확한 선의 건축물이다. 바로크는 자신의 명확성을 통

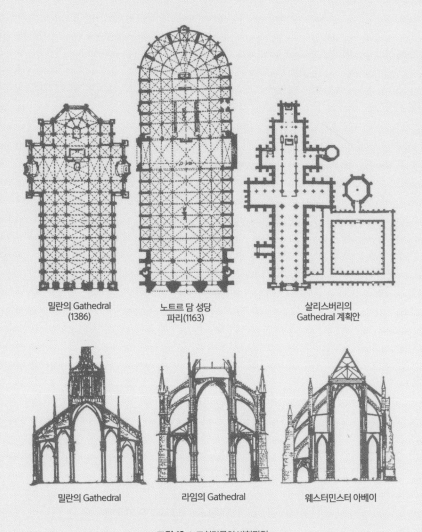

밀란의 Gathedral
(1386)

노트르 담 성당
파리(1163)

살리스버리의
Gathedral 계획안

밀란의 Gathedral

라임의 Gathedral

웨스터민스터 아베이

그림 13 | 교회건물의 변화과정

하여 안정적으로 생성이 되고 르네상스는 영원의 역동적인 도취에 의하여 만들어진다. 표현주의 건축에서는 오랜 기간 깔끔한 면과 그 미적인 값이 요소로서 망각과 추측 속에 사용되었고 20세기 말에 다시 이러한 가치가 발견되었다.

오토 바그너(Wagner, Otto)는 이미 1894년에 예언 한 바 있다. "새로운 건축물은 판형과 비슷하고 면의 형태에 의하여 만들어지며 재료의 지배적인 사용에 의하여 근원적인 형태가 주를 이룰 것이다." 새로운 공간 계획에서(단락 5-2 그림 3) 경계를 이루며 면의 형태를 취하는 벽체가 공간을 정의하는 제 일의 요소이다.

미스 반 데어 로에(Mies van der Rohe)가 1923년에 계획한 전원주택의 프로젝트에서(그림 14) 공간은 단지 사각의 벽체에 의하여 구분되어 있다. 같은 해

그림 14 | Ludwig Mies van der Rohe. 조적식 전원주택. 1923(계획안)

에 테오 반 되스부르크(Theo van Doesburg)의 주택을(그림 15) 위한 습작에서도 이번에는 이 계획을 따라 만든 첫 번째 집인 2층 규모인 미스 반 데어 로에(Mies van der Rohe)의 1929년의 바르셀로나 파빌롱과(그림 16) 어느 정도 비슷하게 나타났다.

벽체구조의 분석

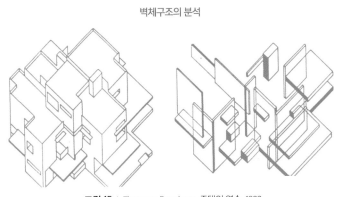

그림 15 │ Theo van Doesburg. 주택의 연습. 1923

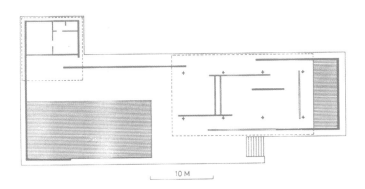

10 M

그림 16 │ Mies van der Rohe. Barcelona Pavillon. 1929. Barcelona. Spanien

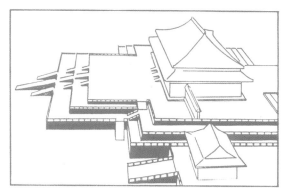

그림 17 | 대웅전. 1669. 북경. 중국

　여기에 또한 새로운 공간계획과 함께 공간이 미술적으로 연결된다. 입체파들은 이미 세기 초에 면을 공간에서 서로 관통하는 실험을 하게 된다. 지그프리트 기디온(Siegfried Giedion)은 이에 관하여 다음과 같이 서술한다. 과거에는 표현력을 갖지 않았고 기껏해야 장식으로서의 기능만 가졌던 원근법이 르네상스 이후로 모든 양식변화에 나타나고 표현의 전체적인 기초가 되었던 것처럼 면이 이제 건축물에서 형태를 구성하는 기초가 된다. 입체파를 통한 공간의 새로운 침략과 함께 면은 이전에 없었던 일방적인 관점하에서 과거에 했었던 공간의 연결 방법을 벗어 던지고 공간 구성에 대한 의미를 부여 받는다."

　유럽의 산업혁명과 관계없이 프랭크 로이드 라이트(Frank Lloyd Wright)는 자신의 설계에 면을 제일의 형상적 요소로 사용 하였다. 공간을 에워싸며 띠를 형성하는 수평은 수직적인 이미지를 보여주는 굴뚝에 의도적으로 대조를 이루게 만들었다. 미국의 주택에서는 평면과 외부의 모습 사이에 모순이 존재한다. 프랭크 로이드 라이트(Frank Lloyd Wright)는 그 평면의 질이 계속하여 발

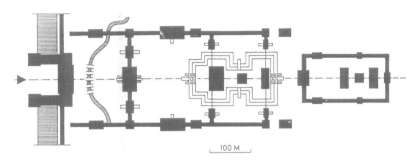

그림 18 | 북경 황제궁의 중간영역. 15세기. 중국

전되고 외부에서 읽을 수 있게 만드는 것을 이해하고 있었다. 토대나 평평한 형태로서 수평적인 면의 갖는 의미를 이미 앞의 "주변과 장소"에서 이미 다루었다.(그림 17, 18)

　미스 작품에 있어 평평한 요소를 적용하는데 수직적인 벽체의 전개는 수평적인 면과 함께 관찰해야 한다. 미스는 자신의 후기 건물에서 수평적인 판이 지배적으로 되는 동안 이전의 건물에서는 공간을 형성하는 것에 직립의 면이 주로 구성이 되도록 하였다. 1961년도에 완성된 멕시코 시티의 바카르디 (Baccardi) 건물에서 건물상부의 전체가 수직적 판으로 만들어졌다. 이것은 1968년도에 문을 연 베를린의 20세기 갤러리가 마치 바닥이 상승한 모양으로 되고 8개의 기둥에 수직적 지붕 면이 놓여질 때까지 계속되었다. 지붕의 자율성은 기둥의 상태에 따라서 더 보강되었다. 이 기둥은 건물의 모퉁이에 놓인 것이 아니라 지붕 모서리가 연속하여 흐르듯이 지붕판이 켄딜레버 형식으로 기둥들이 안쪽으로 놓여졌다. 이 건물의 주변을 이루는 도시적 영역내의 장소들 또한 도시의 공간적인 성격을 결정적으로 보여주듯 수평적인 광장을 이루고 있다.(그림 19, 20)

그림 19 | new national gallery. Mies. 1968. berlin german

그림 20 | Capitoglio Place. 로마. 1544. Michelangelo

거리와 함께 이 건물은 도시의 중요한 요소가 되었다. 거리는 길과 움직임의 영역으로서, 중심을 나타내는 광장으로서, 만남과 행위의 장소로서 도시의 중요한 요소로 작용한다. 장소와 만남의 공공적인 장소는 개인적인 내부공간에 대하여 상대적으로 인간사의 발전적인 역사 속에서 인간의 공동체적인 삶의 결정적인 장소로서 기대하는 중심적인 의미를 갖고 있다. 루이스 칸은 이것에 관하여 다음과 같이 서술하였다. "인간은 자신이 홀로 소유할 수 없다는 것을 인식한다. 그래서 인간은 원하는 다른 그 무엇인가와 함께 공유할 수 있는 장소가 필요하다. 그리고 그 장소는 그가 원하는 것을 경험하게 하며 그것을 얻는데 가능하도록 한다." 어떤 장소가 이러한 인식을 만족시킬 수 있는가 하는 의문에 대한 답은 그 장소의 크기와 경계에 달려 있다. 또한 최대한의 크기는 영역에 대한 안전욕구가 충족되어져야 하다. 카밀로 지테(Camillo Sitte)는 1909년에 너무 큰 장소는 오히려 신경성 병이 생기는 것을 증명하였다. 이태리의 많은 옛날 광장의 크기는 얼굴을 인식할 수 있는 거리 정도의 크기로 결정이 되어졌다. 이렇게 커뮤니케이션이 이루어 질 수 있는 거리를 갖는 광장의 크기라면 무난하다. 앞의 단원의 미와 아름다움에서 우리는 그와 반대로 너무 가까워서 오히려 불안감을 줄 수 있는 경우를 다루었다. 동물에서와 비슷하게 인간에게도 영역이 표면적으로 아주 중요한 역할을 한다.

굴곡을 이루는 면

어떤 면적은 평면적이거나 굴곡 형태의 면에 놓여 있다. 굴곡의 종류에 따라서 볼록하거나 오목하게 또는 구의 형태 등 다양하게 만들 수도 있다.(그림 21) 굴곡은 명확한 운동성을 나타내고 공간은 그 형태에 따라 주변 공간과의 관

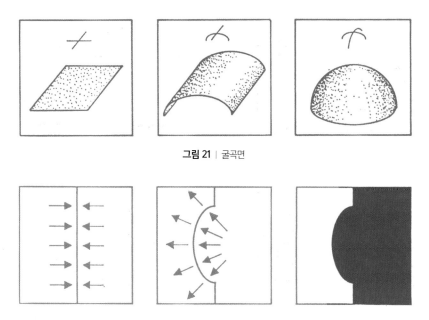

그림 21 | 굴곡면

그림 22 | 오목하고 볼록한 형태의 운동성

계가 형성된다. 예를 들어 볼록한가 또는 오목한가, 주변 환경에 적대적인가 또는 폐쇄적인가, 그리고 주변에 공격적인가 아니면 우호적인가를 나타낸다. 앞의 예들은 첫 번째 것은 몸체가 지배적이며 두 번째 것은 공간이 지배적이다. 볼록한 형태는 오목한 것보다 지배적이다. 즉, 예를 들어 볼록한 것과 오목한 것 중 하나를 골라야 하는 상황이 생긴다면 관찰자는 대체로 볼록한 것을 결정한다. 여기서 오목한 것은 볼록한 형태가 배경으로서 작용을 하게 된다. 공간을 제한하는 직선적인 벽은 오목하지도 볼록하지도 않은 중립성을 띄게 된다. 오목한 벽은 공간을 침투하는 함몰을 형성한다.(그림 22) 오목한 형태는 입구를 강조하는 것으로도 사용될 수 있다. 두 개의 날개는 팔을 벌린 것과 같이 입구에서 방문자를 맞이하는 것과 같다. 즉 환영한다는 것이다. 프란체스

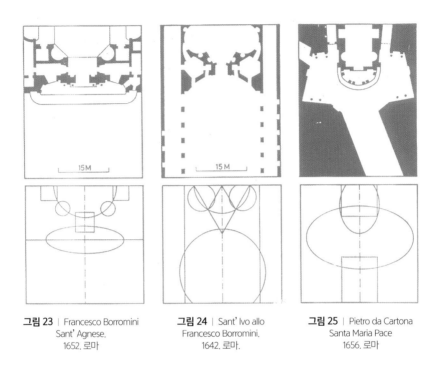

그림 23 | Francesco Borromini
Sant' Agnese.
1652. 로마

그림 24 | Sant' Ivo allo
Francesco Borromini.
1642. 로마.

그림 25 | Pietro da Cartona
Santa Maria Pace
1656. 로마

코 보로미니(Francesco Borromini)는 자신이 설계한 교회의 입구에는 언제나 이러한 형태를 집어 넣어서 강조하였다.(그림 23) 만일 어떤 사물에 볼록하거나 오목한 형태가 겹치면 긴장감이 생긴다. 관찰자는 겹쳐진 오목형과 충돌하는 볼록형 사이에서 계속하여 신경을 쓰게된다. 이러한 겹침의 영향이 모순적이고 자극적 구성의 원리에 있기 때문이다. 좋은 예로 로마에 있는 바로크식 성당 산타 마리아 델라 파체(Santa maria della Pace) 이다. 이 건물은 Pietro da Cartona의 교회 정면이 1656년 새로운 디자인을 할 당시 동시에 작은 광장의 끝에 놓여있었다.(그림 25)

그 광장은 교회 쪽으로 오목한 형태를 이루고 광장 공간 안에 교회의 볼록한 돌출부가 관입을 하는 형태이다.(그림 25) 르 코르뷔지에(Le Corbusier) 또한 프랭크 로이드 라이트(Frank Lloyd Wright)처럼 그의 전성기 초기에는 사각의 기하학이 주를 이루었는데 그의 후기 작품에는 원형적인 형태가 등장하며 오히려 원의 형태에 손을 대었다. 프랭크 로이드 라이트(Frank Lloyd Wright)는 원형의 형태를 처음으로 Racine에 있는 S. C Johnson & Son의 관리건물에 사용을 하였으며(1936-1939) 원형의 형태는 또한 곡선의 모서리로서 버섯 기둥에도 적용이 되었다.

  뉴욕의 솔로몬 R. 구겐하임(Solomon R. Guggenheim) 박물관은 곡선이 지배적인 형태이다.(1946-1959) 이 건물에서는 오목한 것과 볼록한 것이 교차되는 것을 찾아 볼 수 있다. 르 코르뷔지에(Le Corbusier)는 곡선의 외벽을 처음으로 파리에 있는 Cite' 대학의 스위스 기숙사에 적용 하였다.(1931-1933) 지그프리트 기디온(Siegfried Giedion) 이후 곡선이 외벽으로 만들어진 이것은 현대

그림 26 | Frank Lloyd Wright. 구겐하임 박물관. 1959

건축의 역사 속에서 처음이다. 르 코르뷔지에(Le Corbusier)가 각진 형태를 하지 않고 전체적인 곡선의 형태로 한 것은 Ronchamp의 교회건물이다. (1950) (그림 27)

파리의 기숙사의 오목한 형태가 아직 특별한 관심을 받지 못하는 동안 프란체스코 보로미니(Francesco Borromini) 교회처럼 비슷하게 겹쳐지는 요소를 갖고 있는 롱샹의 곡선

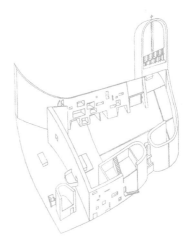

그림 27 | 르 코르뷔지에. 교회. 1950. Ronchamp. 프랑스

벽 또한 방문자를 맞이하는 형태를 취하고 있었다. 오목한 형태의 지붕은 반대로 볼록한 벽을 형성한다. 즉 하나를 배제하면 다른 하나를 불러온다. 여기에서 두 형태의 대립은 산타 마리아 델라 파체(Santa maria della Pace)의 정면도와 입면도에서도 잘 나타난다.(그림 25) 배제하는 이미지와 유인하는 이미지가 공존하는 이 이중성이 이 교회에 기본적으로 놓여 있으며 이것이 마침내 성당 종교 건축물의 기본적인 배치특성으로 자리매김하였다. 즉 신의 요새로서 교회는 좋은 소망을 갖는 모든 사람들을 위하여 개방되고 있음을 나타내려는 것이다. 이러한 기본적인 생각을 표현하기 위한 형태로서 특히 오목하고 볼록한 상반되는 이 형태는 그 자체로서 좋은 이미지이다. 알바 알토(Alvar Aalto)는 곡선적인 형태를 드물게 사용하였다. 그에게 있어서 이러한 형태는 그의 작품 속에 명확한 활동 시기와 연결이 되지 않지만 작품에서 볼 수 있다. 그가 사용한 곡선적인 요소들을 1935년의 비푸리(Viipuri)의 도서관과 1978년

그림 28 │ Alvar Aalto, 도서실 내 강의실 단면. 1935. Viipuri.

볼로냐(Bologna)에 있는 교회에서 찾을 수 있다. 알바 알토(Alvar Aalto)는 핀란드적인 사고를 담은 부드러운 활 모양의 자유로운 형태를 주로 사용했다. 그러나 이것은 그가 곡선을 단지 형태적인 이유로 사용하였다는 것을 의미하는 것은 아니다. 그의 작품에서 곡선적인 형태는 언제나 기능을 포함하고 있기 때문이다. 비푸리(Viipuri) 도서관의 강의실에는 파도치는 천정이 음향적인 요소로 있다. 즉 발표자의 음성이 뒷자석에도 전달되어 이해 할 수 있게 음향이 반사되도록 설계가 된 것이다. 그 밖에도 이러한 형태가 비교적 긴 공간이(약 9m X 29m) 경직되게 보일 수 있기에 이를 완화시키는 목적으로 강한 동적인 작용을 만들기 위하여 만들었다. 그 파도의 움직임을 통하여 그 공간이 서로 연결이 된다.(그림 28) 예를 들면 알바 알토(Alvar Aalto)는 곡선 형태의 운동성 있는 표현을 휴대품 보관소 같이 사람들이 계속적으로 이동을 하여야 하는 곳에는 의도적으로 사용하였고 숙박소에도 방문자들이 방향을 찾을 수 있도록 굴곡이 있는 곡선을 사용하기도 하였다.(그림 29) 알바 알토(Alvar Aalto)는 헬싱키에 있는 "문

그림 29 │ Alvar Aalto, 음악회 건물. 입구와 리셉션부분 평면. 1971. 헬싱키. 핀란드

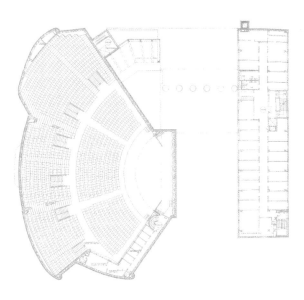

그림 30 | TWA John F. Kennedy 공항. 1962. Eero Saarinen. 뉴욕. 미국

화의 집(House of Culture"에 둥그런 곡선의 외벽을 만들고 수직적인 사각의 포인트를 주면서 그 지역의 지배적인 강조를 표현하려고 하였으며 여기서 연속적인 형태는 기능적인 조건을 갖게 되고 이 연속적인 형태는 강당의 정확한 좌석 배열을 따르고 있다.(그림 30) 이러한 그의 작품에 대한 흥미있는 관심사가 아니더라도 핀란드 단어 "aalto" 자체가 우연하게도 시트콤을 일으켰다는 것이다. 뉴욕에 있는 국제공항에 에로 사리넨(Eero Saarinen)이 1956에서 1962까지 공사한 TWA비행사의 공항건물은 곡선의 형태가 지배적인 또 하나의 건물이다. 여기에서 중요한 것은 곡선이 기능도 구조적인 것으로 쓰이지 않았다는 것이다.(그림 31) 공항건물의 곡선이 앞의 내용과는 다르게 단숨히 비행기의 출발, 이륙 그리고 비행과 같은 은유적으로 표현된 것이다. 그리고 비행사는

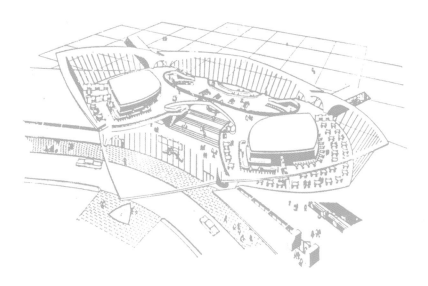

그림 31 | TWA-공항터미널. 1956-1962. 뉴욕. 미국

이러한 공항의 디자인에서 엄청난 광고효과를 갖게 되었다. 이러한 홍보 효과
방식은 이미 과거에 불규칙적인 형태들이 조합의 건축형태 경험에 의한 법칙
에 따라서 증명 되었었다. 어떤 형태가 관찰자에게 이상하게 보일수록 후에 관
찰자는 자신의 기억영역 속에서 더 그 사물을 더 찾게 된다. 에로 사리넨(Eero
Saarinen)의 건물의 경우 새가 비행을 위하여 날개를 펼치는 모습을 비교하는
것이 더 가깝다. 그러나 그의 은유적인 의미에는 공항 형태가 건물의 전체적
인 기능의 흐름에 긍정적으로 작용하고 있다.(그림 32) 오목한 현관은 새의 꼬
리 부분과 흡사한 커다란 전방 천정을 첨가하여 강조하면서 방문자를 입구로
인도한다. 내부에서 방문객은 한 두 개의 계단을 올라가 둥그런 영역에서 원형
관망대가 놓인 거대한 대기실에 다다른다. 내부디자인의 둥그런 형태는 움직

임을 표현하고 건물의 기능에 합당한 실질적인 자연스러움에 직접적으로 다다르게 한다.(그림 33) 위에서 언급된 예들은 굴곡의 형태들이 여러가지 이유로 선택되어 질 수 있다는 것을 나타낸다.

르 코르뷔지에(Le Corbusier)의 롱샹교회는 오목하고 볼록한 곡선으로 성당의 종교적인 건물의 기본적인 자세를 표현하였다. 즉 접합되고, 보호되며 겹치는 요소를 동시에 보여준 것이다. 프랭크 로이드 라이트(Frank Lloyd Wright)의 뉴욕 구겐하임 박물관의 나선형 램프는 새로운 전시컨셉의 가능성을 또 보여주었으며 한편으로는 건물이 자신의 환경으로부터 분명하게 분리 될 수 있다는 것을 허락하였다. 에로 사리넨(Eero Saarinen)의 TWA건물은 곡선의 형태가 은유적으로 쓰일 수 있다는 것을 보여주었다. 날아가는 새는 곧 비행사광고 이미지이다.

그림 32 | TWA-공항터미널 내부

원

원의 형태는 모든 면이 동일한 값을 갖고 있다. 즉, 방향이 없으며 이와 함께 가장 간단한 자극적 형태이다. 칼 구스타브 융(Carl Gustav Jung)은 원과 정사각형이 전체를 나타내고 단순성을 나타내는 심볼로서 충분히 이상적이라 하였다. 원은 끝도 시작도 없고 끝없이 움직이며 언제나 다시 시작했던 곳으로 돌아온다. 연속하여 움직이는 수단으로서 바퀴에 사용되었다는 사실이 있다. 원은 또한 태양과 달의 표본이며 이와 함께 아주 강한 상징적 의미를 갖고 있다. 원의 외각선에 있는 한 점은 일정한 거리를 갖고 정확한 거리를 명확하지 않은 중간 점을 두고 돌고 있다. 원의 형태는 고전 속에서 이미 상징적인 의미와 비례를 결정하는 중요한 역할을 갖고 사용되어졌다. 비트루비우스(Vitruvius)은 누워있는 인간의 등을 고정시키고 쭉 뻗은 팔과 다리의 중간지점에서 발가락과 손가락이 닿는 부분을 찾아냈다. 비트루비우스(Vitruvius)이 생각한 고대 그리스 건축에서 그가 "old"에 관하여 말하였지만 사실상 그리스 건축에서 원

그림 33 | Vitruvian Man

그림 34 | 님파이움 신전(Nymphaeum, Olympia)s. 그리스

의 형태는 비교적 드물다.

이 원의 형태는 극장을 짓는데 적용하였다.(그림 34) 그러나 이러한 시설을 사용한 실질적인 건물이 없다. 여기에서 원의 형태는 기능과 음향적인 이유로 선택된 것이다. 원 형태의 건물을 그리스 건축에서 찾는 것이 쉽지 않다. 이것에 관하여 두 가지 이유를 들 수 있다. 첫 번째는 모든 면이 막혀버린 원에 대한 그리스 인들의 거부감이다.

두 번째는 기둥과 보에 대한 건축방법으로 오히려 수직 사각형의 라스터 형식을 요구하였다. 그렇다면 이러한 이유에도 불구하고 왜 둥그런 사원건물이 있는가? 솔직히 그 근원은 아주 뒤로 거슬러 올라간다. 일반적으로 둥그런 사원을 칭하는 것과 같은 의미인 Tholos는 근원적인 단어이다.

그리스의 신들은 과거에 신화나 집안의 불을 지피는 곳에서 매일 식사 중에 제물을 바치면서 존경을 표하는 그 집안의 역사 속에 있었다. 동시에 이러한 제물을 바치면서 선조를 생각했던 것이다. 집안의 중심지, 만남의 장소 그리고 제단이 있는 곳으로서의 이 기능은 원의 형태가 가장 좋은 표현을 만들어 낼 수 있었다. 후에 이 배열은 소위 사원 형태에서 불을 지피는 장소로서 과거의 모든 기능을 종합할 때 이러한 형태가 적합 했던 것이다.

고대 로마의 건축에서 원의 형태는 입면에서 아치의 형태가 많은 반면 평면에는 상대적으로 적지만 로마건축에서 지배적인 요소중의 하나가 되었다.(그림 35) 아치와 둥근 천정을 로마가 발견한 것은 아니다.

화산재가 풍부했지만 벽돌과 회 반죽을 사용한 건축이 가능하게 하는 새로운 시공방법이 적은 무게를 사용하여 넓은 폭의 하중을 지지하는 방법을 그

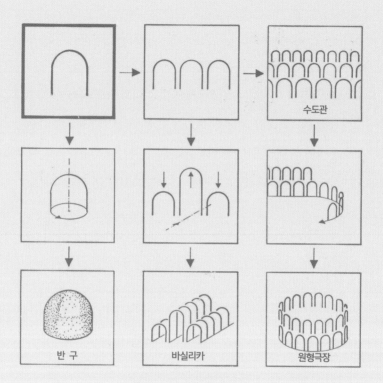

수도관

반 구   바실리카   원형극장

그림 35 | 로마 건축의 기본적 요소

그림 36 | Septimius Severus 개선문.AD 203.로마. 이태리

이전에는 전혀 알 수가 없었다. 그래서 이들은 로마 아치의 원조라 할 수 있는 개선문의 아치를 선택한 것이다. 즉, 이 새로운 시작은 다시 기원전 2세기로 되돌아 간 것이다.(그림 36) 전체적인 로마의 건축형태는 간단한 아치에서 파생되었다. 근본적인 요소의 흐름은 벽의 흐름을 중단시키고 여러 층으로 쌓는 수로를 만들었다. 타원형의 형태 안에서 곧게 하는 대신 원형 경기장의 모양을

그림 37 │ 추수감사를 위한 사당. 1889. 북경. 중국

만들어 냈다. 그래서 전체적인 축을 잡아 돌려서 형태를 살펴보면 하나의 반원을 그리고 있다. 일반적으로 반원이나 큰 통의 형태는 목재 천장을 얹거나 화재에 위험성이 적은 공중 목욕탕에 많이 사용되었다. 당시의 가장 의미가 깊은 반원형의 건물은 5천년의 역사 동안 공간의 역사를 증명해 준 판테온 신전이다.(단락5-2 그림 9) 원의 형태에 기초를 잡은 중앙공간은 장방형 공간과 함께 종교건축의 주 테마가 되었다. 로마의 바실리카는 둥근 천정이 천천히 들보를 통하여 놓여지는 초기 교회를 위한 표본으로 되었다. 또한, 로마 시대에는 활처럼 굽은 형태가 중요한 요소였다. 그 반원형의 형태는 그 시대의 컨셉을 뒷받침해 주었다. 즉 명확한 배열과 함께 반원형의 구조가 공간을 연결해 준 것이다. 고딕의 새로운 공간이해는 또한 다른 둥근 천장을 요구한다. 첨탑의 천장은

구조적이고 안정적인 장점을 갖고 있으며 공간에 대한 상상을 현실화하는데 아주 적합하다. 고딕건축에서 원의 형태는 그 배경 속에서 압박을 받았다. 그 적용은 예를 들어 장미 모양의 장식 창문처럼 그 적용동기가 마땅하지 않았다. 종종 입구 위에 놓여 있는 이 둥근 모양의 개구부 기능은 다양하게 표현되었다. 그 하나는 빛을 내부로 들어오게 돕는 것이며 다른 하나는 커다란 상징적 의미를 갖고 있다. 둥근 창문을 통한 조명은 공간의 가운데 통로의 방향을 인도한다. 그리고 제단 방향으로 인도하는 것과 내부에서의 움직임을 돕는다. 둥근 형태는 또한 장미나 태양 그리고 마리아의 심볼 표시로서 이해 할 수 있다.

르네상스 건축에서는 다시 원이 건축적인 요소로서 중요하게 쓰인다. 인간의 새로운 위치를 통하여 신에게 향한 인도적인 아이디어가 그 배경 속에 담겨진다. 명확한 중심을 가지며 모든 면이 동일한 값을 갖는 안정적인 형태로서 원은 이러한 이상적 표현의 수단이다. 안드레아 팔라디오(Andrea Palladio)는 4번째 책의 두 번째 장에 그리스의 사원형태에 관하여 적었다. 그리고 자신의 시대를 위하여 이 원의 형태를 따랐다. "이렇게 훌륭한 신을 섬기는 우리가 완전하고 훌륭한 것을 사원형태에 적당한 장식으로 채우기 위하여 찾는 것이 있다. 모든 형태에 대하여 간단하고, 동일하며, 일정하고, 힘이 있으며 그리고 둘러 쌓여 있는 이것은 곧 원이기 때문에 우리는 우리의 사원을 둥그렇게 한다. 인간이 시작도 끝도 확인 할 수 없는 것에서 이 원은 단지 하나의 유일한 선에 의하여 제한되기 때문에 무엇보다도 사원에는 이 형상이 적합하다. 즉 하나가 다른 하나에 의하여 구별되게 할 수 없는 이 형상이 스스로 동일하며 모든 이 부분이 스스로 경계자로서 형태의 진정한 몫을 차지한다. 마침내 각 부분의 전체 안에서 외향적인 점을 중앙에서 동일한 거리 내에서 찾을 수 있다."

정확히 적용한 모든 형태는 분명하게 하려는 것을 도우며 이와 함께 깊은 의미를 갖는다. 그러나 이 형태는 동시에 또한 구조적인 시공방법에 의존한다. 내력기둥과 내력벽을 갖는 골조구조는 오히려 사각적인 형태를 요구한다. 조적조는 오히려 아치에 합당하다. 그러기에 원의 형태를 취한다. 그리스의 톨로스에서 형태의 정신적인 내용이 당시의 일상적인 건물방식이 지배적이었다. 형태는 그리고 이와 함께하는 정신적인 표현은 건축양식 이전에 존재 하였다.

그림 38 | 라이트. 구겐하임 박물관. 1939. 뉴욕. 미국

고대 중국에서도 이와 비슷한 예를 찾을 수 있다. 이 형태가 과거의 조상숭배로 인하여 생겨난 것은 아니고 원이 하늘, 운동력, 회전 그리고 움직임의 상징적인 이유로 선택된 것이다. "숭고한 하늘의 집"으로서 북경에 복잡한 보 형식으로 된 둥근 천정구조의 골조구조가 있다. 북경에 있는 추수 기도를 위한 집도 또한 둥그런 모양이다. 경작과 추수의 영원한 순환을 위한 기원으로서 여기에도 둥그런 평면과 함께 그 형태적인 표현을 찾을 수 있다. 반면 20세기의 새로운 재료와 구조방법이 현대 건축에 형태적으로 모든 것이 가능하게 되면서 형태를 상징적인 면으로 적용함이 어렵게 하였고 때로는 형태에 대한 남용을 갖고 왔다.

그림 39 | Frank Lloyd Wright, Gugenheim 박물관. 1939. 뉴욕. 미국

　뉴욕에 있는 구겐하임 박물관은 그 둥그런 나선형 램프와 함께 박물관 건축의 새로운 시대를 열었다. 연속된 공간들의 배치로 인하여 때론 예상할 수 없는 상황이 연출되기도 했지만 이 박물관은 이제 방문자들이 스스로 공간을 측정할 수 있고 통로 또한 제어될 수 있는 공간 속에서 정확한 위치를 언제나 확인할 수 있는 가능성이 이 건물을 통하여 보여준 것이다. 이 건물은 외부에서 인식할 수 있는 둥근 형태를 갖고 있고 이와 함께 주변으로부터 분명하게 건물의 존재가 읽혀질 수 있게 되었다.(그림 38, 39) 다른 어느 때보다도 강한 평을 들었던 프랭크 로이드 라이트(Frank Lloyd Wright)의 후기 작품에 등장하는 원형 형태는 그의 설계에서 섬세한 장식적 요소로 많이 쓰인 것이다.

　미스와 존슨의 시그램 건물은 프랭크 로이드 라이트(Frank Lloyd Wright)의 구겐하임이 주변 건물과 형태적으로 상이하게 만든 것과는 다르게 이웃 건물의 형태와 유사하게 만들기는 하였지만 건물의 정면에 거리로 향한 그 자유영역으로 차이를 두어 구분을 하였다. 즉 거리의 정면을 다른 건물과의 끝 선을 맞추지 않고 뒤로 후퇴하여 전면공간을 두어 시각적 흐름의 차이를 보이면서 놓여졌다.(그림 40 참조) 아마다바드(Ahmedabad)에 있는 인디안 관리 연구소

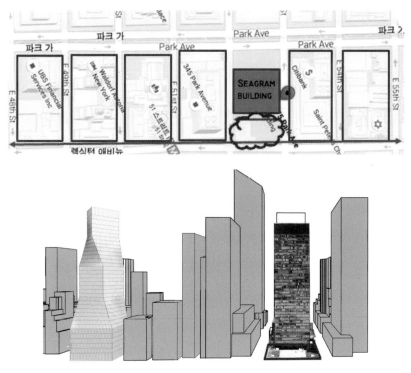

그림 40 | 시그램 건물. 구겐하임

를 위한 루이스 칸의 조적조 건물은 형태적인 요소를 재료와 가장 잘 적용시
킨 가장 훌륭한 건물의 한 예로 삼을 수 있다. 이 지방에서 벽돌은 유일하게 쉽
게 조달이 되는 재료이다. 아치가 이 재료에 가장 적절한 형태라고 생각했기 때
문이다. 그래서 이 재료는 그의 전체적인 설계에 가장 지배적인 요소로 사용되
었다.(그림 41, 42) 루이스 칸이 벽돌에게 "벽돌에게 네가 원하는 것이 무엇이
니? 하고 물었다는 일화가 있다. 그 때 벽돌이 저는 아치를 원해요 라고 답했다
고 한다.

타원형

타원형은 원의 특수한 형태로 표시 되고 또한 그 반대로도 생각할 수 있다. 만일 원을 비스듬한 평면(경사진 평면)에 투영하면 타원형이 생긴다. 원은 지배하는 방향성 즉 향하는 곳이 동일하게 하나인데 반해 타원은 두 개의 방향을 갖기도 한다. 로마의 원형 경기장에서 이 형태가 처음으로 커다란 스케일로 적용이 되었다. 여기에서 타원형은 형태나 상징적인 의미가 아니라 필요에 의하여 생긴 것이다. 즉 많은 관객이 가능한 공간의 가운데로 향하게 하기 위해서이다. 즉, 사건이 일어나는 원의 주위로 몰리게 하는 형태를 만든 것이다. 그리고 다른 면에서는 공연장의 다양한 기능적인 상황을 위하여 무대의 긴 원의 형태가 더 유리하기 때문이다. 앞의 공간의 장에서 다루었듯이 천주교의 종교 건축처럼 공간적으로 어렵게 연결되도록 한 두 가지의 기본적 동기가 있다. 즉 동선과 중앙의 개념을 뜻한다. 바로크 건축에서 동선을 나타내기 위한 형태적 표현으로서 사각형이 아이디어로 사용되었고 중앙의 상징으로서 원을, 타원형은 이러한 시기에 건축적 통일을 만들어 보

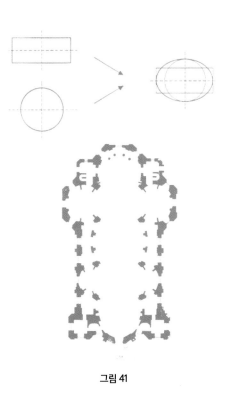

그림 41

려는 테마의 의미로 우선적으로 사용한 것으로 보인다.(그림 43, 44) 원도 운동력을 갖고 있지만 타원형은 원에 부족한 운동력을 갖고 있다. 이러한 이유로 이 운동력을 이용하여 종종 타원의 볼록한 부분과 오목한 곡선을 사용하여 주변과의 관계를 나타내려고 사용한다. 광장의 형상을 만들 경우 그 운동력은 형태의 흐름이 자유로워야 잘 나타난다. 이를 알고 있는 미켈란젤로 부오나로티(Michelangelo Buonarroti)는 카피톨리노(Capitorllio) 광장의 형상을 로마에 만들면서 타원 형태 바닥에 그림을 넣어 그 운동력을 제한하려 한 의도가 보인다. 팽창하는 타원은 건물에 제한되면서 트라페지드와 함께 강한 긴장감을 만들어 낸다.(단락6-4 그림 20) 베르니니(Bernini)는 베드로 성당 앞의 광장이 운동력과 함께 팽창하는 형태를 거대한 타원의 주랑으로 감싸 제한하였으며 그 중심과 초점을 오벨리스크와 분수를 설치하여 외부가 아닌 내부로 모여지는 형태로 강조하였다.(그림44) 현대에 와서 운동시설에서 타원의 형태를 많이 볼 수 있는데 이는 로마건축의 원형 경기장이 표본이 되었다고 할 수 있다.

구

구는 원의 공간적인 변형이며 반대로 원은 구를 투영한 것이다. Plato는 구가 우주에 존재하는 모든 규칙적인 체형에서 가장 완벽한 체형이라는 생각을 예

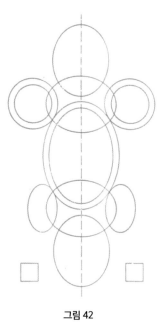

그림 42

그림 43 | 베드로 광장. Gian Lorenzo Bernini. 1656. 로마. 이태리

그림 44 | 캐피톨 광장. 미켈란젤로. 1544. 로마. 이태리

전에 하였다. 이 사고는 중세 철학에 의하여 생겨났고 르네상스 시대의 새로운 발전 속에서 지구 또한 구의 형태를 갖고 있다는 지식을 경험하게 된 것이다. 프랑스의 혁명 건축가 에티엔 루이 불레(Etienne-Louis Boullee)의(1728-1799) 작품은 미완성의 프로젝트로 이루어졌다. 그의 유토피아적인 건물은 강한 기하학적 기본형태를 바탕으로 만들어진 것이다. "불규칙적인 형태의 침묵이 주는 공허로부터 탈진되면 나는 다시 규칙적인 것으로 넘어간다." 그리고 구에 관해서는 "구의 몸체는 모든 관계 속에서 완벽함 그 자체이다. 구는 그 스스로가 가장 완벽한 규칙성, 위대한 다양성 그리고 정확한 좌우대칭을 만든다. 구 형태는' 가장 간단하고 구의 외곽선은 가장 쾌적하다. 그리고 마침내 구는 빛 작용의 애인이 된다.(그림 45)

르 코르뷔지에(Le Corbusier)는 또한 몸체의 5번째 기본적 형태의 요소 중의 하나로서 가득찬 구를 나타냈다. 구가 평평한 면을 갖지 않기 때문에 구는 건축적인 공간을 형성함에 기능적인 면에서 좋지는 않다. 정육면체, 실린더, 피라미드 또는 원뿔 등도 건축적인 형태에 반하는 것을 나타낸다. 구는 중력의 물리적 법칙을 무시하고 밑변으로서 지구를 부정하는 유일한 몸체이다. 18세기에는 형태를 나타내는데 기하학적인 형태언어의 제한이 있었던 혁명적 시기였기 때문에 에티엔 루이 불레(Etienne-Louis Boullee)와 클로드 니콜라 르두(Claude Nicholas Le-doux)의 구형 건물은 계획상에 머물고 실현되지 못했는데 그 이유는 재료-기술적인 것과 구조적인 가능성의 부족했기 때문이다. 이것이 20세기에 주어졌다면 어땠을까? 실현되지 못하는 이유가 꼭 한 곳에만 있는 것은 아니다. 예를 들어 레오니도프(I. Leonidov)와 그의 작업 동료가 만든 구 형태 건물 레닌 연구소는 정치적인 이유로 실행되지 못하였다. 1967 몬트리

그림 45 | 뉴톤 기념비(계획안).etienne-Louis Boullee. 1784

그림 46 | 몬트리얼 세계박람회 미국관. Buckminster Fuller. 1967. 캐나다

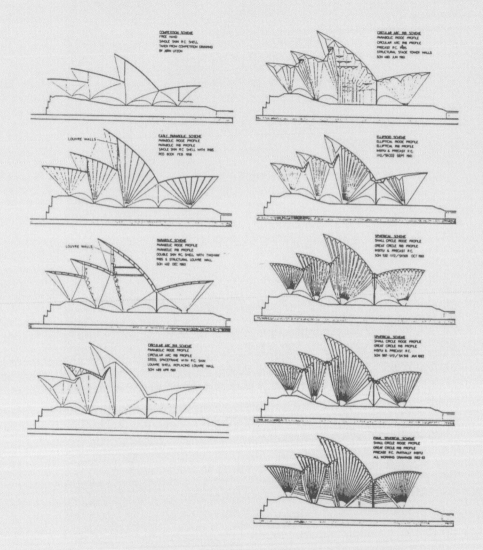

그림 47 │ 지붕의 형태를 변형하는 과정. 오페라 하우스. 시드니.

얼에 있었던 세계 전시회의 미국전시관을 위한 버크민스터 풀러(Buckminster Fuller)의 구 형태 건물을 보면 이는 에티엔 루이 불레(Etienne-Louis Boullee)의 아이디어를 실현시키고자 하는 계속적인 작업으로 볼 수도 있다. 이 형태에서 시도한 76미터의 지름은 우주를 표현하려는 것이다.(그림 46)

　로마의 판테온 지붕은 하나의 구로 볼 수도 있다. 내부 공간의 최대 높이는 평면도에서 그 자체의 지름과 동일하며 반원 형의 천정은 하늘의 궁형을 표현하거나　안드레아 팔라디오(Andrea Palladio)가 묘사한 것처럼 세계의 표본이다.　판테온 건물에서 구의 절대적이고 근원적인 형태는 영광스러운 의미를 나타내는데 탁월한 선택으로서 잘 어울린다. 루이스 칸(Louis I.Kahn)은 표현하기를 "판테온 신전은 문화의 모든 종류를 위한 하나의 장소를 만들려는 소망에서 나오는 공간을 표현한 것으로 매우 아름다운 예이다." 판테온 신전이 로마 제국이 소유하고 있는 모든 세계를 로마의 모든 신과 함께 영광을 나타내려는 것처럼 에티엔 루이 불레(Etienne-Louis Boullee)의 동상은 뉴톤과 그의 천재성에 대한 기념비이다.(그림 45) 에티엔 루이 불레(Etienne-Louis Boullee)는 그의 기념비에 관하여 다음과 같이 표현하였다. "숭고한 정신 ! 포괄적이고 깊은 천재성! 신적인 존재! 뉴톤이여! 바라건데 나의 약한 능력의 이 경의를 받으시오." 또한 몬테리얼에 있는 Fuller의 반원은 찬양을 나타낸다.

　즉, 인간이 정복한 모든 기술적인 것을 찬양하는 것이다. 만일 구의 형태가 건축적인 요소로서 모든 곳에 적용됐다면 일상적인 형태가 됐을것이다.　그러나 실상은 그렇지 않다 그래서 구를 읽을 수 있는 이에 상응되게 사용된 요소가 바로 반원이다. 반원은 오랜 시간에 걸쳐서 커다란 공간을 기둥 없이 구조적으로 덮을 수 있게 사용된 유일한 가능성이 되었다. 이러한 절대적인 형태를 통하여 반원이 공간을 모두 둘러 쌓는 표현으로 사용될 수 있음을 일깨워줬다.(단락 5-2 그림 9~10)

　요른 웃손(Jorn Utzon)가 설계한 시드니에 있는 오페라 하우스 조개 껍질 형태 또한 구의 요소이지만 여기에서는 구의 전형적인 성격, 즉 둘러싸고, 일정하며 정지를 표현하는 것을 전체적으로 부정하는 표현이있다.(그림 47, 48) 이 오페라 하우스가 가신 구의 형태는 다른 이유 때문에 선택된 것이다. 전체 조개 껍데기가 동일한 반경을 갖는 다는 사실을 통하여 조개표면의 모든 점 또한 동일한 거리로 간격을 갖고 있다는 것을 상상하여 가상의 중심 점을 만들어 배치한 것이다. 이러한 계획을 통하여 비교적 간단하게 사전 제작이 가능하게 하였으며 현장에서도 아주 비싼 조개껍질로 사용된 자재가 남는 일이 없게 하려고 각 부분이 동일한 곡선을 갖도록 설계하였다. 요른 웃손(Jorn Utzon)은 이에 관하여 다음과 같이 말하였다. "당신이 오렌지를 동일한 크기로 자르면서 작게 하는 것을 상상해 보라. 나는 이 작업이 마치 수술을 하는 것처럼 생각했으며 이를 통하여 해결을 얻은 것이다."

그림 48 │ Jorn Utzon. 오페라 하우스. 1973. 시드니. 오스트렐리아.

정사각형

원과 같이 정사각형 또한 상징적인 의미를 언제나 갖고 있었다. 정사각형의 4
개의 숫자는 방위 또는 사계절을 나타내었고 이 때문에 4는 우주의 숫자로 여
긴다. 이 숫자의 상징적 내용은 아주 오래 전부터 있었고 또한 기독교에서도 사
용했었다. 4개의 복음서, 십자가의 4등분. 십자가의 형태와 함께 숫자 4는 또한
종교건축에 그 영향을 끼쳤으며 이와 함께 적어도 르네상스 까지는 건축물의
주 요소로 사용되었다. 그러나 정사각형은 원과는 형성이 같지 않다. 여기에는
최소한 두 개의 중간 축이나 두 개의 대각선 같은 두 개의 방향이 있다. 이러한
방향이 다른 것에서 서로 우위를 차지하지는 않는다. 정사각형에서 그 외곽선
은 4개의 동일한 변으로 구성이 되고 4개가 동일하게 90도의 모서리를 구성
한다. 이와 함께 외곽선은 정확히 정의 할 수는 없지만 모든 4개의 모서리에 시
작과 끝이 있을 수 있다. 두 개의 변이 만나고 외곽선의 방향이 변경되는 점으

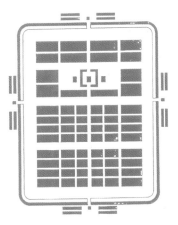

그림 49 | 로마의 수비대 배치

그림 50 | 로마의 식민지 도시 설립안.
약 기원전 100년. Timgad. 오늘의 알제리

500 M

로서의 모퉁이는 특수하게 건축적인 문제를 만들어 낸다. 즉 건물의 모퉁이에 해당하는 부분이 이에 해당한다. 이미 그리스 사원에서 기둥 위에 놓여진 사각의 석재가 오늘날에도 논란이 계속되며 모퉁이에서 방향을 바꾸는 과정에서 비율의 문제를 야기 시켰다. 필립 존슨(Philip Cortelyou Johnson)은 모퉁이가 설계의 가장 민감한 부분이 될 것이라 믿고 있다. 사람들이 모퉁이의 형상을 어떻게 처리했는가에 따라 모든 건축가를 판단할 것이다. 정사각형에서 모퉁이는 직각이다. 즉, 각 변이 언제나 90노의 각 속에서 만난다. 이 각은 지각을 하는데 있어 가장 간단한 표현이다. 그것은 곧 두 개의 방향이 수평이거나 수직을 의미하고 이와 함께 그 각은 가장 간단한 형태를 만드는 것이다. 그러나 이러한 형상의 규칙에 직각의 우위가 있는 것이 아니고 단지 중력의 법칙을 통하여 표현되는 것이다.

사각형(직사각형)

직사각형은 정사각형과 같은 비슷한 성격을 갖고 있기는 하지만 기본적인 몇 개의 차이에 의하여 구분된다. 즉 모든 4개의 변이 동일하게 같은 것이 아니라 서로 마주 보는 두 개의 변이 동일한 길이를 갖는다. 즉 직사각형은 폭과 길이를 갖는다. 정사각형도 사각형의 특수한 형태로 나타낼 수 있으며 그 반대로도 생각할 수 있다. 시각적인 인식을 위하여는 황금분활에 합당하게 폭 보다는 길이가 1.63배 더 긴 사각형의 모양이 이상적이다. 만일 비율이 더 작으면 우리에게 그 형태가 정확하지 않은 정사각형으로 인식이 된다. 만일 그 비율이 더 크면 너무 긴 형태로 우리는 인식을 하게 되는 것이다. 길이가 만일 폭의 길이보다 두 배 더 크면 우리는 그 형태를 더 이상 사각형으로 인식하기 어렵다.

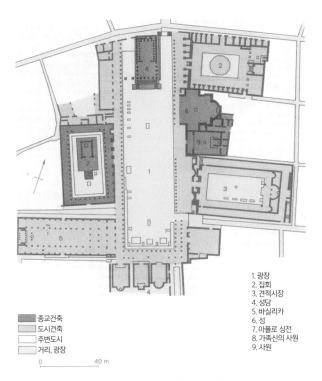

1. 광장
2. 집회
3. 견적시장
4. 성당
5. 바실리카
6. 성
7. 아폴로 성전
8. 가족신의 사원
9. 사원

종교건축
도시건축
주변도시
거리, 광장

0   40 m

그림 51 ｜ 로마 도시의 광장. 폼페이

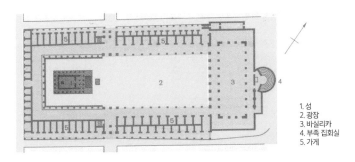

1. 성
2. 광장
3. 바실리카
4. 부족 집회실
5. 가게

그림 52 ｜ 고대 로마의 도시. 아우구스타 라우리카 광장

　사각형은 건축에서 많이 사용하는 형태이고 오히려 원과 불규칙적인 형태
는 예외의 경우로 사용하기도 한다. 예를 들어 바로크 같이 명확한 양식이 있
던 시대에는 다른 시대보다도 오히려 사각형이 더 적게 적용이 되었다. 그리스
건축시대에는 기둥-보 구조와 유사하게 거의 수직적인 라스터에 기초를 이루
고 있다. 로마시대에는 아치와 원의 형태가 다량으로 사용이 되었다. 그러나 그
들의 세계질서는 두 개의 수직 위에서 서로 축을 이루고 있었다. 로마의 도시설
계는 사각적인 라스터모양 안에서 이루어 졌고 그에 따라 도시적인 형태 단위
는 사각형이었다.(그림49~52)

　사람들은 사각적인 형태가 갖고 있는 경직성에 대하여 언제나 항의 하였다.
예를 들어 모리스 래피 두스(Moris Lapidus)는 다음과 같이 말하였다.” 도대체

그림 53 | Summit Hotel. Morris Lapidus. 1959. 뉴욕. 미국

왜 우리는 사각형 안에서만 생
각 하는가? 우리는 모든 형태 안
에서 건물을 지을 수 있다는 것
이 또한 나의 기본적인 철학이
다. 대지를 사각형의 형태로 팔
기 때문에 건물도 또한 사각적으
로 있어야 하는가? 나의 건물에
는 사각적인 것을 나중에 제거
하였다. 그러나 사람들이 모리스
래피 두스(Moris Lapidus)의 건
물을 정확하게 관찰한다면 최소
한 최후의 표현이 강하게 과장

했다는 것을 확인하게 된다. 호텔 정면이 가볍게 꺽이게 되면서 그 뒤의 호텔 공간이 사각으로 되고 다른 호텔처럼 그 사각적인 모서리가 끝내 사라지지 않았다. 그 의미는 건물의 어딘가에는 사각적인 요소가 남아있게 된다는 것이다. (그림 53)

삼각형과 피라미드

앞에서 이미 언급한대로 삼각형을 인식하는 것은 삼각형의 구조적 토대에 강하게 의존을 한다. 원과 정사각형에서 그 비율과 형태가 늘 동일하게 머무는 동안 직사각형에서는 또한 길이와 폭의 비율의 구조적 특성을 갖으면서 그 형태가 변경될 수 있다. 4개의 동일한 직각의 모퉁이에는 무엇이 남는가? 삼각형에서는 비율과 그 형태가 각의 크기에 따라서 변경이 될 수 있다. 다양한 삼각형이 갖는 공통점은 변의 개수와 모든 각의 합이 180도가 된다는 것이다. 앞에서 지금까지 언급한 모든 규칙적인 형태 중에 삼각형이 가장 불규칙한 것이다. 또한 이것이 왜 삼각형을 인식함에 있어서 구조적인 토대가 그렇게 중요한 역할을 하는지에 대한 이유도 된다.(그림 54)

원, 정사각형 그리고 삼각형은 가장 순수한 3개의 형태들이다. 이미 인간의

	●	⬬	■	▬	▲
비례	상수	변수	상수	상수	상수
구성	상수	상수	변수	변수	변수
각도의 크기	상수	상수	상수	상수	변수
변의 수	상수	상수	상수	상수	상수

그림 54 | 다양한 기본적 형태의 변수와 상수

문화 이전에 사람들은 이러한 형태를 수공예의 장식으로서 세계도처에 사용을 하였다. 원이 완결과 완성을 위한 표시가 되는 동안 삼각형은 구성이나 공격을 의미한다. 원은 내향적이고 안정적이다. 삼각형은 외향적이고 운동적이다. 삼각형은 그 간단한 구성 때문에 측정목적으로 언제나 사용되었다. 측정된 두 개의 초점으로부터 3번째 것은 이 두 개의 거리 도움을 받아 삼각자의 정확한 도움을 받지 않고도 측정이 가능해 지기 때문이다. 어떠한 삼각형의 형태를 선택할까 하는 방법은 나양한 이유를 통해서 정해질 수 있다. 이오 밍 페이(I. M. Pei)가 설계한 워싱톤 D.C에 있는 국제갤러리의 증축은 멀리 성채가 노출되어 보이는 상태의 삼각형 대지 위에 서 있다. 이 건물은 건물 전체 내부공간의 조직을 삼각형 대지에 담은 형태를 취하였다.(그림 55, 56)

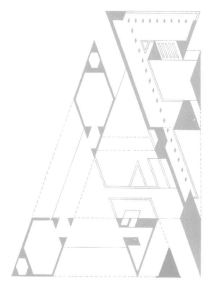

그림 55 | I. M. Pei. National 갤러리. 1978. 워싱톤. 미국. 3층 평면

샤키오 오타니가 설계한 교토에 있는 국제 세미나센터도 또한 삼각형 대지 형태 위에 지어졌다. 그러나 이 건물의 평면은 삼각형태는 아니지만 수직적으로 그러한 표현을 사용하였다. 이 형태는 한편으로 전통적인 일본의 건축형태와 연결이 되며 다른 면에서는 건물의 크기에도 불구하고 단조롭거나 둔탁해 보이지 않는 운동력을 나타낸다. 정사각형이나 사각형과는 반대로 삼각형은 구조적으로 명확한

그림 56 | I,the National Gallery,I.M.Pei, 1978, Washinton D.C, USA

그림 57 | Tetraederconstruction

그림 58 | Kenzo Tange, 지붕 지지구조, Expo 1970, 오사카. 일본

그림 59 | 사무실 건물, William Pereira, 1972, 샌프란시스코. 미국

형태이다. 삼각형의 형태로 놓인 몸체나 공간들은 그 스스로가 안정적이다. 그러므로 트러스에 다른 형태보다 더 많이 사용되는 특성이 있다. 전화기를 발명한 사람으로 우리에게 알려진 알렉산더 그레이엄 벨(Alexander Graham Bell) (1874-1922)은 공간적인 트러스의 개발에 있어서 삼각형의 토대에 선구자적인 일을 행하였다. 그는 이미 1800년도 말에 철심으로 흔하지 않은 사면체 구조를 주문 제작하도록 하여 트러스의 안정성을 알리려고 계획하였다. 오늘날에도 적용하는 바닥용 트러스를 만일 Bell이 선구자적인 업적을 남기지 않았

다면 지금도 생각할 수 없는 일이다.(그림 57~59)

　삼각형적인 평면을 갖는 피라미드로서의 사면체는 이 구조의 공간적인 기본
단위이다. 정 사각평면 위의 피라미드는 사면체와 함께 밀접하게 적용되었다. 그
리고 이것은 또한 정사각형이 대각선으로 놓여있는 대와 함께 피라미드가 전체
가 하나로서 안정적이 되도록 두 개의 삼각형으로 나누어진다. 입방체적인 형
태로서의 피라미드는 인식적인 기본적 현상이다. 원근법적인 거리감을 통하여
유클리드적인 공간 내에서 두 개의 수평적인 선이 우리의 시각적인 흐름 안에
서 마침내 서로가 만나기 위하여 흐른다. 사실적으로 함께 흐르는 모서리와 함
께 모든 입방체 형태를 우리는 피라미드의 한 형태로 동일하게 인식한다.

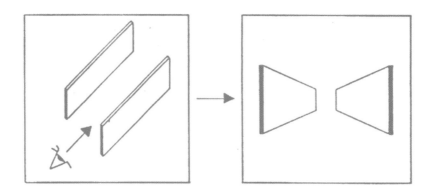

그림 60 ｜ 피라미드에 대한 함께 흐르는 선의 지각적인 현상

　피라미드 형태는 두 개의 양면성을 보여주고 있다. 하나는 아래로 무게가 점
점 더해가는 면의 형태를 갖고 있다. 즉 위에서 아래로 계속하여 무게가 증가

그림 61 | 기제 피라미드, 이집트

그림 62 | 사무실 건물, 1957, 계획안

하는 덩어리화 되는 면을 보여준다. 다른 면은 위로 갈수록 측면이 축소되는 형상을 보여주고 있다. 이렇게 형태가 변화되는 힘이 피라미드가 외형적이고 운동적인 형태로 만들어지면서 긴장감을 갖게 된다.(그림 61) 현대 건축에서 외형적인 현상이 피라미드 형태를 취한 것은 의외로 단지 몇 개에 불과하다. 삼각형의 안정성에서 지지 구조를 기초로 한 프로젝트는 의외로 아주 드물기 때문이다.(그림 62)

　루이스 칸은 필라델피아의 시민회관을 위하여 입방체 단위 상에서 뉴욕에 있는 관리 건물을 프로젝트로 제시하며 이 빌딩타입을 실질적으로 변경하지 않은 형태 안에서 전개하였다. "이 건물은 인위적 조형으로부터 의도적으로 나온 것이 아니고 그 형태가 갖고 있는 자체에서 나오는 스스로 존재하는 구조적

그림 63 │ Atomium, 1958, 브뤼셀, 벨기에

배열 같은 것을 상징화 한 것이다. 이것은 물리적인 질서에서 정신적인 질서를 요구하는 인간의 잠재적인 힘에 대한 믿음을 표현하였다. 이러한 경우 물리적인 현상은 외부의 영향 없이 발전되는 것을 뜻한다. 그리고 그곳에서 발생되는 공간 들은 인간을 위하여 사용이 되는 것이다."(그림 63) 여기서 건물을 보강하는 핵은 필요하지 않다. 왜냐하면, 전체 구조 자체가 보강 되기 때문이다. 이러한 장점에도 불구하고 이 형태는 또한 문제를 유발할 수 있다. 예를 들어 수직적인 연결이 시스템에 무리를 주거나 많은 비용을 감수해야 하기 때문이다. 그리고 경사가 전면의 면적을 크게 만들면서 유용한 사용면적을 잃게 되는 것이다.

6각형과 8각형

원은 무한한 각을 갖는 다각형으로 변형될 수 있다. 모서리가 규칙적인 다각형으로 많이 분해가 될 수록 원의 형태와 유사하게 된다. 규칙적인 6각형은 동일한 변을 갖는 삼각형을 60도로 회전한 6개의 삼각형으로 나눈 것과 같다. 이러한 기하학적 특성 때문에 6각형은 때로 평면의 단위로서 적용이 되기도 한다. 정사각형과 비교하면 6각형은 어느 정도 장점을 갖고 있다. 중심에 대한 모서리로부터 거리감은 정사각형과 같이 극적이지는 않다. 물론 시각적으로 원과 같지는 않다. 다른 면에서 6각형은 원보다 더 긍정적으로 다양한 혼합적 상자처럼 보이거나 훨씬 더 규모적인 구조로 보여 질 수 있다. 자연적인 크리스탈은 60도 각도상에서 만들어진다. 이것이 도시계획을 하는 자들이 60도 라스터를 사용하여 도시를 사각형의 시스템으로 만드는 이유이다. 정사각형 평면을 갖는 건물을 정면에서 바라보게 되면 뒷면에 보이지 않는 치수는 잃어버리게 된다. 즉, 우리는 육면체의 건물임에도 불구하고 정면을 단지 하나의 면으로만 보게 되는 것이다. 그러나 원통의 형태는 원이 보이지 않기 때문에 입방체의 형태로 인식하면서 원통의 몸체는 실질적인 정면을 갖지 않고 좌우 면과 함께 인식하게 되는 것이다. 그러나 정사각형이나 원과는 다르게 평면이 6이나 8각형이라면 한편으로는 정면을 보게 되고 다른 편으로는 몸체의 공간적인 깊이를 또한 볼 수 있게 된다.(그림 64) 종종 교회의 평면이 정사각형이거나 원형인 것을 보게 되는데 이를 8각의 형태로 옮겨야 한다. 이태리 교황청의 이전의 평면 형태가 원래는 8각형이었기 때문이다. 이는 또한 크리스트 부활 8일째와 같은 상징적인 의미를 갖고 있기도 하다.

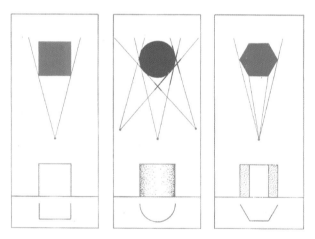

그림 64 | 정사각형. 원형. 그리고 6각형평면에서 입면의 인식

6 – 5

형태의 선택

　건축가의 작업에는 추상적인 생산모델을 공간적인 형태로 구체화시키는 의무를 갖고 있다. 또한 모든 설계과정에는 형태를 적합하게 탐구하는 작업도 포함한다. 형태탐구는 건축물리, 용도, 기후, 환경, 구조, 양식 등의 다양한 요소가 있으며 이 요소들의 의하여 작업이 영향을 받는다. 구조주의, 형태주의, 기능주의 등처럼 당시의 사조(경향)에 따라서 이 요소중의 하나가 나머지 다른 것 보다 더 중요하게 작업 방향에 영향을 줄 수 있다.

사조는 우리가 전체 건축사에서 계속하여 만나는 흐름과는 차이가 있으며 이는 양식과는 다르다. 건축은 다양한 영역이 작용하고 이들이 영향을 미치며 이를 계속적으로 해결해야 하는 과제를 갖고 있고 이들을 하나의 테두리 안으로 정리하는 작업으로 볼 수도 있다. 이것은 소위 건축이 사회적 그리고 심리적인 것을 중요하게 여기며 건축가가 건축의 장인이라는 사실이 중요한 의미를 나타낸다. 루이기 스노치(Luigi Snozzi)는 이에 관하여 다른 의견을 분명하게 언급하였다. "마지막 분석에서 건축이 마주치는 것은 곧 형태 문제이다. 그래서 나는 건축물의 문제에 대하여 접근 할 경우 설계자를 위하여 형태로부터 시작

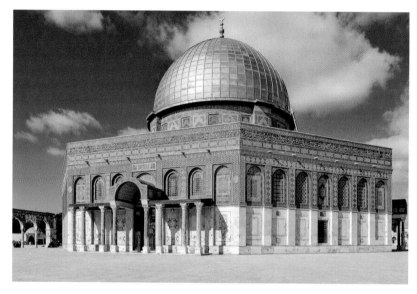

그림 65 | 예루살렘 돔. 692. 예루살렘

해야 한다고 생각한다. 그래서 나는 사회적 그리고 경제 등과 같은 다른 각도의 접근을 배제 한다."

구조나 기능이 형태를 결정한다는 의미는 형태를 무시하고 구조나 기능만이 형상 안에서 읽혀진다는 의미가 아니고 작업의 제일 요소였던 형상을 구성할 때 이 두 개의 요소를 반영하여 작업한다는 의미이다. 반대로 형태를 우선적으로 한다는 의미는 용도, 구조 그리고 모든 다른 요소 들이 그 밑으로 들어가야 한다는 뜻이다.

사실상 건축물에 대한 작업을 할 때 가장 중요한 것 또는 영향력 있는 요소가 어떤 것인가 하는 의문에 대한 대답을 명확하게 할 수 없다. 기껏해야 이 대답은 경우에 따라서 달라질 수 있다는 것이다. 형태보다 용도가 우선적으로

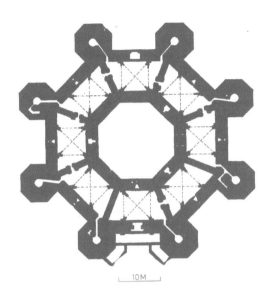

그림 66 | Castle del Monte, 1240, Apulien, 이태리

선행될 수도 있고 그 반대일 수도 있지만 어떤 경우이든 구조적으로 안정적이어야 하는 것은 있다. 앞의 단락 "아름다움의 이해"의 내용 중 현대건축에서 르 코르뷔지에(Le Corbusier)와 프랭크 로이드 라이트(Frank Lloyd Wright, Frank Lloyd)의 초기작품에 표현한 것을 보면 아름다움의 전형이 언제나 두 개로 다양하게 나타나는 것을 증명하였다. 여기서 시작단계로 보여주었던 수학적 형식을 바탕으로 현대기술과 엔지니어 미학의 대변자로 자동차와 비행기가 미학의 첫 번째로 적용이 된 것을 보았다. "미학에서 제 일의 형태는 당연히 아름다운 형태이다. 왜냐하면 아름다운 형태란 명확하게 이해되기 때문이다. 오늘날의 건축가는 더 이상 단순한 형태를 실행하지 않는다. 엔지니어(건축가)들은 이제 뛰어난 계산 방법을 알기에 이를 통하여 기하학적인 형태를 만

301

들 수 있으며 수학을 통하여 우리의 정신을 만족시키며 기하학을 통하여 우리의 눈을 만족시키는 방법을 안다. 그들의 작품은 이제 위대한 예술로 향하는 선상에 있다." 프랭크 로이드 라이트(Frank Lloyd Wright)는 자신의 미적인 이해를 보이기 위해 자연의 우아함과 미를 보여주는 규칙 그리고 질서를 자연으로부터 더 많이 이끌려고 시도했다. 또한, 이러한 이론은 형태를 결정하는데 적절한 방법으로 쓰일 수도 있다. "건축가가 과거, 현재 그리고 미래를 강요하는 어떤 선입관적인 형대를 관리하는 것이 아니라 건축재료의 성질, 목적의 근원에서 나오는 상식적이고 단순한 법칙이나 형태가 아니라 건축가의 의도에 따라서 결정되거나 또는 건축가가 원한다면 상식 이상의 것을 일으켜야 한다. 즉, 은행이 그리스 사원처럼 보일 필요가 없고, 대학이 사원처럼 보일 필요는 없다. 소방서가 프랑스의 대 저택과 비슷한 이와 같은 경우가 종종 있다. 형태는 기능을 따르기도 하지만 중요한 것은 기능과 형태가 하나라는 것이다." "형태는 기능을 따른다"는 말은 기능주의자 들의 모토이며 프랭크 로이드 라이트(Frank Lloyd Wright)의 스승 루이스 설리번(Louis Sullivan)에 의하여 표현이 되었다.

우선적으로 지난 20세기에 기능주의자 들의 가장 중요한 대표자 중의 한 사람은 이 사조의 시작부터 잘 알려진 발터 그로피우스(Walter Gropius)이다. 그는 1923년 다음과 같이 표현을 하였다." 우리는 기계, 라디오 그리고 빠른 자동차가 있는 이러한 세계에 잘 어울리는 건축가를 원한다.그리고 건축물의 기능이 형태에 대하여 분명하게 인식될 수 있는 그러한 관계 속의 건축물을 원한다. "기능주의자 들은 건물에 있어서 분명하고 실질적인 요구에 따라 만족할 만한 해결이 결과적으로 나와야 하며 미는 자동적으로 나와야 한다는 생각을 주장했다. 직접적으로 목적은 미를 수반한다. 종종 이러한 논리는 자연과 함께 증명이 되기도 한다. 그러나 이미 앞에서 확인한 것과 같이 자연 속에서 형태는 어떠한 경우에도 기능을 따르고 있다. 형태와 기능 사이의 이 요약은 오늘날에도 자주 오해를 불러 일으켰고 그리고 현재도 일으키고 있다. 이는 다양하게 해석될 수도 있다. 프랭크 로이드 라이트(Frank Lloyd Wright)는 자연 속에 있는 모든 것은 자신의 위치를 갖고 있다는 견해를 갖고 있으며 과하지 않고 모든 것이 서로 간에 질서를 잘 유지할 것이라는 견해도 갖고 있다. 그는 이러한 관점을 건축에도 적용하였다.

이러한 사고 속에서 르 코르뷔지에(Le Corbusier) 또한 자신의 초기 작품에 자신이 기능주의자임을 최소한 보여주었다. 그는 단지 자신의 관점을 자연으로만 국한 시킨 것은 아니고 기술적인 것에도 이끌어 냈다. 또한 루이스 칸은 다르게 표현을 하였다. "만일 이 두 개를 생물체로 여긴다면 형태는 기능을 따른다고 말할 수 있다. 그리고 그에 상응하는 부분은 분명한 방법상에서 어떻게 기능을 해야 하는가 하는 것이다. 어떤 건물이 개개의 사람에게 어떻게 영향을 주게 되는가에 대한 고려는 기능의 문제가 아니다. 나는 기능이라는 단어가 기술 위에 이주한 것이라는 것과 같다고 생각한다. 어떤 건물이 또한 심리적인 기능 또한 만족시켜야 함은 아무도 말할 수 없다. 왜냐하면 심리적인 것은 기능이 아니기 때문이다. 기능적 경향이란 내가 심리적인 반응을 불러 올 수 있는 능력을 갖추는 것이다. 사고와 이해 사이에 놓인 차이점처럼 단지 존재하는 것이라고 말할 수 있다. 기능적인 경향은 곧 이해이다. 그러나 사고는 욕구에 따라 사람들이 조절할 수 있는 것은 아니다. 건축은 기능이 이미 기본적으로 적용 되어진 곳에서 시작을 한다." 칸은 대부분의 건축이 갖고 있는 과제에서 다수의 형태적인 해결이 가능할 때 기능적으로도 모두 만족 시킨다고 최종적으로 생각을 하였다. 일반적으로 분명한 기능은 어떤 하나의 형태만을 단순하게 허락하지 않는다. 즉 명확한 하나의 기능을 위하여 다양한 형태가 나올 수 있다는 가능성을 말한 것이다. 폴 루돌프(Paul Rudolph)는 이에 비슷한 의견을 갖고 있다. "진지하게 생각해 보자. 형태적 미학은 어떤 동작(기능)안에 끊임없이 있다."

"내가 작업하는 모든 프로젝트는 몇몇의 형태적인 성격을 나타낸다. 이것은 직관의 영향을 받은 것이다. 나는 모든 것이 기능주의 적으로 되어야 한다고 결코 주장하지 않는다. 건축이 단순히 기술과 어떤 프로그램상에 기초를 두고 있다고 말하는 것은 무의미하다. 건축은 하나의 예술이다. 그러나 어떻게 인간이 필요한 형태로 접근하는가? 내가 이러한 물음에 답할 수 있는지 나는 확실하지 않다." 또한 르 코르뷔지에(Le Corbusier)는 형태를 형성하는 것이 건축의 결정적이고 최종적인 포인트라는 의견을 갖고 있다. "형태에 대한 완전한 숙달은 건축가를 위한 시금석이다. 이러한 숙달을 통하여 그가 예술가인가 또는 아닌가를 결정한다." 물론 그에게 있어서는 형태가 명확하게 질서를 갖고 있어야 함이 바탕으로 깔려있다.

마찬가지로 필립 존슨(Philip Cortelyou Johnson) 또한 이러한 방법으로 형태주의에 관하여 알렸다. "미스에도 불구하고 나에게 건축은 언제나 형태가 우선이다. "당연히 미스 또한 훌륭한 형태에는 반대적인 입장이 아니다." 나도 형태에 반대하는 입장은 아니고 단지 형태를 목적으로 삼는 것에 반대하는 것이다… 형태가 단순히 목적이 되는 것은 형태주의로 흐르는 것이다. … 형태화하지 않은 것이 형태로 넘치는 것보다 더 낫다. 하나가 무가 되면 다른 하나가유가 된다." 크리에(Krier도 루이스 설리번(Louis Sullivan)의 유명한 글 "형태는 기능을 따른다"에 반대의 입장을 취하였다. "기능은 형태를 따른다." 는 우선적으로 혼란스러운 말이지만 그는 정당성을 갖고 주장하였다. 예를 들어 영원을 생각하며 건물을 지은 고대 이집트처럼 아직도 반세기 이상 더 많은 기간을 고려하여 지은 많은 건물이 있지만 이제 이 기간이라는 것이 오늘날에는더 이상 큰 의미가 없다. 오늘날에는 용도(기능)에 따라서 그 형태의 변경 가능성이 아주 빠르게 나타나고 있기 때문이다. 특히 이러한 변경이 산업 분야에서극적으로 나타나고 있다. 즉, 빠르게 발전하는 기술 때문에 짧은 시간에 전체산업 분야가 계속적으로 변화하고 있다. 이 영향으로 건물 또한 다양한 기능을 가능한 수용해야 하는 기능성 덩어리로 사람들은 인식하고 있으며 건축물이 주거나 공간의 의미보다 여러 기능을 종합적으로 또는 융복합적인 기능을담고 있는 단순한 덮개의 의미의 보자기처럼 오늘날에는 인식되고 있다.

여기에서 기능은 형태를 따른다는 의미가 생긴다. 산업건물이 중고 자동차처럼 시장에서 제공되는 물건이라면 더 기능적일수록 훨씬 시장성이 좋을 것이다. 사실 재활용(Recycling)이라는 단어 또한 건축에 도입이 되었다.(재건축) 오래된 건물의 재생이라는 이 의미는 피터 블레이크(Peter Blake)의 저서 "Form follows fiasco"에 이미 묘사되었다. (Blake, P: Form follows Fiasco,Boston,1974)) 여기에서 그는 시대의 변화에 따라 건물이 비 기능적이

그림 67 | 하중과 지지의 원리. 피르테논 신전. 기원전 438 아테네. 그리스

되면서 재생을 통하여 공간적이고 미적인 질이 더 개선된다고 책의 마지막에 서술하고 있다. 확실한 용도는 이 형태 속에 지배적이고 극적인 구조를 포함하고 있다. 피에르 루이지 네르비(Pier Luigi Nervi)는 100미터 이상의 높은 건물에는 그 보다 낮은 건축물보다 더 안정적인 구조를 갖기 위하여 전체적인 현상으로 구조적인 부분이 나타난다는 것을 증명하였다. 그리스 사원을 보면 하중과 지지의 원리를 명확하게 읽을 수 있는 이 현상이 나타나고 이 건물들이 구조적인 건물임을 이미 알고 있다.(그림 67)

로마의 조적식 아치는 여러 방향에서 오는 석재 하중의 구조적 원리를 명확히 읽을 수 있다.(그림 68) 그리스의 사원은 로마의 조적식 건물과는 다른 형태 언어에 의하여 표현이 되었다. 직사각형의 망판(Raster) 위에서 하중의 흐름이

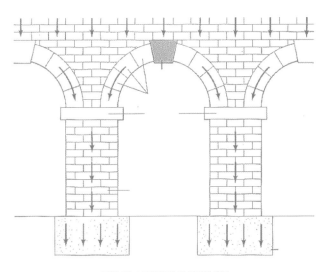

그림 68 | 로마의 아치. 하중의 흐름

기초로 가는 첫 번째 현상이 생기는 동안 두 번째는 아치의 원에서 받는 형태의 흐름에 의한 지배가 나타난다. 두 개의 다양한 형태적인 표현이 보이지만 두 개 다 안정적인 시스템에 잘 어울린다. 그리스 사원에서 보이는 압축력이 아치 안에서는 횡력에 의하여 최종적으로 강하게 저항한다. 그러니까 형태라는 것이 안정적인가 하는 사실성에 좌우 된다는 의미로 하나의 형태를 유지한다는 것은 안정성을 유지한다는 의미와도 같다는 뜻이다. 즉 형태라는 것이 그 스스로의 안정성을 갖지 못하면 추구하는 형태도 유지 할 수 없다는 의미이다. 사실 19세기에 지어진 건물의 대부분이 그 이전 과거의 양식이나 양식의 부분을 모방한 것이다. 독일의 예술가였던 앙리 반 데 벨데(Henry van de Velde)는 산업화의 영향으로 독일이 규격화되고 표준화되는 것에 반발하여 말하기를 "사물의 실질적인 형태가 모두 덮어져 사라져 버렸다. 왜냐하면 그 시대는 형태의

그림 69 | 블라드미르 티틀린. 제 3 인터내셔널 기념탑 계획안. 1922. 모스코바

그림 70 | 파리박람회 에펠탑. 구스타프 에펠. 1889. 파리 프랑스

위조와 과거에 대한 반란이 도덕적인 반란이었기 때문이다." 그러나 산업화에 후발주자였던 독일이 영국의 산업화를 살펴보고 돌아와 규격화와 표준화를 해야만 앞서 나간 다른 유럽국가를 따라갈 수 있다고 주장하며 독일연합을 계획하였던 헤르만 무테지우스(Herrmann Muthesius)가 1911년에 다음과 같이 서술하였다. "형태는 다시 자신의 권리를 찾아야 하며 그것을 현재에 취급할 수 있도록 우리 시대의 기본적인 과제를 반영해야 하고 특히 시대에 부흥하여 모든 예술적인 형태변경의 내용이 있어야 한다." 그러나 이러한 요구에도 불구하고 건축가에게 먼저 직접적으로 일에 영향을 주지 않고 단지 공예와 건축시공업자에게 먼저 영향을 주었으며 그들이 오히려 건축개발에 강한 영향을 주었다. 이유는 당신 산업화의 영향으로 봇물처럼 쏟아져 나온 재료와 기술을 건축가가 소화하기에는 무리였고 이를 다룰 수 있는 공예가와 기술자들이 전면에 나설 수 밖에 없었던 이유도 있다.

예를 들면 에펠탑을 세운 구스타프 에펠(Gustave Eiffel)이나 교량 기술자 로베르 마이야르(Robert Maillart)가 대표적인 예이다. 또한 Naum Gabo와 앙투안 페브스너(Antoine Pevsner) 두 조각가는 1920년에 모스크바에서 "사실적 표명"이라는 것을 공개하였다. "우리는 장식적인 선을 배제한다. 우리는 형태 내에 내적인 힘의 방향을 규정하고 형태에 헌신하는 예술작품 속의 모든 표현적인 선을 다만 요구할 뿐이다." 이와 함께 그들은 구조주의에 대한 기본적인 원리를 서술하였고 이에 영향을 받아 오늘날 구조주의의 창시자로 여기는 러시아 건축가 엘 리시츠키(El Lissitzky), 형제 Wesnin과 타틀린(Tatlin)의 건축에 커다란 영향을 주었다.(그림 69) 이러한 전개는 몇몇의 기술자와 다른 사람들의 선구자적인 업적이 없었다면 결코 가능할 수 없었다. 에펠탑은 깔끔한 구조적인 과제였으며 런던의 왕실 식물원과 파리의 중앙시장이 이러한 선구자적인 기술자가 있었기에 그러한 업적을 남길 수 있었다.(그림 70~72)

　이 작업을 보게 되면 설리반의 발언 "형태는 구조를 따른다"는 말을 이해 할 수 있다. 오늘날의 건축물을 구조적인 건축물에 기준을 두었을 때 두 가지 그룹으로 구분할 수 있다. 첫 번째 그룹에 관하여 루이스 칸이 다음과 같이 서술하였다. "우리가 기본적으로 설계를 연습할 때 나 전체 또는 부분적인 요소를 표시하는 부분에서 장식이 우리의 설계방법의 주된 관심의 표현으로 자연스럽게 생겨날 것이다. 이 과정에서 원치 않았던 관이나 설비의 재료가 가볍고 소리가 발생한다고 해서 일시적으로 얼버무리거나 숨기는 것은 무의미한 것이다. 바라는 것은 그것이 무엇이든 자연스럽게 만들어지는 것이지 이를 거부하게 된다면 전체 건축가 단체, 엔지니어, 시공업자 그리고 설계자를 도면 표현에 있어서 압박하게 될 것이다." 모든 건물은 자연스럽게 구성된다. 칸이 요구하였던 것은 예술을 구성하는 것처럼 이미 있었던 무엇인가를 나타낼 줄 아는 진지함과 용기이다. 이 요구는 새로운 것이 아니다. 19세기의 위대한 기술적인 건물은 정확히 그것을 행하였다.(그림 71, 72)

　두 번째 그룹은 구조가 전체적인 형상을 결정하고 구조가 미적 동기로 작용하여 전체설계의 목적이 되며 그 건물의 구조가 건축물을 계산함에 지배적인 요인이 되는 것이다. 그러나 구조적인 시스템이 건축물에 계속하여 중요하게 나타나야 하며 이것이 지속적으로 이어질 것인가에 대하여 당시에

그림 71 | 왕실 식물원 온실. 드시무스 버튼 / 리차드 터너. 1844~1848. serrey. 영국

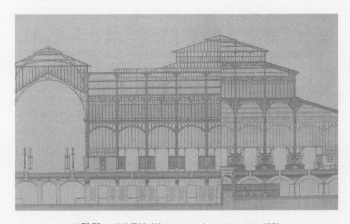

그림 72 | 파리 중앙시장. V. Baltard f. E. Callet. 1886. 파리

도 끊임없이 논쟁이 되었으며 현재도 이는 진행 중이다. 예를 들어 필립 존슨 (Philip Cortelyou Johnson)은 Buckminster Fuller의 둥근 지붕이 있는 건물에 대하여 다음과 같이 표현하였다.(그림 45, 46) "나는 아직은 건축물이라 부를 수 없지만 하늘을 상징하며 자유롭게 있는 둥근 지붕을 반대하지는 않는다. Bucky(Buckminster)가 그 둥근 부분에 문 하나를 설치하려고 시도하는 것을 보았는가? 그러나 그는 그것을 결코 끝내지 못하였다. 또한, 그는 그 위에 덮개도 결코 만들지 못하였다. 이렇게 그 건물은 말끔하고 놀라운 조각품처럼 하나의 견본품으로 남게 되었다. 그러나 건축물은 조형물이 아니다. Bucky Fuller는 이 건물에서 간단하게 해결해야 할 것 조차도 시도하지 않은 채 문제를 갖고 있기 때문이다. 예를 들면 건물에서는 어떻게 사람이 나가고 들어와야 하는지도 그는 해결하지 않았다. 건축물 작업에 있어서 하나의 구조만을 집착하고 고집하게 되면 그 구조는 위험하게 된다. 명확한 구조, 명확한 표현, 마지막에는 그 자체가 적용되는 건축물이 되도록 믿고 이를 작업으로 인도할 수 있어야 한다. 독일의 건축가이자 엔지니어 프라이 오토(Frei Otto)가 설계한 뮌헨의 올림픽 경기장의 지붕을 보면 위한 그 지붕 구조자체가 표현형상에 반영되고 전체적으로 투영되어 나타나있다.

모든 디테일을 형태구조 속에서 명확하게 읽을 수 있고 기둥과 케이블이 갖고 있는 힘의 흐름이 말 그대로 흐르고 있다.(그림 73) 그러나 전체적인 형상이 구조적인 모습으로 되어 있는 여기에서 또한 의문을 가질 수 있다. 지붕구조의 전체적인 형상으로 부담스럽게 반드시 될 필요는 없고 부수적인 요소로 나타날 수도 있다. 여기에서 필립 존슨(Philip Cortelyou Johnson)이 앞에서 언급한

그림 73 | Montreal olimpic, Frei Otto, 1972, munchen, 독일

그림 74 | 퐁피드 센터, 렌조 피아노, 리차드 로저스, 1971-1977, 파리, 프랑스

요점이 적용된다고 생각해 볼 수도 있다. 건축가 렌조 피아노(Renzo Piano)와 리처드 로저스(Richard Rogers)가 파리에 설계한 퐁피두에도 구조적 형상이 전체 건물에 명백하게 나타나고 있다.(그림 74)

지지와 접합의 방법을 나타내는 루이스 칸의 요구가 여기서는 만족스럽게 표현된 것이다. 여기에는 두 개의 건물타입이 구조적으로 표현되었고 이 건물에는 유례없는 특징을 보여주는 형상이 만들어졌다. 그리스의 골조건물과 로마의 곡선구조처럼 유사한 상황이 여기도 또한 두 개의 다른 안정적인 시스템 속에서 다른 형태의 현상이 표현되었다. 뮌헨에 있는 지붕 구조는 50미터 거리로 당겨진 인장력을(그리스의 골조구조) 구조시스템이 지배적으로 보여주는 반면 퐁피드 광장의 기둥은 압축력이 작용하는 이중의 횡력이(로마의 곡선시스템) 요구되는 것이 보인다. 여기서 하나는 곡선적인 형태를 보이고 다른 하나는 사각형의 형태를 나타내고 있다. 퐁피드 광장을 인식 할 수 있는 위치로부터 바라보면 여기에 일정한 독창적인 각이 있음을 알 수 있다. 이 각의 영향으로 그 건물의 주변과 비교를 하면 건물이 더 복합적이고 새롭게 보이며 예측할 수 없는 상황을 만든다.

동선, 지지설비, 정면표피, 설비 등 인식적으로 잘 구분이 되어있지만 이렇게 커다란 정보의 양이 있음에도 불구하고 거기에는 어떤 기호적인 형상이 있기 때문에 예측이 더 어렵다. 도식화로 되는 가능성이 충분히 있기 때문이다. 정면은 다양한 면으로 구성되어 있으며 의미론적이고 미적인 정보의 배분 또한 균등하게 되어있다. 미세한 기하학, 컬러(수도관은 녹색, 계단과 에스컬레이터는 붉은색, 수도관은 녹색, 지지 구조와 공기 공급 파이프은 흰색, 공기 조화 시스템 파이프는 파랑색.) 그리고 음양의 조화가 우리의 무의식을 깨우면서 설비와 에스칼레이터, 전체 구조가 무엇보다 서로간의 거리감을 충분히 유지하면서 이를 시각적으로 우리에게 분명하게 어필하고 있다. 건물은 우리의 호기심을 잠재우고 동시에 우리의 감각에 오히려 말을 건다. 그 건물이 거대한 볼륨에도 불구하고 건물은 방문자를 거부하지 않고 마주보며 서 있다.

구조는 거대한 외벽을 풀어헤치면서 내외의 관계를 허락하였다. 이를 통하여 건물의 거대한 정면은 관찰자가 전체를 측정하는데 충분하며 가능한 깊이 (건물 앞 광장의 폭)를 포함하고 있다. 건물의 볼륨과 전면에 위치한 자유로운 광장 사이에 건물을 전체적으로 바라볼 수 있는 시각적 경험이 강하게 되면서 그 사이에 긴장감이 존재한다. 우리는 이 건물을 통하여 어떻게 건물의 시각적 표현이 다양한 외견을 통하여 표현될 수 있는가, 어떻게 형태에 기능과 구조가 표현될 수 있는가 그리고 왜 이러한 흐름이 올 수 있는가를 보았다. 건물에 따라서 인식적인 개성이 기능, 구조 또는 다른 견해에 의하여 표현되더라도 모든 건축물이 다양한 형태를 내포하는 형상을 이제 다시 갖게 된 것이다.

어떤 관점에서 성공적인 형태가 선택 될 것인가? --- 모든 양식은 정신적 내용을 표현하기 위하여 형태적인 수단을 사용하는데 구조가 이 정신적인 내용에 상응하는 그러한 형태에 적용되면서 양식을 시각적으로 볼 수 있게 만든다. 이러한 이유로 형태가 중심에 있다는 의미가 아니며 - 그렇지 않으면 우리는 형태주의자에 대하여 논하게 된다 - 형태는 단지 정신적인 표현의 수단으로 사용된다는 것이다. 원의 형태는 모든 면이 동일하다 그리고 방향도 없으며 아무런 신호도 보내지 않고 중심점을 향한 중앙이 있음을 의미한다. 르네상스의 이상에 이러한 원의 성격이 잘 맞는다. 그 때문에 르네상스는 이 형태를 기본적인 모델로 사용하였다. 이렇게 정신적인 내용의 기본적 상태가 변경되면서 이와 함께 건축양식도 이에 유용한 형태로 변경을 한 것이다. 그리고 이와 함께 또한 이 시대가 좋아하는 형태의 스펙트럼이(분산) 생긴 것 이다. 그 때문에 형태는 양식의 특수성이 또한 되는 것이다. 내용과 형태 사이의 이러한 정리는 모든 시각 예술에 적용된다. 추상적인 그림은 어떤 진술(내용)을 만들고자 시도한다. 즉 추상적인 것이 곧 정신적인 내용을 갖고 있다는 뜻이다. 이 때 사용된 색과 형태는 이 소식을 전달하기 위한 수단이 되는 것이다. Rudolf Arnheim 은 이렇게 주장을 하였다. "매력적인 구성은 단지 시각을 통하여 생긴다. 구성에 있어서 이해를 돕는 방법으로 학문적인 묘사는 사실적인 현상과의 사고범주 내에서 서로 간의 대응관계를 통하여 나타나게 된다." 화학적인 형태를 이해하는데 문자나 숫자를 사용하는 것은 시각적인 인식을 도우려고 형태화 시켜 그 의미를 나타내는 것이다. 정신적인 내용의 모든 추상적인 표현을 갖고 있는 모든 건축적인 작품도 그들의 구조적인 특성의 표현을 이해시키기 위하여 특별한 형태를 통하여 묘사하고 이를 이해하는데 과거의 견본에 따라서 이해가 된다. 이해하기 위해서는 이를 돕기 위한 일정한 형태언어가 필요하다.

6-6

형태적인 모순

한 건물의 형상을 보면 그 건물의 시각적인 현상을 돕거나 이해할 수 있게 드물지만 전체적인 형태의 주를 이루는 하나의 기하학적 형태로 구성이 되어 있다. 이러한 형태가 전체 형상이 표현하는 기본 형태라고 말할 수 있다. 그리고 그 주 형태 곁에는 부차적인 형태가 있음을 찾아야 한다. 때로 이 주형태와 부차적인 형태의 건축적인 구성이 서로간에 모순이 되고 이와 함께 긴장감을 일으키는 많은 형태로 되어있는 경우도 있다. 이를 위한 좋은 예로 루이스 칸의 Unitarie 교회를 예로 들 수 있다.(그림 75) 원과 정사각형의 특성이 부분적으로 모순을 이루고 있다. New Haven에 있는 예일 대학의 예술 겔러리 내부에서 칸은 3개의 기본적인 형태를 갖고 작업을 하였다. 이 건물의 평면은 사각형 위에 만들어 졌다. 그 형태는 또한 천장이 삼각형 모양의 벌집형태의 천장으로 구성되어 있는 전시공간을 취하였다. 그리고 개방된 수직 연결은 둥근 모양의 계단 코아 안으로 집어 넣었다.(그림 76)

칸의 건축이론은 그가 형태적으로도 구분을 한 "제공하는 것"과 "제공받는 것"의 차이에 그 근본을 두고 있다. 메인 각 층의 전시 공간으로 연결을 해 주는 계단의 둥근 코아는 제공하는 공간이다. 이 공간 들은 다시 제공받는 공간이 된다. 만일 벌집천정이 다른 기능을 나타내야 한다면 어느 정도의 거리를 갖고 벌집모양의 천정이 삼각형의 형태 안에서 만들어져야만 하는가 하는 의문이 생긴다.

원과 정사각형이 상대성 또한 상징적인 의미를 가질 수 있다. 옛날 중국에서 정사각형이 대지와 인간의 관계를 구체화 하는 동안 원은 하늘과 자연의 상징 이었다. 이러한 이원성이 형태적으로 건축에서도 표현이 된다. 한나라의(기원 전 206 -기원 후220) 사원배치는 실질적으로 당시 중국 사회의 전체적인 관계 구조의 형태적 표현으로서 원과 정사각형의 기본적인 형태를 사용하여 지어 졌다. 두 개 또는 다수의 기하학적 기본형태가 동일한 가치를 갖고 사용될 수 는 없다. 즉 하나는 다른 것을 지배할 수 있거나 두 개가 제 3의 형태를 소멸시 킬 수 있다. 바로크 교회에서 보여준 많은 평면에는 타원형을 소멸시키는 사각 형과 원의 조합이 있었다. 건축적인 구성에 있어서 전체적인 이미지를 만드는 데 동질의 것들이 모여 배열 될 수도 있지만 언제나 그런 것은 아니고 다양한 요소도 함께 쓰일 수 있으며 여기에는 그 가치의 규칙을 적용할 수도 있다. 이 러한 구성은 엄격한 배열을 따르거나 또는 자유로운 구성이 될 수도 있다. 즉 그 요소가 중심적, 선형 또는 방사형으로 배열이 될 수도 있고 또는 어떤 특수 한 전체형태를 형성할 수도 있다.

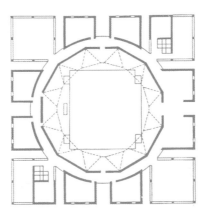

그림 75 | Louis. I. Kahn. Unitarier 교회. 초기도면. 1959. Rochester. 미국

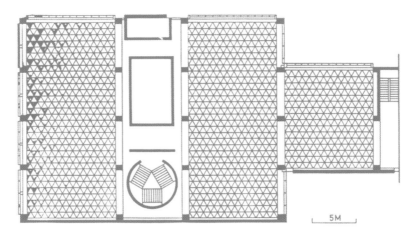

그림 76 | Louis. I. Kahn. Unitarier 천정격자가 있는 갤러리. 1953. New Haven. 미국

7

조화

HARMONY

7 – 1

하모니와 균등함

하모니에 대한 이해를 하기 위해서 정신과학이나 자연과학에서 찾아볼 수 있다. 미학에서는 하모니를 모든 질서나 현상 등이 일치하는 것을 나타낸다. 고대 그리스의 신화를 보면 하모니는 전쟁의 신 아레스(Ares)와 미와 사랑의 신 아프로디테(Aphrodite)의 딸이다. 하모니의 작용은 두 사물의 연결 상태에서 발생한다. 또한 동양의 노자 사상에도 하모니의 의미가 기본적으로 나타난다. 무엇인가를 인식한다는 의미는 대조가 되는 것과 요약이 된다는 것에서 가능하다.

어떤 형태가 있는데 그 형태가 갖고 있는 배경과 구별이 되어 개체로서 존재할 때 그것은 비로서 형태로서 보여지게 된다. 이럴 경우 동시에 사물이 하나의 형태로서 인식될 때 비로서 하모니의 작용하게 되는 것이다. 인식은 명확한 원리에 따른 질서 속에 있다. 즉, 질서가 없다면 인식도 희미하거나 존재하지 않게 된다. 여기에서 질서란 곧 형상적인 방법 보다는 오히려 논리적인 이해를 바탕으로 한다. 즉, 어떠한 사물을 보았을 경우 논리적으로 이해를 하지 못하면 인식도 형태도 어떠한 것도 인식하는데 체계적인 질서를 줄 수 없다는 것이다. 인식을 함에 있어서 우선적인 원리는 학문적인 표현을 따른다. 그리고 두 번째가 예술적이다. 좋은 예로 피타고라스는 하모니에 대한 이해를 돕기 위하여 수학적인 배열을 먼저 시도했다는 것이 앞에서 말한 학문적인 표현, 곧 첫 번째의 경우를 뒷받침 해주는 것이다. 하모니는 건축미학의 원칙이다. 하모니는 단지 공간차원만을 제한하는 것이 아니라 재료, 색 그리고 표면의 구조 또한 결정해 주어야 한다. 그리고 일반적인 것에 고도의 질서를 그 밑에 깔고 있어야 한다. 시각적인 인식에서 하모니는 시각적인 균형을 요구한다. 모든 물리적이고 심리학적인 구조는 가능한 긴장감을 적게 하고 일정한 상태에 도달하려고 시도를 한다. 즉, 균등한 질서 속에 있으려고 시도를 한다.

예를 들어 정확히 직각을 이루지 않는 사각형을 바라보면 자동적으로 시각적 기관의 작용에 의하여 90도 각에 적용이 되려고 한다. 대부분의 형태는 시각적인 균등함을 찾으려는 가능성을 시도한다. 모든 측정된 구성 속에 있는 요소들은 "모든 것은 맞는 자리에(일반적인 상황) 있어야 한다"는 반응을 하고 변경이라는 의미는 곧 무질서를 의미한다. 불균형은 모순적인 형태로 안정적이지 않다. 만일 인식함에 있어서 불균형이 일어나면 균등함이 지배적이 된다. 여기에서 두 개의 요소가 중요한데, 그것은 힘의 "방향"과 "무게"이다. 임의적인 물리적 무게에 관계없이 모든 형상은 다양한 영향력에 의하여 결정이 되는 인식적 무게를 갖고 있다.(단락 6-3 그림 6)

이렇게 형태에 나타나는 현상이 인식함에 중요한 역할을 하고 있다. 즉 크기,

형태, 명도 그리고 색이 사물의 균등성을 결정하는 중요한 요소로 존재할 수 있다. 밝은 사물은 그 보다 작은 사물이 갖고 있는 무게와 동일한 무게로 보여질 수 있다. 반대의 경우도 적용될 수 있다.

두 번째 요소는 질량적인 형상이다. 예를 들어 작지만 덩어리로 보이는 콘크리트 건물이 인식함에 있어서 가벼운 막 구조의 커다란 볼륨과 같이 균등한 인식을 줄 수도 있다.(단락 5-2 그림 32~34) 세 번째 영향력은 사회-심리학적인 성향에 의하여 결정이 되는 내부적인 의미이다. 예를 들어 무덤이나 기념비는 창고보다는 시각적으로 더 무거운 느낌을 줄 수 있다. 무게에 있어서 방향은 우리의 균등한 인식에 영향을 미칠 수 있다. 방향 또한 여러 방법으로 인식함에 영향을 준다. 역학적인 형태는 방향을 내포하고 있다. 어떤 현상이나 분명한 표시는 의미론적으로 방향을 내포하고 있다. 예를 들어 정지해 있는 자동차나 그려진 화살표는 그 자체에 방향을 나타내는 것과 같다.

7 - 2

긴장감

모든 인식에는 일정한 긴장감이 작용을 한다. 소위 형상의 법칙은 모든 자극내용이 그 형태에서 나온 구조가 가능한 간단하게 되도록 해석 된다는 사실에 그 기초를 두고 있다. 이는 곧 긴장감을 의미한다. 그림 1을 인식함에 있어서 우리는 선의 혼란스러움, 흑과 백의 대조, 흐트러진 점 그리고 마침내는 아무것도 인식하지 못하면서 마침내 이것을 긴장된 형태 구조로 인식하게 된다. 그러나 이러한 긴장감 속에서 다른 한편으로 인식을 하기 위하여 어떤 질서를 찾으려 노력하고, 일정한 구조를 확인하려 하면서 긴장감을 해소하려고 시도한다. 그러나 다른 면에서는 오히려 압박과 긴장감을 경험하는 것을 선호하는 것도 있다. 이러한 모순성에 관하여 로버트 벤츄리는 다음과 같이 그의 건축물과 함께 요약하였다. "앤디 워홀(Andy Warhol)이 말하기를, 나는 지루한 것을 원한다. 그리고 우리는 우리의 건물에 의도적으로 지루한 형상을 만들면서 한편으로 우리는 이것을 긴장되게 만들려고도 한다. 우리는 그 형상에 긴장감을 갖고 오려고 노력을 하고 긴장감이 있는 건축물은 지루하지 않다" 루돌프 아른하임(Rudolf Arnheim)은 이에 관하여 다음과 같이 서술하였다. "긴장감이 증가

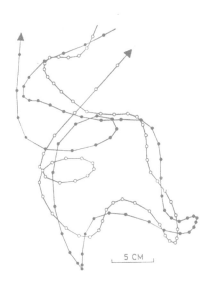

그림 1 | 두 비행기의 비행경로

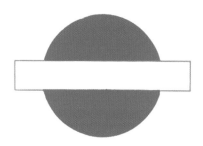

그림 2 | 원이 다른 요소에 의하여 가려졌으나
원래의 형태인 원을 충분히 상상할 수 있다

하고 또한 긴장감이 감소하는 경향 사이에서 상호작용으로서 인간적인 정신을 기대할 수 있기 때문이다. 이 대립의 이중성을 이미 여러 번 접하였다. 이러한 이중성이 또한 조화를 위한 조건이 될 수도 있다. 긴장감이 곧 무질서한 것을 의미하는 것은 아니다. 긴장감과 질서 사이에는 어떤 요약이 있다. 긴장감이 미세할 때는 대부분 간단한 질서를 찾을 수 있다. 반대로 복잡한 배열을 갖고 있는 것에 오히려 긴장감이 존재한다. 건축의 역사를 살펴 보면 문화와 양식이 간단한 배열에서 복잡한 배열로 주기적으로 변화해 왔음을 알 수 있다. (단락 2-4의 그림 9) 이 의미는 긴장감도 증가했다는 것을 말한다. 즉 배열이 복잡하면 할수록 긴장감이 커진다. 또한 복잡한 배열이나 긴장감 등이 오히려 이해를 하는 부분 보다는 감정적인 것에 더 의존하는 것을 증명하였다.(단락 2-4의 그림 12) 이 때문에 외향적인 개성구조를 갖고 있는 사람은 내향적인 사람 보다 더 많은 긴장감을 느낀다. 긴장감은 다양한 방법으로 만

들어진다. 기본적으로 복잡함이 클 수록 모순이 증가하고 질서는 더 적어진다. 플로렌쯔에 있는 도서실 라우렌찌아나의 전실 형상을 보면 미켈란젤로 부오나로티(Michelangelo Buonarroti)는 기둥을 벽의 끼워 넣었다. 여기에서 지지와 하중의 사이에 발생하는 관계는 어디에 그 긴장감이 생기는지 명확하지 않다. (단락 5-2의 그림 25) 여러 모양이 겹쳐 가려진 부분을 보려는 욕구가 생기면서 그것이 곧 긴장감이 된다.(그림 2

그림 3 | 원과 십자가를 이루는 끊어진 선이 원래의 형태를 떠올리는데 충분하다

참조. 그리고 3과 비교) 그림 2에서 뒤 부분은 완전한 형태를 이루지 않고 단편적으로 보인다. 뒤 부분이 다른 면 안에 놓여 있기 때문에 관찰자의 위치에 따라서 그의 상태가 앞에 놓인 부분으로 바뀐다. 바로크에서는 이러한 경향을 사용하여 의도적으로 환각을 만들고 이와 함께 사실과 속임 사이에 긴장감을 만들어 낸 것이다. 경사는 긴장감을 만들어내는 실질적 요소이다. 경사는 수평과 수직적인 구조의 이탈로 취급되기 때문에 그것을 동화시키려는 의지가 자동적으로 생기는 것이다. 그래서 원근법적인 경사를 자세하게 본다면 수평적으로 되려고 한다. 즉, 이러한 종류의 인식적인 그림은 적은 긴장감을 원한다. 선에 관한 단락 6-4에서 과거 일본 건축의 지붕의 선이 한편으로는 수평과 수직 사이에 있지만 다른 면에서는 긴장감을 준다는 것을 묘사하였다.(그림 4) 긴

장감은 언제나 습관적인 원칙에서 벗어나면서 발생을 한다. 구부러진 형태의 곡선은 그 운동력에 의하여 만들어질 수도 있다. 원의 투영으로서 타원형은 그 형태 안에 약간의 불확실한 것이 들어 있다. 또한 직사각형은 정사각형 보다 더 불확실하며 그 때문에 더 많은 긴장감을 만들어 낸다. 바로크 건축에서 직사각형은 황금분활의 비율이 적용되지 않았다. 이것이 조화롭지 못하게 느끼기 때문에 긴장감을 만들어 낼 수 있다.

긴장감이 형태와 비율에만 국한된 것은 아니다. 긴장감은 또한 익숙하지 않으며 상반된 배열에서도 나타날 수 있다. 우리는 고딕교회가 두 개의 공간배열을 갖고 있음을 보았다. 즉, 단상으로 향하는 수평적인 동선과 하늘을 향하는 수직적인 모순이 동시에 나타난다. 이러한 이중성은 전체 공간에 매우 불안정한 평형상태를 내포하는 긴장감을 만들어 낸다. 공간과 형태를 나타내는 방법에서 이러한 형태적 분열을 보이는 것이 교회가 갖고자 하는 이상적인 원칙이다. 즉, 보호와 해방이 그 의도의 하나라면 위협과 벌하는 것이 또 다른 면이다.

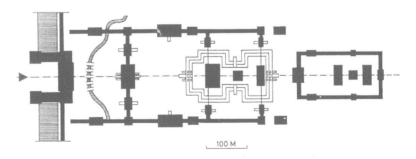

그림 4 │ 북경에 있는 황제 궁의 중간영역. 중국. 15세기(단락 6-4 그림 17~18과 비교)

이러한 비슷한 형상을 우리는 과거의 중국건축에서도 발견한다. 고위관직의 관청, 사원 그리고 황제의 궁궐처럼 개방적인 기능을 갖고 있는 건물은 강한 좌우대칭을 보여준다. 이 배치에서 직사각형으로 된 본관 건물은 주축에 수직 건물의 장축이 가로 놓여 있다. 그리고 주변 건물은 양쪽으로 평행하게 주축을 향하여 놓여 있는 것이다.(그림 4)

여기에서 주축의 주변으로 좌우대칭을 강조하고 다른 면에서는 주축을 따라서 이미 방향을 인식한 사람의 심리 속에 본관 건물에 의하여 막혀 있음을 넌지시 암시하고 있다. 좌우의 주변 건물은 다시 그 위치에서 다른 방향으로 계속 이동할 것을 권유하는 형태를 갖고 있다. 여기에서 의미하는 것은 하부에 배열된 것은 긍정적으로 상위적으로 배열이 된 것은 움직임에 부정적임을 나타내는 것이다. 이렇게 야기된 긴장감을 통하여 본관 건물의 중요성과 그 기능을 강조하게 된다. 여기에서 또한 동양의 컨셉인 "A도 B도" 즉 공존의 원리를 분명하게 보여준다.

7 – 3

비율과 척도

비율은 조화를 나타내는데 중요한 요소이며 동시에 건축에서 논쟁의 가치가

있는 문제이다. 비율은 형상의 도움으로 설명이 되어질 수 있으며 비율에 대한

이해는 다양하게 정의가 된다. 건축에서 비율은 최소한 두 개 이상의 크기 관

계를 나타낸다. 기본적으로 두 개의 종류 이상에서 기하학적으로 비율에 의하

여 산술적으로 구분된다. 산술적인 비율은 기본적인 것, 즉 간단한 숫자 상으

로 볼 수 있다. 예를 들어 그리스 사원의 부분 부분은 모듈을 사용해 지어진 것

이다. 르 코르뷔지에(Le Corbusier)가 기초화 한 모듈 황금분활은 기하학적인

비율이다. 각 요소의 크기 관계가 서로 구학적인 관계를 갖고 있지 않고 기하

학적인 작업의 도움으로 표현되었다. 유클리드에 의하여 처음으로 그 관계가

묘사된 이것은 두 개의 동일하지 않은 부분 안에서 작은 것이 더 큰 것에 관계

를 갖고 전체 거리를 만들어 내며 일정한 거리를 나누는 것이다. 대 수학의 형

태로서 a : b =b : (a +b)의 형식을 갖는다.(그림 6) 실험적으로 사각형이 황금분

활의 관계에 의하여 변의 길이가 있을 때 이상적인 비율을 갖는다는 것을 나

타냈다. 즉 인간이 아름다움으로 찾을 수 있는 형태가 평균적으로 이 규칙안

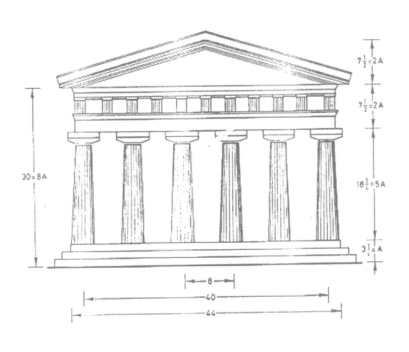

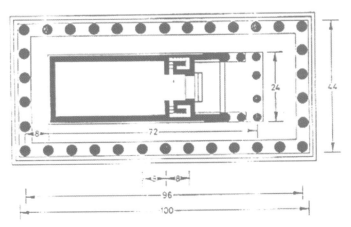

그림 5 | 산술적인 비례. 기원전 510의 아테나 사원. 도리아식 기둥의 측정값(32.8)

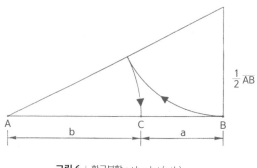

$$\frac{1}{2}\overline{AB}$$

그림 6 │ 황금분할 a : b = h : (a+b)

에서 된다는 것이다. 예를 들어 황금분할같이 우리는 왜 안정된 분명한 비율을 찾는가? 전체적인 요소에서 좋은 형상의 법칙에 따라 완벽하지 않은 형상이 인식적으로 점차로 개선되는 것이다. 황금분할에 따라서 변의 관계가 만들어진 사각형은 좋지 않은 비례를 갖는 정사각형도 아니고 분명하게 정렬된 보

그림 7 │ 르 코르뷔지에의 모듈

또한 아니다. 단지 좋은 형상을 갖고 있을 뿐이다. 이것은 모든 사각형이 가능한 황금분할을 따라야 함을 말하는 것이 아니다. 예를 들어 바로크 건축에서는 이러한 사각형이 직접적으로 사용된 것은 아니다. 이는 의도적으로 긴장감을 만들려고 했기 때문이다. 인간은 한편으로 질서가 있기

를 원하며 자신의 내부에 평안을 바라는 명확함과 절제를 필요로 한다. 그러나 다른 면에서는 다양성과 긴장감을 삶 속에 필요로 하기도 한다. 이러한 형태는 양식에 의존하지 않는다. 그러나 형태의 적용이 시대와 연관은 되어있다. 그에 반하여 비례는 우주적이고 시간을 초월한 것이다. 이에 관한 좋은 예로 콜린 로우(Colin Rowe)가 발견한 안드레아 팔라디오(Andrea Palladio)와 르 코르뷔지에(Le Corbusier)의 두 빌라에서 나오는 비례의 유사성을 볼 수 있다.(그림 8) 16세기 중반에 베니스의 말콘텐타(Malcontenta)에 귀족을 위하여 안드레아 팔라디오(Andrea Palladio)가 설계한 빌라는 강한 좌우대칭을 갖고 있는 견고한 건물이다. 공간들은 커다란 십자형의 중앙공간을 중심으로 그룹을 만들어 있고 전체적인 평면은 가로축 안에서 2 : 1 : 2: 1 :2의 리듬을 갖고 공간이 나뉘어져 있다. 세로 방향으로도 가로축과 비슷한 공간 구분을 보이고 있다. 르 코르뷔지에(Le Corbusier)의 집은 1927년에 갸흑슈(Garches)에 세워졌다. 형태적으로 이 두 개의 집은 거의 유사성이 없다. 갸흑슈(Garches)에 위치한 빌라는 한 두 개의 첨가적인 내력벽을 갖고 있는 골조구조이다. 이 집의 평면은 비대칭이다. 그럼에도 불구하고 안드레아 팔라디오(Andrea Palladio)의 빌라가 갖고 있는 격자는 이러한 대칭을 갖고 있는 평면으로 놓여 있다. 안드레아 팔라디오(Andrea Palladio)가 그 견고한 벽을 격자 선상에 배치하고 비례 또한 형태적인 표현으로 하는 동안 르 코르뷔지에(Le Corbusier)는 단지 기둥을 격자 안으로 집어 넣었다. 르 코르뷔지에(Le Corbusier)의 건물에서 비 내력벽은 공간이 전체적으로 아주 다른 형태를 만들어 내도록 배치되었다. 여기에서 다른 형태적인 표현을 위하여 지지구조의 비례는 의도적으로 숨겨버렸다. 르 코르뷔지에(Le Corbusier)는 안전적인 이유로 산술적인 비례를 사용하면서 작업을 하였으나 기하학적인 비례에서 다른 형태를 수반하기도 하였다. 즉, 개방된 테라스가 폐쇄적인 요소가 있는 건물 부분에 황금분활에 상응하는 3 : 5의 관계를 표현하였다. 르 코르뷔지에(Le Corbusier)가 작업을 한 것과 같이 안드레아 팔라디오(Andrea Palladio)의 작업도 음악에서의 시간 차처럼 편안한 박자로 이끌어 내는3 : 4, 4 : 4 그리고 4 : 6(다르게 표현하면 1 :1과 1/3, 1 : 1, 1 : 1과 1/2)의 비례를 보여주고 있다. 건축과 음악의 관계는 이미 비트루비우스(Vitruvius)가 관심을 끌었다. 건축의 구성에 관한 그의 첫 번째 저서 시작에는 그는 인상적인 표현에 대하여 다음과 같이 말하였다. "건축가들은 음악에서 무엇인가를 이해한다. 이와 함께 건축가들은 음향의 이론과 톤의 수학적인 관계에 관하여 결정적인 것을 알고 있다." 안드레아 팔라디오(Andrea Palladio)는 그의 초기 설계에 음악적인 비례를 적용하였다. 말콘텐타(Malcontenta)에 있는 빌라도 예외는 아니다. 르 코르뷔지에(Le Corbusier) 또한 음악과 밀접하

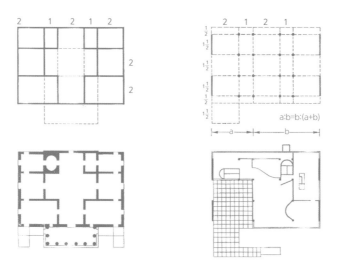

그림 8 | 16세기에 지어진 Malcontenta에 위치한 Andrea Palladio의 빌라에 보이는 비례(왼쪽)와 Garches에 위치한 Le Corbusier의 빌라의 비례를 비교. C.Rowe가 비교함

게 연결이 되어 있다. 그의 어머니와 형제는 음악가였다. 많은 유명한 음악가 들은 솔직히 그들의 설계가 때로 음향적인 소리구조의 영향을 받았다는 것을 알고 있다. 좋은 예로 에리히 멘델손(Erich Mendelsohn)이 잘 알려져 있다. 그는 설계를 할 경우 언제나 바하의 음악을 듣는다. 건축과 음악의 관계가 단순히 몇 몇의 건축가 들이 좋아하고 흥미를 갖는 다는 것에 국한된 것은 아니다. 이에 관한 앙투안 페브스너(Antoine Pevsner)의 표현을 보면. "바로크와 음악가 사이의 평행선이 단순히 정신적인 구조가 의도적으로 적용된 것이 아니고 예술적인 질에도 도달을 하려는 사실에 있다." 그 영향이 그러나 한 면만을 강조 한 것은 아니다. 스틴 라스무센(Steen Rassmussen)은 초기 기독교의 성가가 당시의 건축에 지대한 영향을 주었다는 필립 호프 에드워드 Bagenal(Hope Bagenal)의 이론을 지지하였다.   로마에 위치한 지금의 베드로 성당의 이전 형태는 다섯 개로 나뉘어진 바실리카였다. 초기 교회의 형태와 크기는 일상적인 목소리의 노래나 가사 내용 전달이 불가능했다. 그러나 이를 변경하여 다시 울리게 만든 것이다. "이 때문에 사람들은 미사나 낭송을 리드미컬한 목소리의 흐름으로 이해할 수 있게 되었다. 특히 좋은 공명을 이 교회공간이 가능하게 해서 명확한 톤을 제공하는 것이 가능하게 했다. 만일 사람들이 이 공간 안에서 음향이 풍부한 라틴어 모음을 울리게 하면 더 풍부한 음향을 들을 수 있다. 톤은 모든 방향에 있는 면에 머물다가 사람들은 마치 돌이 말하는 것과 같은 소리를 듣게 될 것이다." 찬송가나 기도에서 나오는 박자는 전달되는 내용이 교회의 뒤 부분에서 이해가 되도록 울리는 메아리의 정확한 길이에 의하여 결정이 된다. 그레고리 교회음악은 초기의 베드로 성당의 크기와 형태에 맞추어서 만들어 진 것이다. 크기 간의 관계 속에서 비례는 평면이나 건물의 정면과 같은 면에만 단지 국한된 것이 아니다. 우리가 이미 그리스 사원에서 평면이 정면처럼 유사하게 조화를 이루며 조형을 만들어 내는 치수 단위상에서 지어졌다는 것을 보았다.(그림 5) 또한 안드레아 팔라디오(Andrea Palladio)의 비례가 단순히 평면에만 국한된 것은 아니다. 그의 첫 번째 책에서 방의 높이가 그 공간의 높이에 좌우 된다는 것처럼 "방의 높이"에 관하여 그가 자세히 기록을 하였다. 그러나 그는 조화 속에서 전체공간의 나열과 몸체구성에 관하여 서술하였다. 비센짜에 있는 키에리카티(Chiericati) 성에서 공간의 크기는 중간, 즉 작은 공간 들을 건물의 날개 부분에 단계적으로 놓으면서 중심에서 메인 공간을 취했다.(그림 9) 이 건물에서 가장 작은 공간은 뒤 부분에 위치한 12 X 18이고, 다음은 18 X 18, 그리고 18 X 30로 점차 큰 공간이 앞으로 나오면서 메인 공간은 마침내 16 X 54의 크기로 되어있다. 만일 메인 공간의 길이가

그림 9 | Andrea Palladio. Chierricati 성 공간의 크기 관계. 1550. 비센짜. 이태리

18을 갖는다면 모든 공간의 폭과 길이는 6개로 나뉘어졌을 것이다. 그리고 공간의 관계가 음악적인 조화와 유사한 2:3, 3:3, 3:5 그리고 1:3의 비례를 갖게 되었을 것이다. 이 건물에서 작은 공간 들의 비례는 안드레아 팔라디오(Andrea Palladio)가 "아름다움의 일곱 가지와 가장 좋은 비례적인 공간의 종류" 로 계산한 공간의 타입과 맞아 떨어지는 것이다. 즉 다음과 같다. 사각형이 (1:1, 1: 루트표시 필요) 같은 변의 관계를 갖는 것이다. 만일 사람들이 이 성의 가운데의 중앙공간이 반원 형태의 평면에 그 변의 길이가 있는 것으로 고려를 하였다면 인식적으로 전체의 길이는 54의 폭으로 줄어들었을 것이다. 비례를 갖고 작업을 하는 것이 건축가 안드레아 팔라디오(Andrea Palladio)에게는 가장 중요한 요소 중의 하나였으며 또한 그가 아름다움에 대한 견해를 나타내는 포인트이다. 어떤 비례를 인식하기 위하여 측정된 절대적인 크기의 관계만 있는 것은 아니다.

그림 10l 단위에 있는 건물

인식은 다양한 다른 요소에 의하여 영향을 받게 될 수도 있다. 예를 들면 색이 주는 느낌은 비례의 시각적인 인식을 변경할 있다. 우리는 오늘날 고대 이집트의 건축이 이전에 부분적으로 그려졌다는 것을 보아도 오늘날과는 다르게 경험 되어졌다는 것을 상상할 수 있다. 하나의 비례는 주변 조건에 영향을 줄 수 있다. 예를 들어 단 위에 놓여 있는 어떤 건물의 전체적인 비례는 직접적으로 바닥에 놓여 있는 동일한 건물과는 다르게 인식이 된다. 단은 바닥으로부터 건물을 분리시키면서 건물을 전체적으로 하나의 독립적 개체로 나타내기 때문이다.(그림 10) 만일 건물과 대지 사이에 명확한 시각적인 구분이 존재하지 않으면 건물이 계속하여 대지의 표면 아래로 내려가고 그 때문에 다른 비례를 갖는 것 같은 인상을 줄 수 있다. 공간비례의 도움으로 동적인 작용이 생길 수 있다는 말이다. 즉, 인식이라는 것이 관찰자에게 있어서 이미 주어진 방향 안에서 움직이게 하는 의지가 생기는 방향성을 갖게 된다는 것이다. 비율이 다양한 크기가 갖고 있는 관계에서 서로간의 정보를 주는 동안 척도는 실질적인 크기에 관하여 작용을 한다. 한 건물의 실질적인 크기는 언제나 이 건물을 사용하는 사람이나 관찰자에 대한 관계 속에서 작용한다. 간접적으로 척도는 우리에게 사물과 관찰자 사이에 존재하는 크기에 관한 정보를 준다. 비례처럼 유사하게 척도 또한 인식에 영향을 준다. 분명한 형태는 척도와 함께 자체의 상징적인 의미를 변경할 수 있다. 즉 다양한 의미를 그로부터 얻을 수도 있다는 것이다. 어떤 구 형태의 내부 공간은 인간적인 척도 안에서, 즉 크지 않은 미터를 갖는 지름에서, 보호와 안전에 대한 감정을 나타낼 수 있다. 그러나 만일 그 크기가 거대해지면 안전에 대한 느낌은 사라지게 된다.(그림 11, 단락 2-5 그림 15) 형태가 그대로 유지되었음에도 불구하고 공간은 이제 반대적인 작용을 나

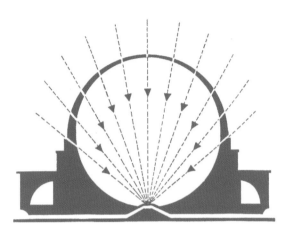

그림 11 | Etienne-Boullee. 뉴톤 기념비 단면. (계획안). 1784

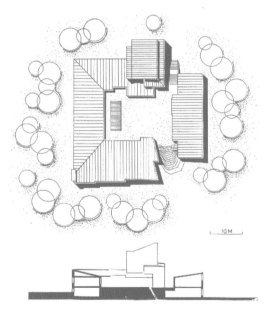

그림 12 | Alvar Aalto. 시청. 1952. Saynnatsalo. 핀란드

타낸다. 이러한 공간에서 관찰자는 공간에서 오는 압도적인 감정을 갖게 되고 "무"의 상태가 된다. 척도 또한 양식의 일 부분이기 때문에 분명한 표현을 명확하게 하는데 도움을 주기도 한다. 건축의 경험이 통계학적은 아니다. 관찰자가 어떤 건물을 먼 거리에서 정확한 치수를 인식하는데 소위 변수가 작용을 한다. 척도는 비록 우리가 건물에 가까이 다가 가더라도 변경이 될 수 있다. 로버트 벤츄리는 현대에 와서 다양한 척도가 있는 것을 더 이상 찾아 볼 수 없다고 주장하였다. 동일한 건물에 이러한 다양한 척도가 공존하는 것은 근거리 보다 더 먼 거리에서 보는 것이 분명하다.

전체 건물의 형상과 그 건물의 구조적인 특성이 일정한 거리 밖에서 읽혀지는 것에 반하여 디테일과 장식은 가까이서 읽혀지는 매력이 있다. 그리스 사원은 한 두 개의 비례 속에서 표현되어 있다. 이러한 크기 관계는 척도 안에서 찾는 것이 옳다. 전체 건물의 형상은 각 요소를 측정하면서 결정되기도 한다. 알바 알토(Alvar Aalto)는 Saynatsalo에 위치한 동사무소 건물은 동네 사람들이 모임을 갖을 수 있도록 마당을 중심으로 그룹을 형성하고 있다고 말하였다. 마당은 친근한 성격을 갖고 있으며 이 때문에 주변환경에 나무의 바다로서 충분한 친환경적인 개체를 형성하고 있다. 내부 정원의 높이는 한 단계를 높였고 이렇게 이 건물의 한 층의 정면은 건물이 바깥 쪽으로 3층의 형태를 취하면서 안으로 삼각지붕이 흐르고 정원의 크기는 스케일적인 비례를 유지하면서 구성되었다. 이를 통하여 주변 숲의 스케일 또한 취하게 된다. 이와 함께 건물의 시각적인 크기는 임의의 공간적인 관계에 일치가 되면서 작용한다.

그림 13 | 기자 피라미드, B,C3세기, 기자, 이집트

라스 베가스 거리를 보면 많은 간판들이 있는데 이것들을 인식함에 위치에 따라 그 스케일이 다르게 나타난다. 즉, 도로를 걷는 사람들에게 있어서 이 간판의 크기는 크게 작용을 하지만 반대로 자동차 안에서는 자동차의 속도에 맞추어 먼 거리에서도 인식할 수 있어야 한다.인간적인 척도로서 크기에 대한 선택의 근원은 인식을 돕기 위하여 기술적인 것이 뒷받침 되어야 한다. 즉, 크기는 속도와 관계가 있다. 초 인간적인 척도를 사용 할 경우 또한 이와는 다른 이유에서도 그 스케일 선택에 있어서 뚜렷한 목적이 있어야 한다. 예를 들어 기념비의 선택에는 언제는 권력이 바탕으로 깔려 있다. 또한 일정한 크기 안에서 인간적인 스케일을 벗어나기도 하지만 크기를 보이는 것 이상으로 작용하기도 한다. 피라미드의 형태가 갖고 있는 실질적인 크기를 상상하는 것은 쉽지 않다.

왜냐하면 위로 함께 흐르는 각 모서리의 선은 원근법적인 작용을 더욱 강하게 표현하고 그 몸체가 위로 끝없이 나아가는 이미지를 갖고 있기 때문이다. (그림 13) 이러면서 피라미드는 사실상 인간적인 스케일을 잃어 버리고 피라미드의 기념비적인 성질 안에서 신과 파라오의 권력의 상징으로서 고대 이집트가 갖고 있는 하나의 상징으로서 작용을 한다. 또한 바로크의 공간에서는 스케일적인 개념을 포기하면서 공간의 시각적인 연장을 통하여 영원함 속으로 초월적인 존재를 나타내려 하였다. 런던에 있는 크리스탈 궁의 세부적인 건축물은 이와 유사한 작용을 시도하려 하였다.

비 스케일적인 것을 나타내고자 하는 의도에는 때로 숭고함을 의미하려는 의도 또한 있다. 고딕 교회의 내부 공간은 일반적인 것과 크기의 비교도 관찰자 자신과의 비교도 가능하지가 않다. 이러한 내부공간은 칸트가 말한 것처럼 어느 것과도 비교를 할 수 없는 절대적인 그 자체의 스케일을 갖고 있다. 프리드리히 실러(Friedrich Schiller)는 그의 논문에 "숭고한 것에 관하여"라는 내용을 적었다." 숭고한 감정은 혼합된 감정이다. 전율로서 최고의 단계 속에서 표현이 되는 고통의 요약이다. 그리고 황홀감으로 상승되는 기쁨의 요약이며, 동시에 실질적인 쾌락인지 아닌지, 모든 쾌락의 섬세한 정신에 연결되어 선택된다." 라고 말하였다.

7 – 4

대칭

대칭이라는 단어는 그리스에서 유래를 했고 근본적으로 우아하고, 조화를 이루고 그리고 아름다운 자태를 의미한다. 대칭이라는 단어가 오늘날처럼 밀접하게 이해 된 것은 아니었다. 비트루비우스(Vitruvius)이 서술하기를" 사원의 형태 구성에 있어서 법칙상 건축가가 정확한 대칭을 유지해야 했다. 그러나 이것의 유례는 그리스에서 유추한 비례에 의하여 나타난 것이다. 비례는 전체 건물을 종합적으로 연결함에 있어 계획된 부분을(모듈) 전체적인 기본치수로 기초화 할 때 나타난다. 이러한 과정을 거치면서 비례를 통해 대칭의 구조가 나온다. 대칭에 있어 비트루비우스(Vitruvius)은 각 부분의 관계를 이해하고 전체에 적용하는 기초에서 일어나는 것이라고 말하였다.

   대칭은 비례를 이해하는 것과 밀접한 관계를 갖고 있으며 미는 이 과정에서 생기는 것이다. 오늘날 대칭의 이해는 과거 보다 더욱더 밀접해 졌고 그 이해는 안정적인 공간의 배열구조를 만들 수 있음을 의미한다. 이러한 배열은 다시 조화로움을 인식하는데 도움을 주고 과거의 사고 속에서 미를 발견 함에 관계가 있다. 수학과 물리는 대칭을 구분하는데 다양한 방법으로 사용된다. 예를 들어 투영 대칭, 회전 대칭, 병진 대칭 그리고 교환 대칭이 있다. 포여 죄르지(George Polya)는 1924년에 2차원적인 장식을 위하여 17개의 다양한 대칭이 가능하다는 것을 수학적으로 증명하였다. 놀랍게도 고대의 이집트는 그들의 장식에 이미 이러한 17개의 방법을 사용하였다. 건축에서 대칭은 대체로 2개의 방법 속에서 제한을 받는다. 좌우대칭과 투영적인 대칭이 그것이다. 좌우대칭은 일정한 축을 중심으로 하나의 부분이 180도 회전 한 것을 칭한다. 이러한 방법을 통하여 우리는 하나의 축을 중심으로 좌우에 동일한 모양을 얻게 된다. 투영적인 대칭은 동일한 모양을 연속적으로 반복하는 것을 의미한다. 우선적으로 좌우대칭에 대하여 알아보자. 이것을 자연 속에서도 찾을 수 있다. "이유가 있어야 하지만 그 이유를 계속해서 찾을 필요는 없다. 대칭은 평등함이 지배하는 곳에 존재를 한다."

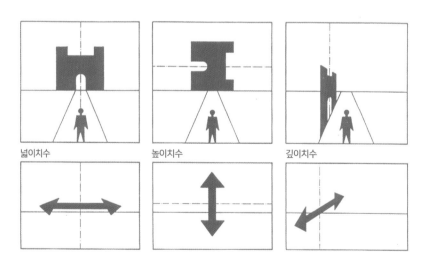

그림 14 | 좌우 대칭의 경험은 움직임의 방향에 상응한다

Scharfer는 분명하고 명확한 평형상태를 존재하는 조건에서 대칭은 조건에 평등한 상태를 갖고 와야 한다고 말하였다. "헤르만 바일(Hermann Weyl)은 또한 물리적인 균형에 관하여 말한다. 우리는 이미 이전에 시각적인 균형이 물리적인 조건과 같이 유사한 조건에 그 기초를 두고 있는 것을 보았다. 인간과 동물에게 있어서 내부적인 조직이 대부분 대칭이며 이것이 또한 외부의 형태에 영향을 준다. 외부적인 형태와 함께 연결된 평형분배는 정확히 내적인 분배가 대칭에 어떠한 영향도 갖지 않아도 물리적인 중력에 영향을 받는다. 외적인 형태가 대칭을 이루지 않는 동물은 거의 없다. 아돌프 포르트만(Adolf Portmann)은 속이 다 들여다 보이는 동물은 오히려 내부의 기관이 대칭을 이루고 있다는 흥미로운 관찰을 하였다.

내부가 대칭을 이루지 않게 배열이 된 모든 것은 불 투명한 덮개로 쌓여 있다. 이러한 이론을 건축과 연결 시킨다면 내부가 대칭을 이루는 건물과 그렇지 않은 건물의 외관을 추적해 볼 수도 있다. 대칭은 균형에서 발생이 되고 일반적인 것을 표현한다. 이는 곧 대칭이 아닌, 비 대칭이 오히려 예외적인 것을 형성한다는 말이다. 대칭은 투영적인 것으로서 공간 수학적으로 인식되지만 공간 내의 위치와는 무관하다. 수학적으로 모든 면에 균등한 방향은 주관적으로 3 방향을 갖고 있다. 즉 좌/우, 위/아래 그리고 전/후를 말한다. 이 의미는 건축물을 시각 함에 있어서 건물과 관찰자 사이에 있는 공간적인 관계가 결정적인 역할을 한다. 어떤 사물의 대칭은 그 사물의 위치에 따라서 다양하게 경험되어지기 때문이다. 즉 움직임의 방향에 따라서 넓이치수의 대칭, 높이치수의 대칭 그리고 깊이에 따른 치수의 대칭에 상응한다.(그림 14)

그림 14을 보면 넓이치수의 대칭에 대한 것이 좌우대칭보다 더 강하게 반응

그림 15 | 타지마할. 약 1650. Agra.인도

을 한다. 즉, 관찰자가 사물의 축 위에 서있기 때문이다. 즉 시야가 정열이 되고 긴장감이 적은 균형을 잘 인식하기 때문이다. 그러나 이러한 긴장감은 때로 좌우대칭적인 건물에도 나타나게 된다. 이러한 것은 이차적인 건축적 요소와 함께 작용할 수 있는데 예를 들면 주 축에 놓인 분수가 방문자를 시각적인 축 안에 머물지 못하게 하는 경우이다.(그림 15)

높이 치수와 깊이 치수의 대칭은 너비의 대칭에 의하여 기본적으로 축의 양면에서 방향의 다양성에 따라 영향을 받게 된다. 중력 때문에 우리는 위로 향하는 방향을 반대로 아래로 경험을 하게 되고 이에 따라 이 방향에 좌우되어 다양한 값을 얻게 된다. 깊이 치수에서 축은 앞과 뒤로 나뉜다. 즉 관찰자는 하나의 방향만을 경험하게 되고 그 뒤에 놓인 것은 다르게 상상을 한다. 너비치

수 안에서 대칭은 정면과 면을 강조하고 깊이에 대한 인식을 억제한다. 한편으로 대칭은 깊이 치수 안에서 역동적인 분배를 통하여 깊이에 대한 경험이 더 강하게 된다. 깊이 치수를 투영함에 있어서 인식할 수 있는 좌우대칭에 대한 것은 의도적으로 발생한다고 볼 수 있다. 깊이는 길과 움직임을 내포하지만 대칭은 정적이며 균형적이다. 또한 너비치수 내에서 좌우대칭이 절대적인 투영성은 아니다. 왜냐하면 공간 내의 배열에서(단락 5-5 공간내의 질서) 수학적 위치로 볼 경우 좌우 사이에 어떠한 구분이 없다는 것을 우리는 이미 알고 있다. 시각적인 인식과 그것의 사회-심리적인 해석에서 그 두 개의 면은 어떠한 동일한 가치도 없다. 그러나 이러한 차이를 의도적으로 인식하지는 않는다. 이러한 차이는 우리의 잠재의식 속에서 우리의 인식에 영향을 줄 뿐이다.

인간은 비 대칭도 동일하게 대칭처럼 마음에 들어 한다. 긴장에 대한 요구는 불규칙적인 배열에서 이미 다루었다. 샤르트르(Chartres)의 중앙사원 서쪽 입구 정면은 비 대칭이다. 아래 부분은 아치형태이지만 두 개의 탑은 완전히 다르다. 두 개가 다른 시간 대에 만들어졌기에 서로 다른 형태를 갖고 있다는 사실이 충분한 이유가 될 수는 없다. 이러한 일반적인 것이 전체 현상을 혼란스럽게 만들지는 않지만 긴장감을 줄 수는 있다. 이 비대칭이 정면에 어느 정도는 안정감을 상실하면서 외형적으로 다이나믹하게 작용을 한다.

좌우대칭은 단순하지만 한 편으로는 명확한 배열구조 중의 하나이다. 규칙적인 것을 통하여 명확한 조직과 정열된 관계를 갖고 있다. 그러나 대칭이 단순히 배열을 의미하는 것은 아니다. 기능 또는 프로그램이 이러한 배열에 포함되지 않는다면 투영성이 약간 명확하지 않을 수도 있다. 또한 균형은 안정적인 비 대칭에서도 나올 수 있다. 어떤 사물을 측정하는 저울이 그 무게에 맞추어

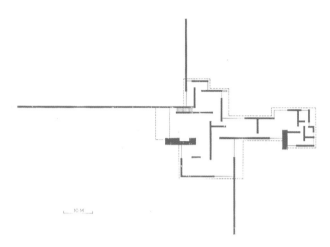

그림 16 | Ludwig Mies van der Rohe. 농가. 1923(계획안)

서 시각적으로 균형을 이루는 것과 같다. 19세기에 대칭은 아주 다양했다. 젬퍼(Gottfried Semper)가 대칭, 비례 그리고 움직임의 자유 등 "3개의 형상적 요소" 를 아름답고 단위적인 형태의 근본으로서 나타냈다. 그러나 오토 바그너(Wagner, Otto)는 비 대칭에 대하여 완전히 반대의 입장이었다.

20세기 초에 양식의 "고정화" 에 대한 반대 운동으로서 이전 세기의 건축설계에 당시까지 남아있던 많은 부분이 거절되었다. 폐쇄적인 공간 계획과 함께 대칭이 모두 외면을 당했다. 테오 반 되스부르크(Theo van Doesburg)은 1924년에 요소적인 형상의 이론에 관하여 기록하였다. "과거의 건축물이 다른 한 쪽도 뻣뻣하고 동일하게 단순한 반복을 하고 있다. 대칭인 투영을 갖고 있는 것이다." "새로운 건축물은 대칭인 부분에 동일하지 않은 선택된 관계를 적용한다. 즉, 위치, 크기, 비례 그리고 상태를 통하여 기능적인 원인에 따라 서로간에 구분이 되는 그러한 부분을 원하는 것이다. 이 부분은 불균형의 균형에서 기

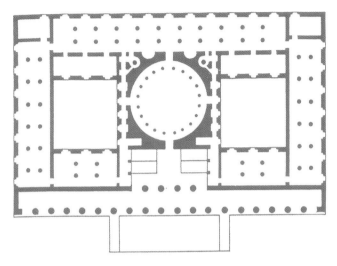

그림 17 | Karl Friedrich Schinkel, 박물관, 1830, 베를린, 독일

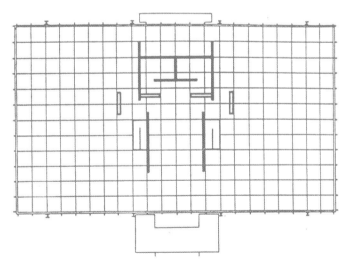

그림 18 | 미스 반데로, Crown Hall, 1956, 시카고, 미국

인을 하고 그들의 균형적인 것에서 기인하는 것은 아니다."(단락 5-2 그림 31) 미스 반 데어 로에(Mies van der Rohe) 는 그의 초기 작품에 대칭을 대체로 거부하였다.(그림 16, 단락 5-2 그림 31 참조) 그러나 그는 1933년부터 베를린에 위치하고 있는 새로운 제국은행의 계획안을 위한 응모전에 그의 아주 중요한 설계요소로 많은 대칭을 사용하였다. 이러한 발전은 미스 반 데어 로에(Mies van der Rohe) 의 작품을 살펴 볼 때 놀라웁게도 카를 프리드리히 싱켈(Karl Friedrich Schinkels)의 영향이 나타난다.(그림 17, 18)

 카를 프리드리히 싱켈(Karl Friedrich Schinkels)의 존경 속에서 미스 반 데어 로에(Mies van der Rohe) 의 작품 속에 담겨진 대칭을 적용하는데 2가지 이유가 있다. 그 하나는 대 부분이 정부건물, 박물관, 학교 등 그의 후기 작품에 명확한 신분을 요구하는건물에 대칭이 나타나고 대칭적인 형상을 미리 정해 놓은 것이다. 다른 면에서는 미스 반 데어 로에(Mies van der Rohe) 의 타협 없는 철골건물이 명확한 격자와 정렬된 구조가 나타난다. 그는 국제양식의 움직임 내에서 가장 철저하게 대칭을 잘 적용하였다. 현대 건축이 전반적으로 대칭을 외면한 것은 아니고 과거의 것이나 또는 르네상스처럼 우성적으로 적용된 것도 아니다. 질서적 형상적 요소로서 대칭적인 부분은 질서적 규칙성을 적용한 것이다. 헨리 러셀 히치콕(Henry-Russell Hitchcock)와 필립 존슨(Philip Cortelyou Johnson)은 1932년에" 현대의 규격화는 그 각각의 부분이 잘 조화된 높은 단계를 만들어 냈다. 그 때문에 아름다운 배열을 만들어 내려고 좌우 대칭이나 축 대칭을 필요로 하지는 않았던 것이다." 라고 말을 했으며 프랭크 로이드 라이트(Frank Lloyd Wright)는 "우리는 대칭과 리듬을 원한다. 이유는 두 개의 삶이 있기 때문이다. 그러나 대칭은 숨어 있다. 우아함, 리듬은 예외 없이 아름답다. 그러나 이 두 개가 언제 어디서든 그 스스로를 결코 과장되게 나타내서는 않된다."라고 말하였다. 폴 루돌프(Paul Rudolph)이와 유사한 의견을 주장하였다." 예를 들어 공항과 같이 많은 사람이 사용하는 건물처럼 대칭은 목적에 타당하게 상황적에 따라 적용할 것이다. 그러나 여기에서 태양은 대칭을 비추는 것을 원하지 않을 것이다. 이 세기에 건축물의 공공연한 질은 대 부분 깔끔한 대칭을 필요 없는 것으로 만든다. 폴 루돌프(Paul Rudolph)는 예일 대학에 예술-건축 건물을 설계하였는데 이 건물을 자세히 보면 전혀 대칭이 아닌 것을 확인 할 수 있다. 그러나 이 건물을 자세히 보면 프랭크 로이드 라이트(Frank Lloyd Wright)가 그 건물에 대하여 칭한 것과 같이 현대 건축의 "숨겨진 대칭"으로서 아주 좋은 예가 된다. 이 건물의 지지구조를 보면 두 개의 대칭 구조를 갖는 균등한 격자를 갖고 있다.(그림 19)

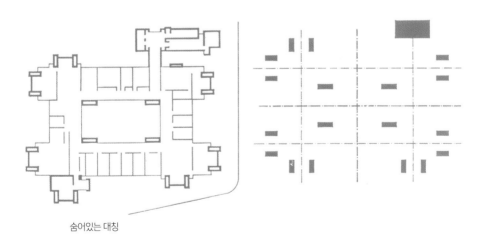

숨어있는 대칭

그림 19 | Paul Rudolph. 예술-건축 건물. 11963. New Haven. 미국.
왼쪽 : 2층 평면도   오른쪽 : 지지 요소와 촉을 갖고 있는 평면 원리

좌우대칭에 있어 건축에서 병진 대칭은 또한 중요한 의미를 갖고 있다. 병진을 우리는 언제나 동일하게 반복되는 것으로 이해를 한다. 즉 모든 부분이 일치한다는 것이다. 열거에 대한 원리를 도처에서 찾을 수 있다. 모든 규칙성은 예상을 만들어 낸다. 규칙적일수록 예상의 범위는 커진다. 3개나 4개까지의 반복에서 이미 계속적인 규칙을 예상할 수 있다. 암시를 나타내는 모양은 규칙성을 찾는 것이다. 사람은 자신의 환경에서 많은 것을 기억할 수 없기 때문에 이러한 규칙성에 의존해 왔다. 다른 한편으로 한 요소의 반복적인 연속은 그 자신의 미적인 값어치를 잃어 버리는 것이다. 조지 데이비드 버코프(George David Birkhoff)는 이러한 사실을 미적 측정의 계산에 있어서 두 번째 기본적인 요소로 고려한 것이다. (단락 2.6참조) 반복적인 행위에 있어서 모든 개개의 요소는 전체를 위하여 자신의 자율성을 잃어 버린다. 그룹에 있어서 열거는 두 개의 기본적인 구조 중의 하나가 된다. 그들의 요소는 선형과 기하학적으로

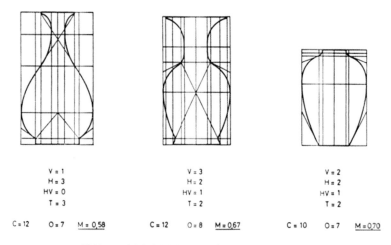

그림 20 | 도자기의 미적계산. 미국의 수학자 George David Birkhoff

그림 21 | Museum Tinguely, 마리오 보타, 1996, Basel

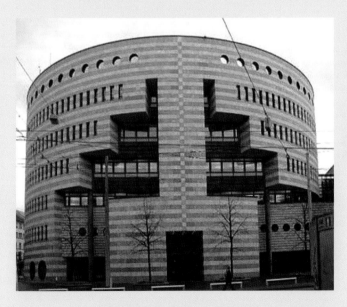

그림 22 | BIZ, Mario botta, 1993, Basel

배열이 된다. 건축에 있어서 배열에 대한 원리는 두 개의 위치에 의하여 관찰이 된다. 즉, 미적인 것과 이와 함께 인식에 대한 정보이론과 기술-구조적인 면에서 관찰을 하는 것이다.

모든 건축물은 전체를 형성하기 위하여 조합이 되는 부분들로 함께 구성되어 있다. 각각의 부분은 전체 속에서 하나의 커다란 단위를 형성하기 위하여 하니의 형태를 형성하면서 동일한 요소로 나뉘어진다. 예를 들어 각각의 벽돌이 모아져서 하나의 커다란 벽을 형성하는 것과 같은 원리이다. 이러한 원리는 그 이후 계속적으로 사용되었다. 산업화와 함께 규격화로 연결이 되면서 그 원리의 가치는 더 높이 평가 되었다. 새로운 건축재료가 만들어지면서 자연의 영향은 형태영역에서 점차 소외되어 갔다. 그리고 이를 통하여 배열이나 중심적인 위치에 추상적인 원리가 강하게 쓰이기 시작하였다. 동일한 요소의 연속적인 연결은 건축물의 기본적인 원리이다. 이러한 것을 우리는 모든 양식주기에서 찾을 수 있다.(그림 21, 22) 이러한 원리의 적용이 언제나 동일한 동기에서 발생하는 것은 아니다. 동일한 요소의 반복을 통하여 경험이 증가되고 다른 값어치를 부여할 수 있는지에 대하여는 측정해 봐야 된다. 동일한 요소의 반복은 또한 독일과 이태리의 파시즘적인 기본요소 중 하나이다. 찰스 젠크스 (Charles Jencks)가 말하기를 "극적인 반복의 효과는 단조롭고 최면적인 효과를 원하고, 그러나 그것이 또한 다른 면에서는 숭고하고 부득이한 감정을 불러올 수도 있다." 라고 하였다. "히틀러와 같은 무솔리니 등 이들은 지배를 위해서는 우선적으로 최면이 필요하고 그 다음에 지루함이 필요하다는 것을 정확히 알고 있었다." 규칙은 리듬을 인도한다. 그러나 리듬이 단순하게 동일한 요소를 필요로 하는 것은 아니다. 리듬적인 것은 또한 동일한 요소의 모임이 반복되는 소위 주기적인 것에도 발생한다. 주기에 대한 인식은 시간적인 것에 제한을 받는다. 만일 반복이 시간적으로 1/10초 보다 더 짧다면 이 반복은 곧 연속성을 갖게 된다. 만일 시간적 주기가 5에서 10초보다 더 길게 걸린다면 이 반복은 더 이상 반복이 갖는 성격을 갖지 못하기 때문에 이러한 반복은 인식되지 않는다. 인식에 있어서 한 주기의 시각적인 길이는 일초로 볼 수 있다. 주기를 인식하는 가장 중요한 경향은 요소 군의 규칙성이다. 이전의 것에서 아주 크게 벗어 나는 어떤 것이나 또는 요소 군의 아주 복잡한 구조는 주기적인 것의 인식과 함께 리듬적인 것을 파괴할 수 있다.

　리듬적인 것이 홀로는 질서적으로 작용하지 않는다. 그러나 리듬적인 것이 임의적으로 그 자체의 배열적 원리를 강하게 할 수는 있다. 여기에서 규칙적인 반복은 스스로 인식적으로 분리되지만 의도적으로는 되지 않으면서 등장한다. 리듬은 인식에 대한 임의적 성질에 속해있다. 르 코르뷔지에(Le Corbusier)가 말하기를 "인간이 사물 사이에 놓인 다양한 거리를 확인하는 동안 거리는 동시에 리듬을 만들어 낸다. 사물이 서로 간의 관계 속에서 눈에 감각적으로 파악할 수 있는 드러난 리듬을 인식하게 된다. 이러한 리듬이 모든 인간적인 행위의 근원이 되는 것이다." 우리가 음악과 춤을 생각해 본다면 리듬이 건축에서 제한적인 현상은 아니다. 규칙적인 시간 내에서의 반복은 인간을 위하여 근본적으로 요구하는 삶의 필요 조건이다. 예를 들어 수면을 취하고 음식을 먹는 것과 같이 일정한 리듬 안에서 만족시켜야 한다.

7 – 5

위계질서

다양한 요소가 함께 등장하게 되면 그들의 관계가 서로 간에 분명한 배열을 갖고 명확해 진다. 요소들은 서로간에 균등하게 있을 수 있거나 절대적인 우열을 갖는 배열이 생기기도 한다. 건축에서는 사실상 절대적인 균등함이 아주 드물게 나타난다. 예를 들어 두 개의 공간이 비록 크기나 모양이 일치한다 하더라도 절대적으로 동일하지 않다. 그들의 연결, 조명, 또한 그들의 유용성이 임의적으로 작용하기 때문이다. 건축에서 위계질서는 다양한 관점에서 발생될 수 있다. 시각적이고 정신적인 요소 사이에서 구별할 수 있다. 시각적인 요소들은 크기, 형태 그리고 위치들이다.(그림 23)

크기 형태 위치

그림 23 | 위계질서를 결정하는 시각적인 요소 : 크기, 형태, 그리고 위치

하나의 요소가 크기에서 다른 요소를 능가할 수 있다. 그 요소의 형태는 그 요소에 어떤 특별한 등급적인 배열을 수여할 수 있거나 그 요소는 특수한 공간적인 관계를 다른 요소들에 대하여 갖고 있다. 그 요소는 자신의 위치를 통하여 또한 두드러지게 나타날 수도 있다. 그러나 등급적인 배열은 또한 순수한 정신적인 요소들을 통하여 생길 수도 있다. 예를 들어 어떤 요소의 상징적인 의미를 통하여 또는 특별한 문화적인 또는 개인적인 잣대를 통하여 발생할 수도 있다는 것이다. 빈번하게 정신적인 위계질서는 시각적으로 인식을 통하여 발생이 된다. 즉, 시각적인 위계질서의 방법이 첨가적으로 강조가 된다. 안드레아 팔라디오(Andrea Palladio)의 대 부분의 건물은 어떤 강렬한 위계질서를 나타내고 있다. 그의 첫 번째 책의 두 번째 장에서 Palladio는 집을 인간의 몸과 함께 비교를 하였다. "하나님은 가장 아름다운 부분을 시선이 가장 먼저 닿는 위치에 놓으셨고 명예롭지 못한 부분은 숨겨 놓으셨다. 이렇게 우리 또한 건물에서 중요한 것과 볼만한 건물의 부분은 열어놓고 별로 아름답지 못한 것은 우리의 눈에서 숨겨진 위치에 배열을 한다. 이와 함께 건물의 흉한 것과 당혹감을 주며 아름다운 것을 흉하게 만들어 버리는 그 모든 것을 숨길 수 있다."

안드레아 팔라디오(Andrea Palladio)는 공간을 위계 감 있게 배열하였다. 기능에 합당하게 하였으며 이렇게 등급이 있는 배열을 시각적으로 인식할 수 있는 방법으로 표현을 하였다.(그림 24) 그에게 있어서 대칭의 의미는 가장 중요한 건물의 공간을 대칭 축의 중앙에 놓고 다른 공간은 등급에 따라서 측면에 배치가 되는 것이다. 단락 4.2.4에서 안드레아 팔라디오(Andrea Palladio)가 개

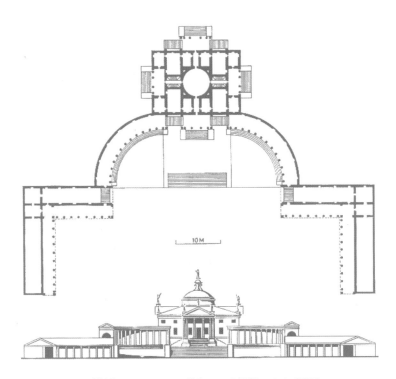

그림 24 | Andrea Palladio, 빌라 Trissino(계획안), Meledo, 이태리

방된 장소에 있는 건물과 좁은 거리에 위치한 건물 사이에 외부 파사드의 형상을 구분해 놓은 것에 관하여 서술하였다. 여기에서 첫 번째 타입은 강력한 대칭과 명확하게 읽을 수 있는 위계질서를 증명해 보였고 다른 타입은 이 두 개의 요소가 그렇게 중요하지 않게 하였다. 왜냐하면 이 두 개의 요소가 시각적으로 그러한 상태에서는 옳게 인식되도록 작용할 수 있는 상황이 되지 않기 때문이다. 팔라초 키에리카티(Palazzo Chiericati)궁에서 위계질서는 외형적으로 대칭적인 광장으로 향한 정면의 면에서 인식된다.(단락 5-3 그림 40)

내부에서는 공간 들의 위치와 크기를 통하여 표현이 되는 엄격한 공간적 위

계질서가 존재를 한다.(그림 9) 이것은 Meledo에 위치한 안드레아 팔라디오 (Andrea Palladio)의 빌라에도 동일하게 적용이 된다. 건물의 모습에 명확한 연결이 나타난다. 대칭의 축이 지나가는 중간지점에는 방문자 또한 벗어나도록 하는 시각적 절정이 있다. 이러한 축의 길을 따라서 공간은 대칭적으로 배열이 된 주변확장을 통하여 증가적으로 수용이 된다. 이러한 방법을 통하여 건물의 둥그런 중앙공간으로 향하면서 공간적 위계질서가 만들어지는 것이다. 위계질서가 단지 면에서만 생기는 것이 아니라 움직임 그리고 시간적인 요소에도 위계질서는 있다. 크기, 질서 그리고 위치는 시각적인 요소이다. 그러나 우리가 알고 있는 것과 같이 정신적인 요소도 생길 수 있다. 고대 중국에서 건축물은 엄격한 구조체제를 분명히 하는 하나의 수단이었다. 이는 다양한 방법으로 나타난다. 또한 여기에서 등급배열과 대칭 사이에 일정한 표현이 보인다. 즉, 건물이나 그 건물의 기능에 대한 가치가 클수록 변의 동일함은 더 강제적이다. 대칭축이 길을 포함하면서 동선을 포괄적으로 나타낸다. 시간적인 요소는 최고점으로 가는 것을 분명하게 돕는다. 사원, 문화적인 건물 그리고 궁전 등은 강력한 대칭 속에서 건물이 지어진다. 메인 건물이 가장 크고 때로 높이를 갖는 테라스 위에 지어진다.(단락 6-4 그림 17)

건물의 등급배열을 강조하기 위한 수단 중 다른 것은 지붕을 형성하는 방법이다. 예를 들어 북경의 "추수 감사 사당"은 3개의 지붕을 위로 연속하여 갖고 있다. 이렇게 지붕을 통하여 건물의 "무게 감"이 강조가 된다. 또한 각 지붕의 재료, 색 그리고 장식이 규제되면서 지붕의 위계질서를 분명하게 한다. 그리고 건물은 벽돌, 볏짚 그리고 진흙으로 덮히게 된다. 색의 강조를 건물의 종류에

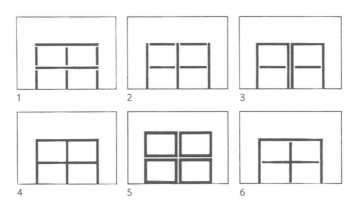

그림 25 | 2개의 층과, 2개의 영역을 갖고 있는 건물정면의 위계질서

따라서 강하게 규정해 놓으며 가장 중요한 건물의 덮개는 색이 다르며, 태웠고 윤기가 나는 벽돌로 형성이 되어 있다. 또한 지붕의 장식, 용마루의 마무리 그리고 가장 하부에 있는 벽돌나열의 종류는 정부의 등급 배열에 따라 만들어 놓았다.

우리는 위계질서를 곳곳에서 볼 수 있다. 중세 도시에서 가장 중요한 건물은 교회였다. 이것은 종종 도시의 중심적인 위치에 놓이면서 그 위치를 통하여 상징성을 보이거나 그 크기에 따라서 상징성을 나타내게도 한다. 교회가 단지 그 도시의 가장 큰 건물만을 의미하는 것은 아니고 그 첨탑이 또한 도시의 다른 건물을 대변하기도 하는 것이다. 이러한 시각적 우월성은 어떤 정신적인 등급 배열을 나타내기도 한다. 즉 종교의 우월성을 세계에 알리는 것이다. 커다란 스케일에서 등급배열은 때로 정신적인 내용에 따라서 표현이 된다. 즉 어떤 건물은 이미 존재하는 정신적인 위계질서를 시각적으로 인식할 수 있도록 만들어야 한다. 교회 건물은 신의 보편적인 위상을 표현해야 한다. 하부에 배열된 영역 내에서는 설계와 구조적으로 결정된 것에 의하여 정신적인 내용도 동일하게 강조된다. 이러한 것이 그림 25의 예에서 보여진다. 여기에서 두 개의 줄이 서로 위 아래로 겹쳐진 4개의 영역이 주어진다. 예를 들면 이러한 영역 들이 곧 들보에 의하여 정의가 되는 공간을 나타낼 수도 있다. 여기에서 그러한 보를 도식적인 기둥과 지지대로서 나타낸다. 기본적으로 함께 접합을 하는 것에는 다양한 가능성이 존재를 하고 이러한 다양한 가능성이 각각 다른 표현을 갖고 있다. 이러한 가능성의 모든 것은 기능성의 조건이 되고 구조적으로 기술적인 요소에 의존을 한다. 또한 이러한 변형의 각각은 동시에 전체 건물의 형상에 결정적인 영향을 미친다. 위의 그림에서 1의 경우 수평적인 것이 수직적인 것보다는 우위를 차지한다. 즉 아래에 두 개의 단위와 위에 두 개의 단위에 가운데 수평적인 경계가 함께 소유가 되면서 나뉘어 인식이 된다. 그림 25의 2 경우 그와는 반대이다. 수직적인 것이 오른쪽 단위에 함께 포함이 되고 왼편에도 마찬가지로 나타나면서 더 중요한 요소로 인식이 되는 것이다. 그림 25의 3의 경우에는 좌우 사이에 경계가 아주 강하게 작용을 한다. 즉 전체적인 것은 이제 두

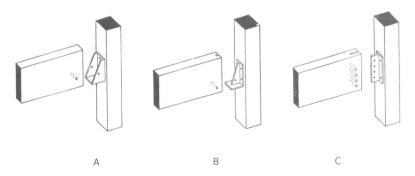

A   B   C

그림 26 | 디테일 속의 위계질서. 연속적인 기둥에서 목조 보를 연결하는 3가지의 가능성

개로 서로 인접하면서 비 종속적으로 수직선으로 하나의 단위가 되면서 한 번의 수평적인 분리를 보이며 구성된다. 4의 경우는 중립적인 구조를 나타낸다. 5의 경우는 4개의 단위가 강조되는 자율성이 강조가 된다. 6의 경우는 완전히 다른 경우를 보여준다. 이 경우에는 각 요소의 자율성이 단위적인 것에서 후퇴를 한다. 이렇게 각 부분의 위계질서 상에서 결정적인 영향이 서로간에 나타나고 설계의 전체적인 형상이 보여지는 미세한 디테일로 갈 수밖에 없는 구조적 결점이 생긴다. (그림26) 이렇기 때문에 설계와 구조 사이의 명백한 구분을 두는 것은 옳지 않다. 모든 설계는 구조적인 것을 포함하고 있으며 그 반대의 경우도 마찬가지 이다.

그림 26의 C의 경우에 대한 대립으로 A의 경우는 보에 걸리는 하중이 느낄 수 있을 정도로 하중의 흐름이 분명하게 나타난다. A의 경우 보와 하중에 의하여 정확히 인식이 되면서 각 부분의 위계질서가 서로간에 즉각적으로 이해된다. C의 경우는 오히려 추상적인 연결을 나타낸다. 여기서 각 부분의 정확한 서로의 관계를 명확하게 볼 수가 없다. 위계질서가 의도적으로 발생할 수 있고 이와 함께 긴장감을 만들어 낼 수도 있다. 몬타그놀라(Montagnola)에 위치한 리비오 바키니(Livio Vacchini)의 학교 건물에서 지붕은 2개 층 내부정원의 비스듬한 면에 있는 다섯 개의 기둥으로 흘러내리면서 전체적인 건물의 하중이 일층에 있는 단지 두 개의 귀퉁이 기둥을 따라서 흘러 간다. 많은 사람들이 말하기를 아래 층이 더 많이 지지를 해야 한다면서 그래서 더 많은 기둥을 갖어야 한다고 한다. 하중 분배의 위계질서는 더 이상 명확하지 않다. 즉 확 바뀌어 버린 것이다. 이것은 기술적인 트릭을 쓰는 경우 가능한 것이다. 위 층의 난간은

하중을 받는 내력보로서 형성이 되었다. 시각적 인식 의 모순은 상층 내의 기둥들이 안정적으로 과장된 사실을 통하여 강화가 된다. 안정적인 시스템의 기능은 단지 전문가만이 이해할 수 있고 또한 그에게 있어서 이러한 안정적인 해결을 해야 한다는 의무감에 전문가는 무엇인가 다르게 하고자 하는 자신의 감정을 거역하며 작업에 임하게 된다. 문외한은 하중과 지지 사이에 존재하는 요약에 어긋나게 허무맹랑하게 만들어 내는 것이다. 이를 통하여 건물 내에 엄격하고 간단한 대칭에도 불구하고 강한 긴장감이 발생하게 되는 것이다.

유사한 상태를 우리는 주 출입구의 영역에서 발견하게 된다. 즉 지상 층에 있는 동선의 가장 중간 위에서 내려오는 하중을 받는 기둥이 서있는 것을 볼 수 있다. 그와는 반대로 논리적으로 일층에서 볼 수 있는 기둥을 찾을 수 있는 위치에 위층에 기둥이 있는 경우가 있는데 이렇게 하면서 동선이 자유로운 상태로 있도록 한다

8

시간과 동선

TIME AND COPPER

8 - 1

일반적인 것과 역사적인 것

일반적으로 시간과 움직임에 있어서 건축이 하는 것은 없어 보인다. 건축물은 인간의 삶 속에서 동일하게 존재할 뿐 시간이라는 테두리 안에서 특별하게 작용하는 것 같지는 않다. 예를 들면 음악은 시작 점이 있고 일정한 시간이 흐른 뒤 분명하게 미치는 경과 시간이 있지만 건축물은 그렇지 않다. 건축물은 부분적으로 창문이나 문의 움직임만 있을 뿐 안정적이고 움직임이 없다. 그래서 부동산이라 부르기도 하는 것이다. 사람들은 무용수가 사전에 계획된 동선과 프로그램을 따라 움직이는 것처럼 발레무용과 비교하기도 한다. 그에 반하여 건축물은 관찰자가 공간을 이해할 수 있도록 그의 움직임을 요구하는 편이다. 이를 위하여 시간이 필요하다. 시간은 공간 인식을 위한 4차원의 단계이다.

이러한 사실이 오늘날에는 평범하게 받아들여지지만 언제나 그랬던 것은 아니다. 르네상스 시절에 원근법이 만들어지고 20세기 초 입체파(큐비즘)가 나오기 전까지 시각적인 인식을 위해서 하나의 포인트가 필요했었다. 공간 이해를 위하여 르네상스가 하나의 포인트를 요구하였다면 큐비즘은 반대로 하나가 아니고 다양한 지점과 다양한 포인트를 요구하였다 (피카소의 그림 거울 앞의 소녀). 이러한 방법으로 움직임과 그림 속의 시간을 인식할 수 있는 것이다. 물론 그림 속에서의 움직임을 나타내는 것이 입체파에만 있었던 것은 아니다. 단지 다른 그림에서는 대상의 움직임을 따라 관찰자가 보는 순간적인 움직임만 포착한 내용을 표현했다는 것이다. 큐비즘은 이와는 다르게 다양한 기하학적인 상황에서 벗어나려는 것을 시도한 것이다. 테오도르 아도르노(Theodor Wiegengrund Adorno)는 "큐비즘은 기하학의 존재를 통하여 조직화된 세계관을 합리화 시키는 반응단계 수준을 나타내려 했다"고 생각했다. 그는 건축물의 공간 또한 기하학의 집합체로서 새로운 공간이해를 만들려고 하는데 이러한 피카소의 전개와 밀접하게 연결시켰다. 일차적인 공간형태에 대한 그의 이론 속에는 1924년 테오 반 되스부르크(Theo van Doesburg)에 대한 평이 있다. "새로운 건축물은 단순히 공간만을 고려하는 것이 아니라 시간의 개념(크기)도 고려해야 하다.

공간과 시간의 통합을 통하여 건축물의 외관은 새롭고 완전한 조형을 갖을 수 있다. (공간과 시간의 사차원적인 측면)(단락 6-4 그림 15) 하나로 서로 연결된 공간은 움직임을 통하여 경험할 수 있다. 그러나 미스 반 데어 로에(Mies van der Rohe)의 바르셀로나 파빌롱은 움직임이 없는 결코 한 장소에서 공간의 각 부분을 이해할 수 없다. 방문자의 움직임과 시간이 요구된다. (단락 6-4 그림 16) 르 코르뷔지에(Le Corbusier) 또한 자신의 작품에 이러한 입체적인(큐비즘) 공간 표현을 다루기도 했다. 기디온은 그의 작품에 대한여 다음과 같이 설명했다. "빌라 사보이는 하나의 지점에서는 이해하는 것이 불가능하다. 공간-시간적인 이해를 요구하는 건물이다." 물론 과거에도 시간을 갖고 관찰자가 공간을 다닌다면 이핼 수 있는 건축물이 있었다. 그러나 이러한 건물들의

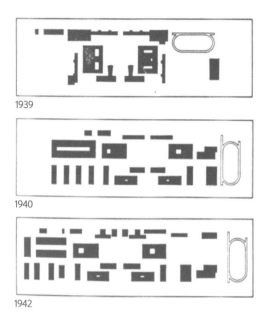

1939

1940

1942

그림 1 | Ludwig mies van der Rohe. 일리노이 공대 설계 변경. 1939. 1940 1942. t시카고. 미국

입체적인 배열은 하나의 지점이나 하나의 축을 통하여 이해 할 수 있었던 것이다. 그러나 입체파는 시간적인 차원에서 서로 관련이 있다. 즉 움직임을 통하여만 다양한 공간영역을 이해 할 수 있게 되어 있다는 것이다. 시카고에 있는 미스 반 데어 로에(Mies van der Rohe) 의 일리노이 연구소를 보면 이러한 컨셉으로 설계된 것을 알 수 있다.(그림 1) 이 전체 건물은 방문자가 이해하기 위해서 건물 하나하나를 따라서 움직여야 하는 하나의 대칭축을 갖고 있다.

즉 메인 건물의 의미가 없고 형태나 크기에서 차이를 보이지 않으며 각 건물에 대한 인식이 다 다르게 표현되어 있다는 것이다. 각 각의 건물에 자유로운 배열을 보여주고 있고 다양한 설계의 집합체와 같은 컨셉을 분명하게 나타내고

있다. 입체파의 시간적인 공간을 경험함에 있어서 미래파적인 모습 또한 시도
한 것을 볼 수 있다. 입체파 속에는 미래파적인 원근법이 사용됐음을 그 긴장
감에서 알 수 있다. 입체파 그림을 보면 하나의 사물을 동시에 보여주면서 공
간적인 것을 강조하기 위하여 여러 각도에서 표현 한 것을 볼 수 있다. 반대로
건축에서 이 의미는 관찰자가 공간 구성을 이해하기 위하여 다양한 면을 보
기 위하여 움직임이 필요한 것을 말한다. 미래파는 여기에 역동적인 컨셉을 시
도한 것이다. 이러한 컨셉을 나타낸 첫 번째 자료가 바로 1911년도 마르셀 뒤샹
(Marcel Duchamp) 그림으로 여자의 움직임을 하나의 그림에 여러 동작을 동
시에 표현한 것을 볼 수 있다.(그림 2)

그림 2 | Marcel Duchamp. 1911

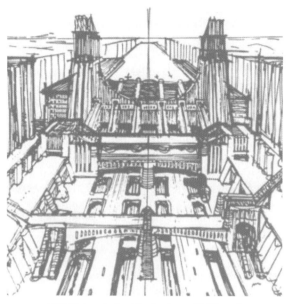

그림 3 | Antonio Sant Elia. Citta Nuova (계획안. 1914)

건축에서 미래파의 목적은 역동성을 시각화 하는 것이다. 이를 뒷받침 할 수 있는 배경은 바로 기술의 진보, 특히 비행기, 열차 그리고 자동차의 속도감등을 최고의 미로 여겼다는 것이다., 1909년도에 필리포 토마소 마리네티(Filippo Tommaso Marinetti)가 설하기를 "모험심을 일으키게 하는 증기, 쇠파이프를 달고 힘차게 바닥을 달리며 수평으로 연기가 뿜어나오는 바퀴 단 종마 같은 모험 가득한 긴 열차, 가볍게 날아오는는 비행기, 힘찬 소리를 내며 바람을 가르는 프로펠라, 흥분해 있는 군중들의 박수를 연상하게 하는 소음 등이…" 1913년 조각가 Umberto Baccionis는 전시카탈록 서문에 다음과 썼다. "이 모든 것들이 더 이상 조형물의 순수한 형태 찾는 것을 중단하도록 나에게 강요하여 역동적인 형상을 찾아 나서게 하며 형태에 대한 구조가 아니라 형태에 대한 역동적인 구조를 찾게 한다. 이제 나의 이상적인 것은 피라미드 형태 같은 건축물이 아니라(안정적인 상태) 나선 형태의 건축물이다(역동적인 것)" 건축가 안토니오 산텔리아(Antonio Sant' Elia)가 이러한 사고를 건축물에 처음으로 시도하려고 했다. 그가 시도한 프로젝트 Citta' Nuova는 한 지점에서 계속 증가하는 건축물처럼 보이는데 여기에는 한 곳에 차도, 철도, 엘리베이터와 에스컬레이터 등이 모두 합쳐져 역동적인 전체를 이루는 형태이다.(그림 3)

마리네티(Marinetti)와 함께 한 미래파 건축물에 대한 그의 선언문을 보면 미래의 집들은 하나의 거대한 기계화 되야 하고 건물에서 엘리베이터가 벌레처럼 더 이상 계단 공간에 숨겨져 있으면 안되고 갈수록 많아지는 계단은 사라져야 하며 엘리베이터는 철과 유리로 만들어져 뱀처럼 휘어져야 한다고 적혀 있다. 길은 짐꾼을 위한 발판처럼 펼쳐져 있으면 안되고 한 두 개의 높이 차를 두어 도시의 교통을 담당하고 금속 바닥이나 에스컬레이터를 두어 속도감있게 만들어야 한다고 했다.(유럽은 과거 대부분 도로가 돌로 박혀있어 차가 빠르게 지나가면 차가 흔들려 많이 불편함) 미래파는 짧은 시간이었지만 실로 영향을 준 것이 확실하다. 그러나 안토니오 산텔리아(Antonio Sant' Elia) 뿐 아니라 대부분의 미래파운동가가 1차 대전 중 죽자 이 건축 운동은 급격하게 사라졌다. 그러나 역동적인 형태에 대한 아이디어는 에리히 멘델손(Erich Mendelsohn)과 같은 건축가처럼 계속해서 표현주의자 같은 사람들에게 영향을 주고 있었다.(그림 4, 5) 1923년에 "역동성과 기능"이라는 강의가 있었는데 그곳에서 그는 "너희가 기대하는 세계를 형태화하라, 너희 피의 역동성을 갖고 그 피가 갖고 있는 진실의 기능을 형태화하라, 역동의 사고를 기능화 하여 높이 들어 올려라"

그림 4 | Eric Mendelsohn, 1911(계획안)

그림 5 | Eric Mendelsohn, 우정의 집. 1917(계획안)

멘델스존은 그의 건물이 주변과 연결되어 있고 공간의 힘을 읽을 수 있는 의도를 건물에 표현하기를 원했다. 이에 관하여 브루노 제비(Bruno Zevi)는 다음과 같이 말했다. "평면도, 단면도 그리고 입면도 내에서 메델스존의 의도데로 건축적인 형태를 분리하는 것은 불가능했다. 건물은 인간행위의 역동적인 틀이다. 그의 의도가 우리에게 어떻게 작용하는지는 측정할 수 있겠지만 르네상스에서 경험한 전통적인 원근법이 적용될 수는 있어도 그의 정확한 차원은 움직임이 없을 때 가능하다."

8 - 2

움직임

우리가 창문을 통하여 움직이는 전차를 보면 마치 풍경이 우리 곁을 움직이는 것처럼 움직임은 상대적이다. 차를 타고 가다 신호등에서 대기 중 옆차가 움직일 때 마치 우리가 움직이는 경험을 한 적이 있다. 또한 차를 타고 가다가 동일한 방향으로 두 자동차가 동일한 속도로 간다면 마치 주변의 건축물이 움직이는 것 같은 착각이 들 때도 있다. 그러나 우리의 인식은 분명히 건축물이 움직이지 않는다는 것을 알고 있다. 그럼에도 사실을 인식함에 있어서 움직임에 대한 착각이 일어나는 경우가 있다. 이러한 경우는 에스컬레이트를 타거나 유리로 된 엘리베이터를 타고 가다가 주변과의 관계에 착각을 갖을 때가 있다. 이렇게 움직임에 대한 사실 인식은 관찰자의 상황에 따라서 사실인식이 어려운 경우가 있는 것이다. 파비오 메텔리(Fabio Metelli)는 외곽선에 의하여 시각적으로 움직임을 인식할 수 있는 것과 그렇지 않은 것 두 가지를 선보였다. 어떤 움직임이 너무 빠르거나 너무 느린 것은 모두 보이지는 않지만 움직임이 있다고 인식할 수 있다. 예를 들어 시계 침이 12시간 동안 원을 한 바퀴 돈다. 우리가 이 움직임을 볼 수는 없지만 그 시계침의 속도는 늦지만 그 위치 변화를 보고 움직였다는 것을 인식할 수 있다. 반대로 헬리콥터의 프로펠러는 너무 빨리 움직여 그 모습을 볼 수 없다. 움직임처럼 속도 또한 상대적이다. 움직임을 인식하는 것처럼 속도도 앞의 경우처럼 두 가지로 압축해 볼 수 있다. 여기에 중요한 것이 바로 사물의 속도관계이다. 사물이 움직이는 경우와 관찰자가 움직이는 경우 두 가지로 볼 수 있다. 또한 움직임의 다른 경우는 바로 움직임이 실질적으로 없는 경우도 움직임으로 인식할 수 있다.

예를 들면 필름은 각 사진의 모습의 변화가 있을 뿐 정지사진의 연속일 뿐이다. 보통 1초에 24개의 사진이 움직이기 때문에 우리는 그 각 사진을 볼 수 없고 각 사진의 차이를 마치 움직임으로 인식하고 있다. 과거에는 모든 방향의 움직임을 동일한 느낌으로 받아들이지 않았다. 예를 들어 좌측에서 우측으로 움직이는 경우 그 반대보다 힘들다고 생각하지 않았다. 수평적인 움직임은 수직적인 움직임보다 쉬웠고 밑으로 움직임은 중력 때문에 위로 움직이는 것보다 어려워 했다. 3번째 공간좌표는 전후 방향으로 인식되기 시작했다. 그래서 앞으로 움직이는 것이 훨씬 쉽다고 생각하여 공간의 배치에 이를 적용하고 이것이 후에 증명도 되었다.

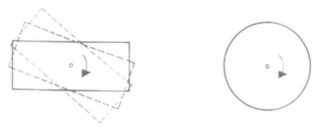

그림 6 | Metelli에 의한 운동력이 작용하는 것(좌측)과 작용하지 않는 것

움직임은 공간을 필요로 한다. 이 때문에 도면에서 동선에 대한 다양한 움직임 공간에 대한 표현을 만든다. 예를 들면 복도, 통로, 길, 거리, 골목, 고속도로 등. 사람의 동선공간은 이미 거주지역을 만들기 전에 길이나 샛길 등이 만들어져 있다. 유목민들을 보면 원시적인 생활 형태를 볼 수 있다. 이들은 길을 따라 움직이고 있음을 알 수 있다. 유목민들에게 길은 장소보다 더 중요한 의미를 갖고 있다. 즉 동선 공간이 휴식공간보다 더 중요하다. 삶의 표상으로서 길은 원시시대부터 인간의 중요한 상징이었다. 길은 성스러운 건축물의 중요한 역할을 담당하고 있었던 것이다. 오늘날에 와서도 유목민의 생활에 대해서 관심을 갖고 이를 부분적으로 발전시키려 하고 있다. 70년대 말에는 미국에서는 이미 모바일 산업체의 4분의 5가 이동용 주택을 생산했었다. 빈센트 스컬리 (Vincent Scully)는 미래형 건축물의 형태를 캠핑카를 모델처럼 만들 것이라고 주장하기도 했다.

동선은 속도와 항시 관계가 있다. 긴 시간은 사람의 운동속도에 영향을 준다. 또한 달리는 말의 속도와 걷는 사람의 속도는 시각적인 인식에 있어서 크게 다르지 않다. 사람은 일반적으로 걷고 말은 달린다는 것을 인식하고 있기 때문이다. 또한 자동차의 발견은 속도를 인식하는 대상에 대한 기본적인 생각을 바꾼 것이다. 즉 높은 속도의 사물이 나오면서 우리 눈이 인식할 수 있는 대상이 넓어졌다는 것이다. 대상에 대한 가속도의 차이에 따라서 눈깜박거림에 대한 순간을 감소시키고 이를 통하여 예상할 수 있는 진행 방향에 대한 가능성을 증가시킨다. 그러나 상황에 대한 내용은 그만큼 감소된다. 예를 들어 걸어가면서 보는 주변환경의 인식과 자동차를 타고 가면서 보는 환경인식은 내용면에서 동일하다고 해도 인식 차원에서 차이가 난다. 이러한 사항을 미국은 이미 40년대에 인식하고 건축물을 지을 때 공원도로에 적용하기도 했다. 고속화 도로를 배치할 때 유럽처럼 일직선으로 설치하지 않고 주변풍경의 윤곽선을 따라 설치했으며 신경을 많이 써서 도로를 환경에 삽입하였다. 아름다운 풍경은 자동차의 속도에 영향을 주며 공원도로는 자동차를 위한 산책로로 적용하려고 조정하였다. 이 조정은 도시 내 대지 사이에 있는 영역을 제한하는 역할을 한다. 우리가 긍정 또는 부정적으로 받아들이는 것에 상관없이 오늘날 자동차는 도시의 주 교통수단으로 사용되고 있다. 도시 내 고속화 도로를 건설할 때 여러 노력을 들임에도 불구하고 도시 내에서 도시 밖과 같은 속도가 허용되고 있는 실정이다. 도시 내의 아름다운 풍경은 보행자에게 아직 크게 작용하고 있기 때문에 주행하는 자동차는 아직도 위험요소로 작용하고 있다. 그러나 운전자의 도시 안에서의 생활도 중요하다. 이러한 상황으로 인하여 도시건설에 있어서 자동차를 줄이거나 자동차의 속도를 감속시키는 작업을 필요로 한다. Robert Ventuisms 라스베가스를 이러한 이유로 아치 형태로 만드는 것을 제안한 적이 있다.

8 - 3

시간

모든 동선은 시간을 필요로 한다. 시삭없이 절대로 움직임을 갖을 수는 없다. 일정한 시간대에 대한 물리적인 길이도 알고 있지만 인식적으로도 느낄 수 있다. 예를 들면 45분은 축구 전반전의 길이 또는 3분은 권투 일회전의 길이 등을 의미한다. 한 주, 한 달 또는 일 년이라는 시간을 상상할 수 있듯이. 그러나 백년이란 기간은 수학처럼 숫자적인 의미에 가깝다. 아마도 경험하기에 흔하지 않은 숫자이기 때문일 수 있다. 천년 만년이라는 기간을 우리가 상상하기에는 너무도 긴 시간이다. 우리가 오늘날 알고 있는 자연 환경은 이러한 시간대를 거쳐온 것이다. 계곡은 냇가를 통하여 만들어졌고, 바다와 강은 지형이 밀려나면서 만들어진 것이다. 이러한 상황을 고려한다면 인간이 만든 환경은 단순하게 몇 천 년에 불과한 상당히 젊은 것이다.

우리의 환경은 인간이 만든 환경과 함께 끊없이 변화하고 있다. 여러 해 동안 변화하는 빛이나 날씨관계로 인하여 건물의 일부가 이상이 생기거나 하는 우리가 인식할 수 있는 변화는 명확하게 인식이 된다. 그러나 이러한 것들은 환경을 인식하는 중요한 요소로서는 간접적으로 작용한다. 대체로 건축물의 오늘날에 도시는 종합적으로 설계되거나 만들어지지 않는다. 새로운 건물이 지어지거나 오래된 것들은 없에거나 리모델링을 하는 등 여러 시간을 통하여 변화되고 있다. 건축물의 변화가 어떻게 될 것이며 어느 시기에 이뤄질 것이며 어느 장소가 변화하게 될 것인가에 대한 결정은 여러가지 요인에 의하여 결정이 된다. 건축물의 변화는 사회성과 문화적인 순환(양식의 변화)에 따른 영향을 받기도 한다. 양식의 변화는 재료의 발달에 비하여 그 속도가 아주 늦다. 그 때문에 건축물의 변화는 지배적인 사회와 문화적인 상황이 보여주는 것을 반영하게 된다. 만일 이를 반영하지 않으면 사라지게 되는 것이다. 이러한 것이 진행되거나 반영되지 않는다면 건축물에 대한 지역적인 변화와 이에 대한 가능성을 잃어버리게 되는 것이다. 즉 지역적인 차별화를 갖지 못한다는 것이다.

사회성과 문화적인 구조를 변화시키지 않는 상황에서 인간이 갖고 있는 환경을 어느 정도 또는 어떤 방법으로 변화시킬 수 있는가 하는 이것이 문제이다. 이에 대하여 크리스티안 노르베르크 슐츠Christian Norberg schulz)는 중요하게 여기는 것과 우선적인 구조적 특성을 합쳐 놓은 3가지 요소를 보여줬다. "이것이 바로 주거형태, 건축방법 그리고 특이한 동기이다. 그의 말에 따르면 "만일 이 특성이 정확하게 이해가 된다면 이를 통하여 다양한 해석이 도출될 것이고 이를 통하여 양식적인 변화와 개인적인 창의성은 절대 방해 받지 않을 것이다. 만일 제일의 구조적인 특성이 반영된다면 일반적인 분위기와 상황을 절대적으로 잃지 않을 것이다. 이렇게 되면 방문자는 그의 영역을 특별하게 생각하게 될 것이다." 건축적인 변화는 또한 사회적이고 문화적인 구조 안에서 오랜 시간에 걸쳐 이끌려 간다. 이 복잡한 상호작용은 잘못된 건축적 변화에 의해서도 쉽게 균형을 이룰 수도 있다.

그림 7 | Giovanni Battista Piranesi, Forum Romanum,piece, roma,177

알도 로시(Aldo Rossi)는 영속성에 대한 이론을 선보인 적이 있다. "영속성은 정신적인 것과 연결되어 지속적으로 형태를 유지시키는 재료와도 관계가 있다. 그리고 이 형상의 영속성은 계속적인 변화 속에서 도시 건축의 중요한 현상을 나타내게 된다." Rossi는 도시 현상의 중요한 요소로서 전차, 도시계획 그리고 고 건축을 나타냈다. 이 현상을 유지하기 위하여 도시 또는 주거지역이 전체적인 현상으로 보여줘야 한다. 이 현상 속에는 도시의 역사적인 흐름 또는 형성관계, 도시의 개발 그리고 자연의 주변환경과 관계 등이 모든 새로운 도시 건설에 고려가 되어야 하는 것이다.

마리오 보타(Mario Botta) 또한 주변 환경과 새로운 건축물과의 관계에 대하여 "다양한 시간 속에서 일어나는 변화, 역사적인 틀 그리고 주변 환경의 물리적인 성질 등" 3가지의 요소를 나타냈다. 환경은 시간을 갖고 일정한 주기 속에서 건축물을 변화시킨다. 시간과 역사의 혁명으로서 우리가 알고 있는 대지는 건축물과 늘 함께 있었다고 말할 수 있다. 시간의 연속 선상에서 과거라는 것은 현재에 중요한 역할을 한다. 현재 우리는 변화하는 우리의 환경을 2가지 방법으로 구분해 볼수 있다. 건축물의 요소들이 사라지거나 새롭게 보여주는 변화 속에 등장하는 것과 다양한 시간 속에서 나타나는 원인들이다. 여기에 덧붙여 시간이 흐르면서 주어지는 변화는 3번째 요소가 될 수 있다.

예를 들어 건축재료, 관리 그리고 기후적인 상태에 따라서 건축물의 상태는 조기에 또는 언제라도 망가질 수 있다. 과거에도 그랬고 미래에도 그럴 것이며 우리는 계속적으로 변화하는 환경에 살고 있었고 살게 될 것이라는 사실을 우리는 알고 있다. 우리는 폐허를 통하여 무엇인가 깨닫게 되는 것이다. 18세기의 로마를 보여주는 지오바니 바티스타 피라네지(Giovanni Battista Piranesi)의 조각이 좋은 예이다.(그림 7) 이 그림을 보면 건축물은 단순히 공간적인 내용만을 담고 있는 것이 아니라 시간에 대한 메시지 또한 갖고 있음을 보여준다.

근대에 과도하게 사용되었던 철과 유리의 건축물들을 통하여 시간을 읽기는 어렵다. 근대에 지어진 건축물의 목표가 단순히 영원한 젊음을 유지하는 것이 목표가 아니었음에도 불구하고 예를 들면 크롬이나 유리는 양식적인 면을 살피지 않는다면 시각적으로 시기를 측정하기 어렵다. 루시엔 크롤(Lucien Kroll)의 학생기숙사나 건축가그룹 site의 BEST를 위한 상점건물을 보면 무엇인가 건축물 형태의 변화가 있다는 것을 알 수 있다. 이제 건축은 끝인가?

그림 8 | Lucien Kroll, 학생기숙

그림 9 | Architektural gruppe site.best.1975, Houston, 미국

8 – 4

운동력과 리듬

에리히 멘델손(Erich Mendelsohn)의 건축물 형태는 후에 자동차의 형태나 다양한 가정용품의 모델이 되기도 했다. 그러나 자동차의 전선배열은 다른 기능을 부여 받으면서 자동차의 형태를 변화시키고 공기저항을 줄이는 형태가 만들어지고 자동차의 기능을 향상시키는 역할이 요구되면서 자동차의 형태변화에 대한 기준이 달라지게 되었다. 그러나 자동차는 시각적으로 힘을 느낄 수 있고 자동차 차체의 구조가 중요한 것처럼 역동적인 형태를 신경 쓰는데 비하여 건축물은 더 안정적인 부분을 요구하게 된다. 이 역동적인 부분은 단순히 건축에서만 중요한 것이 아니라 우리가 보는 모든 것에 중요하다. 루돌프 아른하임(Rudolf Arnheim)은 이를 인식하는 것에 대하여 다음과 같이 서술하였다. "긴장감 사이에는 상호작용이 있다." 어떤 상황에 대한 긴장감은 관찰자의 개인적인 이유에 의하여 만들어 지는 것이 아니라 사물의 크기, 형상, 위치 그리고 색깔 등 사물들이 갖고 있는 특징의 종합적인 차원에서 인식하는 것이지 이를 각각 분리하여 인식하지 않는다. 이 종합적인 내용이 긴장감의 강도와 특징을 갖고 있기 때문에 이들이 합쳐져서 심리학적인 힘을 나타나게 된다. 왜 형태를 역동적으로 느끼는 가에 대한 이유에는 다양한 이론이 있지만 역동성을 인식하는 것은 관찰자의 경험에 달려있다. 사진 속의 무용수를 보면서 관찰자는 역동적이라고 느낀다. 왜냐면 무용수는 춤을 춘다는 것을 알고 있기 때문이다. 그러나 이러한 느낌을 건축물을 보면서 갖지는 않는다. 여기에서 우리가 생각할 수 있는 것이 바로 사물 자체가 그러한 느낌을 주는 것이 아니라 사진 내용의 형태, 방향성 그리고 밝기가 영향을 줄 수 있다는 이론을 생각해 볼 수 있다. 그러나 바실리 칸딘스키(Wassily Kandinsky)는 루돌프 아른하임(Rudolf Arnheim)과는 다르게 나타나는 역동성을 개인의 경험에 의한 느낌이 아니라 이미 존재하는 긴장감으로 표현하였다. 우리가 보는 사물의 크기와 형태는 망막에 어떻게 보여지는가에 따라서 신경시스템에 역동적인 과정이 정보로 입력되어 변화를 줄 수 있다고 표현한 것이다. 역동성은 우리가 지금 보고 있는 것은 현재 값이지 물리적인 특성은 아니다. 망막의 인식 정도는 우선적으로 뇌의 작용에 의한 역동성을 받아들이게 된다.

　루돌프 아른하임(Rudolf Arnheim)은 어떤 사물을 인식함에 구성에 대한 역동적인 작용이 그 사물이 갖고 있는 비례나 형상보다 더 중요하다고 말했다. 인식한다는 것은 곧 그 사물이 보여주는 특성을 만드는 것이다. 모든 인식은 실질적으로 표현된 운동력보다 더 많거나 적을 수 있다. 그 운동력의 특성은 정지주기, 장소 또는 건축가에 따라서 달라질 수 있다. 대칭 또는 특정한 비율을 갖는 건물은 모순된 형태를 갖고 있거나 복잡한 요소를 포함하는 건물에 비하여 운동력을 더 적게 보여준다. 앞의 부분에서 언급하였듯이 기울기는 수평에 대한 구성의 대상으로서 인식된다는 것을 언급한 적이 있다. 이 의미는 운동력

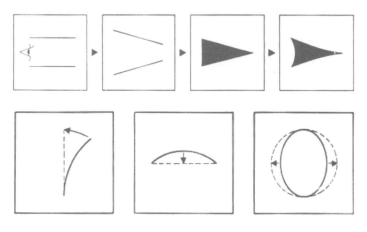

그림 11

을 갖고 있는 사물의 인식은 일정한 규형 속에서 가능한 많은 임의의 에너지를 갖고 올 수 있다는 것을 말한다. 운동력은 불규칙적인 기울기를 통하여 그 경사의 흐름이 더 증가한다. 이를 통하여 건축에 적용되고 작용하는 곡선이 보여지게 된다. 곡선의 운동력은 관찰자에게 수평선, 수직선 또는 원의 형태 등 규칙적인 기하학의 형태로 투영될 수도 있다.

시각적으로 인식하는데 중요한 성질로서 운동력은 기울어져 있거나 굴곡진 선에만 제한되는 것은 아니다. 모든 형태는 고유의 운동력을 갖고 있다. 이것들은 소위 말하는 감마(gamma)움직임이 된다. 예를 들면 빛의 흐름에 있어서 삼각형은 짧게 빛이 흐르고 이것이 반복된다. 이러한 작용에 의하여 밤에 형태 안에서 잠깐 동안 삼각형을 인식하는 것이다. 이 빛의 흐름은 때로 형태구조가 갖고 있는 축을 따라 흐르기도 한다. 사물의 형상에 따라 운동력은 다양하다. 정삼각형의 모서리는 마치 화살처럼 모든 방향에서 연장되는 모습이고 강한 운동력을 보여준다. 사각형은 위치와 비율에 다라 정확한 방향을 보여준다. 운

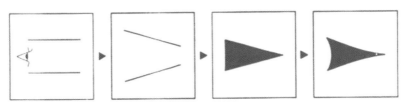

그림 12 │ 두 개의 선에 의하여 생기는 깊이감

그림 13 │ Andrea Palladio, 빌라 포글리아나 정면. 계획안

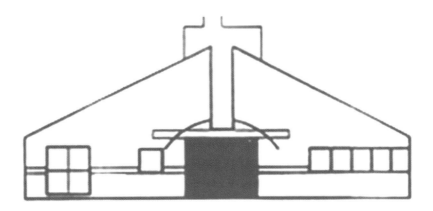

그림 14 │ Robert Venturi, 주택. 1962. chestnut Hill. 미국

동력은 간단한 형태에만 존재하는 것이 아니라 형식적인 구성에도 있다.

일반적이지 않은 모든 형태는 운동력을 보이고 있다. 이러한 형태들은 상호 작용으로서 긴장감 또한 보여주고 있다. 안드레아 팔라디오(Andrea Palladio)는 건축물 정면에 반원을 만들고 그 곁에 삼각형을 그리는 경우가 자주 있다. 곡선의 충격적인 강조는 삼각형의 꼭데기에서 더 강해진다. 반면에 삼각형을 통하여 반원의 안정감이 무너진다. 로버트 벤투리(Robert Venturi) 또한 그의 정면 구성에 이러한 형태조합을 잘 사용한다. 그의 설계 밤나무(Chestnut)언덕에 있는 주택의 정면을 보면 곡선은 입구의 사각형에서 극적인 긴장감을 보이게 한다. 여기에서 원형은 약한 이미지를 보이지만 사각형이 강하게 내뿜는 힘과 함께 복합적인 이미지를 전달하고 있다. 지붕의 넓은 삼각형은 원형과 사각형에서 오는 긴장감을 다시 분해시킨다. 이 건물에서는 이러한 작용에도 불구하고 주택의 정면에서 이렇게 대조되는 형태들이 오히려 명확하게 보이지만 루이스 칸(Louis I.Kahn)의 우니타리 교회의 평면에서는 대조되는 도형 원과 사각형이 종합적으로 보이지 않는다.(단락 6-6 그림 75) 원이 소극적으로 보이고 원의 주변에 사각형이 환경과 연결되면서 방문자에게 강하게 나타나기 때문이다. 건물과 건물주변 사이에도 역동적인 관계가 있을 수 있다.

9

악보 그리고 도시

MUSIC AND URBAN

9 - 1

리듬과 등고선

베토벤의 음악 중 엘리제를 위하여 라는 음악을 우리는 너무도 잘 알고 있다. 베토벤은 이 곡을 작곡하던 1810년 당시 브라운슈바이크 백작의 딸인 테레제와의 약혼을 취소하고 자신의 주치의 조카딸 테레제 마르파티에게 구혼을 했는데, '엘리제'는 이 두 여인 중의 하나인 것으로 추측된다. 그의 자필 악보에는 '테레제를 위하여 4월 27일 L. v. 베토벤의 회상'이라고 씌어 있다. 이 음악을 엘리제가 들었다면 기뻐했을 것이라는 상상을 하게 된다. 부드러운 음률에 엘리제에 대한 감정을 담으려고 베토벤이 신경 썼을 것이라는 느낌을 개인적으로 받는다. 이 곡에 대한 멜로디의 흐름을 선으로 연결하여 보았다. 음악에 대한 전문적인 지식이 감상을 하는데 반드시 필요한 것은 아니다.

인간은 기본적으로 음률에 대한 감정을 갖고 있다는 생각이다. 악보의 흐름을 알 수는 없지만 이 곡을 감상하면서 곡의 높낮이에 감정의 폭도 달라지고 있는 것을 느낀다. 이 감정의 폭은 어디서 오는 것이며 이 곡이 귀로 들어오면서 만들어지는 심리적인 상태가 분명 모두에게 같지는 않더라도 일반적인 상태는 있을 것이다. 슬픔을 가진 사람에게는 더욱 슬플지도 모르며 혼자만의

그림 1 | 엘리제를 위하여

그림 2 | 엘리제를 위하여–등고선과 악보

시간을 원하는 사람에게는 음악의 영역으로 자신을 끌고 가는 것을 느낄 수도 있다. 피아노를 연주하는 손의 움직임에 따라 그리고 건반 소리는 스르르 눈을 감기우며 음악의 바다에 빠져들게 만든다. 이 소리를 만들어 내는 악보를 연결하면 우리는 음의 흐름을 시각적으로 만들어 낼 수도 있다.

위의 그림은 멜로디 높이만 연결하여 본 것이다. 여기서 우리는 연결선이 8음계의 범위 안에 있고 급격한 경사를 이루지 않는 완만한 선을 볼 수 있다.

이 그림은 악보를 제외하여 멜로디 선만 따로 분리해 본 것이다. 이 선의 형태가 우리의 감정을 이끌고 상상의 언덕으로 인도하는 것이다.

위의 그림은 멜로디와 반주를 함께 표시해 보았다. 물론 음의 길이, 쉼표 등 여러 가지 음악적인 요소들이 있지만 우리가 응용해 볼 수 있는 표면적인 요소들만 추려내 보았다. 많은 요소를 사용하여 응용한다면 오히려 내용의 방향이 더 복잡해질 수 있고 이 책에서 시도해 보고자 하는 내용을 벗어날 수 있다는 생각 때문이다. 저자는 이 그림에서 붉은 색의 선을 자연적으로 발생된 등고선으로 보았다. 그리고 청색을 인위적인 요소로 바라본 것이다. 이 음악의 흐름은 감미로운 이미지를 우리에게 나타내고 있다. 악보가 만들어 낸 선의 형태를 분석해 보면 산의 정상과 골짜기의 반복이 있고 반주에 해당하는 부분도 그리듬에 맞추어서 일정한 간격으로 반복되고 있다. 여기서 우리가 분석해 본다면 멜로디 흐름의 시작을 기준으로 동일한 모양을 보여주고 있다. 멜로디의 흐름이 반복적이고 반주의 흐름도 이에 따라서 반복적으로 보여주고 있다. 여기서 멜로디의 모양은 마치 산의 정상에 보이는 등고선의 모양이리고 간주했을 때 이것은 자연이 만든 것이다. 그렇다면 반주의 성격은 인위적인 것으로 우리

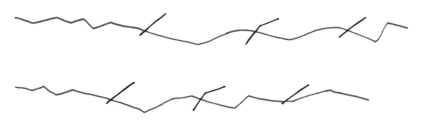

그림 3 | 엘리제를 위하여-멜로디와 반주

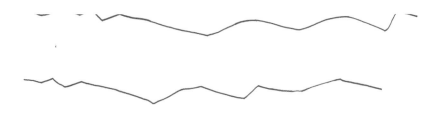

그림 4 | 엘리제를 위하여-등고선

가 자연 속에 첨부하는 것이다. 이 반주는 멜로디의 분위기를 형성하는 데 중요한 역할을 한다. 결론적으로 자연적인 것에 인위적인 것을 첨부하였을 때 조화를 이루는 것이 전체적인 분위기에 지대한 영향을 준다. 도시를 형성하는 작업에서 환경에 대한 출발점과 영역을 어디까지로 보느냐 하는 것은 시민들에게 좋은 영향과 나쁜 영향을 결정하는 잠재적인 능력과 결정이다. 건축은 물리적인 영향만을 보여주는 것은 절대로 아니다. 여기에는 우리가 의식하지 못하는 심리적인 요소가 바탕에서 영향을 준다는 것을 설계자는 계산해야 한다. 즉 일반인들에게 무의식적인 것이지만 설계자는 의식적으로 이것을 끌어올려 작업을 해야 한다.

그림 5 | 중랑천 (1)　　　　　　　　　　　　**그림 6** | 중랑천 (2)

　이 사진은 중랑천을 지나면서 차 내부에서 촬영한 것이다. 건물 전면에 수평적인 요소와 건물 뒤편에 산의 곡선은 이미 건물이 들어 서기 전 형성된 요소이다. 우리의 눈은 건물, 중랑천 또는 뒷산 등 명확한 요소를 바라보지만 우리의 무의식은 이 세 가지 요소를 투영하여 머릿속에 이미지에 대한 기억을 저장한다. 긍정적인 저장을 하기 위하여 각각의 요소 들은 자신의 성격을 차별화시켜 갖고 있는 것이 좋으며 각 요소들이 융화하는 것이 유리하다.

　위의 사진의 경우 배경인 왼쪽 사진은 산의 등고선이 뚜렷한 고저를 보이고 있으며 오른쪽의 경우에는 완만한 형태를 보이고 있다. 그에 반면 양쪽 사진의 경우 스카이 라인(sky line)의 형태도 등고선과 유사한 흐름을 갖고 있다. 이는 인식을 하는데 개성을 갖기 어렵다. 더욱이 산은 일정한 형태를 유지하는 반면 건축물은 다시 디테일한 형태가 강하여 뒷부분이 인식되기 힘들다. 오른쪽 사진의 경우에는 건축물의 color도 구분이 되어 배경은 거의 시각에서 사라지고 있다. 도시라는 것이 구성요소에 의하여 그 성격이 구분되기 때문에 사람과 차량의 동선뿐 아니라 시각적인 동선의 계획도 있어야 한다. 자연과 같이 오랜 시간 다듬어진 완벽한 형태를 만들어 낼 수는 없지만 자연스럽게 만들어진 상황

그림 7 | 중랑천-등고선과 스카이라인1

그림 8 | 중랑천-등고선과 스카이라인 2

에 인위적인 요소가 부가적이 되어야 한다. 물론 국가와 사회가 가진 문제 해결 때문에 현재를 피할 수 없는 상황이라고 말할 수도 있지만 미래에 대한 책임감은 건축에도 분명히 존재를 한다.

위의 사진은 산의 등고선과 건물의 스카이 라인(sky line)을 연결하여 본 것이다. 이 선을 살펴보았을 때 두 선의 개성은 서로 강렬한 성격을 보인다. 이 의미는 아무것도 없다는 것이다. 더욱이 흐름이 단순한 등고선에 비하여 다양한 스카이 라인(sky line)의 형태가 오히려 혼잡함을 더하며 흐름을 유도하고 있다. 이 의미는 자연스러웠던 환경을 인위적으로 만들었다고 볼 수 있다.

그림 9 | 그림 8의 등고선과 스카이라인 작업

그림 10 | 그림 9의 등고선과 스카이라인 작업

그림 11 | 그림 8의 등고선과 스카이라인 변경

그림 12 | 그림 9의 등고선과 스카이라인 변경

그림 13 | 그림 8의 등고선과 스카이라인 변경제안　　**그림 14** | 그림 9의 등고선과 스카이라인 변경제안

위의 사진들은 모든 요소가 다 살아있다. 이 책에서 시도한 것은 적을수록 많다(more is less) 또는 less is less라는 것이다. 자연의 흐름을 우리가 막을 수는 없다. 이 흐름은 그대로 두는 것이 좋다. 여기에 인위적인 것을 첨가하였을 때 그 인위적인 요소도 살리기 위해서는 구분을 주어야 한다는 것이다. 앞에서 다룬 엘리제를 위하여 라는 곡이 만들어낸 선을 보면 등고선에 따라서 규칙적으로 형태와 위치가 등장하는 것을 볼 수 있다. 이것은 반주라는 위치를 잃지 않고 멜로디의 흐름에 첨가되는 자신의 역할을 잃지 않은 것이다.

그림 15 사진은 평창의 피닉스 파크이다. 현재 산등성이에 마구잡이로 들어서는 아파트를 보았을 때 이러한 광경을 아직까지 유지해 주는 것은 참으로 행운이라고 할 수 있다. 하나의 예를 더 들어 보기로 한다. 앞에서 보여준 예는 높낮이가 있는 산등성이 존재하는 배경을 갖고 있는 경우이다.

우리는 이러한 광경을 바라 볼 때 지금까지 산과 나무와 배경으로만 보았다. 그러나 여기에는 자연이 만들어 내는 음악의 흐름이 있다고 본다면 저 곳에 존재하는 곡선들이 음이라고 생각해 볼 수도 있다. 우리의 작업은 이미 존재하는 이 멜로디를 더 돋보이게 할 수 있는 반주를 첨가해 주어야 한다. 다음의 예에서는 수평선을 이루는 배경을 살펴보기로 할 것이다.

그림 15 | 평창의 스카이라인

그림 16 | 노을지는 하늘의 명암

그림 17 | 산의 명암차이를 보이는 미국 요세미티 산

그림 18 | 도나우강의 잔물결-악보

그림 19 | 도나우강의 잔물결-멜로디선

위 악보는 이바노비치의 도나우(Donau 영어로는 다뉴브)강의 잔 물결이라
는 곳이다. 도나우 강은 유럽의 여러나라를 통과하는 강이다. 알프스에서 시작
하여 유럽의 북쪽을 향해 흐르는 이 강은 다른 강과 같이 수로의 중요한 역할
을 지금도 수행하고 있다. 곡명을 보아도 잔잔할 것 같은 느낌을 우리에게 주고
있다. 잔잔하지 않을 경우 이 강은 수로로서 기능을 수행할 수 없기 때문이다.

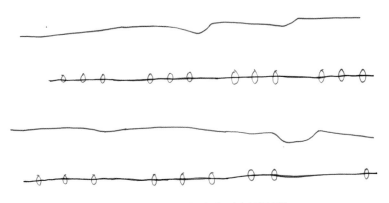

그림 20 | 도나우강의 잔물결-멜로디선과 반주 표시

고음부에 있는 음표와 저음부에 있는 음표를 연결하여 각 파트 두 개의 선
을 구해 보았다. 우리가 이 선율을 바라볼 때 반대로 이곳에 존재하는 자연의
형태를 상상해 볼 수도 있다. 세상에 존재하는 음악은 우리가 알지 못하는 것
까지 무수하다. 그러나 모두 아름답거나 우리의 심금을 두드리는 것은 아니다.
그 이유는 아마도 고음부와 저음부에 있는 음표가 우리의 마음속에 그려내는
곡선의 형태일 것이다. 이 곡선이 우리의 도시에도 존재한다면 아름다운 선율
속에 살게 되는 것이다.

'엘리제를 위하여'라는 곡에 비하면 선의 굴곡이 많지 않고 저음부도 거의 수평을 이루고 있으며 규칙적인 형태가 구성되어 있다. '엘리제를 위하여'는 저음부가 수직적인 형태가 고음부의 한 등선마다 등장하면서 끊어지는 반면 이 곡은 음이 고음부를 따라 계속 이어지면서 각 소절마다 포인트를 주고 있다.

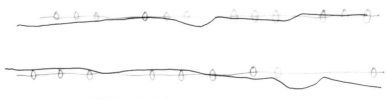

그림 21 | 도나우강의 잔물결-멜로디선과 반주 합쳐서 표시

고음부와 저음부를 한 위치에 놓으면서 음표의 높이를 맞추어 겹쳐 보았다. 음이 3박자 군의 형태를 이루고 있는 것을 보면 왈츠의 형태이다. 수평적으로 흐르는 고음부의 형태에는 저음부 또한 수평적으로 흐르고 음계 또한 수평적인 배열을 보이고 있다. 흐름에서 수직적인 강조 보다는 수평적인 배열 강조를 보인 것이 특징이다. "엘리제를 위하여"에서 얻은 배치는 수평적 곡선에 수직선이 있어서 대조적인 형태를 보이지만 이 위의 이 형태에서는 대조적인 비교 보다는 Void와 Solid라는 공식을 얻게 된다. "엘리제를 위하여"는 수직과 수평의 구조가 이미 서로의 성격을 달리하기 때문에 수평과 수평 또는 수직과 수직이라는 혼동이 생기지 않는다. 그러나 위의 형태에서는 동일한 수평 구조를 이루면서 음의 넓이 만을 보여 줄 수가 있다. 그래서 3박자가 모였다 사라지는 형태로 채움과 비움이라는 반복을 통해서 상대적인 효과로 단순함을 피하고 있다.

그림 22 | 한강아파트

　위의 사진은 현재 한강 변에 위치한 아파트를 바라본 것이다. 한강-물이라는 특수성이 시각적인 요소로 작용하고 있다. 이 요소는 설계를 하는데 필수적인 방법으로 적용이 되어야 한다. 물을 따라 놓여진 수평적인 요소는 환경을 설정하는데 기본적인 바탕이 된다. 수평은 직선이다. 여기에 동일한 성격인 수평을 놓는다면 지루한 디자인을 보여준다. 대지의 방향과 교량의 방향은 교차하면서 동일한 요소의 주장을 끊으면서 대지의 연속성을 포인트를 제공한

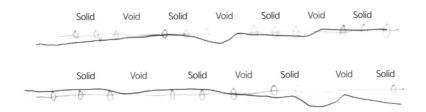

그림 23 | 도나우강의 잔물결-반주선만 표시-solid-void

그림 24 | 한강아파트 변경제안

그림 25 | 한강아파트 변경제안에 대한 void-solid

다. 그러나 다시금 발생되는 교량의 연속성을 혼란스럽게 하기 위하여 구조적인 부분이지만 디자인을 가미하여 교량에 수직적인 요소가 발생하게 된다. 그러나 아파트의 군집은 댐과 같이 한강 주변을 감싸면서 시각의 흐름을 차단하게 된다. 이는 음의 길이와 높이가 동일한 하나의 소리를 연속적으로 내면서 무의식에 고통을 주게 되고 이는 히스테리적인 정신을 유발시킨다. 바라보는 내용을 관찰자가 선택하는 것이 아니라 강요하는 환경을 만들어 버린 것이다.

그림 26 | 라인강 주변. 코블렌쯔. 독일

굴곡이 있는 대지는 그 자체가 다양성을 나타내지만 수평적인 요소는 획일화된 모습을 갖고 있으므로 그에 첨가되는 요소가 다양성을 보여주어야 한다. 위의 사진에서 관찰자는 시각적인 동선을 의지대로 선택할 가능성이 있다. 이것은 장소 인식에도 중요한 역할을 한다.

위의 사진은 독일 코블렌쯔(Koblenz)도시 옆에 흐르는 라인 강을 촬영한 것이다. 이 강 주변에 앞의 사진에 등장하는 서울의 아파트를 옮겨다 놓아 본 것이다. 한강의 사진에는 강의 수평선, 강 주변의 수평선 그리고 아파트의 수직선이 직접적으로 배치가 되어 있는데 여기에는 강의 수평선에 녹지의 곡선을 배치하고 여기에 아파트의 수직선을 놓았다. 도시에서 숲은 인간과 자연 간의 완충적인 기능을 한다. 위의 사진들에서 Void는 완충적인 역할을 한다. 이 완충 영역은 자연과 인간의 두 영역에 속한다고 할 수 있는 상반된 영역으로 볼 수 있다. 악보에서도 음표 외에도 쉼표, 도돌이표 또는 반음표시등 기호가 존재한다. 이 기호들이 하나의 곡을 완전하게 하는 상반된 영역이 된다는 의견이다. 즉 이러한 기호의 사용이 바로 좋은 기술이라고 볼 수 있다.

그러나 한강 변의 사진을 보았을 때 여기에는 음표만이 존재한다. 형태의 정체성은 어디에 둬야 할까? 형태는 보이는 것이 목적이다. 형태가 보일 때 우리는 그곳에 형태가 있다고 말한다. 즉 형태는 관찰자에게 기억되는 것이 좋다. 힙합은 힙합의 구성으로 이루어져 있다. 힙합의 음악에 트로트를 섞어서 작곡할 수도 있다. 그러나 그것은 더 이상 힙합이 아니다. 형태를 구성하는 작업에 있어서 초기에 모든 것을 결정하지는 않는다. 그러나 가고자 하는 목적의 방향은 이미 설정되어 있다. 이 목적을 벗어나게 되면 그 형태는 이미 순수성을 상실하게 된다. 우리가 도시를 건설하게 될 때 그 수많은 구성요소를 모두 소화할 수는 없다. 여기에서 바릴 것과 취할 것을 선택하는 기준이 바로 가고자 하는 목적이다. 도시와 같이 많은 요소를 함유하고 있는 경우 작업의 절제가 절대적으로 필요하다. 이 절제는 버리는 작업이 아니라 구성요소를 취하는 결단이다. 미스 반 데어 로에(Mies van der Rohe)의 작품 중에 "적을수록 많다(Less is more)" 라는 표현이 있다. 이 의미는 즉 본질에 대한 정의일 수도 있다. 과도하다는 의미는 사실상 많다는 것이 아니라 모든 요소를 사라지게 하는 것이다.

9 - 2

Less is More

　스피커를 통해 흘러나오는 하나의 음악은 그 감미로운 음이 우리의 정서를 두드리며 파장을 일으키는데 충분하다. 그러나 한 공간에 두 개의 음악이 흐른다면 우리는 청각을 긴장시켜 더 큰 음이나 먼저 들었던 음을 기억하며 듣기를 시도 할 수 있다. 그러나 겹쳐지는 소리에 마음의 파장은 단단해져 미세한 흔들림을 놓치고 말 것이다. 다시 한 공간에 여러 개의 음악이 흐른다면 거기에 음악은 더 이상 존재하지 않고 소리만이 남아있게 되며 우리의 정서는 원하지 않은 상태로 인하여 히스테리적으로 반응할 준비를 하고 있을 것이다.

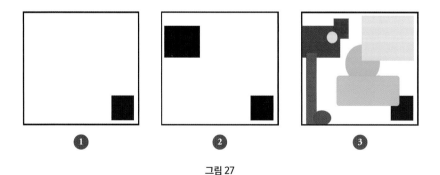

그림 27

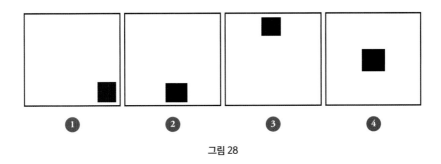

그림 28

다른 예로 하나의 형태가 존재한다. 또한 이 형태는 흑과 백이라는 대조적인 명암으로 인하여 검정 사각형의 존재가 더욱 뚜렷해지고 있다. 단지 놓여진 위치에 따라서 느낌이 다를 뿐이다. 그러나 여기에 다른 형태가 삽입된다면 우리는 초기의 형태 위치를 기억 속에 담고 이를 메모리에서 의도적으로 기억해 내려고 노력을 한다. 그러나 앞의 그림에서 보여 주듯이 다른 형태의 개 수가 많이 질수록 그 기억은 힘들어지고 나중에는 기억에서 존재는 사라지게 된다. 이 의미가 바로 "적을수록 많다(Less is more)"와 관련이 있다. 전 페이지에서 예를 든 것과 같이 도시 공간 내에 너무 많은 건물이 들어선다면 이 도시에는 즉 건물이 존재하지 않는 것과 같은 의미이다. 물리적으로 존재하지만 우리의 기억 속에서는 사라진다는 것이다. 기억에 존재하지 않는 형태는 의미가 없다. 앞의 서울 강변의 아파트가 바로 그것이다. 대지의 협소와 주택 공급이라는 조건이 이러한 상황을 정당화시키는 좋은 핑계가 되지만 이는 전문가가 할 말은 아니다. 이 사회에 전문가가 필요한 이유는 문제 해결을 일반인과 다르게 전문적 지식을 동원하여 해결하였을 때 우리는 감동을 받게 되는 것이다. 모두가 아는 상황과 문제를 갖고 있는 해결책을 위하여 비용을 투자할 필요는 없다. 모든 작업에 영구적인 해결책이 제시되는 것은 아니다. 그러나 발전적인 방법을 제

그림 29 | 안산 상록수1

시해 볼 수는 있다. 여기에는 주어진 일에 대한 전문가가 작업의 방향을 제시할 수 있는 여건이 뒷받침되어야 하며 권력이나 이익이 이 방향을 대신 할 수는 없다. 여기서 전문가란 그 분야의 졸업장을 가진 모든 사람이나 오랜 경력만을 의미하는 것이 아니라 미래 지향적인 실력이 있는 사람을 말하는 것이다. 특히 공무원의 눈치 보기에 기반을 둔 융통성 없는 결정과 심사위원들의 다수론적인 분위기 몰이, 사회위치의 우세론 등과 같은 틀에 박힌 의견들은 대중의 심리적인 상황까지 이해하는데 심히 역부족이다. 섬세한 선은 돋보기를 들이대어야 보인다. 우매한 전문가는 자신의 등에 얹힌 무게를 실력이라고 착각하여 흐름을 막는 데 최선을 다하고 있다는 것을 깨닫지 못한다. 전문가는 상황에 대하여 민감해야 한다. 자신의 시각이 아니라 흐름의 시각에 대하여 반응하여야 한다. 그리고 흐름에 자신을 실어야 한다. 그러나 많은 펜대의 전문가들은 자신이 가진 시각의 범위를 벗어나지 못하고 뒤에서 오고 있는 것을 나타나기 전에는 인식하지 못한다. 소리는 바로 뇌로 전달되지만 보이는 것은 심리적인 상황을 끌고 뇌로 전달된다.

그림 30 | 안산 상록수 2

그림 31 | 안산 상록수 약국

　사람들은 이러한 거리를 보면서 간판이 많다고 한다. 그러나 저자는 이 거리에 간판이 하나도 없다고 본다. 이 거리는 이제 간판들이 제 기능을 할 수 없게 되었죠. 그 의미는 간판이 하나도 없게 되었다는 것이다. 위 사진의 오른쪽 하단을 보면 한 남자가 간판을 찾고 있다. 간판들은 제 기능을 되찾기 위하여 계속 좋은 위치를 찾아가기 시작한다. 심지어 건물 위로까지 간판은 올라가다 나중에는 하늘에 에드발롱을 띄우는 일까지 생기게 되어버린다. 초기에 하나였던 간판은 점차로 그 수가 증가되고 살아남기 위하여 더 많은 간판의 수가 생길 것이다. 절대로 이러한 거리는 간판이 제 기능을 할 때까지 줄어들지 않고 증가할 뿐이다. 위의 그림은 약국이다. 크지도 않은 모퉁이 약국의 한쪽 벽면에 약이라는 글자가 일곱 번이나 있다. 시간이 지나면서 이 약이라는 글자는 점차로 더 많아지거나 아니면 다른 곳으로 이사를 갈 것이다. 무엇 때문에 이렇게 많은 정보가 우리에게 필요한 것인가. 여기에는 이 약국이 행인의 심리 속에 존재하지 않기 때문이다. "적을수록 많다(Less is more)"를 모르기 때문이다. 누가? 이 약국의 잘못이 아니다.

그림 32 | 안신 상록수역 앞

왼쪽 사진의 이 거리는 위의 복잡한 상가 거리를 가기 300미터 전의 거리이다. 이곳에는 간판이 있다. 그렇다면 다른 거리와 무슨 차이인가? 여기는 주상복합이다. 간판이 복잡한 거리는 집중화가 수직적으로 퍼진 것이고 이곳은 수평적으로 간판이 늘어선 것이다. 이 곳만 간판의 규제가 심한 것이라고 보지 않는다. 단지 간판의 무리가 필요 없는 자연적인 현상이다. 간판이 길에 설치되는 것을 규제하고 뜯어 간다고 해도 강제로 이루어지는 것은 오래 가지 않는다. 좋은 제도는 무의식에 진행되는 것이지 의식적으로 규제하는 것이 아니다. 건축을 하는 사람으로서 한심한 일이다. 건축물을 설계할 때 얼마나 심혈을 기울였을까? 그러나 간판의 난립으로 건물의 형태는 점차 사라지고 간판이 새로운 디자인을 만들어 보지만 그것은 어떠한 컨셉도 존재하지 않은 생존을 위한 난립이다. 이것은 간판의 주인에게 그 책임을 물을 수 없다. 그들은 기본적으로 생존권을 갖고 있기 때문이다. 우리의 공무원들과 심사위원들은 이 생존권을 보장해 주지 않고 공간만 제공했기 때문이다. 즉 돌덩이 건축을 하는데 너무 익숙해진 것이다.

이 간판은 심지어 건물을 뛰쳐나와 거리에 자리를 잡았다. 도시는 시민들의 아름다움에 대한 권리를 돈으로 바꾸어 가고 있다. 간판 위에 다음과 같은 글씨로 즐거워하면서. "시민을 편안하게, 시민을 즐겁게, 시민을 행복하게." 이제

그림 33 | 안산 상록수역 거리간판

이러한 현혹적인 말뿐인 현상은 사라져야 한다. 이들은 편안한 것, 즐거운 것 그리고 행복한 것이 무엇인지를 자세히 모른다. 명품은 명인의 손에서 나오는 것이다. 명품, 싸구려 그리고 골동품에는 분명 차이가 있다. 이 세 가지의 공통점은 처음에는 차이가 없다는 것이다. 그러나 선택 되어지는 순간부터 차이를 갖기 시작한다는 것이다. 싸구려는 대량생산에 들어간다. 즉 생산과정에서 만들어지는 고통이 따르지 않는다는 것이다. 선택되어 질 때의 그 품질에서 큰 변화를 갖지 않는다. 그러나 명품은 선택 되어지고 난 후 만드는 과정 속에서 엄청난 고통을 겪고 완전히 다른 모양으로 태어난다. 여기서 중요한 것은 그 과정 속에서의 고통이다. 그 고통을 이기지 못하는 것은 도중에 쓰레기 통속으로 들어간다. 아무리 비싼 재질이라도 마찬가지이지. 싸구려는 누군가 자기를 선택해 주기를 간절히 바란다. 좁은 공간에 많은 제품이 모여서 아귀다툼하듯이 이리 밀치고 저리 밀치며 혹시 선택해 주지 않을까 너무도 바란다. 그가 누구든 간에. 그러나 명품은 널찍한 자리를 혼자 차지하고 앉아서 도도하게 존재한다. 싸구려는 누군가 자기를 바라보기를 바라며 아귀다툼이지만 오히려 명품은 그가 자기를 선택할 자격이 있는가를 바라본다. 그리고 함부로 자신을 만지지 못하도록 한다. 명품은 이 시간을 위하여 탄생의 과정까지 그 고통을 힘들게 참아 왔다. 그러나 싸구려는 고통이 뭔지를 모른다. 그저 선택되어 보려고 수동적인 위치에서 씨끄럽다. 대량생산의 과정 속에서 밀치며 뛰어나오듯이 성급하게 결정되어 또는 신중하지 못하게 만들어져 박스에 차곡차곡 쌓인다. 즉 장인의 손이 아니라 기계에서 만들어진 것이다. 멋있고 질이 좋아서 명품일까? 아름답고 우아해서 명품일까? 그것은 싸구려들이 보는 관점이다. 싸구려들 속에 명품이 놓이면 싸구려 들은 명품을 손가락질하고 자신과 닮지 않은 것을 지적한다. 그러나 명품들은 서로 간에 갖고 있는 장점이 무엇이며 그 장점을 서로 가지려고 노력한다. 이러한 것은 만들어지는 과정속에서 결정되는 것이다. 너무도 힘든 과정이다. 싸구려 들은 좁은 공간에 무더기로 쌓여 있다. 그러나 명품은 홀로 놓여 있다. 그것은 외로움일 수도 있다. 그것은 만들어지는 고통이 아직 끝나지 않은 것인지도 모른다. 그러나 명품은 결코 자신을 아무렇게나 놓고 싶어 하지 않는다. 끝없이 자신의 품질을 위하여 고통 속에서 인내하고 기다린다. 어떤 싸구려는 자신이 선택되어진 것을 너무도 기뻐하고 자랑스러워 한다. 그러나 명품은 그 선택되어지는 순간부터 자신의 고귀함을 유지할 수 있는가 또 걱정한다. 이 세상에는 싸구려를 찾는 사람이 있는가 하면 또한 진짜 명품을 찾아 나서는 사람들도 많다. 그들을 만나는 것은 자신의 결정

에 따라서 나타나는 것이다. 혹시라도 명품은 태어날 때부터 결정 되어진다고
생각하는 사람이 있을 수도 있다. 그러나 잘못된 생각이다. 콩쥐와 팥쥐가 그
렇고 백설공주가 그렇고 야수와 미녀가 그것을 증명한다. 명품의 길은 외롭고
힘들다. 싸구려는 순간적인 기쁨에 도취되어 있고 지금의 상황을 이기기 힘들
어한다.

프랭크 로이드 라이트(Frank Lloyd Wright)의 건축이, 미스 반 데어 로에
(Mies van der Rohe) 의 건축이 그리고 르 코르뷔지에(Le Corbusier)의 건축
이 그렇다. 이 도시가 명품과 같은 도도함을 갖기를 희망한다. 심사는 곧 명품
을 찾기 위한 과정 중의 하나다. 싸구려도 장인의 손에 들어가면 명품이 된다.
그러나 장인 혼자의 힘으로는 힘들다. 만드는 과정을 그 재료가 견디지 못하면
그 제품은 쓰레기통 속으로 처박힌다. 어쩌면 그 과정이라는 것이 작업 전반에
걸쳐서 이루어지는 것이고 또한 명품을 만드는 가장 훌륭한 장인은 전문가, 공
무원 그리고 심사위원이라는 것을 잊지 말아야 한다. 싸구려 장인과 명품 장
인은 분명히 구분돼야 한다.

음악회를 가면 들어가기 전 "핸드폰을 꺼주세요" 라는 안내문이 있다. 이것
이 도시의 컨셉이다. 도시는 건물보다 큰 콘서트홀이다. 협주곡은 여러 악기로
연주하지만 연주되는 음악은 하나다. 바이올린을 여러 대로 한꺼번에 연주하
더라도 악보는 하나다. 여러 악기가 하나의 음악을 연주하면서 서로의 음만을
연주하는 것이 아니라 하나의 곡을 완성하기 위하여 협주를 한다. 모두가 뛰어
난 연주가이지만 하나의 곡을 완성하기 위하여 많은 연습시간을 갖는다. 그리

고 아마추어는 아니지만 프로 연주자라 해도 그 곡을 이해하지 못한 그 연주자는 그곳에 있을 수 없다. 형태는 눈으로 보는 음악이다. 도시는 음표로 채워진 악보이다. 인간의 신체는 오묘하여 하나의 현상을 분석하고 심리적으로 다룰 줄 안다. 그것이 예술이다. 예술은 예술을 만드는 사람이 하는 것이 아니라 예술을 아는 사람이 해야 한다.

도시에서 우리는 참으로 많은 경험을 할 수 있다. 이 경험이 만일 흥미롭고 유익하며 그리고 재미있는 것이라면 그 도시는 사랑을 받을 것이다. 이 경험이 바로 인간과 도시 간의 대화이다. 그러네 아무런 대화가 없는 침묵의 도시가 있다. 차라리 이것은 참을 만하다. 불쾌한 경험과 긴장감 그리고 불안정한 경험을 하게 만드는 도시도 있다. 인간이 고등동물이라는 것은 모든 촉감에 대한 절대가치를 줄 수 있기 때문이다. 1차적인 욕구는 육체의 안정된 상황이다. 2차적인 욕구는 교환할 수 있는 풍족이다. 이 2차적인 욕구는 경계선에 놓여있다. 1차적인 욕구와 경계를 이루는 것이 바로 정신적인 것이다. 좋은 사회는 이 보이지 않는 정신적인 상황을 존중하는 것이다. 이 정신적인 부분에서부터 우리는 인간임을 인정받게 되고 고등동물의 범주에 있게 되는 것이다. 1차적인 욕구를 충족시켜 주는 것이 물질이다. 그렇다면 정신적인 욕구를 채워주는 것은 예술이다. 그래서 예술은 보이지 않는 것을 보이려고 들리지 않는 것을 들리게 하려고 끊임없이 시도하고 있다. 이 분주한 시도 속에는 육체와 정신 사이에 트렌스포머(transformer)가 분주히 움직이고 있다. 숨을 쉬고 음식물을 먹으면 신소와 영양소가 심장과 각 기관을 통하여 공급되듯이 우리의 의도와는 상관없이 분주히 가동되고 있다. 우리는 보이는 것만 인식하지만 이렇

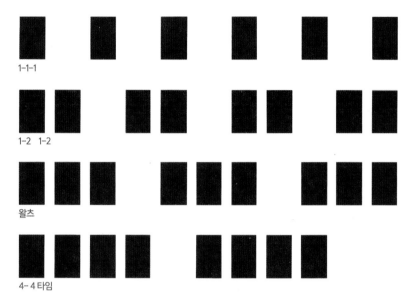

1-1-1

1-2 1-2

왈츠

4- 4 타임

그림 34 | 창에서의 리듬감

게 도시 속에는 심리적인 상황들도 분주히 작용하고 있다. 무의식과 의식을 연결하는 심리적인 요소들이 구체적인 사안으로 다루질 대 그 사회는 존중받는 사회가 될 것이다. 여기에는 시민의 수준이 상당히 중요하다. 모던의 시작인 아트엔 크리프트(Art & Craft)의 운동가 윌리엄 모리스는 이를 깨닫고 평생 시민의 수준을 올리려고 평생을 바쳤다. 시민의 수준이 높으면 전문가가 인정받는 사회가 될 수 있고 지식수준이 낮을 경우 모방과 표지만이 주를 이루는 사회를 막을 수는 없을 것이다. 윌리엄 W. 카우델(William W. Caudill)은 우리에게 재미난 예를 보여 주었다. 그림 35를 보면 창문의 나열이 있다. 한 박자로 진행이 되거나, 하나 둘, 하나 둘과 같은 박자, 왈쯔의 3박자 같은 배열 그리고 우리에게 친숙한 트로트의 4박자 배열을 볼 수 있다. 물론 창의 배치는 설계 중 발

그림 35 | ulm전시집회관

생한 공간의 배치에 의해서 발생된다고 말할 수도 있다. 그러나 그것은 너무도 재미없는 변명이다. 설계는 설계자의 의도가 많이 반영되어 있으므로 창의 배치를 의도적으로 한다면 얼마든지 가능한 일일 수도 있다. 설계는 사실 누구나 할 수 있다. 그러나 좋은 설계는 그렇지 않다. 그렇다면 좋은 설계는 무엇인가 우리는 생각해 보아야 한다. 좋은 설계는 배치도에서 디테일까지 컨셉이 잘 표현되어야 한다. 좋거나 나쁜 건물은 없고 생각이 잘 표현되거나 잘 표현하지 못한 건물만 있다고 루이스 칸(Luis Kahn)은 말했다. 초기 작업이 진행되면서 점차 컨셉의 흐름을 잃어버리는 경우를 볼 수 있다. 도시의 경우에는 전체적인 도시의 성격이 있다. 일반적으로 법규에서 이를 내포하여 결정해 놓는다. 그러나 많은 법규가 규제를 위한 규제로 존재하기 때문에 설계자가 설계과정 중 컨셉의 진행 보다는 지쳐서 일의 마무리를 위하여 법규를 쫓아가는 일이 벌어진다. 독일 울름(Ulm) 돔의 앞에 있는 리차드 마이어의 전시집회관은 준공되기까지 7년이 걸렸다. 실로 놀라운 일이다. 그 건물이 들어서는 위치는 구도시 영역으로 시와 설계자가 지역적인 만족을 얻기 위하여 참으로 오랜 기간을 참으며 만들어 낸 작품이다. 공모전에 당선된 작품이지만 시민들의 반대로 건물에 대한 의견이 의회까지 갔었고 시민투표까지 행해졌습니다. 물론 이러한 일이 매번 있다면 완성될 건물은 거의 없을 수도 있습니다. 그러나 우리는 그 부정적인 부분만 바라보지 말고 건물 하나에도 쏟아지는 시민들의 관심을 볼 수도 있다. 건물이 가장 바라는 것은 기억되는 것이다. 그런데 이 목적이 몇몇 건축가들에게는 옵션으로 작용한다.

9 − 3

등고선과 건물

우리는 위에서 음악적인 동기를 유발하여 환경과 조화를 이룰 수 있는 가능성을 논해 봤다. 이 관점이 이 책에서 처음은 아니다. 물론 이 분석을 무리하게 본다면 그에 논쟁할 생각은 없다. 그러나 본 책에서 말하고자 하는 것은 디자인하는데 우리는 생각지도 못한 것에서 그 동기를 얻을 수 있다는 것이다. 음악적이던 도시 건축적이던 궁극적으로 동일한 것은 처음부터 끝까지 잃으면 안 되는 것이 바로 컨셉이다. 동일한 컨셉으로 작업의 진행이 이어져야 한다는 것이다. 도시에는 도시의 컨셉이 있어야 한다. 그 도시가 추구하고자 하는 성격이 있어야 그 도시를 채우는 사람들이 목적이 뚜렷해 진다. 그러나 이 동기를 주지 못한다면 그 도시는 방향도 없으며 판단의 기준도 찾을 수 없다. 도시는 그것이 몇 세대이던 동일한 컨셉을 유지해야 하며 시대적인 기술과 가능성이 도시의 컨셉을 변화시킬 수는 있어도 기본적인 색은 유지해야 한다. 그 이유는 도시는 건물과 다르게 규모나 역사성을 갖고 있기 때문이다. 도시에서 기본적인 컨셉이 긍정적으로 작용할 수 있어야 한다. 가장 기본적인 컨셉은 법규이다. 이 법규는 제한을 위한 법규가 되어서는 안 된다고 본다. 도시의 형태를 유

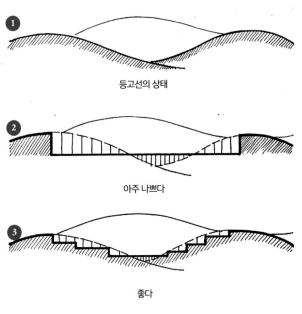

등고선의 상태

아주 나쁘다

좋다

그림 36 | 등고선과 건물배치

지는 데 도움이 되어야 한다. 이 법규의 영역이 단지 물리적인 범위만을 다루어서는 안 된다. 경제적인 구조가 이익을 추구하기 때문에 권위 있는 공공성은 여기에 심리적인 영역도 다루어 주어야 한다. 심리적인 부분에는 의식과 무의식이 존재한다. 예술은 무의식을 의식으로 바꾸는 "적을수록 많다(Less is more)"와 같은 역할을 하기 때문에 공공성에서 의도적으로 이를 뒷받침 해주지 않으면 결코 선진화를 이룰 수 없다. 물리적인 분야는 한계가 있다. 그러나 심리적인 것은 무한한 가능성을 갖고 있으므로 이렇게 고갈되지 않는 무한한 자원에 투자해야 한다. 물질적으로 풍요로운 사회는 존중받는데 관심을 갖기 시작한다. 이 존중은 자연의 존중에서 시작한다. 그 이유는 인간의 정체성

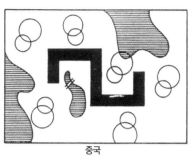

중국

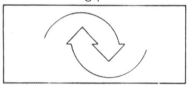

그림 37 | 중국의 정원과 건물 사이의 관계

이 자연에서 시작하였기 때문이다. 그래서 자연보호는 인간의 보호임을 깨달아야 한다.

우리가 살아가는데 자연의 훼손을 막을 수는 없다. 그러나 공존의 시도는 만들어 볼 수 있다. 그림 36에서 1번과 같이 등고선은 바람과 시간과 자연이 만들어낸 흐름이다. 이것은 그냥 만들어진 것이지만 흐름이다. 이 흐름은 자연스럽게 두어야 한다. 그러나 우리는 이 흐름 속에 진입할 때 2번과 같이 변형한다. 언제나 2번과 같이 산을 깎아 옹벽을 쌓고 평지를 만든 후에 건물이 들어서야 하는 것은 아니다. 그러나 그렇게 한다. 흐름은 가능한 한 막지 말아야 한다. 자연은 건드리지 않는 한 역류하지 않는다. 이유는 자연은 그렇게 흘렀기 때문이다. 무지의 전문가와 무지한 권력자들의 이상은 기껏해야 그 안목이 5초 이내이다. 이들은 단 기간에 자신들의 목적을 이루면 그만이지만 그 자손들은 더 긴 기간을 통하여 고통과 비용을 감수해야 한다. 전공은 전문가가 하는 것이 옳으며 그러한 사회가 되어야 그것이 자연이다. 역사 속에서 우매한 자들이 권력을 잡으면 무엇이든 다 알거나 할 수 있다는 착각을 한다. 태극의 형태언어는 하모니이다. 음악에도 하모니가 있다. 사회에도 하모니가 있다. 하모니는 자신의 것을 부각시키는 것이 아니라 전체의 깊

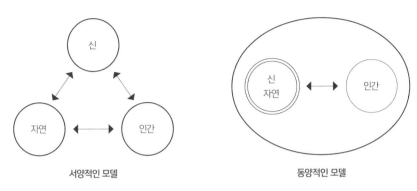

서양적인 모델   동양적인 모델

그림 38 | 신, 자연 그리고 인간의 관계

이를 더하는 것이다. 중국이나 일본이나 한국이나 초기의 자연은 동일하게 존재했다. 그러나 우리의 자연은 이제 인간 사회의 일부가 되어 가고 있다. 자연 속에 인간이 일부가 되어 가지 않고 있다. 그러나 스케일에 있어서 인간은 자연의 일부가 결코 될 수 없다는 것을 깨달아야 한다. 자연의 목적은 단 하나 언제나 질서를 유지하려고 한다는 것이다. 우리가 삽을 하나 뜰 때 자연은 초기의 흐름을 유지하기 위하여 송두리째 엎어버린다. 5000년의 역사를 우리는 주장하지만 어디에도 찾아볼 수 없다. 바람과 물의 흐름은 자연의 음악인 것이다. 우리의 안위를 위하여 변경된 부분을 자연은 원상복귀 하려고 최선을 다하는 것을 지금 경험하고 있다.

서양은 신, 자연 그리고 인간의 관계가 3각 관계이지만 동양에서 자연이 곧 신이다. 즉 동양에서는 자연을 존중하는 것이 곧 신을 존중하는 것이다. 이러한 좋은 모델이 사라지는 것에 안타까울 뿐이다. 악보로 시작했으므로 그 범위 안에서 결론을 낸다면 음의 큰 줄기가 만들어져야 높은음과 낮은음에 대

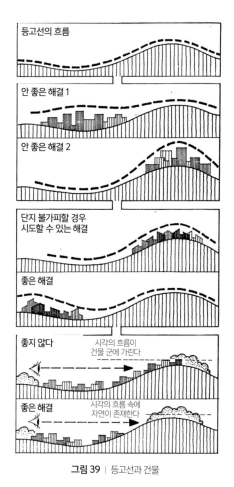

등고선의 흐름

안 좋은 해결 1

안 좋은 해결 2

단지 불가피할 경우
시도할 수 있는 해결

좋은 해결

좋지 않다   시각의 흐름이
건물 군에 가린다

좋은 해결   시각의 흐름 속에
자연이 존재한다

그림 39 | 등고선과 건물

한 흐름도 정해질 것이다. 우리가 건물을 짓는 대지는 이미 존재한다. 이 대지가 속한 환경에 우리가 들어가는 것이다. 건물이 그 환경에 긍정적인 역할을 하는 것이 중요하다. 사실 설계도 그 자체를 그리는 것이 건축은 아니다. 설계도를 그리는 것은 기술이다. 시간이 지나면 익힐 수 있는 누구나 가능한 것이다. 설계도는 건축을 나타내기 위한 수단일 뿐이다. 여기에는 환경을 볼 줄 아는 높은 안목과 이에 적응할 줄 아는 긍정적인 자세와 환경에 대한 흐름을 인간을 위한 자세를 갖고 나타내야 한다. 기념품, 조형물 그리고 건축물은 분명히 다르다. 악보에는 파트마다 소리가 다르고 악기마다 영역이 다르다. 그러나 흐름은 모두 같다. 도시에도 흐름이 있다. 형태로 존재하는 이 흐름이 만일 우리의 무의식 속에서 의식으로 시각이라는 transformer를 통하여 작용한다면 그리고 그 흐름이 유명한 음악처럼 우리의 눈을 통하여 흐른다면 얼마나 아름다울 것인가? 소리와 시각은 다르지 않다. 그것은 관점의 차이일 뿐이다.

10

미술 그리고 도시

ART AND THE CITY

10 – 1

건물과 미술

소리는 1차원에서 시작한다. 악보가 선으로 만들어져 있으며 소리의 흐름 동선도 직선으로 이동을 한다. 그래서 성악의 경우 높은 파트와 낮은 파트 그리고 여성파트와 남성 파트로 높이를 만들고 악기도 여러 파트로 나누어서 연주를 하며 1차원적인 소리를 높이와 폭을 만들어 3차원으로 형성하려고 하는 것이다. 그러나 음악은 연주가 끝나면 기억 속에 남지만 완벽할 수는 없으며 일반적으로 사라진다. 미술 또한 다양한 표현을 보여주지만 화폭은 기본적으로 2차원에 담겨 있다. 조형물같이 볼륨을 보이는 형태는 3차원에서 시작을 한다. 그러나 여기서 우리는 공간의 정의를 하기 위하여 인간이 움직일 수 있는 기능성을 갖는 것에서 공간을 정의한다면 조형물을 건축으로 볼 수는 없다. 화폭이 2차원이지만 화면에 포함한 내용에 따라서 3차원으로 간주할 수 도 있다. 여기서 건축은 4차원으로 볼 수 있다. 건축은 기본이 공간을 포함하기 때문에 3차원으로 시작하지만 시간에 따라서 얼마든지 그 조형적인 변화가 달라질 수 있기 때문이다. 건축에서 건물을 설계할 때 이러한 4차원적인 변화도 고려를 한다면 더 좋은 건물을 만날 수 있다.

그림 1 | Grotta House 낮의 모습. 1985. Richard Meier. Harding Township. 미국v

그림 2 | Grotta House 밤의 모습

위의 건물은 뉴 저지에 있는 리차드 마이어(Richard Meier)의 그로타 하우스(Grotto House)(1985~1989) 입니다. 이 집은 마이어의 어릴적 친구 집입니다. 동일한 건물로서 햇빛이 가득한 낮의 시간과 밤에 보았을 때 건물의 이미지가 다릅니다. 시간에 다라서 형태가 달라 보이기 때문에 건축은 4차원의 개념을 갖고 디자인 되어야 합니다.

이렇게 음악, 미술 그리고 건축은 각기 서로의 영역에서 표현하는 것도 다르지만 존재의 차원에 따라서 우리에게 주는 느낌도 다릅니다. 그러나 이 구분은 명확하게 나누지 않는 것이 좋습니다. 음악이 있는 건물 또는 미술을 담고 있는 건물이 존재할 수 있기 때문입니다. 그리고 이 세가지는 인간에게 기쁨을 줄 수 있는 영역이며 우리의 머리를 살찌우는 역할을 하기 때문입니다. 음악의 선율이 아무리 섬세하다 해도 인간의 감정만큼 섬세할 수는 없습니다. 그림이 아무리 뛰어나도 우리의 마음만큼 아름다울 수는 없습니다. 그래서 인간의 역사와 함께 음악은 계속 만들어지고 미술이 진행될 수 있는 것입니다. 음악을 작

곡할 경우 즉흥곡이라 하여도 틀은 있습니다. 미술 또한 컨셉이 존재하여 작업
이 진행됩니다. 우리가 사는 도시는 조형물로 가득찬 공간입니다. 우리가 사는
도시는 물리적인 소리 뿐 아니라 자연과 인간이 만들어 낸 소리로 가득합니다.
여기서 가장 큰 틀과 고정적인 컨셉은 자연입니다. 인간은 자연에 이미 익숙해
져 있습니다. 익숙하다는 것은 편하다는 것입니다. 우리의 도시형태가 갖고 싶
은 이미지를 정해 놓고 그에 따라서 발전시킨다면 훨씬 더 유익할 것이다. 도시
에 있는 건축물은 도시를 위한 조형물이기도 합니다. 우리의 눈은 하나의 뚜
렷한 사물을 바라보지만 우리의 무의식은 전체를 보며 인식하게 된다. 이러한
자료들이 모여서 기억의 데이터로 저장이 된다. 즉 우리의 도시들은 우리가 원
하든 원하지 않든 우리의 머리 속에 잠재해 있다는 것이다. 그런데 우리가 본
전체적인 것들이 모두 데이터로 저장되어 있지는 않다. 심지어 어느 도시는 전
혀 저장되지 않는 경우도 있다. 또는 아름답게 아니면 흉한 기억으로 남아있기
도 하다. 그 배경에는 도시 구성의 원리가 잠재되어 있다. 물론 이 배경에는 본
인의 경험과 지식이 작용을 하기도 한다, 그러나 무의식의 작용은 아주 일반적
이다. 도시의 형태들은 3차원 이상이다. 그러나 우리에게 각인되는 것은 마치
영상의 화면처럼 평면적으로 되어 있다. 이를 생각하고 그리고 사람이 바라보
는 눈높이의 위치를 생각하면서 도시가 형성되어야 우리의 사고 속에 긍정적
인 영상이 만들어진다.

　도시의 커다란 공간의 영역과 거리를 고려한다면 이 건물들이 큰 규모는 아
니다. 건물의 디테일적인 부분들은 먼 거리에서는 의미가 없다. 그림 3에서 건
물을 검은색으로 표시하고 뒷 배경을 검은 색보다는 연한 회색으로 표시한 이

그림 3 | 건물들 화면에 배치하기

유는 거리가 가까울수록 진한 영상으로 보이기 때문이다. 도시는 도시의 이미지를 갖고 있다. 도시에는 건물만이 존재하는 것은 아니다. 조경, 자동차, 사람, 땅 그리고 하늘이 있다. 이들은 각자의 영역을 갖고 있다. 이 영역이 존중되어질 때 우리는 질서가 있는 구성이라고 말할 수 있다. 모든 형태는 여러 요소로 구성되어 진다.

음악, 미술은 관람자가 자진하여 선택하고 찾아가는 곳에 있다. 그러나 건축은 언제나 그곳에 있다. 그림이나 미술은 만든 이의 의도가 많이 담겨있지만 건축물은 갖고 있는 변수가 너무 많다. 환경의 요소, 도시의 구성요소, 햇빛의 양 그리고 도시의 번잡함에 따라서 느낌이 다르며 그날의 상황도 건축물에 대한 느낌을 다르게 한다. 건축물은 도시의 구성원들에게 하나의 조형물처럼 작용할 수도 있다. 장소는 미술의 캔버스와 같은 성격을 갖고 있다. 설계를 할 때 환경평가, 배치도, 입면도를 그리는 목적이 바로 여기에 있다. 미술가들이 대상을 결정할 경우 소재에 대한 선택의 조건이 즉흥적이지는 않을 것이다. 특히 정물화의 경우에는 그 대상의 선택이 심사숙고 할 수 밖에 없다. 색의 선택과 표현의 차이가 있을 수 있지만 그림이 전달하려는 내용은 반드시 있다.

비록 그 그림의 제목이 무제일 경우라도 마찬가지 이다. 관찰자는 그림을 통해서 화가의 대화를 듣는다. 그 대화가 정신적인 것 그리고 섬세한 감정을 다루었을 때 우리는 감정의 변화를 얻게 되는 것이다. 건축물도 이 범주에서 크게 벗어나지 않는다. 단지 일반 조형물과 스케일이 다르고 관찰자가 직접적으로 경험을 하는 대상이라는 것이 다를 뿐 그 건축물에 속하지 않는 관찰자에게 건축물은 도시를 구성하는 스케일이 큰 조형물 이상은 아니다. 물론 역사적인 배경이 담겨진 대상일 수도 있다. 소위 훌륭한 건물은 그 설계 자체나 건물의 디자인 등 하나만을 보고 말할 수 없으며 이 모든 것을 만족시켰다 하여도 그 동일한 건물이 다른 장소에 놓인다면 전혀 다른 이미지를 전달할 수도 있다. 이것은 곧 설계초기에 설정하게 되는 장소성에 대한 의미가 건축물에 담겨져

그림 4 | 낙수장. 1936. Frank Lloyd Wright. Mill Run. 미국   **그림 5** | 낙수장. 독일 프랑크 푸르트를 배경으로 한 모습

있기 때문이다.

위의 왼쪽 건물은 프랭크 로이드 라이트(Wright, Frank Lloyd)의 낙수장이다. 이 건물은 건축에 조금만 관심이 있어도 한 번쯤은 들어 봤을 건물이다. 프랭크 로이드 라이트(Frank Lloyd Wright)의 유기적 건축, 풀어헤친 박스 등 그의 컨셉을 잘 나타낸 훌륭한 작품이다. 우리는 이렇게 훌륭한 건축물을 우리가 볼 수 있다는 것에 대하여 기뻐할 일이다. 훌륭한 작품은 후진들을 위하여 언제나 출발점과 가능성으로 작용을 한다. 이 작품을 디자인하면서 건축가

는 공간의 창출 뿐 아니라 환경과의 조화도 반영을 하였다. 이 환경이 이 건물을 더욱 돋보이게 하고 있다. 이 환경만 훌륭한 것이 아니라 환경을 더 훌륭하게 하는 그의 작업이 뛰어난 것이다. 이 곳이 우리에게 기억되는 요소에는 환경과 건축물이 존재를 한다. 나무의 수직, 지역적인 재료 그리고 대지의 수평이 이 곳을 구성하는 요소이다. 물은 흘러야 한다는 그의 생각이 보이고 내부의 바닥이 외부의 바닥으로 그리고 외부의 바닥이 내부의 바닥으로 연결되어가는 상상이 우리를 즐겁게 한다. 여기서 건축물만 보고 프랭크 로이드 라이트(Frank Lloyd Wright)의 천재성을 말하는 것은 아니다. 좋은 건축물과 나쁜 건축물은 없다. 잘 표현한 건축물과 잘 표현하지 못한 건축물이 있을 뿐이다.

　위의 왼쪽의 사진은 그의 건축물만 보아서는 안된다. 우리의 눈으로 들어 오는 캔버스에 잡힌 구성을 보아야 한다. 하나의 그림으로서 무리하지 않은 그리고 이질적이지 않은 조화를 보아야 한다. 위의 오른쪽 사진은 그의 건물을 프랑크푸르트의 시내로 옮겨 본 것이다. 동일한 건물이지만 전달하는 이미지는 많이 다르다. 미술에서 정물화적인 성격으로 우리에게 다가오며 배경의 역할이 얼마나 다른가 보여준다. 건축에서 설계를 할 경우 우리가 대지의 환경을 미술적인 캔버스로 옮기는 상상을 해 보는 것이 나쁘지 않다. 요즘은 그래픽의 발달

그림 6 | 수직구조.박람회 건물. Jung.프랑크푸르트.
독일

로 얼마든지 가능한 일이다. 위의 건물을 카프만 주택 보다는 낙수장이라 더 알려진 이유를 우리는 주목해야 한다. 건축물과 그 환경은 움직이는 미술이다.

미술이나 사진 등에서는 구도를 중요시 한다. 이 구도는 작가의 의도가 첨가 된 것이라고 볼 수 있다. 화폭에 형태를 넣을 경우 어떤 구도를 잡을 것인가 결 정해야 한다. 구도의 선택은 작가의 의도이지만 이 표현이 일반적이라면 여기 에는 이미 일반적인 구도가 존재를 한다. 이 구도가 건축에도 필요한가 묻는다 면 필수사항은 아니다. 그러나 우리가 설계를 시작할 경우 여러 요인에 대한 작 업을 하게 된다. 그렇기 대문에 사진이나 미술에서 사용되는 구도를 도시적인 작업 상에서 사용해 볼 수 있는 하나의 방법이라고 말 할 수도 있는 것이다. 이 구도의 종류를 보기 전 구도를 하는 바탕에는 변화, 균형 그리고 통일감에 대 한 의도가 있어야 한다. 기본적인 구도에는 수직구도와 수평구도를 볼 수 있다. 건축에서는 이를 스카이라인의 흐름으로 연장시킬 수도 있지만 스카이라인을 바라보거나 형성하고자 하는 의도에는 이 구도의 변화가 있기를 바라는 것이 다. 대상을 배치하는 경우 자연스럽게 하는 것이 가장 좋다. 여기서 좋다는 의 미가 바로 이렇게 인간이 만든 구도를 자연의 구도처럼 수직과 수평을 의도적

그림 7 | 수평구조. 프랑크푸르트. 독일

으로 만들어 보는 것이다. 이런 경우 어디서 이 건물을 바라보아야 구도가 발생하는가 건축가는 구상하는 것이다.

이 외에 대각선 구도를 또 찾아 볼 수 있다. 이 대각선 구도는 건물이 형성한 영역으로 진입하는 경우 발생하게 되는데 건물의 높이가 가능한 일정하며 관찰자의 위치가 계획되어진 것이다. 수직구조는 엄숙함과 상승감을 주고 수평구조는 평화롭거나 고요한 느낌을 준다면 대각선 구도는 원근감이 뛰어나서 집중적인 느낌을 준다. 이러한 구도는 골목이나 가로수 등과 같은 요소에 많이 적용을 하고 이를 의도적으로 활용할 수도 있다. 이 컨셉을 적용하려고 한다면 우선적으로 건물의 높이를 일정하게 하여 운동력을 발생시키는 것이 좋다. 이러한 구도는 고속도로에서도 많이 보게 되는데 이러한 영역은 자동차의 속도가 더 빨라진다는 설도 있다. 그 이유는 운동력이 발생하기 때문이다. 이것을 감안하여 운동력을 자제시키는 방법으로 대각선 구도가 끝나는 부분에 수직적인 요소를 첨가할 수도 있다. 이러한 직선적인 구조 외에 호선구도가 있다. 이 호선구도는 느낌이 완만하며 부드럽다. 이 호선구도는 이미 생성된 형태가 존재하는 경우가 많으므로 가능한 이 호의 형태를 유지하면서 건물이 배치되는 것이 좋다. 사선구도는 운동감과 불안감 등을 갖고 있지만 건물의 전면에 대로가 있는 영역이나 개방되어 있는 경우 의도해 볼 수 있는 구도이다. 대각선 구도와는 다르게 건물 군의 한 면만이 존재를 하기 때문에 이러한 구도가 발생된다. 이 구도는 미술에서 비탈길이나 운동하는 사람이 나타내는 구도로 건축에서도 이 구도를 다루고 있다. 이 외에 복합적인 구도로 수평과 수직이 혼합된 구도를 볼 수 있다. 이렇게 혼합된 구도는 구도 자체가 한 쪽으로 치우치지 않고 짜임새를 보여주고 있다. 그러나 여기에서도 수직과 수평 속에 변화, 균

그림 8 | 골목 끝 건물이 있는 경우. 프랑크푸르트. 독일 **그림 9** | 골목 끝 건물이 없는 경우. 프랑크푸르트. 독일

그림 10 | 수직구도와 호선구도

그림 11 │ 수직과 수평이 아닌 다른 구성을 보이는 경우

그림 12 | 프랑크프루트-2등분

형 그리고 통일감을 보여 주는 것이 좋다. 동일한 높이에 획일화된 형태 그리고 void와 solid의 변화가 없다면 상당히 구도적으로 지루하게 된다.

　일반적으로 관찰자의 위치에서 대상을 바라보는 화면이 2등분 되는 것은 좋지 않다. 이 구분은 미술과 사진에서도 즐겨 사용하는 것으로 특징이 없는 것이다. 왼편의 사진에서 수평과 수직으로 2등분 된 것을 볼 수 있다. 도시계획적인 차원에서 이를 설계자가 의도적으로 피할 수 있는 계획을 최대한으로 시도하는 것이 좋다. 도시에는 여러 요소로 채워져 있지만 건물은 도시를 형성하는 주 요인이다. 우리의 기억 속에서 도시를 떠올리는 경우 건물은 배경 화면으로 작용을 한다. 이 경우 좋지 않은 구도는 기억을 살리는데 긍정적인 작용을 하지 않는다. 설계의 초기는 도시이다. 건물을 설계하지만 그 건물은 도시를

433

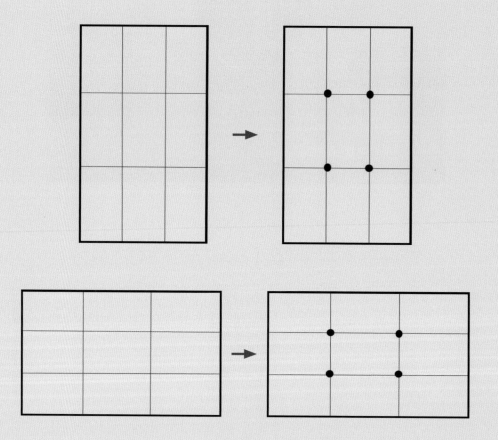

그림 13 | 화면 분활

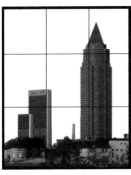

그림 14 | 사진 구도 분활

구성한다. 여기에서 설계자는 그 건물로 인하여 도시가 어떻게 달라지는가 생각해야 한다.

　도시의 한 곳을 응시할 경우 우리는 위의 왼편 그림과 같이 임의의 선을 만들어서 분활을 시도해 볼 수 있다. 이 경우 오른편 그림처럼 선이 교차되는 점 또한 임의로 얻을 수 있다. 이 점의 위치에 대상을 놓는다면 단조롭지 않은 구도를 얻을 수 있을 것이다. 위의 그림 중 왼편 그림은 수직과 수평 구조가 혼합되면서 단조롭지 않은 구도를 보여 주고 있다. 가운데 그림은 새로운 건물이 추가 되었을 경우 기존의 건물과 어떻게 관계를 유지 하였을 때 안정된 구도가 유지되는가 보여주고 있다. 이 경우 높게 올라 간 건물이 주 사물로 작용을 하고 낮은 건물이 부 수적인 요소로 작용하면서 조화를 보이고 있다. 물론 여기에는 관찰자의 위치를 기준으로 건물까지의 거리가 숨겨져 있기 때문에 뒤의 건물이 작게 보일 수도 있는 것이다. 오른 쪽의 그림은 두 개의 건물이 서로 대비를 하고 있어 긴장감을 유발시키며 구도적으로 특징이 없기 때문에 두 건물

그림 15 | wassertrum-중앙배치. 프랑크푸르트. 독일

모두 정체성에 있어서 불안하다. 이렇게 건물을 두 개의 위치에 배치를 하는
경우에도 상하에 대한 구도가 작용을 한다. 위의 사진은 가장 큰 건물이 주를
이룬다는 것을 우리는 직감적으로 느낄 수 있다. 그러나 화면의 중앙에 배치가
되면서 특징이 없고 복잡한 구도를 우리에게 보여주고 있다. 이 사진을 촬영한
위치는 사람들이 쉽게 접근 할 수 없는 곳이었다. 위에서 언급한 구도 외에도

그림 16 | 바이올린을 갖고 있는 남자 1912 피카소

물론 다양한 축을 갖는 구도가 있다. 이를 전광형 구도라 부르기도 한다. 그러나 이 구도에도 의도적인 컨셉은 존재한다. 이 의도적이라는 단어가 곧 컨셉이다. 의도한 것과 그렇지 않은 것은 많이 다르다. 작품이라는 것은 사실상 작품을 만드는 사람의 표현이다. 좋은 의도이던 나쁜 의도이던 의도가 잘 표현된 것은 작품이다. 그러나 의도가 담겨있지 않은 건물은 그저 mass일 뿐이다. 표현의 기술 때문에 역사가 지루하지 않은 것이다. 우리가 소위 말하는 작품이 곧 표현의 다양성을 보여준 것이며 작품은 그 이상 그 이하로 볼 필요가 없다.

도시처럼 여러 요소들이 군집을 이루는 경우에는 장기적인 마스터 플랜이 필요하다. 이를 우리는 도시 계획이라고 부르기도 한다. 도시 계획은 건물의 공사기간과는 다르다. 장기간에 걸친 계획으로서 여러 세대를 거쳐서 만들어지는 장기계획이다. 이 계획 안에는 도시의 성격을 구성하는 컨셉이 담겨 있어야 한다. 모든 법규와 규제는 이 마스터 플랜을 기초로 작성 되어져야 하는 것이다. 이것은 마치 화가가 풍경을 화폭에 옮길 때 만들어지는 구도와도 같은 것으로 중요한 시작점이 된다. 마스터 플랜을 완성하기 위한 규제는 엄격하되 디자인을 위한 규제는 자유롭게 구성이 되어야 한다. 이 구성을 작성하는데 필요한 구성원은 반드시 디테일한 분야에서 참가한 조직을 갖고 형성이 되어야 하는데 그렇지 못할 경우 도시는 건물을 모아놓은 창고로 전락할 수 있다. 또한 문제해결을 위한 최대한의 노력에 대한 장기적인 분석 및 시뮬레이션을 하기보다는 해결이라는 단어에 초점을 맞춘 나머지 막대한 비용을 치루게 될 수도 있다.

다음의 사진은 아파트이다. 이곳에는 아파트만 있다. 그 외에는 어떠한 것도 존재하지 않는다. 여기에는 건축과 건축가도 존재하지 않으며 여기에는 도시

그림 17 | 서울의 아파트

도 없으며 주거라는 기본적인 문제 해결을 위한 대책만이 있을 뿐이다. 이러한 현상이 나타나게 된 배경에는 일부의 의견만이 반영된 결과로 볼 수 있다. 시각에는 흐름이라는 것이 있다. 이 흐름에는 잠재적인 선이 존재하여 심리적으로 안정을 꾀하고 있는 것이다. 그러나 위의 광경에는 흐름이 존재하지 않으며 방향성도 없고 단지 무분별한 요소들의 집합으로 존재할 뿐이다. 이러한 광경을 만든 전문가들의 사고에는 종합적인 분석을 하는 능력의 부족으로 볼 수 있다. 건축물은 한번 지어놓으면 특별한 이유 없는 한 장기간 존재를 해야 한다. 이것을 감안한다면 왜 건축물이 도시에서 중요한가 생각해 볼 수 있다. 이렇게 도시적인 생각이 우선되어야 하며 그 후에 건축물 각각의 디자인을 생각하는 것이 옳다. 아름다운 도시는 이유가 있다. 구도가 있고 색이 있으며 흐름이 있다. 건축에서 소실점을 잡아 도학을 하는 경우가 있는데 이 작도법이 건축에서만 사용하는 것은 아니다. 미술에서도 그림 구도를 잡는 경우 이 소실점에 대한 작업을 한다. 이 소실점에 대한 작업은 도시를 구성하는데 필수사항은 아니지만 이를 의도적으로 작업한다면 도시의 어느 곳에 있더라도 시각적인 이미지를 얻을 수 있게 된다.

본다는 의미에 대해서 생각해 볼 수 있다. 우리는 늘 보고 있지만 그 본다는 의미를 깊게 정의하지는 않는다. 본다는 것은 이해한다는 의미와도 연결되어 있다. 본다는 것은 명확한 형태, color, 빛의 작용 그리고 표면의 구조를 분석한 정보를 눈으로 갖고 오는 것이다. 이해한다는 것은 형태에 대한 구성을 그려낼 수 있다는 것이다. 여기에서 그 형태에 대한 외각선을 정확히 만들어 낼 수 있어야 한다. 우리가 형태를 바라 볼 경우 많은 노력을 들여 이해를 해야 하는 것도 있다. 그러한 형태는 대 부분 전문적인 지식을 요구할 경우도 있다. 이러한 정보를 만족시키는 것들은 기억에 저장되기가 어렵다.

다음의 두 사진은 위에서 다른 내용과는 차이가 있다. 이는 일반적인 사진의 구조에서 느끼는 형식과는 다르게 가족이라는 감성적인 내용이 지배적이다. 객관적인 판단보다는 사진과 연관된 사람의 개인적인 감성과 그 관계가 우선적이며 사진 이상의 내용을 전달하고 있다. 특히 표정이나 두 아이의 생활이 그 내용을 표현한다. 도시도 마찬가지이다. 우리가 일정한 한 도시를 떠올릴 대 그 도시에서 경험한 것과 인상을 사진의 배경에 감성적으로 담고 있다. 그래서 도시는 보이는 것 이상의 이미지를 관찰자들에게 전달하는 것을 도시건축가들은 계획하여야 한다.

그림 18 | 중앙에 배치한 사진들

11

상반된 개념

CONTRADICTORY CONCEPTS

교회의 십자가를 보면 수직과 수평적인 요소로 구성이 되어 있다. 이 십자가는 성경의 신약이 나오기 전에는 존재하지 않았다. 성경에 신약 곧 예수의 출현과 함께 그리고 예수의 골고다의 죽음과 함께 십자가가 출현을 한다. 이 십자가를 단순히 종교적인 해석으로 본다면 건축의 의미로 확대하기는 무리이다. 그러나 이를 종교적으로 보지 않고 그 십자가가 주는 이미지는 형태언어적으로 해석을 해 볼 필요가 있다. 그 십자가에 수평과 수직적인 요소가 함께 존재하는 의미는 무엇일까? 예수가 등장하기 전 신과의 만남은 특별한 사람만의 특권이었다. 그러나 그의 죽음 이후 그 권리는 모든 자에게 주어진 것이다. 이러한 내용을 생각하고 그 십자가를 해석해 본다면 수평과 수직의 의미는 형태학적으로 다르게 보일 수 있다.

수직은 예수 이전의 관계를 나타내고 수평은 그 이후의 관계를 표현한 것이다. 그러나 여기서 서술하고자 하는 것은 그 두 개의 요소가 같이 표현된 이유를 보고자 하는 것이다. 수직은 신적인 표현이고 수평은 인간적인 표현으로 형태를 볼 수 있다. 이렇게 두 개의 요소를 상반된 개념으로 볼 수 있다. 건축에

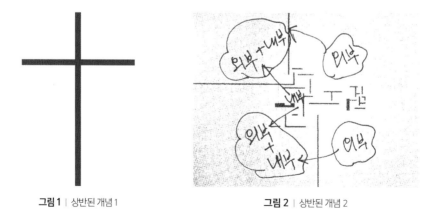

그림 1 | 상반된 개념 1   **그림 2** | 상반된 개념 2

서도 이러한 상반된 개념이 사용되는 경우가 많다. 현대건축에 와서 이 개념의 역할이 커지는데 이것도 산업혁명 이 후에 생겨난 새로운 정신을 반영하는지도 모른다. 신에게 있어서 상반된 개념은 어울리지 않으며 오히려 링간의 세계에 혼란을 줄 뿐이다. 우리가 생각하는 신은 완벽에 가깝다. 여기서 완벽이란 인간의 능력 이상을 말하는 것이다. 신에게 있어서 한치의 오점도 용서할 수 없다. 이것은 인간의 이상을 실현하는 마지막 방법을 그들이 갖고 있기 때문이다. 그렇기 때문에 그들은 완벽성을 나타내기 위하여 한 면이 강조되야 하는 것이다. 그러나 중세 이후에 인간은 오히려 새로운 가치를 발견한 것이다. 그것은 곧 인간적인 것이다. 인간적이라는 의미는 무엇일까? 신처럼 될 수는 없다.

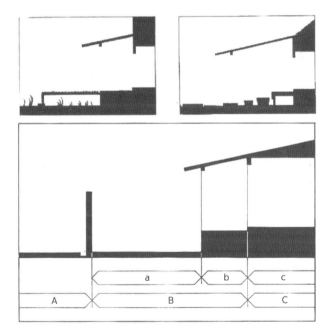

그림 3 | 상반된 개념 3

그렇게 완벽한 능력을 우리는 소유할 수 없다는 것이다. 이것이 과거에는 인간의 단점으로 여겨지기도 하였지만 인간의 재 발견은 오히려 그것을 우리만이 갖고 있는 장점으로 발달시키는 것이다. 상반된 개념이 오히려 인간적인 모습으로 비춰지는 것이다.

우리에게는 좌우가 있고, 위아래가 있으며 전후가 있고 겉과 속이 존재를 한다. 이렇게 상반된 개념을 갖고 사는 것이 곧 인간의 모습이다. 이러한 형태를 건축에서도 많이 찾아 볼 수가 있다. 이러한 건축에서 또는 디자인에서 우리는 친근감을 느끼고 인간적인 애정을 갖기도 한다. 그림 1에서 밖으로 길게 뻗어 나온 벽은 내벽과 외벽의 동시적인 성격을 갖고 있다. 그리고 그 벽은 임의로 영역을 구분해 놓기도 하는데 길게 뻗은 벽이 취하는 영역이 건물의 내부에서 보았을 때는 외부로 구분이 되어야 한다. 그러나 오른쪽의 영역에서 보았을 때는 내부로 구분을 할 수도 있다. 이렇게 외부와 내부의 영역이 함께 공존하는 즉 상반된 개념이 동시에 존재하는 곳이 명확하게 구분이 된 곳 보다는 훨씬 우리에게 친근감으로 다가 온다.

17세기에 지어진 일본 교토에 있는 카수라 빌라와 쇼이켄 찻집이다. 이 건물에서 베란다의 지붕을 만들면서 이원적인 공간의 성격은 완충적인 공간에 의하여 연결이 된다. 그리고 이 완충적인 공간은 다시금 상반된 개념을 갖게 되면서 다원화가 이루어지게 되는 것이다. 그림 3 밑의 부분에서 영역 A는 완전한 외부로 볼 수 있다. 그리고 영역 a는 서서히 상대적인 외부와 내부가 되고 영역 b는 영역 a보다는 좀더 내부에 가까운 성격을 띄게 되는 것이다. 이러한 영역이 좀더 인간적이고 완충적인 여유를 우리에게 제공한다. 이 영역은 많은 의미를 제공한다. 자연과 인위적인 것, 영역의 이중성 그리고 시야의 선택적인 벽

등을 우리에게 제공한다. 일본은 이러한 성격을 공간의 깊숙한 곳까지 적용을 한 것이 그들의 건축재료의 선택과 구조에서 읽을 수 있다. 일본의 주거건물의 특징이 기둥에 건물이 지지가 되는 목조 건물이기 때문에 벽의 기능이 축소가 되어있다. 오늘날에도 사용하고 있는 종이로 만든 나무테두리의 미닫이 벽은 14세기에 생겨난 것이다. 이러한 미닫이 벽은 빛을 투과 시키면서 창을 필요 없게 한다. 베란다는 내부에 놓인 거실과 외부 영역을 분리시켜 놓으면서 추운 겨울에는 추위를 막는 완충지역으로 역할을 한다. 이와 함께 내부와 외부 사이에는 정해진 물리적 분리가 존재하지 않는다. 즉 서양적인 사고로는 내부와 외부 사이에는 아무 것도 존재하지 않는 곧 그 두 개는 일치되었다는 의미이다. 건축물과 자연 사이의 이러한 일치는 일본인 사고 방법의 중요한 경향 속에서 그러한 구조를 갖게 하였다. 서양인 들이 내부와 외부는 분리된 두 개로 서로 대치하고 있는 것으로 생각을 하는 동안 일본인 들은 그들의 집에서 주거와 자연의 일치로서 발견을 한 것이다. 여기에서 내부에서 외부로 이동하는 것 또한 연속적으로 형상화 하였다. 그 이동은 내부 공간의 다다미 판에서 베란다의 목제 바닥을 넘어 디딤대로 인도가 되고 계속하여 정원에는 자갈이 깔려있으면서 계속적으로 환경 속으로 들어가게 된다. 빛, 바람, 추위, 더위 그리고 소음은 이 환경에서 나오며 집안의 삶에 영향을 미치게 된다. 지붕은 베란다를 덮었으며 정원영역까지 미치게 된다. 대부분의 경우 내부에서 외부로 나가는 이동은 아주 다양하다. 교토의 카슈라 빌라에는 베란다의 바닥과 다다미의 높이와 동일한 높이를 갖는 평상이 있다. 즉 이 평상이 최소한 내부 영역에 속한다는 것이다.그러나 지붕은 이 평상의 전부가 아닌 일부를 덮고 있다. 즉 외부영역에도 이 평상이 속한다는 것이다. 또한 재료를 갖고 이러한 영역교환을 확인할 수도 있다. 예를 들어 반들거리며 경사진 베란다는 대나무로 만들어진 평상에 비하면 어느 정도 인위적이다. 즉 재료가 인위적으로 많이 작업을 한 것이 아니라면 외부 공간에 있는 자연에 속해 있다는 의미를 내포한다. 정원 안에서 뱃머리 같이 평면도가 툭 튀어나온 빌라의 극단의 끝인 평상의 위치는 외부공간이 내부 공간을 압박하는 곳이다.(그림 3 위의 왼쪽) 반대로 내부 공간이 외부 공간을 압박하는 빌라를 우리는 쇼이켄 차 집에서 찾을 수 있다.(그림 3 위의 오른쪽) 지붕이 정원과 같은 높이를 갖은 영역 위로 돌출이 되어 있다. 바닥은 으깬 흙으로 되어있고 디딤돌이 베란다를 향하여 한 줄로 되어 있으며 베란다를 향하여 내부 공간의 높이에 맞추어 가면서 서서히 높아지고 있다.

디딤돌의 재료와 다듬어지지 않은 배열로 특성화된 불 규칙적인 자연은 내부공간의 강한 기하학으로 침입을 한다. 인위적으로 만들어진 내부공간 안으로 자연의 침입을 우리는 모든 주거의 중앙에 그림처럼 있는 토코노마스의 기둥에서도 찾을 수 있다. 이 기둥은 자연적으로 작업하지 않은 형태를 갖고 있고 기둥과 미닫이 벽의 강한 모듈적 배열에 대한 시각적 대비를 형성하고 있다. 서양에서는 제한하는 것이 대부분 물리적으로 무겁게 둘러쳐진 분리를 사용하는데 반하여 일본에서는 분리가 또한 여러 의미적인 성격을 갖고 있다. 이렇게 일본에서는 자연에서 발생한 각 신의 영역이 팽팽한 줄이나 일렬로 놓인 작은 돌 같은 것에 의하여 의미를 갖게 된다. 신성한 지역의 종교적인 "내부영역"은 세속적인 세계와 상징적으로 분리가 되어 있다. 을제에서 메인 성전은 시각적으로 그리고 영역적으로 경계를 만든 4 개의 울타리로 주변을 감싸고 있다. 우리가 안으로 계속하여 들어 갈수록 울타리의 영역을 계속하여 작아진다. 가장 내부에 놓인 울타리는 실질적으로 내부에 대한 광경을 더 이상 허락하지 않는 목조벽으로 되어있다. 또한 다양하게 제한된 영역의 문으로 들어 갈수 있도록 허락된 사람의 숫자도 안으로 들어 갈수록 점점 적어진다.

가장 외부에 있는 문은 모든 사람들에게 개방이 되어있다. 그러나 가장 안쪽의 문으로 들어가도록 허락된 사람은 단지 일본의 왕과 가장 높은 제사장이다. 일본의 주택은 내부와 외부 사이의 분명한 경계가 알려져 있지 않기 때문에 그리고 이러한 통과가 가능하면 연속적으로 되도록 형상화 되었기에 이러한 집은 내적으로 제한된 개인영역만을 제한을 두고 있다. 일본인의 자연친화적인 요약과 함께 이러한 것은 정원이 외부의 질서에 중요한 이유로 작용을 한다.

건물과 정원은 서로가 일치를 이루고 있다. 이러한 일치는 일본의 정원은 그 규모가 작은 경우가 많기 때문에 작은 규모의 정원에서 하나의 담에 의하여 막혀있다. 담은 중요한 설계요소 중 하나이며 담은 정원의 전체풍경을 그려내는 하나의 스크린을 형성한다. 커다란 정원에서 이러한 경계로서 벽돌담이 있을 필요는 없다. 이러한 경우에 주변의 풍경이 정원의 실질적인 그림 속으로 겹쳐지면서 서로 하나가 된다. 지금까지 우리는 지붕이 덥혀 있는 곳에서 덥히지 않은 곳으로 가는 이동의 좁은 영역 안에서 일본의 내부- 외부에 대한 관계를 보았다. 정원에 관한 앞의 심사숙고는 우리가 이러한 이동의 영역을 계속해서 갖고 있어야 함을 명확하게 해준다. 왜냐하면 정원은 자연을 그대로 복사해 놓은 것이기 때문이다. 공간의 이러한 이중성을 우리는 베란다에서, 소규모의 척도 안에서 경험을 하였다.

그림 4 | 그리스 신전

베란다는 주거와 정원의 중간 영역이다. 즉, 인위적인 건물과 자연적인 주변의 사이 영역이다. 커다란 척도 안에서 정원도 동일한 기능을 갖고 있다. 정원은 개인적인 주거영역과 공개적인 외부 사이의 연결 고리이다. 이 두 개의 상반된 개념이 하나의 일치를 향하여 통일을 이루고 있다.(그림 3의 아래 그림)

이러한 상반된 개념은 서양 건축에서도 물론 찾아 볼 수가 있다. 위의 그림에서 계단이 있는 부분과 공간에 들어가기 전에 놓인 기둥의 영역이 그러한 개념을 갖고 있다고 할 수 있다. 이것은 신전으로서 인간을 의미하는 대지에 신전이 직접적으로 맞닿는 것은 신에 대한 모독이다. 그러므로 완충공간이라 할 수

그림 5 | Frank L. Wright, Robie house, 1909, Chicago, USA.

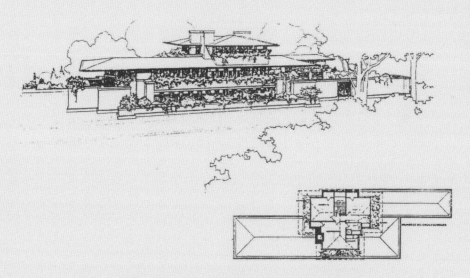

그림 6 | Frank L. Wright, Robie house 평면도, 1909, Chicago, USA

있는 계단과 열주 실은 신과 인간의 상반된 두 개의 개념을 동시에 만족시키고 있다. 우리는 이것을 동양의 사찰에서도 찾아 볼 수가 있는데 대웅전 같은 경우 대지에 직접적으로 닿지 않고 단위에 놓여져 있는 경우를 볼 수 있다.

그림 6처럼 베란다나 처마의 길이가 필요 이상으로 연장이 되어 새로운 영역을 만들어 내는 경우를 프랭크 로이드 라이트(Frank Lloyd Wright)의 건축에서도 볼 수가 있다. 프랭크 로이드 라이트(Frank Lloyd Wright)의 건축에서 로비주택은 초원주택을 이상적으로 표현한 건축물의 하나이다. 이 시기의 프랭크 로이드 라이트(Frank Lloyd Wright)의 초원주택의 특징은 모두 지면을 끌어안듯이 팔을 벌리고 있는 형상을 켄딜레버의 사용으로 표현을 한 것이다. 이전의 그의 건축은 대 부분이 좌우 대칭으로서 중세 건축의 범주에서 크게 벗어나지 않았다. 그것은 유럽건축에서 많이 보이던 형태로서 미국식이라고 단정 짓기는 어려웠다. 그러나 1900년도 초부터 그는 미국에 미국 주거건축의 대표적인 형태를 제시하기 시작한 것이다. 미국의 광활한 초원을 연상시키는 수평선의 강조는 특히나 이목을 끄는데 충분하였다. 초원을 그리워하는 미국인들에게 그는 공간적이며 운동적이고 역학적인 미국식의 건축물을 선사한 것이다. 어디에서나 움직일 수 있는 자유. 그것은 밀집된 유럽과 비교했을 때 미국

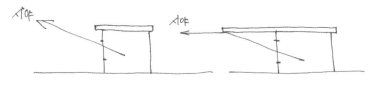

그림 7 | 날개지붕과 시각의 방향

적인 정신을 그대로 반영한 것이다. 막혀있는 박스를 풀어헤쳐서 뚜껑을 모두 열어버린 자유. 그리고 그 박스 뚜껑의 길이 자체에도 길이와 두께 그리고 폭을 달리하여 전형적인 박스에서도 자유를 얻은 것이다. 미스 반 데어 로에(Mies van der Rohe)는 수직선을 강조하였다면 프랭크 로이드 라이트(Frank Lloyd Wright)의 형태는 수평선을 강조한 것이다. 일본건물에서 나타난 처마의 연장은 프랭크 로이드 라이트(Frank Lloyd Wright)의 낮으막한 날개지붕으로 뒤덮으면서 공간을 형성하게 된다. 이 날개지붕은 시야를 공중으로 분산되는 것을 막고 시야의 끝을 수평선으로 인도하게 된다.

이렇게 공간을 만들면서 그 공간은 내부에서는 상호 연관되며 외부는 초원풍경으로 통하고 있다. 큼직하고 평평한 날개지붕은 모두 주택의

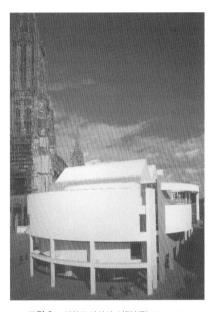

그림 8 | 리차드 마이어, 시민회관, Ulm, 1993

그림 9 | 앙리 시리아니

중심부에서 이어나가고 창에서 더 뻗은 캔틸레버의 차양은 시선을 멀리 지평선으로 펼쳐져 가는 변경까지 이끌어 간다.

프랭크 로이드 라이트(Frank Lloyd Wright)는 각 방향의 날개 지붕의 길이와 높이를 다르게 드라마틱하게 연출을 하여 잇따라 변화하는 전망이 눈앞에 펼쳐지게 하였다. 그 건물의 내부와 외부를 돌면서 생각지 못했던 광원이 구석에 있기도 하고 바깥경치가 나타나다 사라지기도 하며 천정의 높이에 따라서 다양한 공간을 경험하게 하는 것이다. 내부에서 외부로 나오기는 하지만 날개 지붕의 길이와 높이에 따라서 상반된 공간의 경험을 다르게 한다는 것은 공간의 연속성을 마치 일본 건축의 베란다와 같이 느끼게 하고자 하는 것이다. 이는 곧 시각적으로 내부공간이 주변의 풍경에 융화하는 것을 도와주는 것이다.

이 외에도 다르게 상반된 개념을 읽을 수 있는 건물들 볼 수 있는데 리차드 마이어의 울름에 있는 건물과 앙리 시리아니의 누아지 II에서 살펴 보기로 한다. 리차드 마이어의 작품에서 많이 볼 수 있는 특징 중의 하나가 또 다른 완충공간이다. 이는 심리적으로나 시각적으로 공간의 연속성을 유도하고 제 2의 건물의 피부로서 작용을 하는데 여기에서도 상반된 개념을 읽을 수가 있다. 그런데 이러한 이미지를 우리는 고딕건축의 플라잉버트레스에도 그 근원을 찾아 볼 수도 있다. 구조적인 문제에서 고딕건축은 시도를 하였지만 그 이전의 건축에서 느낄 수 있었던 외부와 내부의 완벽한 구분은 한 때 고딕 건축에 와서 그 이미지를 탈피하는가 싶었다. 고딕 건축에서 플라잉 버트레스는 불필요한 요소를 제거하는 과정에서 생겨난 것이라고 볼 수 있다. 필요 이상으로 두껍게 있는 벽은 당시의 기술과 일상적으로 전해지는 벽체구조를 답습하는 것이었

그림 10 | 고딕건축

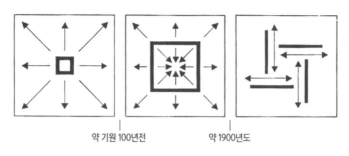

약 기원 100년전　　　　약 1900년도

그림 11 | 3개의 기본적인 공간적 요약

다. 그러나 고딕의 건축에서 버트레스는 골조구조의 암시를 나타내고 이는 막혀있지 않은 변칙적인 공간을 그 후의 건축가들에게 전달해 준 것이다.

　그림 11처럼 기원 100년 전에는 공간의 개념이라는 것보다는 외형적인 암시가 더 중요한 요소로 작용을 하였다. 권력과 종교적인 의미가 우선적으로 전달되어야 그 기능을 충실하게 하는 것으로 작용을 했는지도 모른다. 예를 들면 피라미드 같은 경우 그 거대한 스케일의 규모에 비하면 그 내부에 존재하는 공간은 아주 협소하고 주된 기능으로 적용되지 못하였다. 그러나 그 후에도 외형적인 기능이 적어진 것은 아니지만 건축가의 관심은 내부로 옮겨지기 시작한 것이다. 이것은 신이나 절대자의 위치에서 인간으로 그 중심이 전이되는 것을 의미하기도 한다. 그러나 인간을 향한 배려가 만족할만한 수준은 아니었다. 이것은 공간의 자유라는 고민으로 남게 되었고 이것은 이 후 세대가 풀어야 할 문제로 남게 된 것이다.

　그러면서 건축가들은 그 문제의 주인공을 인간 보다는 공간이라는 개념에 두고 고민을 하게 되었고 벽을 허물어 공간의 자유를 두고자 한 것이다. 미스

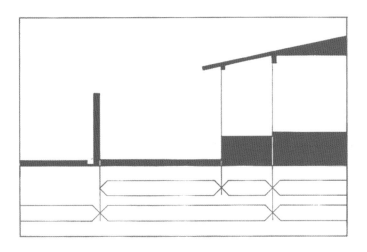

그림 12 | Le Corbusier, Domino-House(계획안), 1914

그림 13 | Frei Otto, 막 구조

반 데어 로에(Mies van der Rohe) 와 르 코르뷔지에(Le Corbusier)의 제시는 명쾌하였다. 그들의 제안은 많은 건축가들에게 무엇으로 사라진 벽의 위치를 채울 것인가 하는 새로운 고민을 제시한 것이다. 미스 반 데어 로에(Mies van der Rohe) 는 글라스타워(Glass Tower)로 새로운 방법을 보여 주었다.

이 도미노 시스템에서 이제 공간의 자유는 선택사항이 된 것이다. 그러나 그 또한 외부와 내부의 명확한 구분은 존재했다. 이를 미스 반 데어 로에(Mies van der Rohe) 는 벽돌전원주택 계획안에서(그림 2) 선형적인 요소로 제시를 하였고 프랭크 로이드 라이트(Frank Lloyd Wright)는 수평적인 요소와 풀어헤친 상자에서 공간의 연속성을 보여 준 것이다. 앙리 시리아니는 격자모양의 틀을 앞세워 베란다를 그 속에 숨겼다.(그림 9) 관찰자에게 건물을 시야에 들어오게 하는 당분간의 여유를 제공하므로 훨씬 인간적인 친근함을 제공한 것이다. 이러한 시도는 변증법적인 사고의 진보로 볼 수도 있다. 공간이 공간이어야 하는 의문은 시야를 붙잡아 두지 않는 공간으로 즉 아리스토 텔레스의 정의를 추상적으로 만드는 시도로 새로운 기술의 진보에 좀더 가까이 다가서게 한 것이다. Frie Otto는(그림 13) 뮌헨 올림픽에 투명한 지붕의 막구조를 선 보이면서 지붕 아래에 변증법적인 공간을 보여주었다.

상반된 개념의 형태는 어디에서도 찾아 볼 수 있다. 물론 이러한 개념이 필수적으로 형태에 첨가되어야 할 필요는 없다. 그러나 많은 건축물에서 이러한 개념이 사용되고 있으며 특별히 이것이 강조된 건물이 있다는 것은 흥미로운 일이다. 상반된 개념의 기본적인 위치는 인간적인데 있다. 이것은 과거의 산물에서 탈출하고자 하는 내용에 표출되지는 않았지만 원인으로 작용을 한 것이다. 그들의 장식은 상징적인 것이었다. 그러나 그들의 공간 또한 상징적인 것으로 외부와 내부의 철저한 단절을 의미하고 있었다. 비록 그들이 출입구의 타원형으로 외부를 포용하는 자세를 취했다고는 하나 그것은 수동적이었고 전체적으로는 신성시되는 영역의 구분을 갖고 있었다. 당시의 사회가 그러한 상황을 요구하는 사회이기에 그것은 올바른 표현으로 볼 수도 있다. 그러나 이러한 개념은 오랜 시간 인간의 방황을 외면하였으며 급기야는 니이체의 해체주의적인 사고가 지지를 받는 상황으로 되고 말았다. 니이체가 불태워 버리고 싶었던 파리는 인간이 소외된 상징적인 도시였다. 그가 모든 것을 해체하고 다시 세우고 싶었던 도시는 아마도 신의 인간적인 면을 강조하고 모두가 평등한 도시를 건설하고 싶었을 지도 모른다. 이러한 니이체의 개념을 완성시킨 건축가가 르 코르뷔지에(Le Corbusier)이다. 그는 모든 것을 해체하고 뼈대만 남긴 도미노를 선 보였다. 이것은 선택이었다. 그 빈 곳을 채우는 것은 이제 인간이 되어야 한다. 그것이 누구를 위한 것이던 상반된 개념은 옥상정원에서도 작용을 하고 롱샹교회에도 자유로운 평면에 적용을 하였다. 이렇게 르 코르뷔지에(Le Corbusier)의 선택은 각자의 개성에 따라서 표현이 되며 현대 건축에 있어서 근대 보다는 그 생명을 오래 가게 만든 것이다. 근대라는 시기가 바로 상반되는 시기이다. 인간과 개념이 상호관계적으로 존재를 하고 권위에서 인간의 존엄성으로 넘어오는 완충적인 시기이다. 이러한 완충적인 시기는 계속 존재를 해 왔다. 프랭크 로이드 라이트(Frank Lloyd Wright), 미스 그리고 르 코르뷔지에(Le Corbusier)는 근대에서 현대로 완충적인 시기이고 노만 포스터의 홍콩 차이나 뱅크와 리차드 마이어의 건물들이 바로 츄미의 해체로 가는 완충적인 시기이다. 이 완충적인 시기가 가장 인간적이다. 고뇌하고 희망적이며 그림자와 빛이 같이 존재를 하며 황이 정승의 대응이 있는 그러한 시기이다.

12

공간 조직

THE SPATIAL ORGANIZATION

지금까지는 공간이 어떤 관계를 갖고 어떻게 자체적으로 또는 다른 요소에 의하여 변형이 되는가를 살펴 보았다. 이번 주 수업에서는 곤간이 서로 어떻게 조직화 하는지를 살펴 보기로 한다. 하나의 형태로 건축물을 설계한다면 내부공간에 대한 과제를 해석하는 것이 공간에 대한 일반적인 견해였다. 그러나 내부공간도 때로는 여러 공간조직을 형성하며 더욱이 여러 개의 형태가 결합이 되는 경우에는 주변이나 공간 서로간의 상호관계에 영향을 미치게 되므로 이에대한 이해가 없이는 기능적으로 원활한 공간을 창출하는 것이 무리이다.

다양한 공간이 결합되어 조직을 형성하는 경우 요구되는 기본조건

1 특이한 기능을 갖거나 형태의 톡특함이 요구된다.

2 공간이용에 융통성이 있고 자유롭게 조정될 수 있어야 한다.

3 독특한 단일 구성을 가지며 건물구성에 있어서 중요하다.

4 유사한 기능을 수용하고 기능적으로 응집된 그룹을 형성할 수 있으며 선형적인 연속성이 반복된다.

5 채광, 통풍, 경관 그리고 외부로부터의 접근성을 위해 외부로 부터의 노출이 필요하다.

6 프라이버시를 위해 격리될 필요가 있다.

7 접근이 용이하다.

다양한 공간이 서로 조직화할 경우 공간간의 상호연관과 공간의 기능성 그리고 공간의 상징적인 역할이 존재하는 것이 좋다.이제 공간의 유형화를 보게 되는데 이러한 형태는 주어진 상황에 따라 어떠한 구성이 유용한가를 결정해야 하는데 다음을 참고하기 바란다.

    1. 기능적인 연계성을 고려하고 각 공간에 요구되는 치수, 공간의 위계

적인 분류(주 영역과 보조영역등), 공간의 접근성, 채광 또는 경관에 대한 고려가 있어야 한다.

2. 대지에 대한 조건이나 외부환경이 건물의 형태와 확장을 하는데 제 한조건이 될 수 있고 특정한 모양을 유도할 수 있다.

이상은 공간의 형태를 만들어 내는데 조정되는 원인을 나열하였으며 다음은 어떻게 그러한 형태를 모든 조선에 합당한 최상의 공간조직을 만드는가에 대한 조건을 나열한다.

1. 어떤 공간을 만드는가 그리고 그 공간을 어디에 또는 어떻게 형성할 것인가 의문을 제시한다.

2. 공간과 공간간의 관계 그리고 옥외공간과 건물의 형태를 어떻게 조 화시킬 것인가 의문을 제시한다.

3. 대지와 건축의 조직구성상 입구의 위치는 어디에 둘 것이며 통로는 어떻게 배치할 것인가 검토한다.

4. 외부 형태구성은 어떻게 할 것이며 그것을 전체적인 구성맥락과 어 떻게 연관 지을 것인가 검토한다.

건축의 형태조직을 구성하기 전에 검토하는 위의 사항을 통하여 그 검토사항에 가장 근접한 결과를 얻어 전체적인 결과를 얻지만 일반적으로 다음의 구성으로 형태조직이 만들어 진다.

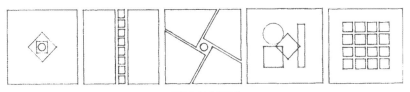

그림 1 | 구심형 구성

12 – 1

구심형 구성

이러한 구성은 중앙에 포인트를 두는 구성이다.
그렇기에 주 영역은 가운데에 있는 공간이 되고
주변은 보조영역으로 작용을 한다.

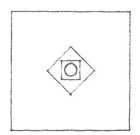

그림 2

모형

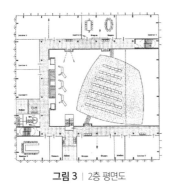

그림 3 | 2층 평면도

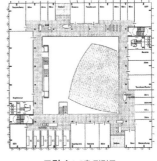

그림 4 | 3층 평면도

구심형 공간은 중앙에 일반적으로 규칙적인 형태를 가운데 두는데 이는 다양한 주변공간을 두기 위함이다. 구심형 구성이라 해서 위의 그림과 같은 형태를 반드시 취하지는 않는다. 이러한 구성은 일정한 방향이 없으므로 대지의 상황에 맞게 결정하고 2차적 공간의 하나가 출입구로 사용이 된다. 구심형의 공간은 공통적으로 동선의 패턴이 다양하게 나타나지만 동일한 조건은 중앙공간에서 끝나는 현상을 보인다.

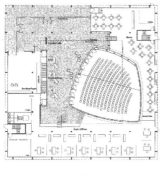

그림 5

이 건물은 1999년도에 독일 하일브론에 평생교육원을 공모전에 붙여 그 중에 있던 작품이다. 이 건물은 우선적으로 공간안에 공간이 있는 형태를 취하고 있으며 벽구조와 골조가 혼합된 형이며 규칙적인 사각형의 형상을 하고 있다. 구심형은 동선의 목적지가 중앙공간에 종착되는 것이라 하였다.

이 건물의 주변공간은 보조영역이며 가운데 불규칙형태가 주 영역이다.

이 건물은 케빈 로치(Kevin Ramonn Roche)와 존 딘켈루(John Dinkeloo)가 1965-69년도에 미국 뉴 헤븐에 설계한 콜롬부스 본사이다. 구심형의 형태 중에 중심의 형태가 비율적으로 큰 형태를 만들어 자체공간으로서 기능을 하는 주장이 강하게 나타난다. 사각형의 모퉁이에 놓인 원은 보조영역이고 가운데의 형태가 주 영역으로 작용을 하는 원리로 설계된 것이다.

그림 6

가운데에 엘리베이터가 있는 코어가 위치해 있고 모퉁이에 있는 원이 서로 지지하기에 기둥이 없는 공간을 갖고 있는 스팬 구조이다.

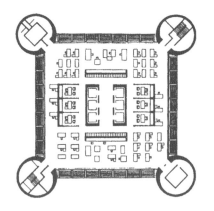

그림 7 | 기준층 평면도(1층 평면도)

선형구성

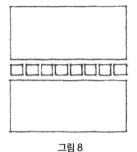

그림 8

공간이 어떠한 형태로 구성되었는가 하는 것은 사실 어떤 **동선 채계**를 그 건물이 갖고있냐는 의문과 동일하다. 선형구성이란 즉 건물이 선의 형태로 나열되었고 그 공간 안의 주 이동이 선의 형태로 나타난다는 것이다. 주 이동이 신의 형태로 나타난다는 의미는 공간간의 이동을 위한 동선이 한곳으로 흐르다가 분산된다는 말이다. 선형구성은 다른 조직에 비하여 방향성이 강하고 대지의 조건에 적응력이 강하다. 선형이라하여 연속적으로 이어지는 것만이 있는 것이 아니고 때로는 분절되다 이어지거나 일직선의 형태 뿐 아니라 휘어지거나 굽어진 형상 도 있다.

이 건물은 1982년에 건축가 알도 반 아이크(Aldo van Eyck)가 설계한 지멘스(Siemens)건물이다. 세분화된 작업의 형태를 파악한 알도 반 아이크(Aldo van Eyck)는 전체를 2개로 묶어서 분류하고 그 2개는 다시 미세하게 나누어 서로 연결 을 하였다.

이 건물은 일본 후쿠오카에 4층 주거공간으로 스티븐 홀(Steven Holl)의 작품이다.1991년도에 완공된 건물로 전체적인 구조가 내부/외부/중간으로 영역이 나뉘고 가운데 선형동선 축을 중심으로 연속하여 있는 공간과 독립적으로 있는 공간으로 나뉘는 조직을 갖고 있다.(위의 선형구성에서 4번째 예 참조) 주차장은 외부에 위치하고 지붕은 야외정원으로 쓰이고 있다.

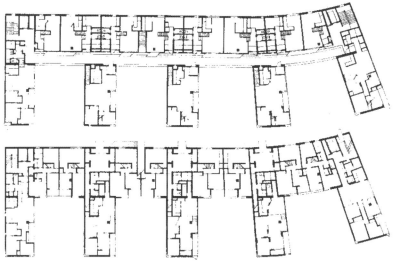

그림 9 | 선형조직의 예 (모형과 평면도)

방사형 구성

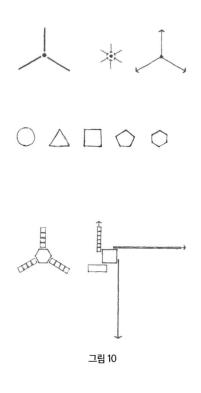

그림 10

방사형 구성은 구심형구성과 선형구성이 조합한 형태이다. 이러한 형태는 중앙공간이 강조되고 주로 주영역이 중앙에 위한 형태가 많다.때로는 공통적인 공간이 반복되는 경우에는 그것을 한 곳으로 몰아서 방사형의 공간으로 구성을 하는 경우도 있다. 일반적으로 날개의 형태로 되어진 부분들은 서로 그 길이가 일정하게 나아가 규칙적인 형태를 보이는 것이 많이 있으나 불 규칙적인 형태도 있다. 그림 10 원편의 두번째 줄에 있는 그림처럼 전체적인 형태에 규칙적인 모양을 찾을 수 있다. 만일 건물의 형태가 그림 10 원편의 그림처럼 생기지 않아도 동선의 흐름이 방사형으로 흐른다면 이를 방사형구성으로 간주해도 된다. 방사형구성은 대체적으로 외부환경과 연계하려는(건물과 건물 사이에 주변공간을 포함) 성향이 있다.

방사형구성의 예 1

이것은 런던에 있는 14층 영세민 아파트건물로 영국의 데니스 라스던(Denys Lasdun)이 설계한 건물로 1958년에 완공된 건물이다. 철근콘크리트 구조로

가운데에 계단을 포함한 코어를 두고 4방향으로 2개의 주거공간이 분산되는
방사형 구성을 갖고 있다. 설계자의 의도가 각 단위 공간에 빛과 자연공간을
제공하려는 의도라는 것을 방사형구성에서 읽을 수 있다.

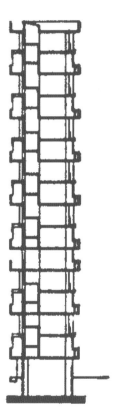

그림 11

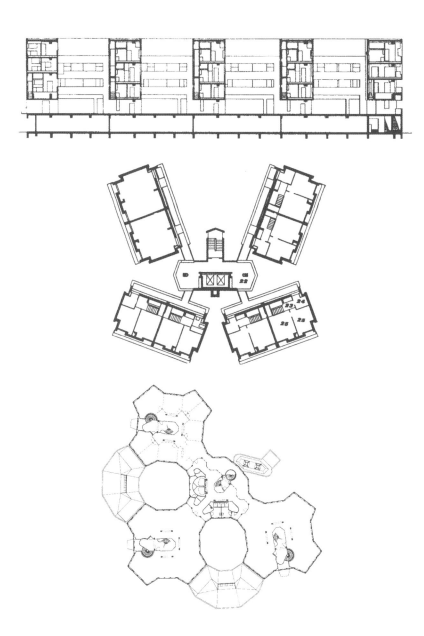

그림 12

방사형구성의 예 2

그림 13

이 건물은 알도 반 아이크(Aldo van Eyck)와 Hannie가 설계하고 1994년에 완공한 건물이다.이 건물은 트리폴리스 사무실 콤플렉스로 암스텔담에 있는 건물이다.

집합형구성

집합형의 구성을 갖고 있는 건물은 특정하게 강조된 공간이 없고 각 공간이 개성을 갖고 있으며 기하학적으로 일괄성이 없다. 그러나 이러한 형태도 몇 가지의 특징으로 구분할 수 있으며 이 특징 안에서 형성이 된다.

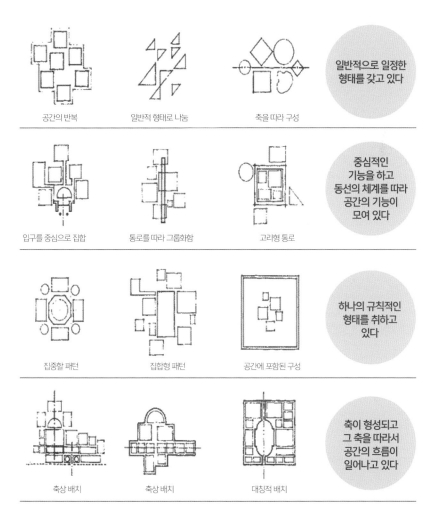

공간의 반복	일반적 형태로 나눔	축을 따라 구성

일반적으로 일정한 형태를 갖고 있다

입구를 중심으로 집합	통로를 따라 그룹화함	고리형 통로

중심적인 기능을 하고 동선의 체계를 따라 공간의 기능이 모여 있다

집중할 패턴	집합형 패턴	공간에 포함된 구성

하나의 규칙적인 형태를 취하고 있다

축상 배치	축상 배치	대칭적 배치

축이 형성되고 그 축을 따라서 공간의 흐름이 일어나고 있다

그림 14

473

집합형구성의 예1

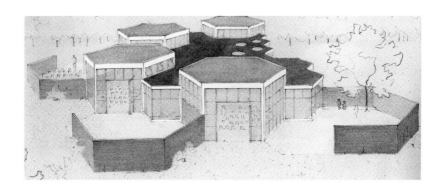

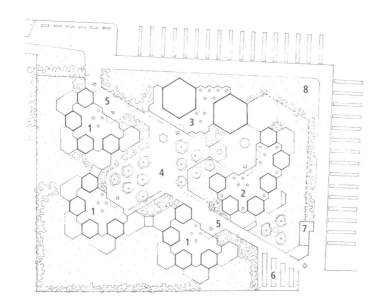

1. 교실   2. 교실   3. 체조와 Play를 할 수 있는 메인건물   4. 운동장
5. 통로   6. 자전거대   7. 경비실   8. 대지

그림 15

이 건물은 알도 반 아이크(Aldo van Eyck)가 1955년에 설계한 암스텔담에 있는 학교이다. 위의 번호 4번인 운동장을 중심으로 교실건물이 둘러 서 있고 각 교실은 6각형으로 하나의 공간을 중신으로 모여 있다. 일정한 형태를 반복하여 모여 있고 전체적으로도 6각형으로 되어 있다. 이것은 위의 예에서 첫 번째 예에 속한 구성을 이루고 있다.

집합형 구성의 예 2

그림 16

이 건물도 1954-6년에 설계한 학교건물로 알도 반 아이크(Aldo van Eyck)가 H.P.D. van Ginkel과 함께 설계한 것이다. 학교라는 테두리를 만들고 입구영역을(평면에서 2번 밑)두어 좌우로 주영역인 교실을 나누어 놓았다. 그 뒤로는 전체공간인 영역을 두었다. 공간의 구성은 4각형의 형상으로 가능한 최대한의

빛을 공간 안으로 유입시키려고 모퉁이에 자유를 주었다. 그리고 깊숙이 들어
간 영역 또한 천정을 투명하게 하여 위에서 빛이 들어 오게 하였다.

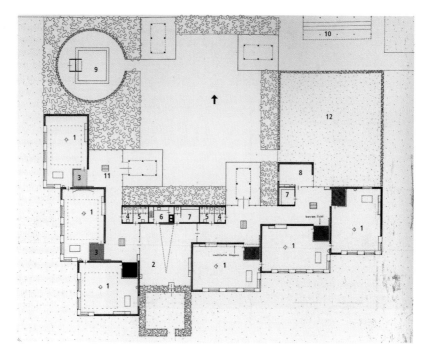

1. 교실   2. Play room   3. 천정이 투명한wardrobe   4. 여자 화장실

5. 남자화장실   6. 부엌   7. 교재실   8. 사무실

9. 모랫바닥   10. 자전거대   11. 벤치   12. 학교정원

그림 17 | 학교정원에서 바라본 모습

집합형구성의 예 3

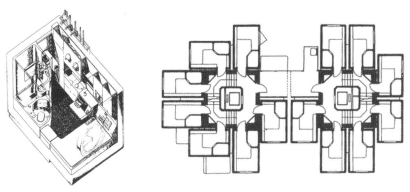

그림 18 | 엑소메트릭

그림 19 | 평면도

그림 20

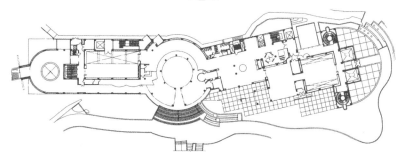

그림 21 | 1층 평면도

그림 22 | 140개의 캡슐 있는 외관 기준층

이 건물은 중운 캡슐타워 빌딩으로 일본 도쿄에 있는 건물이다. 1972년에 완공이 되었고 설계자는 구로카와 기쇼(Kurokawa Kisho)이다.일본의 대지밀집에 대한 사회의 현상을 반영한 건물임을 알 수 있다. 메타볼리즘의 이론을 시각화한 건물로 교체하고 움직인다는 방법론을 직접적으로 실현한 건물이다.2개의 하이텐션 볼트로 연결하여 캔델레버 형식으로 달아매었다. 이 구성은 위의 예에서 집중형 패턴 구성의 예로서 중앙에 코어를 두고 각기 다른 형태의 공간이 밀집해 있는 형태를 이루고 있다.

집합형구성의 예 4

이 건물도 구로카와 기쇼(Kurokawa Kisho)가 설계한 것으로 일본 도쿄에 있다. 1988년도에 완공하였고 현대미술관으로 현재 사용되고 있다.건물의 높이를 수목이하로 하기 위하여 대부분이 지하에 묻혀 있는 이 건물은 후에 아트센터로 사용할 예정이다. 가운데 원형 플라자가 놓여있고 좌우로 날개처럼 공간이 뻗어 있다. 그러나 축을 보면 전체적으로 가운데 축을 따라 다양한 공간이 배열되어 있음을 볼 수 있다. 이렇듯이 집합형에는 축을 따라서 공간을 배치하는 구성이 있다.

그림 23

격자형 구성

일반적으로 건축물에서 많이 볼 수 있는 형태에 골조구조가 있는데 골조구조는 대체적으로 격자형이 많다.공간의 배치에 관계없이 격자형태는 건물의 구조적인 형태를 이루고 있다. 격자형은 두 방향의 평행선이 만나는 지점에서 교차되는 성격을 갖고 있다. 전체적인 형태는 일정한 형태의 격자를 이루지만 전체격자의 모양에서 삭제나 첨가의 기능 그리고 층으로 올리는 작업을 할 수가 있다. 일정한 모양으로 격자가 형성되지만 이 기본원리에서 불규칙적인 형태를 구조적으로 안정된 상황에서 변형시킬 수가 있다. 이는 동선의 체계나 특수차원의 공간을 형성하기 위하여 필요한 경우에도 사용한다. 격자형의 자체를 변형하거나 일부의 차원을 다르게 틀어 버릴 수도 있고 예를 들어 대지의 상황에 맞추어 격자형을 가로지르는 구성을 만들 수도 있다.

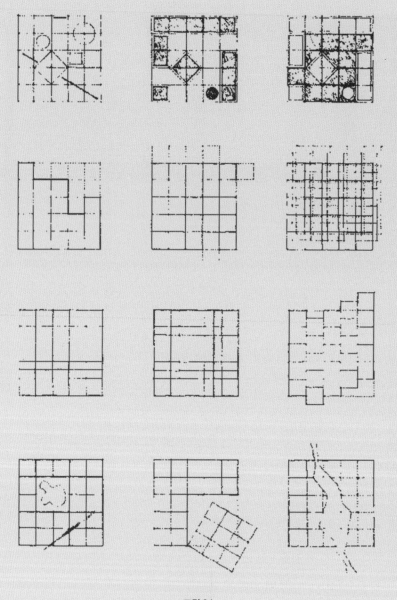

그림 24

APPENDIX

건축가 소개

가우디 *Gaudiy Cornet, Antoni*

바르셀로나를 중심으로 독창적인 건축세계를 선보인 건축가. 스페인 남부 카탈루냐 지방 출신으로 17세에 건축 공부를 시작했다. 곡선과 장식적인 요소를 극단적으로 표현한 건축작품을 남겼으며, 이러한 작품경향으로 19세기 말~20세기 초 유럽에 유행했던 아르누보 작가로 분류되기도 한다. 벽돌과 석재 등 전통적인 건축 재료를 사용했지만, 인체 등 자연에서 얻은 형태를 건축에 반영해 전통 건축과는 전혀 다르고, 현대건축에서도 가히 독특하다고 할 만큼 자기만의 건축세계를 완성했다. 대표작으로는 〈코로니아 구엘교회의 제실〉, 〈구엘공원〉, 〈카사 바트로〉, 〈카사 밀라〉, 〈사그라다 파밀리아 교회〉 등이 있다.

구로카와 기쇼 *Kurokawa Kisho*

일본 고유의 양식뿐만 아니라 국제주의 양식도 구사하는 현대 일본의 대표적인 건축가. 메타볼리즘을 주장하는 집단의 일원이며, 표준화된 단위에 기초한 체계를 발전시켰고 '공생' 관념, 즉 인간과 환경, 서로 다른 문화와 문화의 상호작용을 강조했다. 다작을 하는 작가이다. 주요 프로젝트로 나카긴 캡슐타워(도쿄, 1972), 소니타워(오사카, 1976), 현대미술관(히로시마, 1988), 스포팅 클럽 일리노이 센터(시카고, 1990), 시립사진전시관(나라, 1992) 등이 있다.

구스타프 에펠 *Gustave Eiffel*

프랑스의 건축가로, 에펠탑을 만든 사람이다. 파리고등공예학교를 졸업한 후, 다리 놓는 기술을 익혀 가론강의 다리를 만들었다. 1889년 파리 만국 전람회를 위하여 완전 철골조의 탑을 세웠는데 이것이 에펠탑이다. 그 밖에도 파나마 운하의 수문 공사, 뉴욕의 자유의 여신상 설계에도 관여하였다.

귄터 베니쉬 *Gunter Behnish*

독일의 대표적인 현대 건축가. 〈뮌헨 올림픽 스타디움〉의 설계로 유명해진 귄터 베니쉬는 1987년 〈태양열 연구소〉, 1995년 독일 슈투트가르트에 〈시립은행〉과 〈전철역 승강장〉 등을 건축했다. 독일 슈투트가르트 대학 내에 건립된 〈태양열 연구소〉의 경우, 적은 예산과 저렴한 재료를 사용하여 건축된 것이지만 기발한 디자인으로 가설적 분위기를 창출하여 해체주의 건축의 대표적 작품으로 평가받고 있다. 〈전철역 승강장〉의 경우, 필요한 화장실, 매점, 자전거 보관소 등이 종합적으로 설계되어 있어 미래를 앞서가는 도시환경에 맞는 건축이라는 평가를 받고 있다.

김중업 金重業

평양 출신의 건축가. 김수근과 함께 한국 현대건축의 1세대로 평가된다. 서양 건축의 한국화로 독보적인 한 자리를 차지하는 그는 한국 현대건축가로는 처음으로 프랑스 르 코르뷔지에 건축연구소에서 4년간 수학했으며, 건축미술과 교수, '김중업 합동건축연구소'소장, 프랑스 문화부 고문 건축가 등을 역임했다. 주요 저서로 〈김중업 – 건축가의 빛과 그림자〉가 있고, 대표작으로 〈서강대학 본관〉, 〈주한 프랑스대사관〉, 〈제주대학본관〉, 〈삼일 빌딩〉, 〈육군박물관〉 등이 있다.

노만 포스터 *Norman Foster*

영국의 건축가. 맨체스터대학에서 건축과 도시설계를 공부했다. 1961년 졸업 후 예일대학에서 석사학위를 받았으며 1967년, 웬디 포스터와 함께 '포스 터사(지금의 노만 포스터 앤 파트너스)'를 설립하여 450명의 스태프와 함께 일하고 있다. 1983년에는 Royal Gold Medal for Architecture를, 1990년에는 여왕으로부터 기사작위를 수여받았다. 런던뿐만 아니라 각국 도시에 그의 작품이 있으며, 주요 작품으로는 입스위치에 있는 〈윌리스 메이버 앤 뒤마 사무소〉, 〈홍콩 상하이 은행〉, 〈스탠스태드 국제공항〉, 님스의 〈카레 예술 문화센터〉, 〈첵랍콕 신공항〉 등이 있다.

다니엘 리베스킨트 *Daniel Libeskind*

폴란드 출신의 유대인 미국 건축가. 음악을 전공했으나 건축으로 방향 전환을 하였으며 피터 아이젠만, 베르나르 츄미, 프랭크 게리 등 '7인의 해체주의자' 중 한 명으로 불린다. 베를린 〈유대인 박물관〉을 설계하면서 건축가로서 널리 이름을 알렸고, 9·11 테러로 붕괴된 뉴욕 세계무역센터 자리에 지어지는 〈프리덤 타워〉를 설계해 국내외로부터 큰 관심을 받기도 했다. 주요 작품으로 〈노스 임페리얼 전쟁 박물관〉, 〈로열 온타리오 박물관〉 등이 있으며, 한국에서의 첫 작품인 현대산업개발 신사옥 〈아이파크타워〉를 설계하였다 (2005년 완공).

데니스 라스던 *Denys Lasdun*

1977년 권위 있는 상 로얄 골드 메달을 수상. 영국 건축 모더니즘의 가장 저명한 건축가 중 한 인물이었다. 그의 주목할만한 건물은 리젠트 파크에서 의사의 왕 대학, 이스트 앵글리아 대학, 룩셈부르크 유럽 투자 은행과 런던의 사우스 뱅크(South Bank)에 있는 국립 극장 등이 있다.

도나토 브라만테 *Donato Bramante*

이탈리아의 건축가. 융성기 르네상스 양식의 대표자이다. 교황 율리우스 2세에게 임명되어 궁전 건축과 산피에트로대성당 건축을 주도하였다. 밀라노의 산타 마리아 프레소 산 사티로 성당, 파비아 대성당의 동단부와 성구실 밀라노의 산타마리아 델레 그라치에 성당의 동단부 및 산 탄브로조 수도원, 아비아테그라소 대성당의 포르티코를 건설. 템피에트, 산타 마리아 델라 파체 성당의 회랑, 바티칸 궁전의 증개축 등에 의해 건축에 있어서 르네상스 양식의 완성자로서 명성을 얻고, 1504년 이후 성 베드로 대성당의 주임건축가가 되어 집중적인 기본평면을 제작했다.

로말도 지우르골라 *Romaldo Giurgola*

이탈리아 출생. "건축은 이미지이고 현실이다. 과거와 미래에의 염원을 구현한다고 하는 점에서 건축은 이미지이며, 우리 시대의 사상, 의지, 사회구조, 그리고 기술에 의해 건축은 현실이다" 라는 말을 남겼다. 1982년 〈AIA골드메달〉 수상. 2001년 호주 백년 훈장을 받았다.

로버트 벤츄리 *Robert Charles Venturi*

미국의 건축가. 20세기 건축의 중요한 인물이다. 그의 부인이자 파트너인 데니스 스콧 브라운과 함께 학생들이 건축과 미국의 건조 환경에 대한 생각을 형성하는 데에 많은 도움을 주었다. 미스 반 데어 로에의 유명한 모더니즘적 경구인 "적을수록 많다"(Less is more)에 대응하여 "적을수록 지루하다"(Less is bore)라는 격언을 만든 것으로도 유명하다.

레오니도프 *I.Leonidov*

러시아의 칼리닌 출생. 회화에서 건축으로 전향. '레닌 연구소를 위한 계획안'이라는 졸업작품으로 두각을 나타내기 시작하였는데, 레닌 연구소를 위한 계획안은 1927년 모스크바에서 개최된 OSA의 최초 전시회에서 전시되었다. 이것은 구축주의의 발전에 있어서 중요한 이정표가 되고 있다.

레이마 피에틀래 *Reima Pietila*

핀란드 투르크 출생. 1953년 헬싱키 공과대학 졸업하였고, 브뤼셀 세계박람회와 핀란드 파빌리온의 대회에서 우승한 실적이 있다. 이론 및 실제적인 관점에서 근본적인 문제를 해결하고 언어와 이미지를 통해 실용적인 아키텍트의 구축에 기여했다. 건축 이론과 작품의 분석은 하나의 과거, 현재, 미래를 동시에 인식할 수 있다고 했다.

렌조 피아노 *Renzo piano*

하이테크 건축의 대가, 그 만의 건축철학과 섬세함으로 많은 건축학도들의 존경의 대상이자 세계적인 걸작품들을 지어낸 장본인이기도 하다. 그는 아직까지도 활발하게 활동중이며, 한국에서 진행한 프로젝트로는 '용산국제업무지구 랜드마크빌딩'과 '광화문 올레플렉스' 등이 있다. 2006년 타임에서 전 세계 가장 영향력 있는 100명의 인물 가운데 한 명으로 선정되었다.

루시앤 크롤 *Lucien Kroll*

건물에 대한 미래 사용자의 참여를 포함하는 프로젝트에 대하여 잘 알려진 벨기에 건축가. 그의 대표 작품은 1970년에서 1976년 사이에 만든 벨기에 루벵 대학의 의료 학부 주택이다. 이 건물은 "1970년대 초에 광범위한 논쟁을 불러일으켰다. 그들의 조각과 즉흥 외관 – 더 거대한 반복적 인접 병원에 신중한 참여 디자인 프로세스에 강한 대조의 결과, 중앙 관료의 실시 등을 잘 보여준 건물이다

루이스 칸 *Louis I.Kahn*

1901년 오젤 섬에서 출생. 1947년 예일대학교 교수로 재직하면서 연구와 작품 활동에 몰입하였고, 1955년 중요 논문인 〈오더와 디자인(Order & Design)〉을 발표하여 주목받는다. 그는 도시를 다음과 같이 성의내렸다. "도시는 소년이 그 속을 기닐면서 자기가 일생 동안 무엇을 하는 것이 좋은지, 그 도시를 찾아볼 수 있는 장소이다." 칸이 건축한〈엑서터 아카데미 도서관〉, 〈리처드 의학 연구소〉, 〈솔크연구소 실험동〉, 〈킴벨 미술관〉 등을 보면 그의 건축물이 단순히 단일체가 아니라 전체 환경 속에서 도시계획적인 것으로 파악되고 있음을 헤아릴 수 있다.

루이스 설리번 *Louis Sullivan*

보스턴 출신의 미국 건축가. 그의 '형태는 기능에 따른다'라는 말은 자주 오해되어 사용되었으나, 그것은 버펄로의 개런티 빌딩에 정확하게 표현되어 있다. 그는 이 명제에서 출발하여 유기적인 건축의 완성을 노렸다. 그 싹은 그의 제자인 프랭크 로이드 라이트에 의하여 개화되고 완성되었다. 그의 대표작품으로는 '카슨 피리 스콧 백화점'이 있다.

루이지 스노지 *Luigi Snozzi*

스위스에서 가장 영향력 있는 건축가. 취리히의 리비 오 바 키니(Livio Vacchini)와 아우렐 리오 갈 페티(Aurelio Galfetti)와 함께 공부했으며, 1950년대 후반 로카르노에서 건축 연습을 시작했다. 그의 가장 저명한 작품 중 하나는 역사적인 도시 Monte Carasso, Ticino의 장기적인 도시 재개발이다. 그는 1993년 수많은 상을 수상한 이후 국제적으로 전시 한 지칠 줄 모르는 평론가이다.

르 코르뷔지에 *Le Corbusier*

스위스 출신의 프랑스 건축가. 1920년대 건축가로서 본격적인 활동 시작, 국제주의 양식의 대표적인 건축가로 발돋움했다. 철근 콘크리트 골조를 근대건축의 표현 양식으로 발전시킨 점에서 그 위대성을 볼 수 있다. 정식 코스에 의한 건축교육을 받은 적은 없고, 유럽과 중동 일대를 여행하며 독자적으로 건축을 연구했다. 1917년 파리에 정착한 뒤 피카소, 브라크 등 입체파 화가와 교류를 가졌다. 장르를 넘어선 이 교류는 그가 철근 콘크리트 골조를 기반으로 내부와 외부 공간이 서로 연결되는 구조를 실현하는 데 영향을 미쳤다. 1920년대 잡지〈에스프리 누보〉에 기고한 글들을 모아 〈건축을 향하여〉, 〈도시계획〉 등의 저작을 남겼다.

리차드 노이트라 *Richard Neutra*

미국 건축에 국제주의 양식을 소개한 것으로 유명하다. 빈공과대학과 취리히대학교에서 공부했고 독일 건축가 에리히 멘델존과 함께 1923년 이스라엘 도시계획안공모전에서 상을 받았다. 건축이란 인간을 자연과 조화되는 상태로 되돌려주는 수단이어야 한다고 믿었고 특히, 집주인의 생활방식을 반영하는 주택을 지으려고 애썼다. 그의 저서로는 〈설계를 통한 생존〉, 〈생활과 주거〉, 자서전인 〈삶과 형상〉 등이 있다.

리처드 로저스 *Richard Rogers*

1933년 이탈리아 출생. 런던 건축협회와 예일대 건축대학원에서 배우고 1970~1977년 이탈리아 건축가 렌초 피아노와 일하며 파리 퐁피두센터를 설계했다. 〈런던 로이드 빌딩〉, 〈스트라스부르 유럽인권재판소〉, 〈베를린 다임러 크라이슬러 본사〉, 〈런던 그리니치의 밀레니엄 돔〉, 〈히스로 제5터미널〉 등이 있고, 뉴욕의 신 세계무역센터 3번 타워의 건축가로 선정되었다.

리처드 마이어 *Richard Meier*

1960년대 'NewYork 5'라는 칭호로 불렸던 건축가. 'NewYork 5'로는 리처드 마이어를 비롯 피터 아이젠만(Peter Eisenman), 마이클 그레이브스(Michal Graves), 찰스 과스미(Charles Gwathmay), 존 헤덕(John Hejduk) 등을 들 수 있다. 일명 '백색 건축의 대표자'로 불리는 리처드 마이어는 백색을 통해서 전달되는 빛의 효과에 주목하며 채광실험을 통해 백색이 주는 조화로운 공간을 연출했다. 1934년 미국 뉴저지에서 출생했으며 코넬대학에서 건축을 전공하면서 건축가 르 코르뷔지에와 프랭크 로이드 라이트의 영향을 받았다. 대표 건축물로는 〈더글라스 하우스〉, 〈스미스 하우스〉, 〈애틀랜타 현대미술관〉, 〈프랑크푸르트 수공예박물관〉 등이 있다.

마리오 보타 *Mario Botta*

스위스의 건축가. 1965년부터는 베니스에 있는 '르 코르뷔지에 사무소'에서 일하며 카를로 스카르파(Carlo Scarpa)와 지우제페 마차리올(Mazzariol) 등의 문하에서 기량을 쌓는다. 1969년에 베니스에서 루이스 칸 전시회를 공동기획한 뒤 루가노로 가서 자신의 사무소를 개설했으며, 1971년에는 그의 대표작 가운데 하나라 할 수 있는 〈카데나초의 단독주택〉을 설계한 뒤 1990년대 초기까지 주택 이외의 건축물은 설계하지 않았다. 인간 중심의 건축가로 평가받는 마리오 보타는 자신의 직업을 사회에 대한 봉사로 여기며, 각종 수상 작품뿐만 아니라 강렬하고 때론 논쟁을 야기하는 그의 건축은 사회성에 기반을 두고 있다.

막스 프라이헤어 폰 페스텔 *Max Freiherr von Ferstel*

오스트리아 빈 출신의 건축가. 주요 작품으로는 빈의 〈대학건축물〉, 〈예술과 산업미술관〉, 〈빌라 바트홀즈〉 등이 있다.

매킨토시 *Mackintosh, Charles Rennie*

영국의 건축가. 글래스고에서 출생하여 글래스고 미술학교에 다녔으며 재학중에 맥도널드 자매, 맥네어 등과 함께 팀을 이루어, 식물을 모티프로 하는 곡선 양식을 개척했다. 이 부드러운 양식은 본국인 영국보다도 유럽 각국에서 더 환영받았다. 특히 빈의 '분리파'운동과 함께 근대건축의 선구적 역할을 했으며, 주요 설계 작품으로 모교인 〈글래스고 미술학교(1889)〉, 동 미술학교의 〈서익(西翼)도서관(1909)〉 등이 있다. 그 뒤 모교에서 건축학과장으로 취임하여 교육에도 힘쓰다가 1915년, 교직에서 물러난 뒤 건축과 관계를 끊은 채 수채화가로서 여생을 보냈다.

모리스 래피 두스 *Morris Lapidus*

우크라이나 건축가. Lapidus는 Busby Berkeley 뮤지컬을 중심으로 오래된 할리우드 영화의 디자인을 고안하여 호텔의 로비에 영감을 불어 넣었다. 1954년에 완공된 이 호텔은 500개 이상의 객실을 4분의 1 커브로 배치했다. 라이브 악어가 있는 로비에는 심지어 테라리움이 있었다. Lapidus는 아무 곳에도 계단을 올려놓지 않아 매력적인 손님이 계단 꼭대기의 우아한 복장을 자랑할 수 있었다. 미국 최초의 보행자 전용 쇼핑몰 중 하나인 마이애미 비치의 링컨로드(Lincoln Road)를 1960년대에 재설계 했다.

몬드리안 *Mondrian, Piet*

네덜란드 출신의 화가이자 건축가. 1914년 제1차 세계대전 발발 당시 파리에서 큐비즘 화가그룹으로 활동하던 몬드리안은 네덜란드로 돌아와 신조형주의(Neo-plasticism) 회화운동을 일으킨다. 전형적인 입체주의를 바탕으로 한 이 운동은 데 스틸De Stil의 화가들과 건축가들이 함께 주창하면서 명확한 기하학적 질서를 건축 이념으로 채택하게 되었다. 'The Style'이라는 뜻을 지닌 '데 스틸'이라는 그룹 명칭으로 이후 17년간 계속된 이 운동은 바우하우스와 그 이후의 근대조형(기능주의·국제 양식)에 커다란 영향을 미치게 된다.

무테지우스 *H. Muthesius*

독일의 건축가로 W.모리스의 '미술공예운동'에 영향을 받아 실생활에 필요한 건축을 추구했다. 합리적인 주택 건축과 실용적 공예품의 생산의 필요성을 주장하며 '독일공작연맹'을 결성했다. 이 단체는 독일의 미술, 공업, 수공예 분야의 전문가들이 협력하여 규격화된 기계생산품의 질적 향상을 도모했는데, 1914년 쾰른에서 열린 '산업미술 및 건축전시회'를 통해 근대건축을 알리는 계기가 되었다. 대표적인 건축물로는 발터 그로피우스의 관청 건물과 반 데 벨데의 극장 등이 있다.

미스 반 데어 로에 *Mies van der Rohe, Ludwig, 1886~1969*

미국의 건축가. 르 코르뷔지에, F. L. 라이트와 함께 20세기 건축계를 대표한다. 초기 표현주의 경향을 보이며 〈철과 유리의 마천루안(案)〉, 〈철근 콘크리트조 사무소 건축안〉 등 혁신적인 초고층 건축안을 발표하였다. 1920년대 중반, 국제합리주의 건축운동의 한가운데서 정열적으로 활동하며 국제적 명성을 얻었다. 전통적인 고전주의 미학과 근대 산업의 요소가 되는 소재를 교묘하게 통합한 건축으로 건축사상 한 시대를 열었다는 평을 받으며, 대표작으로〈글라스 타워〉, 〈뉴욕의 시그램 빌딩(1958)〉, 〈시카고의 연방센터(1964)〉 등이 있다.

미켈란젤로 부오나로티 *Michelangelo Buonarroti*

이탈리아의 조각가·건축가. 르네상스 회화, 조각, 건축에서 뛰어난 업적을 남겼다. 산피에트로대성당의 〈피에타〉, 〈다비드〉, 〈시스티나 대성당의 천장화〉 등이 대표작이다.

발터 그로피우스 *Walter Gropius*

독일의 건축가. 동프로이젠의 아렌슈타인에서 출생. 베를린과 뮌헨에서 건축을 배우고, 1912~1914년 무대장치와 인쇄일에 종사, 여러가지 건축안을 스케치하였다. 제1차 대전직후 포츠담의 아인슈타인 탑(1920), 슈트트가르트(1927)와 게니츠(1928)의 쇼켄 백화점을 세워 독일 표현주의의 대표적 건축가가 됐다. 나치스 정권의 압박을 피해 1933년부터 벨기에, 영국, 팔레스타인를 왕복하였고, 1941년엔 미국에 이주함, 1945년 샌프란시스코에서 개업, 센트루이스(1946~1950), 클리브랜드(1946~1952), 미시간 주 그랜드라핏즈(1948~1952), 미네소타 주 세인트 폴(1950~1954) 등에 상징적인 장식의 다양한 디자인을 발휘하였고 유태인 커뮤니티 센터를 세웠다.

버나드 루도프스키 *Bernard Rudofsky*

모라비안 출신의 미국 작가, 건축가, 수집가, 교사, 디자이너 및 사회 사학자. 오스트리아의 건축학 박사 학위를 취득하여 독일, 이탈리아 및 다른 여러 국가에서 일했다. 그는 한때 브라질에 정착하여 1930년대 상파울루에 몇 개의 주목할 만한 주택을 짓고 건축을 시작했다.

베르그송 *Henri Bergson*

프랑스 유심론(唯心論)의 전통을 계승하면서 찰스 다윈과 H.스펜서 등의 진화론을 이어받아 생명의 창조적 진화를 주장했던 프랑스 철학자. 과정철학이라 부르는 철학 사조를 최초로 정교하게 발전시켰으며, 정지보다는 운동과 변화, 진화에 더 큰 가치를 두고 평가했다. 그의 학설은 철학·문학영역에 큰 영향을 주었다. 주요 저서로는 〈시간과 자유의지: 의식의 직접 자료에 대한 소론〉, 〈물질과 기억〉, 〈창조적 진화〉, 〈도덕과 종교의 두 원천〉 등이 있으며 1927년 노벨문학상을 받았다.

베르나르 츄미 *Benard Tschumi*

스위스 로잔 출생의 프랑스계 스위스 건축가. 현재 아이젠만과 더불어 해체주의 이론을 건축에 가장 잘 접목시키는 건축가로 평가받고 있다. 1983년 '21세기 공원' 국제 현상설계전에서 1등으로 당선되어 건축계에 신선한 충격을 주었다. 이때만 해도 무명에 가까운 건축가였지만 이후 39세때에 〈라빌레트 공원〉 설계를 계기로 주목받는 건축인이 되었다. 주요 작품으로 스위스 로잔에 설치된 역사 등이 있다. 이후 뉴욕의 컬럼비아대학의 건축 및 도시대학원 학장을 역임하며, 유럽과 미국에서 다수의 작품을 발표하였다.

브루노 제비 *Bruno Zevi*

이탈리아 출신의 건축 사학자, 건축가. 근대 건축은 개방성과 역동성을 위해서는 개구부 창이나 문 등 뚫린 부분을 중앙이나 축상에 일치시킬 것이 아니라 벽 모서리 쪽으로 치우쳐서 대각선 방향으로 두어야 한다고 주장했다.

블라디미르 타틀린 *Vladimir Evgrafovich Tatlin*

러시아의 화가이며 조각가. 구성주의(구축주의)의 탄생에 기틀을 마련했다. 전통적인 개념의 회화를 부정하고 '실제 공간 안에 존재하는 실제 물체'로 기계적이고 기하학적인 형태의 새로운 형식미를 창조했으며, 예술의 사회적 유효성을 강조했다. 그가 제작한 〈제3 인터내셔널 기념탑〉은 현대 디자인과 건축에 큰 영향을 주었다.

비트루비우스 *Marcus Vitruvius*

B.C. 1세기 로마의 건축가. 현존하는 고대 유일의 건축 서적 『De Architectura 10권』(건축에 대하여, 보통 『건축 10서』라고 한다)의 저자이다.

빅토르 바사렐리 *Victor Vasarely*

헝가리 출신의 옵 아트의 창시자. 디자이너. 바사렐리는 기하학적인 형태와 다양한 색채 선의 상호작용을 통해 작품들이 움직이는 듯한 시각적 환영을 불러일으켰다. 형태와 색채가 서로 분리될 수 없다고 믿었던 바사렐리의 미술 개념은 키네틱 아트와 이어진다.

빅토르 호르타 *Victor Horta*

벨기에 건축가. 아르누보 건축이 세계적으로 유행하는 데 선구적 역할을 했다. 17세 때 파리에 가서 전시장식 등의 일을 했으나, 곧 귀국하여 1881년부터 브뤼셀의 미술학교에서 건축을 배웠다. 1993년 브뤼셀에서 완성한 〈타셀 저택〉으로 주목을 받았다. 평면의 유연함, 철골구조의 대담한 이용, 두드러진 곡선적 장식 등의 특색이 잘 살아 있는 작품으로, 〈솔베이 저택(1894)〉, 〈에트펠드저택(1897)〉 등이 있다. 한편, 〈인민회관(1899)〉, 〈아노바시옹백화점(1901)〉 등의 건물은 철골구조의 유기적인 구성이 특징이다. 1932년 남작 작위를 받았다.

사키오 오타니 *Sachio Otani*

일본 건축가. 오타니 도쿄에서 태어나 1946년 도쿄 대학을 졸업했다. 그히로시마 평화 기념박물관(1955)을 설계하는데 겐조를 도와 스튜디오에서 자신의 경력을 시작. 도쿄 아동 문화 센터(1964), 교토 국제컨퍼런스센터(1966), 기술의 가나자와 연구소 (1969), 그리고 가와라마치 주택 프로젝트를 설계하였다(1970).

스티븐 홀 *Steven Holl*

미국 워싱턴 대학교 졸업. 1977년 스티븐 홀 아키텍츠를 설립했다. 파슨스 디자인 스쿨, 프랫 인스티튜트, 콜럼비아 대학교 등 유수의 건축 대학에서 강의를 했고 2001년 『타임』은 그를 '미국 최고의 건축가'로 선정했으며, 뉴욕 건축 명예상을 받았고, 'AIA골드메달'을 수상했다. 그는 공간과 빛을 혼합하는 훌륭한 감성과 개념 중심의 디자인으로 각 프로젝트마다 고유의 특성을 살리고 있다. 이론과 실무를 겸비한 가장 영향력 있는 건축가로 인정받고 있다.

시노하라 가즈오 *Kazuo, Shinohara*

일본의 현대건축가. 일본 주택건축의 공간과 전통을 추상화시켜 추구하던 일본의 현대건축가로, 1988년 건축한 〈도쿄 공업대학 백주년 기념관〉으로 해체성이 강한 하이테크 기술을 선보였다.

아돌프 루스 *Adolf Loos*

건축물보다 사상으로 더 유명한 건축가. 그는 근거가 건물을 짓는 방식을 결정해야 한다고 믿었으며, 아르누보의 장식을 반대했다. 〈장식과 범죄〉, 그리고 다른 에세이를 통해, 열정을 제한할 필요성의 근거로 '장식의 절제'를 들었다. 미국 건축의 영향으로 루이스 설리반을 존경하였다. 1898년 빈에서 건축가 칼 마이레데르(Carl Mayreder)와 사업을 시작했다. 또한 건축학교를 세워 단순하며 기능적인 건축물의 사상을 가르쳤다.

아돌프 맥스 포그 *Adolf Max Vogt*

스위스 미술사 학자, 언론인, 예술과 건축 비평가. 취리히, 로잔과 글래스고에서 미술사, 고전 고고학 및 독일 문학을 공부하고 마티아스 그뤼 네 발트와 박사 학위를 받았다. 1967년 역사와 건축이론연구소를 설립하고, 1985년까지 ETH 취리히의 건축 부서에서 예술과 건축을 가르쳤다. 1996년에 취리히시의 하인리히 뵐플린 메달을 받았다.

아돌프 포르트만 *Adolf Portmann*

스위스의 동물학자. 그는 바젤 대학에서 동물학을 전공했으며 제니니, 뮌헨, 파리 및 베를린에서 근무했지만 주로 프랑스와 헬 고 랜드의 해양 생물 연구소에서 근무. 1931년 그는 바젤에서 동물학 교수가 되었다. 그의 주요 연구 분야는 해양 생물학과 척추 동물의 비교 형태학을 다루었다. 인간을 생리적 조산동물(早産動物)로 규정하고 성장 과정에서 환경의 의의를 밝혔다. 주요 저서로 〈인간은 어디까지가 동물인가〉가 있다.

안도 다다오 *Ando Tadao*

'근대 건축과 동양적 세계관을 결합한 건축가'로 평가받는 일본의 건축가. 20세기 건축거장 르 코르뷔지에의 작품을 다룬 책을 읽고서 건축에 매료되었다. 그 뒤 제도권이 아닌 독학으로 건축을 공부하여, 공고 출신으로서 세계적인 건축가로 발돋움했다. 1962년에 세계로 시선을 돌려 프랑스·영국·미국·모스크바·아프리카 등지를 돌며 고전 건축물을 스케치했다. '안도 다다오 건축연구소'를 설립했으며, 1976년 본격적으로 건축가로 데뷔했다. 주요 작품으로, 자연의 경건함을 신앙으로 승화시켰다는 평가를 받는 〈물의 교회〉가 있다. 1995년 건축계의 노벨상인 프리츠커상을 수상했고, 도쿄대·예일대·하버드대 등 교육현장에서 객원교수로 활동하기도 했다. 무엇보다 이채로운 점은 2007년 제주 섭지코지의 휘닉스아일랜드 미술관과 전시관 그리고 콘도의 설계를 맡은 점이다.

안토니오 산텔리아 *Antonio Sant'Elia*

이탈리아의 건축가. 코모에서 출생, 몬파르코네에서 사망. 밀라노와 볼로냐에서 건축을 배움. 빈의 분리파의 영향을 받아, 1914년 신도시의 계획안으로 입체교차한 교통로와 고층건축에 따른 도시 디자인을 제안하여 건축의 전면적 개혁을 성명하였다. 이 성명은 마리네티의 '미래파선언'의 기본이 됐다.

알도 로시 *Aldo Rossi*

밀라노 출생. 건축 및 드로잉으로 국제적으로 인정받은 사람으로 당시의 가장 유명한 건축가 중 한 명이었다. 베네치아 대학의 건축과 교수였으며, 1990년에는 프리츠커 상을 수상하였다. 1996년 〈도시의 건축〉을 출간하여 명성을 얻었다.

알바 알토 *Alvar Aalto*

세계에서 가장 이름난 핀란드 건축가, 디자이너이며 유기적인 모더니즘 선구자이다. 파이미오의 사나토리움으로 설계대회 수석을 차지했다. 핀란드 특산 목재를 사용해 마이레아장(莊)을 설계했으며, 파리 만국박람회 핀란드관을 설계한 것으로도 유명하다.

알도 반 아이크 *Aldo van Eyck*

네덜란드의 건축가. 그는 건축운동의 가장 영향력 있는 주역 중 한 명이다. 1954년부터 1959년까지 암스테르담 건축학교에서 가르쳤으며, 1966년부터 1984년까지 델프트 공과 대학(Delft University of Technology)의 교수로 재직했다. 1959년에서 1963년, 1967년 건축 잡지 Forum의 편집자이기도 했다.

알버티 *Leon Battista Alberti*

다빈치, 팔라디오와 함께 이탈리아 르네상스 시대의 대표적인 건축가. 그는 원은 완전한 신을 의미하며 평면에 가장 이상적이라 생각했다. 해와 달, 지구와 별 등 모든 것이 원형이라는 발상에서 출발하여 원에서 정사각형, 정육각형, 정팔각형 등이 이루어진다고 보았다.

앙리 시리아니 *Henri Ciriani*

페루 출신의 프랑스 건축가. 1968년 이후 프랑스 건축은 정치적 참여와 모더니즘이 주류를 이루었는데, 시리아니의 이론은 이러한 모더니즘에 대한 동감과 사회정의에 대한 그의 참여의식으로부터 나오는 것이다. 그의 건축양식은 프랑스인 동료들과의 공유점을 갖는 동시에 근본적인 차이점을 갖는다. 페루적인 건축양식과 르 코르뷔지에 이론의 적용이라는 점에서 그러하다. 그는 건축물의 구조에서 나타나는 투명성과 가벼움(얇음 또는 경쾌함)을 불신하고, 강철과 유리에 높은 점수를 주지 않으며, 독립적인 구조에 이용되는 철근 콘크리트와 같은 영구적인 확고성을 선호한다. 이는 "나는 결코 금속으로 된 골조를 가진 건물을 만들 수는 없었다. 하지만 금속은 유리와 조화시키기에 이상적이다"라고 한 말에서도 알 수 있다. 그의 건축이 정태적이면서도 가역적이며, 자유롭고 다이내믹한 것은 바로 이런 이유에서이다.

에른트스 푹스 *Ernst J. Fuchs*

목공 공인(Qualified in carpentry)으로서 오스트리아 안라스(Anras)에서 출생하였다. 1985년부터 1988까지 Linz 린츠 디자인학교(College for artistic and indurstrial design)를 거쳐 1994년 비엔나 예술대학(graduated in architecture at the University of Applied Arts usder Wolf D. Prix, Vienna)에서 수학하였다. 2000년 비엔나 기술대학(Visiting professor for experimental architecture, Vienna University of Technology) 교환교수로 활동하였다.

에로 사리넨 *Eero Saarinen*

미국의 건축가. 제너럴모터스 기술센터의 설계를 완성했다. 철재와 유리를 이용한 기하학적이고 다이내믹한 취향은 매사추세츠공과대학의 크레스지 강당과 예배당, 케네디국제공항의 TWA 터미널 등에 특히 잘 나타나 있다.

에리히 멘델손 *Erich Mendelsohn*

독일의 건축가. 베를린과 뮌헨에서 건축을 배우고 1912~1914년 무대장치와 인쇄일에 종사하며 여러 가지 건축안을 스케치하였다. 제1차 대전직후 포츠담의 아인슈타인 탑(1920), 슈트트가르트(1927)와 게니츠(1928)의 쇼켄 백화점을 세워 독일 표현주의의 대표적 건축가가 되었다. 나치스 정권의 압박을 피해 1933년부터 벨기에, 영국, 팔레스타인를 왕복하였고, 1941년엔 미국에 이주함, 1945년 샌프란시스코에서 개업, 센트루이스(1946~1950), 클리브랜드(1946~1952), 미시간 주 그랜드라핏즈(1948~1952), 미네소타 주 세인트 폴(1950~1954) 등에 상징적인 장식의 다양한 디자인을 발휘하였고, 유태인 커뮤니티센터를 세웠다.

에릭 오웬 모스 *Eric Owen Moss*

미국의 건축가. "자신의 건축작업은 곧 세상에 대한 사회정치적인 발언"임을 분명히 한 것으로 유명하다. 모스는 상식에서 벗어나는 재료를 가장 직설적으로 사용하는 건축가로 정평이 나 있다. 그는 쓰다 남은 철근, 오래된 쇠사슬, 이미 부서진 트러스 부재 등을 이용하여 건물을 표현하기로 유명하다. 근대건축의 계몽적 이론자인 필립 존슨은 그를 '쓰레기의 연금술사'로 부르기도 했다. 1965년에 UCLA 예술학부를 졸업하고, 1968년과 1972년에 각각 UCLA와 하버드에서 건축학 석사과정을 마쳤다. 1974년부터 대학 교수로 근무하였으며, 주요 작품으로 〈로손 / 웨스텐 하우스〉, 〈헤라클레스 빌딩〉 등이 있다.

에티엔 루이 불레 *Etienne Louis Boul-lée*

프랑스의 건축가. 신고전주의 건축 양식의 대표자이며, 건축 아카데미 회원을 지내기도 했다. 〈파리의 오텔 브루노이〉, 〈파리의 상 로호 성당의 캘바리예배당〉 등의 작품이 있다.

엘 리시츠키 *Lissitzky, El*

러시아의 화가, 디자이너. 독일에서 건축학을 공부하였다. 귀국 후 1919년 샤갈이 비테프스크에 세운 학교에서 교사로 재직했다. 그곳에서 '절대주의' 운동을 일으킨 화가 말레비치의 영향을 받음. 1919부터 기하학적 추상화 '프라운 (Proun)'을 그리기 시작했는데, 이 연작은 그가 의도했든 하지 않았든 '구성주의' 운동에 기여했다. 1920년대 말에는 공간구성의 실험을 통해 판화, 포토 몽타주, 건축 등에서 새로운 기법을 발표하면서 서유럽 예술에 영향을 끼쳤다.

오귀스트 페레 *Auguste Perret*

프랑스의 건축가. 철근 콘크리트를 사용하는 근대의 새로운 건축양식을 추구했다. 프랑클랭가 아파트, 퐁튀가 갈레지, 샹젤리제극장, 카사블랑가 도크 릉을 실계했다.

오토 바그너 *Wagner, Otto*

오스트리아의 건축가. 1894년 빈 미술학교 교수로 임용되어, 이론과 설계면에서 근대건축을 주도했다. 초기에는 고전적 작풍을 지향했으나, 1890년대에 아르누보에 공감했다. 카를 광장 주변의 '지하철 역사'(1894~1897)는 이런 아르누보적 미가 물씬 풍기는 작품이다. 새 시대에 부응하는 실용주의적 양식을 제창했으며 대표작으로는 〈빈 광장 정거장(1894~1897)〉, 〈빈 우체국저축은행(1904~1906)〉, 〈헤이그 평화궁의 설계〉 등이 있으며, 주요 저서로 20세기 건축의 선언문이라 불리는 〈근대건축〉(1895)를 남겼다. 한편 우리나라의 〈서울역〉을 설계한 점이 이색적이다.

요른 웃손 *Jørn Utzon*

덴마크의 건축가. 1956년 시드니 오페라하우스 설계 공모전에 당선됐다. 조가비 형태의 혁신적 설계로 완공에 오랜 시간이 걸린 오페라하우스는 시드니의 상징물이 되었다. 영국 왕립건축가협회로부터 금메달도 수상했다.

올덴버그 *Oldenburg, Claes Thure*

스웨덴 태생의 미국의 설치미술가. 예일대학과 시카고미술연구소에서 수학했으며, 1959년 뉴욕에서 최초로 개인전을 가졌다. 사회생활 초기에는 견습기자로 일하기도 하고 잡지에 실을 삽화를 그리기도 했으나 뉴욕으로 적을 옮긴 뒤, 뒷골목에서 볼 수 있는 낙서, 광고, 쓰레기 등에 매료되어 점차 조각에 빠져들었다. 일상의 오브제를 거대하게 확대하여 관객에게 충격을 준다든지 타자기, 전기청소기나 선풍기 같은 기계제품을 부드러운 천이나 비닐로 모조하는 등 해학적인 작품세계를 보여주기도 한다. 주요 작품으로 〈빨래집게〉, 〈광속으로 회전하는 곤봉Bat Spinning at the Speed of Light〉, 거대한 규모를 자랑하는 〈자동차 창문닦이 Windshield Wiper〉 등이 있다.

월터 피클러 *Walter Pichler*

1936년 독일에서 태어났으며 빈의 예술응용학교에서 수학하였다. 1960년대부터 조각과 건축에 몸담았으며 특히 유토피아 도시를 위한 건축에 전문성을 발휘했다. 개인적인 인식과 공간과 마주치는 3가지 차원을 전문적으로 다루었다. 한스 홀린스와 함께 건축은 구조의 속박에서 자유로워야 한다고 주장했으며 조각은 비현실의 제한에서 자유로워야 한다고 했다.

윌리엄 W. 카우델 *William W. Caudill*

미국의 건축가. 미국 오클라호마 Stilllwater (1933~1937)를 거쳐 매사추세츠의 기술교육기관인 케임브리지에서 교육을 받았다. 텍사스의 A. & M.대학에서 디자인을 가르치면서 건축가로서의 길을 걷게 된다. 그가 휴스턴에 'Caudill, Rowlett and Scott'라는 회사를 설립할 당시 그는 이미 교육기관을 위한 건축 디자인에 굉장한 관심을 가졌으며 이것은 'CRS(1950년에 'CRS'로 회사를 시작함)에 영감을 주었으며 이 분야에 전문적인 회사로 만들게 된다. 자기 자신을 '교수/이론과 실습에 관한 건축'이라고 설명했으며 연구가, 철학자, 경영자, 재능 있는 디자이너들에게 지대한 공헌을 했다. 초등학교에 관한 그의 초창기 연구자료가 1941년에 발간되었는데, 이것은 학교 디자인의 기술적인 측면과 기능적인 측면 모두의 문제를 해결하는 분석적인 책이다. 이 책의 실질적이고 일반적인 양식에 대한 논쟁은 1950~1960년 사이 현대적인 학교를 건설하는 권위 있는 단체들에게 영향을 주었다. 텍사스를 시작으로 미국 전역에 걸쳐 수많은 학교를 지었다.

이반 레오니도프 *Ivan Ivanovich Leonioov*

소련(러시아)의 건축가. 학생 신분으로서 구축주의주의 단체인 OSA(현대건축가연맹)에 가입하였으며 그 기관지인 「현대건축」에 기고하기도 하였다. 레오니도프는 '레닌 연구소를 위한 계획안'이라는 졸업작품으로서 두각을 나타내기 시작했다.

이오 밍 페이 *Ieoh Ming Pei*

중국계 미국인 건축가로, 모더니즘 건축의 마지막 건축가로 알려져 있다. 돌, 콘크리트, 유리, 강철 등을 이용해 추상적인 형태를 즐겨 만들었다. 주요 건축물은 〈미국 국립대기연구센터〉, 〈타이완 통하이대학 루스 예배당〉, 〈미국 내셔널 갤러리 동관〉, 〈홍콩 중국은행 타워〉, 〈미국 로큰롤 명예의 전당〉 등이 있다.

임호텝 *Imhotep*

고왕국(기원전 2780~2270년 경)시대 재상인 동시에 태양신의 대제사장이었으며 천문학자이자 건축가, 의사, 사상가였다. 조세르의 무덤을 고안하여, 사카르에 6개의 계단으로 이루어진 거대한 피라미드를 만들었는데, 이것이 그 유명한 세계 최초의 대규모 석조 건축물이다. 피라미드 내에 안치할 미라를 만드는 과정 중 신체장기를 보다 잘 파악할 수 있게 되었고, 250여 개의 질병이 규명되었으며, 약품과 수술을 함께 하는 치료가 이때 개발되었다. 훗날 지혜의 신, 치료의 신으로 추앙받게 된다. 임호텝에 대한 영화는 1932년 할리우드에서 〈Mummy〉라는 제목으로 제작되었고, 1998년 동일한 〈Mummy〉라는 제목으로 다시 영화가 제작되어 화제가 되었다.

안드레아 팔라디오 *Palladio, Andrea*

르네상스 시대의 건축가. 석공이자 조각가로 활약하다 같은 고향 출신인 시인 토리체노의 후원으로 로마로 유학하였다. 고대 로마 건축가인 비트루비우스와 로마 유적을 연구한 뒤 고향으로 돌아와 수많은 궁전과 저택을 설계했다. 대표작으로 〈빌라 로톤다〉가 있다. 〈빌라 로톤다〉는 그리스식 주식과 박공의 현관을 제외하고는 고대 건축물과는 가히 다른 것이었다. 고대건축의 규범을 바탕으로 당시 이념과 결합하여 새로운 양식을 탄생시켰는데, 이른바 '팔라디오 양식'이라 불린다. 북이탈리아의 작은 도시 비첸차에서 시작된 이 양식은 유럽 각지로 전해졌고, 18세기에는 미국에까지 전파되었다. 만년의 작품으로는 비첸차의 〈테아트 로 올림피코(사후 스카모치에 의해 완성)〉 등이 있다.

제임스 스털링 *James Stirling*

영국의 건축가. 1953년 런던을 중심으로 리용스와 이스라엘, 엘리스 등에서 활동을 시작했으며, 1956년부터 당시 지배적인 건축학적 흐름이었던 국제주의 양식과는 차별화되면서 독특한 일련의 근대적인 건물들을 내놓기 시작했다. 〈햄 코몬에 있는 주택들〉, 〈케임브리지의 처칠 대학 공모전〉, 〈라이체스터 대학 공학관〉 등이 있다. 1960년부터 예일 대학교 건축과 교환교수이자 비평가로 활동하기 시작, 1968년 로웨 맨해튼 공모전에 참가한 것이 계기가 되어 미국에 이름이 알려졌다. 건축의 특징은 현대건축의 흐름을 대변하는 듯, 다양한 면모를 지니면서도 이러한 다양성을 하나로 흡수해 통일성 있는 형태로 이끌어낸다는 점이다. 스스로 말하길 "건축에서는 공간과 깊이가 중요하다"며 단순한 포스트모던 작가로 인식되는 걸 경계하였다.

제임스 와인 *James Wines*
시카고의 syracuse대학에서 공부했으며, 1955년부터 1968년까지 조각가로 일했다. 1975년부터 뉴저지의 건축학교 교수로 재직했다.

젬퍼 *Gottfried Semper*
독일의 건축가. 저서 〈공학 및 공학기술적 예술에 있어서의 양식〉에서 시대를 앞질러가는 이론을 해명하였다. 과거의 건축에서 기둥의 의장·장식 같은 모든 것을 건축구조와 기술의 심벌로 간주하는 등 당시의 미술사 연구에 큰 영향을 끼쳤다.

조르조 바사리 *Giorgio Vasari*
이탈리아 르네상스 시대의 화가이며 건축가, 미술사가. 메디치가의 후원 아래 다양한 프레스코화와 우피치궁 설계 등을 맡았다. 그의 〈미술가 열전〉은 세계 최초의 본격적인 미술사로 르네상스 예술을 이야기할 때 결코 빼놓을 수 없는 중요한 자료가 되고 있다.

조르주 반통겔루 *Georges Vantongerloo*
벨기에의 화가, 조각가. 처음엔 조각에 뜻이 있어 1917년 첫 추상작품 『동그라미 가운데의 구성』을 발표하였다. 몬드리안 등의 〈데 스틸〉의 운동에 참가하여 기하학적 구성의 추상회화를 추구하였고 1928년 이후 파리에 거주하면서 1930년 〈세르쿠르 에 카레〉그룹에 참가했다. 대표작에 『오렌지색의 콤포지션 158번』(1929년, 뉴욕 구겐하임 미술관)이 있다. 그의 이론서 『Reflexions 1917(성찰, 省察)』, 『L'Art et Son Avenir 1925(예술과 그 미래)』 등의 저술은 추상주의의 역사에 있어서 중요하다.

존 내쉬 *John Nash*
영국의 건축가. 픽처레스크 컨트리하우스의 설계로 두각을 보였다. 이후 조지 4세의 전임건축가로 런던의 주요 공공시설물들의 건축을 담당하였다. 블라이튼 궁전의 개축과 버킹엄궁전의 개축에도 참여했다.

존 디켈루 *John Dinkeloo*
네덜란드 건축가. Roche-Dinkeloo와 함께 Kevin Roche John Dinkeloo and Associates LLC (KRJDA)에서 재직하였다. 1936년에서 1939년까지 Hope College를 거쳐 1942년 Michigan 대학에서 건축공학 학사학위를 받았고, 같은 해 Skidmore, Owings 및 Merrill (SOM) 회사의 디자이너로 일하기 시작하였다. KRJDA의 창업자 케빈 로슈 (Kevin Roche)는 '건축과 자연을 하나의 것으로 보는 최초의 건축가' 라고 불렸다.

지그프리트 기디온 *Siegfried Giedion*
스위스 근대건축운동의 이론적 지도자이며 미술사가. CIAM(근대건축국제회의) 사무국장 (1928~1956년)으로 활약했다. 〈공간·시간·건축〉은 근대적인 건축과 도시계획의 사고방식을 설명한 그의 대표작이며, 〈기계화 문화사〉, 〈영원한 현재〉, 〈건축, 그 변천〉 등의 저서에서 문명의 겉과 속을 통찰하는 불변의 진리를 탐구했다.

지오바니 바티스타 피라네시 *Giovanni Battista Piranesi*
이탈리아의 판화가, 데상가, 건축가, 고고학자. 1743년 베네치아에 돌아와 티에폴로와 카날레토(안토니오 카나르)에게서 영향을 받았다. 고대 유적에 근거한 로마의 베두타와 이집트, 에트루스크의 고대 건축 도안 등 약 1000점에 달하는 에칭은 각국에 전해져 신고전주의나 낭만주의를 배양했다. 구도를 바꾸고 신생명을 개척하는 에칭기법이 뛰어났다.

찰스 무어 *Charles Moore*
미국의 건축가. 1970년대 미국에서 전개된 포스트모던 고전주의를 주도한 건축가 중 한 명이었다. 주요 작품에는 〈시 랜치 (The Sea Ranch) 캘리포니아주〉, 〈캘리포니아대학교 교수회관 (Faculty club, University of California) 샌타바버라〉, 〈번스 하우스 (Burns

House) 로스앤젤리스〉, 〈이탈리아 광장 (Piazza d'Italia) 뉴올리언스〉 등이 있다.

찰스 젠크스 *Charles Jencks*

미국의 포스트모던 건축 이론의 대변자. 근대 건축운동 이후의 경향에 대하여 레이트모더니즘과 포스트모더니즘으로 구분했다. 레이트 모더니즘은 근대건축운동의 사상, 양식을 계승 발전시켜 나가자는 입장으로 미를 기술적인 완성의 결과로 보고 있는 반면, 포스트모더니즘은 근대건축 사상을 전면 거부하고 기술적 측면과 심미적 측면을 동시에 고려하여 사회적 예술로 파악해야 한다고 주장했다. 포스트모던의 디자이너들은 그들이 나타내고자 하는 이미지를 은유나, 의인화, 형이상학적인 방법을 동원해서 나타내고 있는데, 모던 건축가와 달리 형이상학적으로 건축을 표현하고자 했던 포스트모던 건축가들의 작품을 대변하는 건축이론가의 역할을 톡톡히 해내고 있다.

카를 프리드리히 싱켈 *Karl Friedrich Schinkel*

독일의 건축가, 화가이다. 고전파 건축의 대성자이기도 하다. 그의 건축을 지배한 것은 그리스 건축이 갖는 고전 양식으로서, 거기에 장엄하고 개성적인 양식을 첨가시켜 웅대한 건축을 완성하였다. 대표적인 건축으로는 〈베를린 국립 극장〉, 〈베를린 고대 박물관〉 등이 있다.

카밀로 지테 *Camillo Sitte*

오스트리아의 화가, 건축가, 도시 계획가. 도시 계획과 광장 계획에 관심을 갖고 〈Der Stadtebau nach seinen Kunstlerischen Grundsatzen(예술적 원리에 의한 도시 계획)〉을 출판했다. 도시 경관의 시각적 효과에 대한 법칙을 제시하여 구미의 건축가에 큰 영향을 주었다.

케빈 로치 *Kevin Ramonn Roche*

아일랜드 출신의 미국 건축가. 아일랜드 국립대학 졸업. 1961~1966년 이로 사리넨 휘하에서 근무, 사리넨 사망 후에 독립하였다. 뉴욕의 포드 재단본부 빌딩(1967) 이후 뛰어난 비례감각에 의한 대규모 시가지 건축을 속속 건립. 카안, 루돌프, 필립 존슨을 잇는 현대 미국 건축의 대표적인 건축가로 칭송되었다.

콜린 로우 *Colin Rowe*

영국 태생의 미국 귀화 건축 역사, 학자, 비평가, 이론가, 교사였다. 그는 오스틴의 텍사스 대학(University of Texas at Austin), 영국의 캠브리지 대학(University of Cambridge), 뉴욕의 이타카(Ithaca)에 있는 코넬 대학교(Cornell University)의 교수로 강의했다. 1995년 영국의 건축가, 전문가 그룹의 최고 명예의 왕립 연구소에서 금메달을 수상했다.

크리스티안 노르베르크 슐츠 *Christian Norberg schulz*

노르웨이의 건축가, 작가, 교육자 및 건축 이론가. 그의 저서 거주의 개념 〈The concept of dwelling〉에는 주거를 건축 관행의 지침개념으로 여기고 있으며 거주가 인간에 대한 세심한 행동 양식과 건축 설계의 환경적 맥락을 나타내므로 장소와의 진정한 관계에 도움이 된다고 제안했다.

클로드 니콜라 르두 *Claude Nicholas Le-doux*

프랑스 신고전주의 건축가. 처음엔 동판화를 배웠으나, 자크 프랑수이 브론델에게 건축을 배우고 나서 1762년 파리의 카페 고도 실내장식으로 유명해졌으며 1773년에는 왕실 건축가가 되었다. 르보센느의 저택을 세웠고 그 외에도 파리의 오텔 텔뤼송(1780) 등 많은 저택을 설계하고 파리의 시문(市門, 1782)을 건조하였으나, 가장 힘을 기울인 제염소(製鹽所)를 포함한 이상도시 기획은 미완성으로 끝났다. 근대에 와서 주로 프랑스 혁명 전후에 그린 건축 스케치에 의하여 유명해졌다.

폴 루돌프 *Paul Marvin Rudolph*

미국의 건축가. 켄터키 주 엘크톤 출생. 하버드 대학에서 그로피우스에게 배우고, 플로리다에서 주택을 많이 지었다. 플로리다 주 사라소타 고등학교(1958~1959)와 웰슬리 칼라지의 예술센터를 설계했으며, 1958년엔 예일대학교 건축학 부장이 되어 뉴벤의 고층주차장 빌딩, 예일대학의 학생회관, 보스턴시 주민센터, 사우스이스턴 마시추세츠 테크놀로지칼 인스티튜트를 세웠다. 작품은 다양하여 '신자유'(New Freedom)라고도 하며, 필립 존슨과 칸과 함께 젊은 세대 건축가의 많은 공감을 얻었다.

프란체스코 보로미니 *Francesco Borromini*

이탈리아의 바로크 건축가. 〈산 칼로 알레콰트로 폰타네 성〉, 〈산 필립포 네리승원〉, 〈산 티보 성당〉, 〈프로파간다 피데〉, 〈팔라초 파르코니에리〉 및 〈프라스카티의 빌라 파르코니엘의 증축〉 등에서 독창적 건축을 창조했다. 탁월한 플랜과 정묘한 시공 특히 파사드에서의 요철(凹凸) 공법의 도입은 과리니나 오스트리아, 남독일 및 브라질 등의 후기 바로크 건축에 큰 영향을 주었다.

프랭크 로이드 라이트 *Frank Lloyd Wright*

미국의 건축가. 주택건축에 특별한 관심을 보였다. '프레리하우스(초원주택)' 시리즈로 유명하며 카프만 서택, 존슨 왁스 본사도 설계했다. 광활한 지형을 기반으로 자연과 조화되는 유기적인 건축이 그의 특징이다.

프라이 오토 *Frei Otto*

독일의 건축가. 정형화되지 않은 건축가로 통한다. 1931년부터 1943년 베를린의 스카도(Schadow)학교에서 석공일을 배웠으며, 공군으로 2차 세계대전에 참전한 후, 베를린의 기술대학에서 공부했다. 1952년 Zehlendorf에 스튜디오를 설립하고 1957년 베를린에 경량구조 발전센터를 설립했다. 가벼운 텐트와 같은 구조를 선보였으며, 복잡한 장력의 모양을 정의하고 실험하기 위해 모형을 이용했다. 컴퓨터 작업을 통해 건물의 형태와 모양을 표현하는 선구자가 되었다. 그는 그의 작품에 1차적인 막 구조 요소를 구성하는 파빌리온을 만들었다. 다양한 기하학 형태로 변환이 가능한 구조도 개발했다.

피에르 루이지 네르비 *Pier Luigi Nervi*

이탈리아의 공학자, 건축가. 작품으로 〈로마 올림픽 경기장〉, 〈파리 국립공업센터 건축〉 등이 있다. 철근 콘크리트의 구조기술 발전에 단순히 기술적인 분야 뿐만 아니라 그의 고유하고 대담한 구조설계의 접근방법으로 마이야르와는 다른 공간구조 방법을 확립한 사람이다. 피렌체 경기장(1932)에서 시작되는 구조설계 방법은 철근 콘크리트를 괴체(塊體)나 판상으로가 아니라 선형적인 재료로 취급하는 새로운 방법을 개발하였으며 고전미학을 연상시키는 단정하고 화려한 건축공간을 창조하였다. 대표 작품에는 오르베텔로(Orbettello)의 〈비행기 격납고(1939~41)〉, 〈토리노(Torino)의 전시관(1950)〉, 〈로마의 스포츠 팰리스(1959)〉 등이 있다.

피터 아이젠만 *Peter Eisenman*

미국의 이론파 건축가. 합리주의나 구조주의의 범주에 들며 형태적인 측면에서는 탈기능주의를 표방하는 그는 1967년 뉴욕에서 건축도시연구소 IAUS를 설립하고, 1982년까지 연구소 소장으로 재직하면서 세계건축계의 이론적 흐름을 주도하는 데 일익을 담당했다. 다양한 건축적 이론과 담론을 담은 〈Oppositions〉라는 기관지를 발행하고, 정방형 평면에 바탕을 둔 다양한 주택을 실험적으로 제작하는 등 이론을 겸비한 건축가로서 활약했다. 그의 주요 작품 중 'House' 시리즈는 그의 실험정신을 단적으로 보여주며 이 실험정신을 뒷받침해준다. 1980년대 이후의 대표작으로 〈고이즈미 조명회사 사옥〉, 〈막스 라인하르트 하우스〉 등이 있다.

필로티 *Pilotis*

캐나다 토론토 출신의 미국 건축가. 남가주 University of Southern California 미술대학에 입학했으나 도중에 전공을 건축으로 바꿨다. 대학 졸업 후 '빅터 그루엔 설계사무소(Victor Gruen Associates)'에서 디자이너로 근무했으며, 한때는 육군 특수부대에서 근무하기도 하였다. 전통적인 건축 패러다임에서 과감히 벗어나, 해체주의(Deconstructivism) 건축경향으로 1990년대를 이끈 주요인물로 평가받으며, 상식을 벗어난 재료나 형태를 통해 시각과 지각적으로 충격을 주는 작품들을 제작했다. 주요 작품으로 〈비트라 뮤지엄〉,

〈월트 디즈니 콘서트홀〉, 해체주의의 정점을 보여주는 〈구겐하임 미술관〉 등이 있다.

필립 존슨 *Philip Cortelyou Johnson*

미국의 건축가. 근대건축의 이론적 계몽자로서 출발, 1930년대 초반부터 뉴욕 근대미술관을 중심으로 '인터내셔널 스타일'의 합리주의 건축과 디자인을 미국에 소개하였다. 1946년부터 건축설계의 실제를 배우기 시작하여, 마침내 '미스 반 데어 로에(Mies van der Rohe)'의 공간의상(空間意想)에 가까운 건축을 만들어냈다. 그 결정(結晶)이 1949년의 '글래스박스'이다. 1950년대 후반부터는 교회·미술관·극장·대학 등 정력적인 설계활동을 계속하였으며, 특히 1984년에 설계한 뉴욕의 AT&T빌딩은 포스트모더니즘의 대표적 건축으로 손꼽힌다. 저서는 〈Machine Art(1934)〉〈Mies van der Rohe(1947, 1953)〉 등이 있다.

한스 폴 바르트 *Hans Paul Bahrdt*

독일의 사회 학자. 2차 대전 후 괴팅겐과 하이델베르크 철학과 역사 공부를 하였다. 1952년부터 1955년까지 연구 조수로 도르트문트의 뮌스터 대학에서 사회연구소 사무실에 재직하였다. 1959에서 1962 괴팅겐 대학에서 사회학의 헬무트 Plessner 교수의 후임으로 1982년 은퇴할 때까지 하노버의 기술 대학에서 겸임교수를 역임했다.

한스 홀라인 *Hans Hollein*

독일의 건축가, 예술가, 교사, 저자, 디자이너로도 알려져 있다. 일리노이스 기술학원에서 졸업작품을 만들었으며, 1960년 캘리포니아 대학에서 건축 석사를 받았다. 1965년 건축포럼잡지에 "even smaller than most first commissions"을 기술했다. 그의 수많은 제안들과 연구는 사무실, 박물관, 아파트 등에 다른 형식의 구조를 가져왔다. 1978년 〈빈에서의 여행 사무실〉을 완성했다. 1982년 〈Municipal Museum Abteiberg〉를 완성했으며, 이를 계기로 더 많은 호평을 받았다. 주요 작품으로 프랑크푸르트에 있는 〈Museum of Modern Art〉, 〈Cultural Forum〉 등이 있고, 특히 〈꿈과 현실 Dream and Reality〉이라는 이름의 빈 문화관은 뒤에 세계 여러 곳에 건축되었다. 무엇보다 유명한 작품 중 하나는 〈Man trans Forms〉이다.

헤르만 헤르츠버거 *Herman Hertzberger*

네덜란드의 건축가. 델프트 공과 대학교 교수 재직. 1960년대 구조주의 운동. 그는 건축가의 역할은 완벽한 솔루션을 제공하는 것이 아니라 결국 사용자가 채울 공간 프레임 워크를 제공하는 것이라고 생각했다. 가장 유명한 건물 중에는 몬테소리 학교 〈델프트〉가 있다. 저서로는 〈건축 수업〉, 2008년 〈공간 및 학습〉 등이 있다.

헤이키 사이렌 *Heikki Siren*

핀란드의 건축가. 초기 문화건물의 예는 1954년에 지어진 핀란드 국립 극장과 라티 콘서트홀의 작은 무대다. 1961년에 세워진 오리베시(Orivesi) 교회는 현대 표준에 따라 형태가 급진적이었다. 헬싱키에서 작업에는 대형 사무실 블록이 포함되어 있는데, 가장 잘 알려진 곳은 1968년에 지어진 원 모양의 얀 피탈로(Ympyrätalo) 이다.

헨리 러셀 히치콕 *Henry-Russell Hitchcock*

미국의 건축 역사, 박물관 이사 및 건축 비평가. 건축에 관한 12권 이상의 책을 출판했다. 건축 150년 이상의 철저한 연구, 1960년대 부터 1980년대 과정에서 건축역사 교과서로 사용되었다. 오늘날에도 여전히 유용하게 사용되고 있다.

본질을 이해하는 건축이야기
건축의 융복합

초판 1쇄 인쇄 2017. 01. 25
초판 1쇄 발행 2017. 01. 31

지은이   양용기
펴낸이   김호석
펴낸곳   도서출판 린
편집부   박은주
마케팅   오중환
관리부   김소영

등록   313-291호
주소   경기도 고양시 일산동구 장항동 776-1
          로데오메탈릭타워 405호
전화   02) 305-0210
팩스   031) 905-0221
전자우편   dga1023@hanmail.net
홈페이지   www.bookdaega.com

ISBN 979-11-87265-11-5 03610

이 도서의 국립중앙도서관 출판시도서목록(CIP)은
서지정보유통지원시스템 홈페이지(seoji.nl.go.kr)와
국가자료공동목록시스템(www.nl.go.kr/kolisnet)에서 이용하실 수 있습니다.
(CIP제어번호 : CIP2016030712)